2012年度国家社科基金青年项目"现代汉语否定标记系统及其表达的普方比较研究"（项目编号：12CYY054）

汉语否定的发生与语义功能研究

王世凯 著

中国社会科学出版社

图书在版编目（CIP）数据

汉语否定的发生与语义功能研究／王世凯著．—北京：中国社会科学出版社，2024.3

ISBN 978-7-5227-2958-9

Ⅰ.①汉⋯　Ⅱ.①王⋯　Ⅲ.①汉语—否定（语法）—研究　Ⅳ.①H146.3

中国国家版本馆 CIP 数据核字（2024）第 034087 号

出 版 人	赵剑英
责任编辑	张　林
特约编辑	王　萌
责任校对	周　昊
责任印制	戴　宽

出　　版	中国社会科学出版社
社　　址	北京鼓楼西大街甲 158 号
邮　　编	100720
网　　址	http://www.csspw.cn
发 行 部	010-84083685
门 市 部	010-84029450
经　　销	新华书店及其他书店
印　　刷	北京明恒达印务有限公司
装　　订	廊坊市广阳区广增装订厂
版　　次	2024 年 3 月第 1 版
印　　次	2024 年 3 月第 1 次印刷
开　　本	710×1000　1/16
印　　张	23.75
插　　页	2
字　　数	391 千字
定　　价	139.00 元

凡购买中国社会科学出版社图书，如有质量问题请与本社营销中心联系调换
电话：010-84083683
版权所有　侵权必究

前　　言

　　否定一直是多学科共同关注的课题，语言学、哲学、逻辑学、心理学等学科都研究否定。以多学科理论为基础研究否定，有助于认清否定的本质，也更易于对语言中的否定现象作出科学的解释。全书系统分析了哲学、逻辑学、心理学的否定研究，并以皮亚杰发生认识论为基础，从认知角度对汉语中的否定进行发生学解释，总结否定的本质、建立新的分类系统、区分标志否定和非标志否定，并对汉语否定的结构、语义、表达、演化等方面进行综合研究。

　　否定，本质上表现为人的认知和认识，是主客体相互作用的结果，是人的认知心理发展到一定阶段的产物，具有体验性、互动性、生成性特征。否定首先可以分为客观否定和主观否定两类。其中，客观否定可以下分为基于空间的否定、基于时间的否定和基于价值的否定，都是有所否定；主观否定可以下分为故反否定和故意否定，故意否定又包括否定祈使、否定评价和融情否定三个次类，主观否定都是无所否定。

　　否定，从语言表达中标志角度可分为标志否定和非标志否定。标志否定主要包括"没"系否定、"不"系否定和"别"系否定。否定标志"没"源于陷没义动词"没"，反映基于存在并从空间域和时间域进行考察的认知结果，对应特定认知格局，可以否定存在和数量，遵循否定范围原则和数量优先原则。"没"发生了副词化和情态化两种虚化现象，反映了空间域向时间域的投射以及主观化现象。否定标志"不"基于"没"产生，反映基于存在并从价值判断角度进行考察的认知结果，是将过去时间域的否定格局转换到未来时间域而生成的一个新的认知格局，可以否定关系、事件、属性和数量，遵循否定范围原则和数量优先原则。

"不"发生情态化产生减量功能和修正功能,表示说话人特定的情感、态度和认识。"别"类否定的本质是主观否定和无所否定,体现明显的言语行为性,主要有"别""不""少"等表达方式,其中"别"有情态化现象。非标志否定是结构中没有否定标志却能表达否定意义或具有否定功能的情形,都属于规约性表达,基本以构式呈现,在普通话和方言中有多样表达方式。

在篇章设计上,全书共分为三章,分别从否定的本质与分类、标志否定与表达、非标志否定与表达的角度展开研究。

第一章主要关注否定及否定的本质问题。否定是人的一种哲学思辨能力。亚里士多德认为否定就是否定命题。布拉德雷认为否定是一种摈斥。罗素认为否定是一种断定,表现为一种命题态度。维特根斯坦认为否定是一种逻辑运算。从哲学角度出发,否定可以分为主观否定与客观否定,自然否定、社会否定与思维否定,内在否定与外在否定,辩证否定与非辩证否定,整体否定与部分否定,可能性否定与现实性否定,渐进否定与突现否定等不同类型。

逻辑学关于否定的研究经历了偶值逻辑、辩证逻辑和非经典逻辑等不同阶段。偶值逻辑认为否定是逻辑函项。辩证逻辑认为否定是一切活动最内在的源泉。非经典逻辑实现了逻辑研究中否定的提升。从传统逻辑到辩证逻辑,再到非经典逻辑的历史发展过程,也反映在语言对否定进行研究的不同阶段。

心理学关注否定始于20世纪六七十年代,主要集中在否定的语言理解和加工等方面。第一阶段的非模态化符号系统理论将否定视为特殊的心理表征符号被外显地表征。第二阶段借助转换生成语法理论,认为否定句在表层结构上多出了否定词,在深层结构上多出了转换的过程。第三阶段的语用假设认为,否定句加工困难主要源于语境是否参与。第四阶段的命题表征理论认为否定是一种外显的操作器,将整个命题纳入被否定的辖域。第五阶段的情境模型理论在命题表征理论基础上增加了表层编码和情境模型,并用于解释否定。第六阶段的体验性表征理论建立在体验哲学基础之上,否定成为一个从事件的被否定状态向实际状态模拟的转移过程被内隐地表征。

否定和否定表达的语言研究受到了哲学、逻辑学和心理学不同程度的影响。语言研究中的否定可以从逻辑、功能和范畴等不同角度进行观照。否定也相应被归入认知、语义、语法、语义语法、语用等不同的范畴。语言中用于表达否定的成分通常称为否定标记，可区分为描述性否定标记与元语言否定标记、典型的否定标记与新兴的否定标记、普通话中的否定标记与方言及民族语言中的否定标记等不同类型。语言中的否定表达依据不同标准可区分为有标记否定与无标记否定、冗余否定与含蓄否定、语用否定与语义否定等不同类型。

从本质上讲，否定表现为人的认知（包含认知能力），是主客体相互作用的结果，是人的认知心理发展到一定阶段的产物，具有体验性、主客体互动性、生成性特征。以发生认识论原理为基础，结合语言中的否定表达实际，否定可以区分为主观否定和客观否定。客观否定包括基于空间的否定、基于时间的否定和基于价值判断的否定，主观否定包括故反否定、故意否定（含否定评价、否定祈使和融情否定）。语言中表达出来的否定都是说话人主观认知的结果，从这个角度看，言语中所有的否定都是否定表达。

第二章主要关注标志否定及其表达问题。否定和否定表达从本质上看是两种不同的东西，且与标记、范畴密切相关，通常目前称为否定标记的"不""没（有）"等更宜称之为否定标志。从范畴的角度看，否定不属于语法范畴、语义语法范畴，而属于认知范畴、语义语用范畴。

"没"是公认的否定标志词。否定动词"没"源于"陷没"义动词"没"，对应特定的认知格局。否定动词"没"可以从空间角度否定存在，是质的否定；也可以否定存在的量，属于减量描述。否定动词"没（有）"的副词化从根本上来看是空间域向时间域投射的结果，对应新的认知格局，从而实现从时间角度对事件进行否定。否定副词可以否定事件、状态的存在，是质的否定；可以否定事件或状态的可量度性，是减量描述。否定动词和否定副词在根本上具有内在一致性，都遵循否定基本原则。当否定对象中含表量成分时，遵循数量优先的否定原则。"没"的进一步虚化即发生情态化，主要表现在两个方面：由客观表述命题进行真值判断向介入说话人主观倾向表达情态义变化；"没"尾置化并语法化为语气助词，表达特定的情态意义。

"不"与"没"是并立的最重要的否定词。它是在"没 VP"认知格局的基础上将过去时间域的否定认知格局转换到未来时间域,从而生成的新的认知格局。"不"可以否定关系、事件、属性、数量,否定对象不同,表达的语义关系也不同。整体上来看,"不"否定也遵循否定的基本原则,有否定存在(质的否定)和否定数量(减量描述)两种情形。否定副词"不"发生情态化,表达说话人特定的情感、态度和认识,具有减量和修正功能,其中"不(是)……嘛"框架具有焦点标记功能。

"别",包括与其功能相同或相似的"甭""不要""不准"等,可统称"别"类否定标志词。"别"类否定属于主观否定、无所否定,凸显言语行为性。现代汉语常用的否定祈使方式包括"别"类否定、"少"类否定、"不"系否定、"X什么X"类否定等。"别"类和"不"系否定都有情态化现象,其中"别是""不是"均发生了词汇化和情态化,在概念叠加和构式整合的作用下,"别是""不是"整合成了"别不是"。

第三章主要关注现代汉语非标志否定及其表达,并对两个个案进行了分析。非标志否定也称无标志否定,是指结构中没有否定性成分,但整体上却能表达否定的现象。现代汉语关于非标志否定表达的研究可谓观察仔细、描写细致,呈现了从形式到功能的过渡,实现了描写与解释、微观与宏观的结合。普通话和方言中的"有X好VP(的)""还X呢""管他X""X个Y",以及含有疑问代词的特定结构等很多种形式都有表达否定的作用。

否定警告构式"有X好VP(的)"由常量"有"、变量"X""好VP",以及可选项"的"构成。构件X只接纳人称代词,听说互动能够影响构式对代词的选择以及构式出现的频次。"有X好VP(的)"出现于非现实语境中,其构式义为否定性主观推断,语用上主要表示警告。构式"有X好VP(的)"源于"焉有……""岂有……""哪有……"类反问构式,是原有构式脱落掉反问标记,完成基本义的语境吸收和构式的意义演化,从而形成新形式和新意义的配对。新构式单个构式成分的意义与整个构式意义之间的不匹配最终导致其发生构式化。

否定评价构式"还NP呢"是一个量级图式构式,可分为双维度构式和单维度构式两种。单维度构式可分为单向评价构式、双向评价构式和话语回应构式三类。多义构式"还NP呢"分化的核心标准是量级,韵律模式、构式变式等都是量级的外在表现。"还NP呢"多义构式在结构、语义和表达上存在共性和差异。共性对内有普适性,对外用以区别同形构式,差异性是进行多义构式分类的依据。历时地看,"还 NP 呢"源于"还 VP 呢",受隐喻和类推机制影响,经"新分析"而构式化。"还 NP 呢"构式化后还发生了不同类型的构式性演化。

目 录

第一章 否定及其本质 …………………………………………… (1)
  第一节 否定的哲学研究 ………………………………………… (2)
    一 否定的哲学界定 …………………………………………… (2)
    二 否定的哲学分类 …………………………………………… (6)
    三 哲学的否定观与语言否定研究 …………………………… (8)
  第二节 否定的逻辑学研究 …………………………………… (10)
    一 否定的逻辑学分类 ……………………………………… (10)
    二 逻辑学的否定观与语言否定研究 ……………………… (12)
  第三节 否定的心理学研究 …………………………………… (14)
    一 心理学关于否定的研究 ………………………………… (14)
    二 心理学的否定观与语言否定研究 ……………………… (18)
  第四节 否定的语言学研究 …………………………………… (19)
    一 与"否定"相关的概念 …………………………………… (19)
    二 语言研究中否定的分类 ………………………………… (34)
  第五节 我们对否定的认识 …………………………………… (37)
    一 否定的本质 ……………………………………………… (37)
    二 否定的分类 ……………………………………………… (43)
    三 主客观否定系统及其差异 ……………………………… (55)

第二章 现代汉语标志否定及其表达 ………………………… (57)
  第一节 否定标记与否定范畴 ………………………………… (58)
    一 标记理论的形成与发展 ………………………………… (62)

二　范畴与标记 …………………………………………… (65)
第二节　"没"的生成、演化与表达 …………………………… (72)
　　一　"没"的产生与空间否定 …………………………… (72)
　　二　"没"的演变与时间否定 …………………………… (100)
　　三　"没"的发展及其情态化 …………………………… (117)
　　四　小结 ………………………………………………… (142)
第三节　"不"的生成、演化与表达 …………………………… (143)
　　一　"不"的来源及其认知格局 ………………………… (144)
　　二　"不"否定的几种情形 ……………………………… (147)
　　三　"不"的情态化 ……………………………………… (164)
第四节　"别"类否定及其表达 ………………………………… (201)
　　一　"别"类否定研究述评 ……………………………… (201)
　　二　"别"类否定的本质 ………………………………… (209)
　　三　现代汉语中的行为否定方式 ……………………… (219)
　　四　"别是""不是"与"别不是" ………………………… (240)

第三章　现代汉语非标志否定及其表达 …………………… (272)
第一节　现代汉语非标志否定研究述评 ……………………… (272)
　　一　现代汉语非标志否定的界定 ……………………… (272)
　　二　现代汉语非标志否定研究概况 …………………… (276)
　　三　现代汉语非标志否定研究评价 …………………… (296)
第二节　否定警告构式"有X好VP（的）"与否定表达 ……… (298)
　　一　"有X好VP（的）"的构成、功能与互动性 ……… (298)
　　二　"有X好VP（的）"与形近形同结构的区分 ……… (303)
　　三　"有X好VP（的）"构式的来源及其构式化 ……… (308)
　　四　结论 ………………………………………………… (312)
第三节　否定评判构式"还NP呢"与否定表达 ……………… (313)
　　一　"还NP呢"的描写与分化 ………………………… (314)
　　二　"还NP呢"多义构式比较 ………………………… (320)
　　三　"还NP呢"的构式化与构式演化 ………………… (323)

四　结语 …………………………………………（328）

参考文献 ………………………………………………（329）

后　记 …………………………………………………（367）

第一章

否定及其本质

否定是受到多学科关注的一个问题。"对否定联结词和否定的研究，一直是逻辑学、逻辑哲学乃至语言学颇为关注的问题之一。"① "否定作为人类思维的一种重要方式，否定句作为言语交流中重要的信息传递方式，一直以来都是哲学、逻辑学、语言学和心理学研究的重要内容。"② 哲学、逻辑学、语言学是最先给予否定很大关注的学科。此后，随着语言理解问题受到重视，心理学也开始关注否定问题。"自20世纪六七十年代以来，心理语言学家对语言理解中的否定加工机制及其表征问题进行了大量的研究。"③ 虽然哲学、逻辑学、心理学、语言学关注否定问题的角度存在差异，但否定成为这些不同学科的共同课题却是不争的事实。也正是在这样的基础上，我们可以从不同学科的角度去了解和理解否定问题。

语言学在研究否定时，关注更多的是否定的表达和理解等问题。但"疏离逻辑、哲学指导下的纯粹经验总结是注定没有前途的。回首语言学发展史上的革命，大多受益于哲学、逻辑学等相关思辨科学的飞跃性进化"④。我们同意李洪儒所言的"哲学和逻辑学能够为语言学提供一些值得借鉴的东西"的观点，也将从这一侧面去关注否定问题，并尝试从哲学、逻辑学以及心理学的视角去研究语言和语言学中的否定问题。

---

① 杨先顺：《语用否定的逻辑分析》，《自然辩证法研究》2005年第1期，第28页。
② 高志华、鲁忠义：《否定的心理学内涵》，《河北师范大学学报》2009年第7期，第91页。
③ 何先友等：《"否定"加工研究的新进展：认知神经科学的视角》，《华南师范大学学报》2013年第1期，第33页。
④ 李红儒：《从逻辑、哲学角度看句义理论的发展——"语句中的说话人因素"理论探讨之一》，《外语学刊》2001年第1期，第31页。

本章我们将会对哲学、逻辑学、心理学以及语言学研究的否定观进行系统梳理。在全面分析哲学、逻辑学、心理学否定研究的基础上，提出这些学科的否定研究对语言否定研究的影响。立足否定的语言学研究，综述否定、否定范畴、否定标记、否定结构的界定以及语言研究中的否定分类问题。最后，我们将提出对否定的认识，并从否定的本质、否定的分类和主客观否定系统建构角度对其展开分析。

第一节 否定的哲学研究

一 否定的哲学界定

从本质上讲，否定是人的一种哲学思辨能力，尤其是辩证否定，更是反映了人类认知能力缘何得以不断提高。柳斌杰（2002）认为："任何一个具有认识能力的人，在他同客观事物发生关系的时候，不能不作出反映和说明，不能不有所判断。这里也就直接或间接地触及前人、别人的认识成果，不是全部地赞成或不赞成，就是部分地赞成或不赞成，即使不提及前人别人，在自己所作的判断、限制中也表示得十分清楚。这就构成了认识中有重大意义的否定。因为在辩证法看来'任何的限制或规定同时就是否定。'没有这种否定，认识的发展不可思议。"[①] 在哲学史上，哲学家对否定的认识是不同的。多数哲学家还是从命题角度观照否定，并得出了不同的结论。以下将简述几种比较有代表性的观点。

（一）亚里士多德的否定观

亚里士多德持"否定就是否定命题"的观点，认为否定和否定命题是一致的。他认为："被肯定或被否定的东西本身不就是肯定或否定。我们说'肯定'意思是指一个肯定命题，说'否定'是指一个否定命题。但是，那些构成了肯定或否定的实质的东西并不是命题；可是这两者［两个事实］却也是以同样的意义被称为互相对立，正像肯定和否定之被称为互相对立一样，因为在这里对立的方式也是相同的。"[②] 在对立的角

---

① 柳斌杰：《人类认识发展本性与解放思想——从中国古代认识史看辩证否定的作用》，《社会科学研究》2002年第3期，第41页。

② 亚里士多德：《范畴篇 解释篇》，商务印书馆1997年版，第41页。

度,他认为:"在肯定和否定那里,不论主体存在与否,则一方必定是正确的而他方是错误的。"①

(二) 布拉德雷的否定观

布拉德雷认为:"和其他各种判断一样,否定判断也要靠着显现于知觉中的实在。归根到底,它的本质就在于宣示那个主词摒斥某一观念的、想象的内容。一方面暗示实在以某种方式受到修饰和决定,同时又排斥此一暗示适用于当前的实在,这便是否定判断的真义。"② 也就是说,布拉德雷认为否定的本质是一种摒斥,肯定和否定不是在一个等级上,它们在反省上的水平存在差异。"肯定判断所需要的,不外乎一个观念或多数观念的综合,并以此作为一种性质来指谓呈现于表象中的事实。可是在否定判断,这个内容对实在的指谓本身,也必得成为一个观念。"③ 也就是说,在否定判断中,必须经过一个反省的阶段,但这个阶段在肯定判断中不一定是必需的。

对于否定的产生,布拉德雷认为观念和知觉不联结还不能导致否定的出现,"只有当下呈现的事实排斥一个用来修饰它的观念,这才形成否定的起点。先须有对于实在的企图,欲加以修饰而不得,然后才能产生否定"。④

(三) 罗素的否定观

罗素承认有肯定事实和否定事实。从肯定事实、否定事实与肯定命题、否定命题相关性的角度,他指出:否定是我们的一种信念、一种断定,表现为一种命题态度。从直陈语句的角度出发,他认为:"一个直陈语句由三部分组成:1) 说话者的态度和愿望,如相信或不相信、犹豫、怀疑等等;2) 句子所表达的内容,按罗素早期的看法,这一部分称为命题;3) 使这个句子为真或为假的一个或多个事实,称为证实者。根据这种区分,句子的第一部分表示的是句子的信念,句子的第二部分表示的是信念的内容,它是语句中与客观世界相对应的部分,而与之对应的客

---

① 亚里士多德:《范畴篇 解释篇》,商务印书馆1997年版,第44页。
② 布拉德雷:《逻辑原理·上》,商务印书馆1962年版,第125—126页。
③ 布拉德雷:《逻辑原理·上》,商务印书馆1962年版,第126页。
④ 布拉德雷:《逻辑原理·上》,商务印书馆1962年版,第127页。

观世界或客观实在则是句子的第三部分内容。对于任意的一个否定语句而言，其否定符号'～''不（not）'属于我们的信念，而不属于信念的内容，更不属于客观实在。这一信念可以是真的，也可以是假的。"① 同时他也提出肯定命题和否定命题的形成方式是不同的。"在肯定事实的构成要素中，事物（知觉对象）与事物具有的属性同时出现于人们的知觉中，因此，一个真的肯定命题仅仅是由一个知觉对象引起的。而在否定事实的构成要素中，只有事物能够出现于人们的知觉之中，而以语词形式表达的属性是以独立于事物（知觉对象）的形式出现的。因此，否定命题的形成需要一种命题态度，这种命题态度将事物与属性连接起来了。因此，一个真的否定命题是由这个知觉对象和先前的命题态度所引起的。"② 当然，作为信念、断定或命题态度的否定是在知觉对象之前介入否定理解，还是在此之后介入否定理解，此后的心理学研究给出的答案似乎与罗素有所不同。

（四）维特根斯坦的否定观

"分析哲学家们十分重视'否定疑难'问题。罗素最早提出这样的'非存在物难题'：一个假命题并不对应事实，但是它如何有意义？一个否定命题并不对应事实，但它如何为真？这涉及语言哲学的一个基本问题：语言与世界究竟具有什么样的关系？"③ 维特根斯坦是较早关注否定问题的分析哲学家，他将这个问题称为"否定之谜"，并在《战时笔记：1914—1917》中对此作了界定。"它是否定之谜，事情不是这样的，然而我们却能说出事情不是什么样的。"④ 关于否定，维特根斯坦在《哲学研究》中表露过他的看法："否定：一种'心灵活动'……可以说，否定是一种排斥的姿势、拒绝的姿势。"⑤ 但这还不能确切表明他关于否定本质的观点。

---

① 徐为民：《维特根斯坦论语言的否定性原则——兼论私人语言的不可能性》，《自然辩证法通讯》2002 年第 1 期，第 23 页。
② 张继成：《罗素论否定事实》，《求是学刊》2014 年第 6 期，第 46—47 页。
③ 姚东旭：《维特根斯坦论"否定之谜"》，《天津大学学报》2014 年第 2 期，第 162 页。
④ 维特根斯坦：《战时笔记 1914—1917》，韩林合译，商务印书馆 2005 年版，第 127 页。
⑤ 维特根斯坦：《哲学研究》，陈嘉映译，上海世纪出版集团，上海人民出版社 2001 年版，第 228—229 页。

维特根斯坦关于否定本质的看法可以从其对语言与世界关系的描述中寻到线索。在《哲学逻辑论》中，他提出了这样的观点："命题的可能性建立在对象以记号为代表物这一原理的基础上。""我的一个基本思想是：'逻辑常项'不是代表物，事实的逻辑是不能有代表物的。"① 维特根斯坦是一个事实（事态）本体论者，他认为构成世界的基本要素是事态，事态是对象的配置情况。在此基础上，"维特根斯坦实际上在处理语言与世界的关系问题时构造了一种双层理论：代表对象的名称的一层和图示事态的命题的一层。命题的一层是最基本的一层，而这一层是有逻辑结构的，名称的内在属性就在于构造命题的可能性"。② 命题是用于描画基本层面的事态，还存在一个更高的层面，这个层面主要是一些逻辑连接词（也称逻辑常项），如析取、合取、等值、蕴涵等，其中就包含否定。这些连接词不图示事态，只用于表示命题之间可能出现的关系。"维特根斯坦认为，这些逻辑连接词都表示一种对命题进行演算的运算符号，通过运算我们可以知道命题之间的真值关系。"③ 这样，维特根斯坦前期关于否定本质的认识就比较清晰了。他把否定看作一种逻辑运算，其中否定作为连接词是一种运算符号，不进入命题内容。"作为运算的否定，它的特征是借助某个被否定命题来排除原命题，表示的是一种逻辑或语法关系，并非肯定某个作为事实的命题。"④

徐为民（2002）把维特根斯坦关于否定的观点归纳为"语言的否定性原则"。他认为："从语言和实在的关系来看，否定是语言特有的现象，语言中的否定命题，如'这朵花不是红色的'，其中的否定词或否定符号['不（not）'或'~']不是实在本身固有的，实在或客观世界只具有肯定的形式，但不具有否定形式，否定仅仅存在于我们的语言中，符号'~'在实在中并无与之相应的东西。因此，否定既不是一种企图的失败，也不是信念的真假，而是一种语言运算，它的本质和作用是：'否定使命题的意义发生反转'。所谓命题的意义就是命题为真或为假的情形，

---

① 维特根斯坦：《逻辑哲学论》，贺绍甲译，商务印书馆2010年版，第45页。
② 姚东旭：《维特根斯坦论"否定之谜"》，《天津大学学报》2014年第2期，第164页。
③ 姚东旭：《维特根斯坦论"否定之谜"》，《天津大学学报》2014年第2期，第165页。
④ 姚东旭：《维特根斯坦论"否定之谜"》，《天津大学学报》2014年第2期，第165页。

命题意义的反转就是命题真假情形的反方向变换,即由命题的真变为命题的假,由命题的假变为命题的真。"① 语言否定性原则建立的一个重要意义就是确认了只有语言中才有否定,而客观世界是不存在否定的。也正是基于此,语言与实在才得以区分开来。

二 否定的哲学分类

分类是人类认知世界一种最基本的方式,这在不同的认知对象上都会体现出来。否定的哲学分类就是按照特定的标准对否定从哲学角度进行划分,分类的标准不同,划分出来的类别也会存在差异。

(一) 主观否定与客观否定

依据主体是否参与否定过程,从而加入否定主体的意见,否定分为主观否定和客观否定。主观否定是纯粹主观的、个人的否定。哲学上所讲的主观否定是指否定主体不顾事物的发展规律,不把否定作为事物本身的发展阶段,而从否定主体的个人角度出发进行的主观、随意的否定。

客观否定代表事物发展的特定阶段,反映的是自然、社会以及人类思维发展的客观规律。自然界、社会以及人类的思维随着时间的推移都在发生变化,这种变化到了一定的阶段,量变累积到质变,就对前一阶段作出了否定。这种否定不以人的主观意志为转移,是客观发展的结果。

(二) 自然否定、社会否定与思维否定

否定可以依据其存在的领域进行分类。"否定广泛地存在于自然、社会和思维三大领域。根据否定所处的这些领域,否定可分为自然界的否定、社会否定和思维否定。"② 自然否定是自然界本身发展到一定阶段的产物,当自然界的变化产生新质要素的时候,就对前一阶段作出了否定。如水在特定温度条件下成为水蒸气,就是这种自然物质发生了质变,即出现了否定。自然否定与否定主体没有关联,仅仅按照自然规律进行否定。社会否定和思维否定也要遵循社会发展规律和自然发展规律,也属于自然历史过程,但与自然否定不同的是,社会否定和思维否定需要否

---

① 徐为民:《维特根斯坦论语言的否定性原则——兼论私人语言的不可能性》,《自然辩证法通讯》2002年第1期,第24页。

② 雷德朋:《否定分类引论》,《学术论坛》1993年第4期,第33页。

定主体的参与。

（三）内在否定与外在否定

任何否定的产生都是一定原因作用的结果。依据否定原因不同，哲学上的否定可以分为内在否定和外在否定。内在否定也称自我否定，但不等同于自我否定。内在否定的产生是事物内部矛盾相互作用的结果。当事物中的否定方面战胜肯定方面时，内在否定就发挥了作用。由于任何事物都处于与其他事物的相互联系之中，内在否定的发生也需要外部力量的参与，内因和外因共同作用，所以内在否定不是纯粹的自我否定，并在辩证否定中具有非常重要的地位。黑格尔认为内在否定是辩证否定的灵魂，足见一斑。"黑格尔认为构成概念运动的转折点就是内在的否定性，他指出，不论是概念的运动，还是包括生命的和精神的自身运动在内的一切活动，其最内在的源泉就是内在否定性。"[1]

外在否定也称非我否定。由于外部原因而使事物改变性质的否定是外在否定。因为外部原因与被否定的事物之间没有必然的联系，这就导致外在否定是偶发的否定。

（四）辩证否定与非辩证否定

从否定性质的角度，否定可分为辩证否定和非辩证否定两种。辩证否定是指由内部矛盾引起的螺旋式上升的前进过程。从辩证否定的角度出发，任何事物内部都包含肯定方面和否定方面，肯定中包含否定，否定中包含肯定，既互相依存、互相斗争，又互相统一。辩证否定是事物发展和联系的环节，对旧事物的否定是既克服又保留，事物的发展通常要经过由肯定到否定，再到否定之否定的过程。

非辩证否定是与辩证否定相对的一种片面性的否定，"就是只否定不肯定，是'否定一切'；或只肯定不否定，是'肯定一切'"。[2]

（五）整体否定与部分否定

整体否定和部分否定是从否定方式角度对否定所作的分类。整体否定也称根本否定，哲学上的整体否定往往是通过爆发的方式对事物进行

---

[1] 张澄清：《评黑格尔关于内在否定性的思想》，《厦门大学学报》1984年第1期，第92页。

[2] 雷德朋：《否定分类引论》，《学术论坛》1993年第4期，第34页。

整体和根本的否定，否定的结果往往能改变事物的基础，甚至是全盘否定。

部分否定不改变事物的基础，部分否定发生后，事物的根本性质是不变的。部分否定的发生往往也不是以爆发的形式进行，而是对事物的形式或内容中的消极因素的克服。

从否定方式的角度来划分，否定还可以分为直接否定和间接否定。"直接否定是指不需要通过中介便可实现的否定，而间接否定则是指需要经过中介的作用才能完成的否定。"①

关于否定，哲学上还可以从否定的存在状态、否定发生的时间过程等角度进行考察，依前者可以分为可能性否定和现实性否定，依后者可以分为渐进否定和突现否定。

三 哲学的否定观与语言否定研究

（一）语言否定哲学解释的可能性

毋庸讳言，哲学中的否定与语言中的否定，尤其是否定表达，一定存在差异。但哲学往往可以为语言中的否定和否定表达找到解释层面上的依据。

哲学的本体论阶段，主要关注的问题是"世界上存在什么"（What is there）和"这是什么？"（What is this）。"由于我们的心智可以与世界直接接触，我们就能直接了解事物，掌握事物的本质，这样，心智中的思想和世界客观事物的本质具有同一性。语言描述就是关于世界的描述，两者之间存在因果关系和语义关系［即世界中的事物解释了词语的意义，对事物本质的探索决定了语言的意义，知识就是毕因（存在）的知识 knowledge of being］，客观真理只是对事实的断言，科学是追求真理的学问，应当独立于人的主观性，与价值无关。"② 既然心智中的思想和世界客观事物的本质具有同一性，那么语言描述就是关于世界的描述，语言中的否定就可以在哲学层面上找到基础。简单地说，"世界上存在什么"表现为"有"，反之则表现为"无"；"这是什么"表现为"是"，反之则

---

① 雷德朋：《否定分类引论》，《学术论坛》1993 年第 4 期，第 35 页。
② 王寅：《体验哲学探源》，《外国语文》2010 年第 6 期，第 45 页。

表现为"否"。此外，本体论哲学中语言描述等于世界描述的观点，排除了语言的否定和否定表达的人为性，将为我们从侧面探究语言否定的主观性及客观性提供线索。

哲学的认识论阶段探讨的是人类认识的本质和结构、认识与客观实在的关系、认识的前提和基础、认识发生和发展的过程及其规律、认识的真理标准等问题。认识论认为："心智与身体是分离的，人们的思想只能是外部现实的内在心智表征。"① 从语言描述的角度看，语言描述对应于世界描述，这同哲学本体论阶段有着相似之处，即强调主观与客观的二分。马克思主义的认识论更强调主体和实践的作用，尤其是实践的基础作用。"认识是人脑对外界事物的反映……社会实践是认识的基础、根源。没有实践，就没有认识。脱离实践，只能凭空臆想，是什么也认识不了的。在实践的基础上，主体的人和客体的物、主观世界和客观世界紧紧地结合在一起，形成了又对立又统一的矛盾关系，这就是认识过程中的根本矛盾。"② 认识论哲学可以为我们研究语言如何否定提供解释。

体验哲学被称为第二代认知科学，它的出现在很大程度上是对本体论哲学和认识论哲学的一种扬弃。"Lakoff 和 Johnson 合作出版了《我们赖以生存的隐喻》（1980）之后，于 1999 年又出版了另一本著作：《体验哲学——基于身体的心智及其对西方思想的挑战》（Philosophy in the Flesh: The Embodied in the Mind and Its Challenge to Western Thought，以下简称《体验哲学》）。书中提出了一个全新的哲学理论：体验哲学，论述了体验哲学的三项基本原则：'心智的体验性''认知的无意识性'和'思维的隐喻性'（the embodied Mind, the cognitive unconsciousness, the metaphorical thought），并认为认知语言学是以体验哲学为其哲学基础的。"③ 体验哲学认为认知具有体验性，语言是认知的产物和结果，因此，体验哲学及其语言观可总结为"现实—认知—语言"，这或可为我们研究语言的否定提供一个新的视角。"现实"和"语言"的"认知"中介，对于研究语言的否定应该可以起到很大的作用，尤其是对语言表达中不同类型的

---

① 王寅：《体验哲学探源》，《外国语文》2010 年第 6 期，第 46 页。
② 沧南、彭臻：《哲学就是认识论》，《湖南科技大学学报》2008 年第 3 期，第 39 页。
③ 王寅：《Lakoff 和 Johnson 的体验哲学》，《当代语言学》2002 年第 2 期，第 144 页。

否定，或可找到认知上的原因。

（二）语言否定分类的哲学基底

哲学和语言学的研究旨趣、方法以及对象等都存在差异，因此，语言研究中的否定与哲学的否定在分类上一定也存在差异。但我们不能否认，尤其是从体验哲学的角度讲，哲学中的否定必然是通过语言描述表现出来的。如果语言描述等于世界描述，或对应于世界描述的话，这种否定的分类在语言中也可以原封不动地体现出来。这样，哲学的否定分类就可能与语言中的否定分类具有统一性。如自然的否定因为与主体没有关联，那么自然否定的哲学分类在语言中就可以直接反映出来。

当然，语言学不是哲学，尤其是语言的功能性特征，也必然导致语言对否定的分类会与哲学的否定分类存在差异。因为语言是交际的工具，当说话人运用语言通过否定达到特定的交际目的时，就可能出现语言的否定和否定表达，这是语言的工具性特征在发挥作用。即使如此，我们也可以认为，哲学的否定分类有助于建立语言中否定和否定表达的科学分类系统。

第二节 否定的逻辑学研究

否定也是逻辑学关注的热点问题。尤其是 20 世纪末以来，逻辑学、语言学、哲学、计算机科学都对否定问题给予了热切关注，而且还出现了不同学科之间的交叉研究。逻辑学和语言学共同关注否定问题不仅使否定问题的研究得以深化，而且也在一定程度上促进了逻辑学和语言学自身的发展。

一 否定的逻辑学分类

逻辑学很早就开始关注否定的问题，否定问题在逻辑学研究领域的深入也见证了逻辑学本身的进步，经历了偶值逻辑、辩证逻辑和非经典逻辑等不同研究阶段。

（一）偶值逻辑研究中的否定

偶值逻辑也称二值逻辑，是逻辑学研究的传统阶段。这个阶段的典型特征就是强调排中律的普适性。偶值逻辑认为，对于一个命题来讲，它或者是真的，或者是假的，因此否定"真"得到的就是"假"，否定"假"得到的就是"真"。否定在传统逻辑中是逻辑函项，即一种逻辑方法。"在命题逻辑中，否定是逻辑函项，将之与真命题对比，它是假的，与假命题对比，它是真的；在简单命题中，否定是用来否定系词与否定谓词，指出主、谓项的不一致；在类逻辑（布尔代数）中，类的否定意味着构成类的补，即构成一个集合的补集。"①

偶值逻辑的否定观存在一定的缺陷。首先，在对事物的认识上，这种否定观只承认事物的"有"或"无"，因此就忽略了事物的变化或转化。如对一种事物的"有"进行否定，就是承认这种事物的"无"。但事实上，有些事物可以是发生了变化或转化，并以另外的一种事物存在。所以否定了"有"，不一定就必然是"无"。其次，由于偶值逻辑建立的基础是对有穷事物的认识，因此当认知对象扩展到更大或无穷时，偶值逻辑就会面临威胁。因为对于无穷，在命题的"真"与"假"之间还可能存在不是非此即彼的情形，因而会出现所谓的过渡情形。家族相似性研究中的过渡状态就是偶值逻辑所无法处理的。

（二）辩证逻辑研究中的否定

辩证逻辑的否定研究是在传统逻辑的基础上所作的提升。黑格尔是辩证逻辑的创立者和代表，他把否定视为一切活动最内在的源泉，是辩证法的灵魂。潘世墨（1998）认为：黑格尔的辩证否定观主要包含以下主要观点，即"首先，否定使两个有差别或对立的事物产生了中介，发生了联系……其次，否定的东西因此也同样是肯定的；或者说，自相矛盾的东西并不消解为抽象的无，而是基本上仅仅消解为它的特殊内容的否定……再次，这个否定的结果作为规定了的否定，包含着新的内容，是它和它的对立物的统一；并且作为新的概念，它比先行的概念更高、更丰富……最后，否定是一个过程，它并不停留于第一个否定，而是继续着否定之否定"。②

辩证否定观坚持的是辩证的逻辑思维，是对偶值逻辑的提升和发展。辩证逻辑思维是在表面上看似对立、无法调和的两个事物之间找到它们

---

① 潘世墨：《逻辑的"否定"概念简析》，《哲学研究》1998年第7期，第69页。
② 潘世墨：《逻辑的"否定"概念简析》，《哲学研究》1998年第7期，第70页。

的相互关系，这就消解了非此即彼的绝对对立，从而发现了事物发展循环往复、螺旋上升的曲线。这既是事物本身发展的客观运动方式，也是人类主观思维的运作方法。基于人类现有认知，辩证否定就成为辩证逻辑的逻辑方法，也成为辩证逻辑体系建构的基本方法。

（三）三值逻辑研究中的否定

三值逻辑通常也称非经典逻辑。"创立三值逻辑的基本思路，是认为命题逻辑系统中的命题，不仅可以取传统的真、假二值，而且还可以取中间值或模态值。"① 卢卡西维茨（J. Lukasiewicz）、克林尼（S. C. Kleene）、海廷（A. Heyting）、古德斯坦（R. L. Goodstein）、波契瓦尔（A. BoChvar）、格特玛诺娃（A. Getmanova）、莱欣巴赫（H. Relchenbach）等都提出了关于三值逻辑的观点，但他们对中间值、模态值或第三值的看法还是有所区别。卢卡西维茨与克林尼对第三值的看法本质上基本相同，其中，卢卡西维茨认为第三值是"中立的、可能的"，克林尼认为第三值是"无定义的"，海廷则认为第三值为"假"。古德斯坦把对真命题的否定界定为"不定"，这与传统逻辑界定为"假"是有很大区别的。波契瓦尔对否定进行了三分，区分为内在的否定、外在的否定和内在肯定的外在否定。格特玛诺娃则把否定区分为纯否定、强否定和反循环否定。莱欣巴赫在区分循环否定、对称否定和完全否定的基础上，把第三值定义为"不确定"。

三值逻辑视角下的否定不仅是对逻辑研究中否定的提升，其很多思想对语言中的否定研究也有直接或间接的作用。如古德斯坦把对真命题的否定界定为"不定"，这与语言研究中的否定就有直接的关系。比如，"张三是1960年出生的"是一个肯定命题，按照传统逻辑的观点，"张三不是1960年出生的"就是一个假命题。事实上，"张三不是1960年出生的"只是一个否定命题，但不一定就是假命题。

二 逻辑学的否定观与语言否定研究

任何两个学科的影响都是相互的，语言学和逻辑学也不例外。从语言学对逻辑学的影响看，否定的语言学研究在一定程度上促进了逻辑学

---

① 潘世墨：《逻辑的"否定"概念简析》，《哲学研究》1998年第7期，第70页。

研究的深入。例如，关于否定的语用研究就对以往逻辑学关于否定的研究产生了积极的影响。此前逻辑学"是把否定语句的意义视为肯定语句意义的相对应、相对立的范畴，正如一枚硬币的正反两面。这种否定观本质上隐含了这样的思想，即否定的角度和方式是一维的，只能就句子的字面意义进行否定。但语用否定昭示我们否定的角度和方式是多维的：可以否定语句的预设和话涵，也可否定语句的焦点，甚至可以就语句的表达形式（如字形、语音和风格）进行否定"。① 这就要求逻辑学从一维否定思维的窠臼中脱离出来，并对逻辑学的否定成果进行反思。当然，逻辑学的否定研究对语言学的否定研究也产生了积极的影响。

语言研究，尤其是语法研究和语义研究都与逻辑研究关系密切，这在规定主义语法阶段表现得尤其明显。刘春霞、杨永林、张歆秋（2007）曾对此作过总结，他们认为："在规定主义语法中，有一些语法规则内容不是基于是否合乎语法这一论点，而是基于是否合乎逻辑这一前提提出的。"② 在语言学对否定的研究中，逻辑学不论从理论基础方面，还是从研究方法方面都给了语言学诸多支持。首先，逻辑学中的很多概念在语言学关于否定的研究中得到了应用。"命题、真、假、双重否定、蕴涵、预设"等，原来都是逻辑学使用的概念，这些概念在语言学研究中分析否定问题时，也包括分析其他相关问题时，都无法回避，也都在研究中得到了应用。其次，逻辑学对否定进行研究的部分成果直接影响了语言学对否定的研究。例如，语言表达中有一种双重否定现象，这也是逻辑学关注的对象。海廷的三值逻辑研究中就专门对这个问题进行了分析，并提出了自己的看法。"他不允许承认它的前半部分：¬¬p→p，但可以承认其后半部分：p→¬¬p。因为他认为，由断定'一命题为假是荒谬的'，在有穷步骤的证明中，不能导出该命题为真。"③ 这对语言表达中的否定研究是有直接指导意义或借鉴价值的。如"不是我不想去"并不意味着"我想去"，但"我想去"和"我不是不想去"在基本语义上是等值的。

---

① 杨先顺：《语用否定的逻辑分析》，《自然辩证法研究》2005年第1期，第31页。
② 刘春霞、杨永林、张歆秋：《逻辑·语法·认知——一种跨学科的应用视角》，《外语与外语教学》2007年第2期，第18页。
③ 潘世墨：《逻辑的"否定"概念简析》，《哲学研究》1998年第7期，第71页。

此外，从传统逻辑到辩证逻辑，再到非经典逻辑的历史发展过程，也反映在语言对否定进行研究的不同阶段。这也说明，逻辑学对否定的研究直接影响了语言对否定的研究。语言学不是逻辑学，但是逻辑学对语言学研究的确产生了很大的影响，这在否定研究中也同样有鲜明的表现。

第三节　否定的心理学研究

心理学对否定问题的关注要晚于哲学和逻辑学。"一直以来，否定是语言学家和哲学家们的研究对象，而心理语言学家对否定的研究很少。直到20世纪六七十年代，心理语言学家才将注意投向否定。"[1] 心理学对否定的研究主要集中在否定的语言理解和加工等方面。

一　心理学关于否定的研究

心理学自关注否定问题至今，经历了几个不同的发展阶段。在不同的发展阶段上也都形成了具有不同程度代表性的研究模式或理论观点。

（一）非模态化符号系统理论与否定研究

非模态化符号系统理论（Amodal Symbol Systems）是受第一代认知科学影响而产生的一种心理学理论。"第一代认知科学"是在20世纪50年代发生的"认知革命"的直接影响下产生的认知理论，"它涉及心理学、语言学、神经科学、计算机科学、人类学和哲学等学科，以心理学、语言学和计算机科学为'核心'，又以心理学作为'主导'"[2] 第一代认知科学以客观主义哲学为本体论基础，认为世界由物质和理念两个相互独立的部分构成。"认知过程的产生被视作与操作符号的特定规则有关，而与实现这一操作过程的物质载体无关——即心智是离身的。"[3] 因此，语言可以直接、准确地表达客观现实。在这种理论的影响下，心理学研究

---

[1] 何先友、陈广耀、胡玲:《"否定"加工的心理语言学研究》,《华南师范大学学报》2010年第2期,第59页。

[2] 陈巍、陈波、丁峻:《第一代认知科学五十年：离身谬误与危机根源》,《山东师范大学学报》2010年第4期,第46页。

[3] 陈巍、陈波、丁峻:《第一代认知科学五十年：离身谬误与危机根源》,《山东师范大学学报》2010年第4期,第46页。

中就形成了非模态化符号系统理论。"该理论认为认知和知觉表征构成的是互相独立的系统,它们依据不同的原理工作。一个非模态化符号系统把知觉状态的子状态经过能量转换变成一个全新的表征语言,而这种语言在本质上是非知觉化的。"① 也就是说,语言中表达出来的否定句与认知没有直接的关联,语言中的否定是通过特定的操作系统按照一定的操作规则来实现。"否定被视作一种特殊的心理表征符号,一种抽象的逻辑算子(operator),它的运算规则就是表达与它辖域(scope)意义的相背,它是被外显地表征的。"②

(二)借助转换生成语法对否定进行研究

关于否定的加工理解的研究中,一个经典的问题就是"否定与加工困难"问题。心理学曾借鉴了乔姆斯基的转换生成语法对此进行解释。转换生成语法认为,句子有深层结构和表层结构两层结构。其中,深层结构决定句子的意义,显现的是基本的句法关系;表层结构决定的是语音形式,显现的是交际中句子的形式。从深层结构到表层结构有一个转换的过程。心理学正是尝试借用这种理论来解决否定加工困难的问题。

"在所有关于否定句的研究中,否定句的加工都要比相应的肯定句困难,即出现否定效应,这表现在加工否定句需要更长的加工时间或表现出更高的错误率,并且在不同的实验范式和不同的否定句型上都反映出了这种否定效应。"③ 这种加工困难的现象需要得到解释。心理学借用转换生成语法理论,认为否定句在表层结构上和与之对应的肯定句相比多出了否定词,在深层结构上比对应的肯定句多出了一个转换的过程,因此否定句的加工就变得相对困难。

(三)语用假设与否定研究

心理学借助转换生成语法解释否定句加工困难问题时还遇到了实验验证的难题,于是,有人开始从其他角度尝试解决这个问题。1965 年,

---

① 高志华、鲁忠义:《否定的心理学内涵》,《河北师范大学学报》2009 年第 7 期,第 91 页。
② 高志华、鲁忠义:《否定的心理学内涵》,《河北师范大学学报》2009 年第 7 期,第 92 页。
③ 何先友、陈广耀、胡玲:《"否定"加工的心理语言学研究》,《华南师范大学学报》2010 年第 2 期,第 63 页。

瓦森（Wason）提出了语用假设（pragmatic hypothesis）理论。语用假设理论认为，否定句加工困难主要源于语境是否参与。如果语境参与，则否定句加工的困难度会明显减小；如果在零语境的情形下，则否定句加工的困难度就相对会加大。这是因为在对话或上下文中，听话人可以通过对话中的前言后语或语篇中的上下文进行推导，从而得出否定命题。但是在零语境下，因为缺少这种语言环境，听话人就需要首先推理得出合理的语境，然后再进行否定句的理解。这在一定程度上解释了否定句加工困难的问题。但是，语用假设也并没有解决否定句加工困难的所有问题，因为"即使在语用恰当的语境下，否定句仍然比相应的肯定句难加工。因此，语用假设并不能很好地解释否定效应"。[1]

（四）命题表征理论与否定研究

命题表征和表象表征是认知心理学的重要内容，是认知加工的两种重要方式。"表象表征是人运用表象描写事物，命题表征系统能表征非语词信息及空间关系信息，而且，命题间的联系会发生系统的变化，命题可以转换为每个中间状态，最终可以刺激到样本的正位。"[2] 命题表征理论认为，人类认知的构成材料是命题。在言语理解中，人对信息的表征通过命题符号表征来完成。也就是说，对语言材料的理解就是建构不同的命题表征。"在心理学上，命题对应于可以代表真值的一个信息单元的意义表征。一个命题包含一种关系和一种观点或多种观点。在命题理论中，否定被认为是一种外显的操作器，它将整个命题纳入被否定的辖域。"[3] 那么，在否定的加工过程中就会出现比相应的肯定句多一个否定命题操作的过程。这个过程表现在言语理解中，就是否定句的理解相应要比肯定句难度大，消耗的时间也相对要多。

（五）情境模型理论与否定研究

情境模型理论是对命题表征理论的扩展，并在命题表征理论的基础

---

[1] 高志华、鲁忠义：《否定的心理学内涵》，《河北师范大学学报》2009年第7期，第92页。

[2] 祁乐瑛：《认知加工中的表象表征与命题表征》，《青海师范大学学报》2010年第2期，第130页。

[3] 何先友、陈广耀、胡玲：《"否定"加工的心理语言学研究》，《华南师范大学学报》2010年第2期，第61页。

上增加了表层编码和情境模型两部分的内容。"表层编码表征的是语篇中句子的字词与句法;语篇命题库包含保持精确的语篇意义的一系列命题,相当于命题表征;而情境模型则表征的是语篇所言的内容或微观世界。这三个层次中,命题表征和情境模型被看成是相互平行的结构。"[1] 人会在言语信息加工过程中直接建立相应的情境模型。如人在看到"他在教室里"时,就建构一个"他"处于"教室"这个容器内的一个心理模型。但人看到"他不在教室里"这个信息时,同样也会建构"他在教室里"的心理模型,然后把这个心理模型与事实进行比较,就得到了对"他不在教室里"这个否定句的理解。可见,人在理解否定句时要比理解相应的肯定句多出一个比较判断的过程,这个过程的介入就增加了否定句理解的难度。

非模态化符号系统理论、转换生成语法理论、语用假设理论、命题表征理论、情境模型理论从不同角度对否定理解进行了解释。它们有一个共同的特点,即"否定被外显地编码,它被认为是一个特殊的抽象逻辑符号,具有强大的功能,但它本身的心理实质如何仍是未知"。[2]

(六)体验性表征理论与否定研究

体验性表征理论来源于心理学中的知觉符号系统理论,建立在体验哲学的基础之上。体验哲学是20世纪80年代拉克夫(Lakoff)为解决身体与心智二元对立问题而提出来的。为了反对本体实在论(以古希腊的毕因论为代表)和对应二元论(以笛卡尔为代表),拉克夫提出了体验实在论(即体验哲学)。拉克夫把本体实在论和对应二元论都归入客观主义哲学理论范畴,并认为它们都是错误的。体验实在论"是一种基于我们能够在现实环境中成功地行使身体功能的实在论,也是一种认为进化使得身体和大脑不断相适应的进化实在论。体验哲学在否定心智与身体存在间隔,这一点上与古希腊本体实在论观点较为接近,坚决反对对应实在论的二元论,但在认识论上与上述两种实在论存在根本分歧"。[3]

---

[1] 高志华、鲁忠义:《否定的心理学内涵》,《河北师范大学学报》2009年第7期,第93页。

[2] 高志华、鲁忠义:《否定的心理学内涵》,《河北师范大学学报》2009年第7期,第93页。

[3] 王寅:《体验哲学探源》,《外国语文》2010年第6期,第46页。

受体验哲学的影响，在心理学研究中出现了知觉符号系统理论（Perceptual Symbols System）。基于知觉符号系统理论，又产生了语言理解的体验观。知觉符号系统理论"认为认知、思维和语言根植于感觉运动系统，知觉符号是对知觉过程中产生的神经元兴奋的记录，它与其指代物存在着类比的关系"。① 语言理解的体验观"提出语言理解中的意义主要涉及知觉的、运动的、社会的和情感的知识，这些知识规定了语言的内容。意义取决于个体在实际环境中其身体有这些经验，面对语言输入，个体重新演练这些经验，并运用它们产生有意义的语言输出。情境模型是表征模式的，它与其他非语言认知加工（如知觉、动作、表象）中使用的模式相同。读者要理解文章，就要建立文章所描述的事件状态的心理模拟，而这些心理模拟在本质上是经验的"。② 语言理解的体验观可以称为体验性的表征模式。

体验性表征模式对否定的界定与前面提到的几种观点不同。前面的几种观点都是建立在客观主义哲学基础上，因此，都把否定作为一种逻辑符号。体验性表征模式则认为，否定不再是一个抽象的逻辑符号，而是经验模拟的结果。如当我们理解"教室里没有人"这个命题时，我们先是模拟"教室里有人"这个原命题的否定状态，然后再模拟"教室里没有人"这个实际的状态。"否定是一个从事件的被否定状态向实际状态模拟的转移过程。因此，否定是被内隐地表征的。"③ 也就是说，否定成为了一个动态模拟时间的经验过程。

二 心理学的否定观与语言否定研究

心理学关于否定的研究很大程度上是对否定的语言理解的研究，它最大的贡献也在于此。非模态化符号系统理论、转换生成语法理论、语用假设理论、命题表征理论、情境模型理论本质上都认为否定是被外显

---

① 高志华、鲁忠义：《否定的心理学内涵》，《河北师范大学学报》2009 年第 7 期，第 93 页。

② 高志华、鲁忠义：《否定的心理学内涵》，《河北师范大学学报》2009 年第 7 期，第 93 页。

③ 高志华、鲁忠义：《否定的心理学内涵》，《河北师范大学学报》2009 年第 7 期，第 93 页。

地编码,体验性表征理论则认为否定有两步模拟假设,是内隐的经验性模拟。这些理论都在一定程度上解释了人是如何理解否定的,对语言中的否定研究都有不同程度的借鉴意义。

我们认为,心理学关于否定研究的价值在于两个方面:一方面是它得出的直接研究成果,已如上述;另一方面,也是更重要的,就是这种研究所引申出来的课题。何先友等(2010)提出这样一种现象:"汉语中除了'不是'和'没有'的否定陈述句之外,还存在一种否定句,这种否定句的形成与语义内容是不一致的,我们称之为否定作用的模糊化,人们在理解的时候常常会产生歧义。"[①] 他们首先对这种否定的理解适应哪种表征模式提出了疑问,同时也引导从语言学的角度进行思考,这种否定是不是"不是""没有"否定之外的某种否定类型,又该如何对它们定性?

此外,心理学研究否定虽然主要着重于否定理解方面,但同时也为如何进行否定表达以更好地达到交际目的提供了启示。"在社会和教育心理学方面,我们发现明确禁止的行为往往会取得相反的结果。处于一定年龄阶段的孩子,当他们被明确告知不能做什么时,他们几乎都会去实施那个被禁止的举动。看起来被明确否定的行为被实施的可能性要比没有提出建议时的可能性大很多。"[②] 这里涉及交际目的与表达方式的问题,与否定祈使句的表达密切相关。这也提示我们,可以以心理学的相关理论为基础,从交际目的角度出发,设计更加合适的表达方式以达到高效交际的目的。

第四节 否定的语言学研究

一 与"否定"相关的概念

语言学研究否定涉及一系列概念,如什么是语言中的否定、什么是

[①] 何先友、陈广耀、胡玲:《"否定"加工的心理语言学研究》,《华南师范大学学报》2010年第2期,第65页。

[②] 何先友、陈广耀、胡玲:《"否定"加工的心理语言学研究》,《华南师范大学学报》2010年第2期,第66页。

语言中的否定范畴、什么是否定成分、什么是否定句等。对语言研究中涉及的基本概念进行科学的界定是研究语言中的否定的前提和基础。

（一）关于"否定"

《现代汉语词典》（第7版）解释"否定"为："❶动否认事物的存在或事物的真实性；❷形属性词。表示否认的；反面的。"语言研究中有人为"否定"作过简单的界定，但较少有人进行深入探讨。关于语言否定，主要有以下几种常见的界定方法。

1. 语言否定的逻辑界定

叶斯柏森（Jespersen）在讨论否定的意义时强调了语言否定与数学否定之间的差异，认为"语言否定则把一个概念变成它的矛盾概念，至少在理论上如此"。① 高名凯（1948）基本沿用了叶斯柏森的观点，并从汉语的角度对否定的表达进行了论述，这种界定是从逻辑角度进行的。

2. 语言否定的范畴界定

徐杰、李英哲（1993/2001）认为："可以把'否定'、'疑问'和'焦点'放在跟线性语法结构相对立的位置上。"② 可见他们是把否定归入非线性语法范畴的。袁毓林（2000）在此基础上又深入了一步，认为："在某种比较深的分析层次上，否定可以看作是一种非线性的语法范畴；是否定性词语作用于作为简单句的肯定句上，从而造成作为复合句的否定句。"③ 戴耀晶（2000）认为："否定和肯定是一对语义范畴。"④ 可见，他是将否定归入语义范畴的。文贞惠（2003）认为："'否定'也跟其他语义范畴一样，是人类认知客观世界的一种方式。"⑤ 这说明，她把否定首先归入语义范畴，并提出否定也是一种认识方式，即否定也属于认知范畴。同时她在该文中也表达了这样的观点："作为一个语义语法范畴，否定的意义必须通过具体的形式手段来实现，词语的形式、特定的标志、

---

① 叶斯柏森：《语法哲学》，商务印书馆2009年版，第505页。
② 李英哲：《汉语历时共时语法论集》，北京语言文化大学出版社2001年版，第160页。
③ 袁毓林：《论否定句的焦点、预设和辖域歧义》，《中国语文》2000年第2期，第102页。
④ 戴耀晶：《试论现代汉语的否定范畴》，《语言教学与研究》2000年第3期，第45页。
⑤ 文贞惠：《现代汉语否定范畴研究》，博士学位论文，复旦大学，2003年，第1页。

语气或语调的形式，一定的句子格式或者语言使用者的心理意图，等等，这些都可以共同负责传达句子的否定意义内容，都可以成为承担否定意义的载体。"① 从范畴归属的角度看，否定在前期曾被归入了认知范畴、语法范畴、语义范畴和语义语法范畴。

3. 语言否定的功能界定

吕叔湘（1947）提出了广义语气说。其中，他将"正与反"意义上的"否定"归入语义范畴，隶属于广义的语气范畴。同时，他将否定性的反诘和否定性的禁止归入狭义的语气范畴。高名凯（1948）在"句型论"部分讨论了五种命题，与"询问命题""疑惑命题""命令命题""感叹命题"平行且列在第一章的就是"否定命题"。可见他将否定命题视为具有语气作用。胡裕树（1981/2011）将否定归入语气与口气范畴。"句子可以有种种口气，例如肯定与否定、强调与委婉、活泼与迟疑，等等，都用于思想感情方面种种色彩的表达。"② 齐沪扬（2002）在探讨现代汉语语气系统时提出了"大语气词"的说法，并建立了新的语气分类系统。"我们把语气分为功能语气和意志语气两类。以'表示说话人使用句子要达到的交际目的'为依据，划分出来的是语气的功能类别，语气词往往是功能类别的形式标志。如陈述语气往往用语气词'的''了'，疑问语气往往用语气词'吗''呢'，祈使语气往往用语气词'吧'，感叹语气往往用语气词'啊'等等。"③ 其中否定语气和肯定语气是陈述语气的下位语气，隶属于功能语气。

当然，也有从其他角度讨论语言否定问题的。孙万彪（1983）在讨论英语中的否定和否定句时认为："否定是修饰句子意义的一个主要表现形式，是构成否定陈述的过程或结果。否定作为自然语言里的一个纷繁复杂的现象，历来为语言学家所重视。"④ 这里包含三层含义：一是认为否定能够修饰句义；二是否定是否定的过程或结果；三是否定是自然语言现象。较多的研究成果在界定否定时还是以归入相应范畴的方式进行

---

① 文贞惠：《现代汉语否定范畴研究》，博士学位论文，复旦大学，2003年，第27页。
② 胡裕树：《现代汉语》，上海教育出版社2011年版，第379页。
③ 齐沪扬：《论现代汉语语气系统的建立》，《汉语学习》2002年第2期，第10页。
④ 孙万彪：《英语的否定和否定句》，《外国语》1983年第1期，第37页。

的。梁晓波（2004）认为："否定是语言中的重要表达形式之一，一直是哲学、逻辑学和语言学中的重要课题。"① 惠秀梅（2004）认为："逻辑否定是语言否定的核心，但并不是全部。在逻辑学中，否定命题可以用形式语言公式来表达，但是在语言中否定结构必须是能用语言表达出来的语句。语言研究否定时，必须同时兼顾内容和形式两个方面。语言否定在否定的对象、否定词的辖域、否定的意义、否定的表达手段以及肯定和否定之间的对立关系等方面都有许多不同于逻辑否定的地方。"② 刘安全（2006）认为："逻辑否定是各门自然语言否定意义表达的核心。如果我们把逻辑原理当作参照标准的话，那么，语言的否定，比起逻辑否定来，就要复杂得多。而且，在否定成分的表现形式上，在否定成分与句中其他成分的关系表达方面，语言的否定都要比逻辑上的表现形式更加灵活多变。在某些方面，语言否定的表现形式似乎缺乏逻辑上的严密、精确。"③

（二）关于"否定范畴"

"否定范畴"应该是语言研究中使用起来非常混乱的一个概念。这表现在两个方面：一是不同的研究者会在不同的意义上使用这个概念；二是对否定范畴的属性界定也有不同看法，出现了各种不同的观点。

1. "否定范畴"的使用

"否定范畴"作为一个术语，不同的使用者对其认识也不同。对于语言研究中的否定范畴来讲，研究者的一个共识就是它与逻辑学的否定范畴不同。因为语言中的否定虽然以逻辑上的否定为核心，但语言否定毕竟不等同于逻辑否定。所以，语言学中的否定范畴必然与逻辑学中的否定范畴不同。语言研究中的"否定范畴"概念，通常在两种意义上使用：一是否定范畴是指不同语言或方言中表达否定意义的各种语言形式的聚合。这是很常见的一种使用情形，如李军、滕春华（2001）在讨论现代维吾尔语否定范畴的时候认为："现代维吾尔语的否定范畴由单纯否定

---

① 梁晓波：《否定的认知分析》，《外语研究》2004 年第 5 期，第 12 页。
② 惠秀梅：《俄语否定范畴的意义与表达手段》，博士论文，黑龙江大学，2004 年，第 1—2 页。
③ 刘安全：《语言否定与逻辑否定的不同之处》，《西南民族大学学报》2006 年第 10 期，第 223 页。

词、派生否定词和否定构形语素构成。这三个组成部分之间存在既相对独立又密切相关的有机联系。"① 在这个意义上使用的否定范畴显然可以归纳为否定表达方式范畴或否定的语言表现形式范畴。这时,"范畴"概念也是在一般的意义上使用的,不是语法研究中用到的语法范畴的概念。二是在语义范畴、语法范畴、语义语法范畴等意义上使用的否定范畴。否定范畴的属性究竟是什么?这是目前讨论较多,同时也是分歧较大的问题。我们将在下文陈述我们的观点。

2. 否定范畴的属性界定

否定范畴究竟具有什么样的属性,是近年来学界关注较多的一个问题,也是定性较乱、争议较大的问题。

(1) 否定属于认知范畴

人们对否定的普遍认识是:否定是一种思维活动,在人类的认知过程和交际过程中都起着十分重要的作用。对于否定的本质,一个共识是:否定即"不存在"。也就是说,否定是人类在认知过程中认识到的事物的"无"。人类对事物的存在,即"有"的认知,应该是比较直观并具有直接的体验性特征。对"不存在"的认知应该是在体验基础上进行的再度思维的结果。李宇明(2000)认为:"人类在认识世界和改造世界的过程中,逐渐对各种事物的性质、特点等有所感知,有所认识,形成各种各样的范畴,如'时间'、'空间'、'数量'等等,从而构建出人类的文化世界。构成人类文化世界的各种范畴称为'认知范畴'。"② 否定包括与之对应的肯定,作为人类认识客观世界和主观世界的一种方式,通常被归入认知范畴。这个层面上的否定还不是语言中的否定,而是属于认知层面的否定。

(2) 否定属于语义范畴

否定是个语义范畴,这应该是大多数语言研究者都认可的观点。戴耀晶(2000)认为,否定和肯定都属于语义范畴,并从不同角度对语义范畴的否定进行了分析。他认为:"否定和肯定这一对范畴在句法形式和

---

① 李军、滕春华:《现代维吾尔语否定范畴探析》,《语言与翻译》2001年第2期,第11页。

② 李宇明:《汉语量范畴研究》,华中师范大学出版社2000年版,第1页。

语义解释上存在不平行，这是由否定的特殊语义性质决定的。具体表现为，否定的量向大确定，否定具有［保持］的语义特征，否定与事件'之前'相容，否定范围有多种可能性，否定是有标记的形式，等等。"① 从这个角度看，大量确定、［＋保持］、与"事件之前相容"可以看作否定的范畴意义特征；否定多能性和有标记可以看作语言否定的形式范畴特征。当然，这是从语法学的角度观照否定问题。

从否定的普遍性及其在语言中的映射角度，否定也被归入了语义范畴。胡清国（2006）在分析否定观念和否定范畴时认为："事物的内部矛盾和人与外部世界的矛盾始终相生相伴，互为依赖又互为排斥，矛盾是时时存在、处处存在的。矛盾的普遍性和客观世界的否定性本质必然会通过人们的思维，成为一种共同性的认知体验，从而上升为知识和理性认识，否定观念就是其中的表现之一。"② 胡清国所说的否定显然属于认知范畴。认知范畴的否定必然要映射到语言中，从而成为语言的语义范畴。语言是形式和意义的结合体，作为语义范畴的否定需要有相应的形式来表现。这在不同的语言中都共性地存在着，如汉语中的"不""没"作为否定标志就是表达否定意义的。

（3）否定属于语法范畴

否定属于语法范畴。徐杰、李英哲（1993/2001）曾经讨论过焦点、否定和疑问问题。通过对焦点和否定的研究，他们认为："否定中心和否定词没有直接的前后语序关系。否定中心的选择取决于独立于否定本身的焦点选择。而否定词的语序安排取决于它们的词类性质和同时带有标记的特点。否定作为一种句范畴仅仅是对肯定的改变，而并没有改变原句的焦点。"③ 也就是说，他们认为，否定范畴和焦点范畴都是全句范畴，与单个的句法成分和线性的语法结构没有直接的关系。基于这样的认识，他们将否定归入了非线性的语法范畴。

袁毓林（2000）在讨论否定句的焦点、预设和辖域歧义问题时，通过证明否定句的焦点和否定词的否定中心可以分离，以此对徐杰和李英

---

① 戴耀晶：《试论现代汉语的否定范畴》，《语言教学与研究》2000年第3期，第49页。
② 胡清国：《否定观念和否定范畴》，《赣南师范学院学报》2006年第2期，第38页。
③ 李英哲：《汉语历时共时语法论集》，北京语言文化大学出版社2001年版，第151页。

哲的观点提出质疑。他认为："在某种比较深的分析层次上，否定可以看作是一种非线性的语法范畴；是否定性词语作用于作为简单句的肯定句上，从而造成作为复合句的否定句……但是，在表层结构平面上，非线性的否定范畴总是要用线性形式来实现的；也就是说，否定词总是要插入到其操作对象简单句的某个位置上。"① 进而证明了否定在表层结构上是一种线性的语法范畴，否定有独立的辖域和焦点，否定词的位置有特定的语序效用。

文贞惠（2003）认为："作为一个语法范畴，语义否定所注重的是语法形式手段表现出来的结果。它跟任何的语法范畴一样，必须包含着某种抽象的语法意义，而这种语法意义必须都是由数目有限的语法形式来体现。"②

否定作为一种抽象的意义由不同的语法形式来表示，这在不同的语言中都是如此。但是，否定是否可以确立为语法范畴却是值得深入研究的。

（4）否定属于语义语法范畴

明确界定否定属于语义语法范畴的是文贞惠（2003）。"作为一个语义语法范畴，否定的意义必然通过具体的形式手段来实现，词语的形式、特定的标志、语气或语调的形式，一定的句子格式或者语言使用者的心理意图等等，这些都可以共同负责传达句子的否定意义内容，都可以成为承担否定意义的载体。"③ 语义语法范畴的概念最早是胡明扬（1987）提出来的，1994 年他对这一概念进行了深入的阐释。"语义语法范畴指的是一定的语义内容和相应的语法形式，主要是和隐性语法形式相结合而构成的语法范畴。"④ 他同时申明，所有的语法范畴归根结底都是语义语法范畴。之所以把一部分语法范畴称为语义语法范畴，是为了强调这部分语法范畴和语义之间特别明显的联系，也是为了从语义内容着手去寻找相应的语法形式，从而确立新的语法范畴。马庆株在这方面作了大量有益的探索。

---

① 袁毓林：《论否定句的焦点、预设和辖域歧义》，《中国语文》2000 年第 2 期，第 102 页。
② 文贞惠：《现代汉语否定范畴研究》，博士学位论文，复旦大学，2003 年，第 33 页。
③ 文贞惠：《现代汉语否定范畴研究》，博士学位论文，复旦大学，2003 年，第 27 页。
④ 胡明扬：《语义语法范畴》，《汉语学习》1994 年第 1 期，第 2 页。

否定作为一种抽象的语法意义是由特定的语法形式表现的。但它是否属于语义语法范畴尚待深入研究。

（5）否定属于语用范畴

前面我们已经部分地提及了否定范畴的归属问题。吕叔湘、高名凯把否定归入语气范畴，胡裕树把否定看作语用平面的一种表现，齐沪扬提出大语气词的概念并把否定归入功能语气中的陈述语气，并作为陈述语气的一个小类。从宽泛的语用角度看，他们都将否定归入了语用范畴。

还有一种研究思路是从语用的角度观照语言中的否定问题。沈家煊（1993/2002）将语用否定与语义否定分立，并从语用角度分析了语用否定问题。他"考察了五类语用否定：1.否定由'适量准则'得出的隐含义；2.否定由'有序准则'得出的隐含义；3.否定风格、色彩等隐含义；4.否定'预设'意义；5.否定语音或语法上的适宜条件。从功能和形式上考察，语用否定有三个特点：1.语用否定都是'引述性否定'；2.语用否定都是辩解式否定；3.语用否定和后续的肯定代表一个'言语举动'"。[①] 继此之后，从语用角度考察否定问题还有大量研究成果问世。从语义和语用两个角度分立考察否定问题，如果立足语用角度，可以看作是将否定归入语用范畴。当然，这种研究并没有排除将否定看作语义范畴。

综上所述，语言中的否定究竟属于哪个范畴，还需要深入分析。

（三）关于"否定标记"

否定标记显然是个后起的说法，通常也称为否定词语、否定成分，也有人称之为否定载体。关于否定标记的范围、分类等问题，学界也存在不同看法。

1. 否定标记的界定及范围

否定标记通常是指那些表达否定意义的词语，如"不""没""没有""无"等，被称为否定词或否定词语。学界对于汉语中都有哪些成分是否定标记看法不一。

[①] 沈家煊：《著名中年语言学家自选集——沈家煊卷》，安徽教育出版社2002年版，第124页。

（1）关于否定标记的传统看法

吕叔湘（1947/1958）认为："肯定的句子无须特别用字来表示肯定的意思，除非要表示某种语气；否定的句子却是必须要有否定的字样。"①这里"否定的字样"可以理解为目前称说意义上的"否定标记"。吕叔湘认为："不"是最常用的否定词，对应古代汉语的"弗"；否定事物的存在，白话用"没"或"没有"，文言常用"无"，偶尔也用"无有"；否定事物具有某种属性，白话用"不是"，文言中用"非""匪""不为"；"未"是古代汉语特有的否定词，是对已然事件进行否定，与现代汉语中的"没（有）"对应；"文言'毋'和'勿'这两个否定词通常用于禁止的语气"。②"否"字是称代性及应对用的否定词。

孙也平（1978）比较全面地论述了现代汉语中所使用的否定标记。"现代汉语的否定词不多，总共不过十几个，常用的只有五六个。"③他所说的"现代汉语的否定词"事实上是指在现代汉语中使用的否定词，主要包括"没、没有、无、别、甭、非、否、未、勿、休、莫"等，其中"非、否、未、勿、休、莫"显然是古代汉语中的否定词。其中"没"和"没有"是否定动词，多作谓语或谓语中心。"'没'和'没有'这两个词，在使用上没有多大分别，几乎完全可以对调。只是那些口语里单音节名词的前面，用'没'的时候要多一些。"④其他否定词一律归入否定副词，并分为三组。其中"不"为一组，使用频率最高，除具有否定功能外，还能表示主语动机或愿望，在一定程度上与古代汉语的"非""否"相对应；"没、没有"是第二组，与"不"句法功能基本一致，但在语法意义上只表达行为的客观效果，不涉及施动者的主观动机，一定程度上与古代汉语中的"未"对应；第三组是"别、甭"，其突出特征是用在祈使句中，表示禁止他人的行动。与"别"相对应的是古代汉语中的"勿""休""莫"。

对于究竟哪些成分属于否定标记，石毓智（2001）认为："汉语中最

---

① 吕叔湘：《中国文法要略》，商务印书馆1958年版，第237页。
② 吕叔湘：《中国文法要略》，商务印书馆1958年版，第243页。
③ 孙也平：《现代汉语否定词初探》，《齐齐哈尔师院学报》1978年第2期，第28页。
④ 孙也平：《现代汉语否定词初探》，《齐齐哈尔师院学报》1978年第2期，第28页。

典型的否定方法是用否定标记'不'或'没'进行否定。"① "否定标记除'不'和'没'之外，还有在祈使句中表示否定的'别、甭'等，以及古汉语残留的、书面色彩较浓的否定词'无、莫、勿、未、休、毋'等，其中'无'和'未'的用法与'没'相当，其余的用法相当于短语'不要'。"②

从这个角度看，现代汉语中的否定标记主要包括"不、没（有）、别、甭"。其中"不""没（有）"多用于陈述事件，"别""甭"基本用于否定祈使。

（2）关于否定标记的新兴看法

关于否定标记的新兴看法，目前主要有两种：一种是从话语分析的角度提出了话语否定标记的说法，另一种是有些学者发现并讨论了新产生的否定标记。

自 20 世纪 70 年代开始，话语标记研究逐渐受到语言学家的关注，到 20 世纪末已成为语言研究的热点。"在各种语言中，都有这样一些看似无关紧要的语言成分，其语义、功能及句法地位无法从句子层面进行分析，但如果将其放在整体话语或更大的交际语境中考察，其意义和功能就能得到满意的解释。这些语言成分就是话语标记语。"③ 在话语标记的研究中，有些研究者提出了"话语否定标记"的说法。王蓓（2011）认为："'X 不 X'类附加问句，是指'是不是？''对不对？''好不好？''行不行？''知道不知道？'等诸如此类，它们都是在交际中说话人在自己的表述话语末句的尾部附加的疑问。"④ 她认为，这些成分都是附加问句否定话语标记。不论王蓓（2011）得出的结论是否准确，但有一点是明确的，即话语否定标记首先是话语标记。李先银（2015）在讨论话语否定的基础上进一步讨论了话语否定标记——"真是"。"话语否定是根据个人价

---

① 石毓智：《肯定与否定的对称与不对称》，北京语言文化大学出版社 2001 年版，第 23 页。
② 石毓智：《肯定与否定的对称与不对称》，北京语言文化大学出版社 2001 年版，第 24 页。
③ 谢世坚：《话语标记语研究综述》，《山东外语教学》2009 年第 5 期，第 15 页。
④ 王蓓：《话语否定标记"X 不 X"的语用功能浅析》，《才智》2011 年第 26 期，第 176 页。

值系统和情感系统对话语环境中的刺激作出的否定性反应和评价。"① "真是"在具体语境中能够表达某种道义和情感上的否定，因此是话语否定标记。话语否定标记从本质上看还是话语标记，它或者能够反映道义上的否认，或者反映情感上的不认同，从而成为话语否定标记。话语否定标记与否定标记之间是什么样的关系，还需要深入研究。

关于否定标记的另一种看法就是新兴的否定标记。这方面的成果不多，郑娟曼、邵敬敏（2008）可为代表。郑娟曼、邵敬敏认为，后附的"好不好"是否定标记。"作为一个新兴的'否定'性话语标记，'好不好'在否定类型上表现出多样性的特点。它既可以表示语义否定，又可以表示语用否定。语义否定，是否定句子表达的命题的真实性，即否定句子的真值条件（truth conditions）。而语用否定不是否定句子的真值条件，而是否定句子表达命题的方式的适合性，即否定语句的适宜条件（felicity）。"② "好不好"在后附的使用情形下可以表达提醒、拒绝、申辩、反驳等不同语气，使说话人的态度、意见或立场更加明确，这是毋庸置疑的。这说明"好不好"具有一定的语气功能。但是"好不好"是否可以定性为否定标记或话语否定标记，似乎还有待深入探究。

2. 否定标记的分类

否定标记的分类可以从如下几个方面进行：从否定内容角度看，可以分为描述性否定标记与元语言否定标记；从否定标记的典型性角度看，可以分为典型的否定标记与新兴的否定标记；从共时使用范围角度看，可以分为普通话中的否定标记与方言中的否定标记；从历时使用范围角度看，可以分为古代汉语中的否定标记与现代汉语中的否定标记。其中，我们认为对描述性否定标记与元语言否定标记、典型的否定标记与新兴的否定标记的研究可能更加重要。

（1）描述性否定标记与元语言否定标记

描述性否定标记与元语言否定标记分别指在描述性否定和元语言否

---

① 李先银：《基于自然口语的话语否定标记"真是"研究》，《语言教学与研究》2015年第3期，第60页。

② 郑娟曼、邵敬敏：《试论新兴的后附否定标记"好不好"》，《暨南学报》2008年第6期，第106页。

定中使用的否定标记。"描述性否定所否定的是句子命题的真实性，即其真值条件。元语言否定则是对先前言语中除真值内容外的任何方面进行反驳，否定其预设、规约或会话含义、形态、语体色彩、风格或者语音等等多个方面。"① 笼统地讲，描述性否定也可以称为语义否定或真值否定，元语言否定也可称为语用否定或话语否定。目前针对这两种否定标记还存在不同的看法，即元语言否定是否存在特有标记的问题。

沈家煊（1993）认为，汉语中存在"不"和"不是"的对立，其中"不"是描述性否定标记，"不是"是元语言否定标记。Wible、Chen（2000）的研究也支持这样的看法，认为汉语的否定算子"不"不能当作元语言否定标记。与此对立的观点则认为不存在这样的对立。"元语言否定和描述性否定的区别不在于否定算子本身，而在于否定辖域内容的性质：描述性否定辖域内容是对世界上事态的表征，而元语言否定辖域内容则是对表征的表征，是元表征成分，或者说回声性成分，否定算子辖域内容对算子本身的性质不构成任何影响。"② 这说明，否定标记本身是不存在对立的，对立的是否定的内容。

（2）典型的否定标记与新兴的否定标记

近来对否定标记的研究表明，从否定标记典型性角度可以将其分为典型的否定标记和新兴的否定标记两种。其中，典型的否定标记内部认可度也不同。"不、没（有）"是现代汉语中最典型的否定标记，这已经成为定论。吕叔湘（1947/1958）认为："肯定的句子无须特别用字来表示肯定的意思，除非要表示某种语气；否定的句子却是必须要有否定的字样。最常用的否定词是'不'字，这是个限制词，只用在形容词和一般的动词之前。"③ 石毓智（2001）认为："汉语中最典型的否定方法是用否定标记'不'或'没'进行否定……说用'不'和'没'的否定结构是最典型的，一方面是指它们的使用频率最高，另一方面是指从它们

---

① 赵旻燕：《汉韩"元语言否定标记"研究》，《解放军外国语学院学报》2010年第5期，第41页。
② 李先银：《基于自然口语的话语否定标记"真是"研究》，《语言教学与研究》2015年第3期，第60页。
③ 吕叔湘：《中国文法要略》，商务印书馆1958年版，第237页。

中总结出的规律同样适用于其他否定手段。"①

现代汉语中通常被纳入否定标记范畴的还有"别、甭"以及"不要、不是"等。"'别'字句的主要语法意义不仅是指'禁止',还包括'劝阻'与'求免',合称'否定性阻拦',此外还可以表示'否定性猜测'、'否定性警告'以及'否定性评价'等语法意义,总的可称为'否定性意愿'。"②可见"别"是被归入否定标记范畴的。郝琳(2009)对"别"与"甭"进行了比较,认为"'甭'的后续组合成分多种多样,可以是动词性成分、形容词性成分,也可以是名词性成分或小句。不同的组合格式体现了不同的语用特色,表现出与'别'的某些差异"。③关于对"不是""不要"等的看法,共识与分歧并存。吕叔湘(1947/1958)认为"不是"是对"是"的否定,此后也有人将其直接看作一个否定标记。有人认为"不要"与"甭"有源流关系,是一个否定标记。总之,"别、甭""不要、不是"是否具有否定标记的资格,还是一个尚待讨论的问题。

近来对新兴否定标记的研究是一个值得关注的现象。郑娟曼、邵敬敏(2008)认为,后附的"好不好"是一个新兴的否定标记。"作为附加问形式的'好不好',有一种新的后附否定性用法,即针对对方的认识 a 提出不同的看法 b。该用法已基本上丧失了原来的词汇意义而发展成为话语标记。它既可用于语义否定,也可用于语用否定。"④姜炜、石毓智(2008)讨论了"什么"的否定功用问题。他们认为:"什么"是口语中使用频率非常高的否定标记,其核心功能是对已经实现的状况的否定,与现代汉语其他否定标记之间存在明确的分工。"什么"的否定用法属于有标记的一类,只能用在句子的层面上。可见,他们是把"什么"看作与"不""没""别""甭"平行的否定标记。李先银(2015)讨论了话

---

① 石毓智:《肯定与否定的对称与不对称》,北京语言文化大学出版社 2001 年版,第 23 页。
② 邵敬敏、罗晓英:《"别"字句语法意义及其对否定项的选择》,《世界汉语教学》2004 年第 4 期,第 18 页。
③ 郝琳:《"别"与"甭"》,《语言研究》2009 年第 4 期,第 107 页。
④ 郑娟曼、邵敬敏:《试论新兴的后附否定标记"好不好"》,《暨南学报》2008 年第 6 期,第 104 页。

语否定标记"真是"。他认为:"'真是'的核心话语意义是表达话语否定,而斥责、责怪、抱怨、嗔怪等是'话语否定'在具体语境中不同语义强度和情感强度的实际表现。"① 很多关于新兴的否定标记的成果是结合话语研究进行的。这些新兴的否定标记是否真的具备否定标记的资格,还有待进一步研究。

(3) 普通话中的否定标记与方言及民族语言中的否定标记

目前,汉语否定标记研究的成果还主要集中在普通话方面。近年来,对方言中否定标记的研究也逐渐受到越来越多的关注。关于方言和民族语言否定标记的研究主要可以分为两种类型:一种是对某种特定方言否定标记的个案研究,另一种就是对方言与普通话否定标记的比较研究。目前关于方言否定标记的研究主要涉及潮州话、慈溪话、恩施方言、福州话、固原方言、贵州锦屏方言、桂北永福话、河南浚县方言、湖北安陆方言、湖南邵东话、建阳方言、客家话、闽东古田方言、闽南话、南阳方言、陕西户县方言、邵阳方言、绍兴方言、天台话、乌鲁木齐方言、湘方言、赣语、湖南贵阳六合土话、云南方言、长沙话等不同方言区(片)。在这些研究中,部分成果还涉及了方言和普通话否定标记的比较研究。其中,民族语言否定标记研究主要涉及白语、仡佬语、羌语、满语、西夏语、壮语、仡央语等不同民族语言。

此外,否定标记的研究还可以从古代汉语否定标记和现代汉语否定标记两个侧面入手。当然,从其他的角度我们也可以为否定标记的研究区分出不同的类型。

(四) 关于"否定结构"

我们主要梳理了汉语中不含否定标记却能够表达否定意义的凝固型结构或半凝固型结构。含有否定标记且常规表达否定意义的情形,不在关注范围之内。

汉语表达否定的手段有多种,总的来讲,包括词汇手段、句法手段和语用手段。周静(2003)曾简单论及汉语无标记否定表达手段,在分析词汇手段时,她认为:除目前公认的否定词,如"不曾、甭、不、不

---

① 李先银:《基于自然口语的话语否定标记"真是"研究》,《语言教学与研究》2015年第3期,第59页。

必、别、非、没、没有、莫、未、未尝、未必、毋庸、未曾、无从、无须"等之外，现代汉语还使用动词、形容词、数词、代词、副词等表示否定。具有否定意义的动词如"拒绝、否认、阻止、幸免、休想"等，具有否定意义的形容词如"难"等，具有否定意义的副词如"白、空、干、瞎、徒"等，具有否定意义的数词如用"零"表达不存在，用"六"表达否定（知道个六）。代词表达否定的如"什么、哪、哪儿、哪里、几时"等。事实上，这里有些否定的表达显然不是词汇本身的原因，而是结构造成的，如疑问代词的否定表达、"X个六"等的否定表达都不能看作词汇本身的原因。这些表达否定意义的结构均为我们关注的无否定标记的否定结构。

目前，关于无否定标记的否定结构研究中受关注最多的是疑问代词构成的结构，其中研究最充分的当属"什么"。李一平（1996），邵敬敏、赵秀凤（1989），李书同（2002），李彦凤（2007），丁雪欢（2007），姜炜、石毓智（2008），吴丹华（2010），白玉寒（2011），樊莉（2012），李彦凤（2014）以及近来完成的博士、硕士论文中都有对"什么"表达否定的研究。此外，疑问代词中表达否定的"哪里、谁"等也都有相关成果出现。

除疑问代词外，还有一些特殊结构也受到了关注。如吴继章（1993）讨论了汉语中"……个六/屁/蛋/屌/屎/毬"一类特殊的否定形式；王一军（1999）讨论过"发棺材（对发财的否定）、算肚子胀（对算账的否定）、搬螃蟹夹（对搬家的否定）"一类否定表达；蔡丽（2001）讨论了表否定义的"管"字句；杜道流（2006）讨论过"Q才VP"（王八蛋才挣你的钱、孙子才和你玩、鬼才愿意上这儿来）类口语中表达否定的结构；马宁（2013）讨论了"才怪"的语用否定；张谊生（2015）讨论了贬抑性否定规劝构式"你少X"。

还有一类受关注较早也较多的是反问句的否定表达功能。除吕叔湘（1947/1958）的经典论述外，近来也有不少成果论及这个问题。如曾毅平、杜宝莲（2004），常瑛华、兰成孝（2008），李宇凤（2010），朱军（2013）等。

除此之外，目前也有论及语用否定的情形，即不从结构角度入手，而是在更大范围的语境中观察表意问题。我们暂不把这样的情形归入结构否定和否定结构内。

二 语言研究中否定的分类

否定在语言研究中如何分类，主要取决于标准的选用。标准不同，分出的类别也就不同。目前，语言学常见的关于否定的分类主要有如下几种。

（一）有标记否定与无标记否定

有标记否定和无标记否定，也称显性否定和隐性否定。它们的区分主要在于否定表达中是否包含起否定作用的否定标记。"无标记否定是相对于有标记否定而言的。有标记否定是指用否定词'不'、'没'、'没有'或'别'等表示的否定，而无标记否定是指不用否定词却仍然表示否定意义的语言现象。"[①] 这种区分方式表面上看很清晰，但事实上还是存在问题：一方面，对否定标记的认定是有差异的。"不、没、没有、别、甭"等通常被归入否定标记，这样的否定表达称为有标记的否定似乎没有问题。但是还有人将"什么、哪里"等也归入否定标记，那么，含有这些成分的否定表达该如何归类就成了问题。再进一步，"别、甭"与"不、没、没有"之间的差异也是非常明显的，是不是否定标记，是哪类否定标记，似乎还需要深入分析。另一方面，无否定标记的表达究竟有哪些类型，似乎还没有搞清楚。盛银花（2007）将无标记否定分为两大类及八个次类，但也似乎未能穷尽。更何况她的分类中有些是否可看作否定标记还只是一家之言，有待深究。

（二）冗余否定与含蓄否定

如果把冗余否定（也称羡余否定）与含蓄否定也看作一种分类的话，那么只能将其看作是从否定标记与否定表达之间关系的角度分出来的类别。英语、汉语等多种语言中都有这样的表达形式。"句子虽含否定结构，却并不表示否定意义，只是一种委婉口气或是一种惯用法，整句的真正含义是肯定的，这就是'多余否定'结构（pleonestic negation）。"[②] 事实上这是一种用否定形式进行肯定表达的情形，不是否定表达的问题。

---

① 盛银花：《答话中的无标记否定》，《武汉科技大学学报》2007 年第 4 期，第 416 页。
② 邱志芳：《多余否定与含蓄否定》，《福建外语》1996 年第 4 期，第 18 页。

"用一些暗含否定的词、词组或句子含蓄而直接地表示出否定意思,即有否定之义而无否定之形,这就是含蓄否定。"① 这在很多语言中都是很复杂的。就汉语来讲,从否定载体的角度看,词素、词、词组和句子都可能传达否定含义。从否定标记的角度考察,这是一种肯定形式(没有否定标记)表达否定意义的情形。因此,严格来讲,这不是关于否定的一种分类。

(三)语用否定与语义否定

区分语用否定与语义否定的经典讨论可参看沈家煊(1993)。他认为,语用否定与语义否定相对,"'语义否定'是否定句子表达的命题的真实性,即否定句子的真值条件(truth conditions)……'语用否定'不是否定句子的真值条件,而是否定句子表达命题的方式的适合性,即否定语句的适宜条件(felicity conditions)"。② 语用否定就是否定句子的隐含意义,可以有不同的类型和原因。沈家煊(1993)认为,语用否定可以否定"适量准则""有序准则"引出的隐含义,否定色彩、风格等隐含义,否定预设意义,否定语音或语法上的适宜条件。语用否定都具有引述性、辩解性和言语举动特征。

语义否定和语用否定的区分很多时候与内部否定和外部否定、描写否定和元语否定相关。Horn 认为:"内部否定是描写性否定,因为它否定的是命题的真假,可用真假判断,外部否定可以构成元语否定。元语否定是说话者不愿意接受或不愿断定已出现的某一命题。它的目标不在命题的真假,而是在于对上下文中上面一个说话者的话语的断定性。"③ 孔庆成(1995)对元语否定与外部否定的关系作了界定。他认为,外部否定不全是元语否定,其中排除性否定、选择性否定不是元语否定。在元语否定类型的区分上,孔庆成的观点与沈家煊的语用否定观基本一致。史尘封(2004)在讨论"语用否定"时认为:"在言语交际中,话语往往具有双层语义层面:一是话语的句法意义(即字面意义),而句法意义是约定俗成的,所以,又有人称它为规约意义。字面意义是显性的,从

---

① 邱志芳:《多余否定与含蓄否定》,《福建外语》1996 年第 4 期,第 19 页。
② 沈家煊:《"语用否定"考察》,《中国语文》1993 年第 5 期,第 321 页。
③ 孔庆成:《元语否定的类型》,《外国语》1995 年第 4 期,第 11 页。

字面上一看便知。二是话语的隐藏意义，即我们说的语用含义。语用含义是隐性的，它隐藏在句法意义的后面，从字面上是看不到的。语用否定就是语用含义中的否定语义，简称为语用否定。"① 史尘封（2004）将语用否定与语法否定相对。至于语用否定的方式，他认为，有"用疑问词表示的语用否定""用疑问句表示的语用否定""持续动词表示的语用否定""用模糊词语表示的语用否定""用情态动词表示的语用否定""话语遮断式语用否定""话题转移式语用否定""沉默式语用否定"等多种不同类型。这与 20 世纪末的讨论相比，已经有了很大进展，但其中有较多问题还值得商榷。

同时，这种分类办法还存在一个层级的问题。如不同专家学者对于内部否定、外部否定与语用否定是否在一个层级上的论述还存在差异。因此，关于否定的分类，还值得继续深入厘清。

否定的分类，事实上还有很多种。张谊生（2015）对这个问题进行了详细、系统的总结。从否定的性质和类别角度，他首先将否定区分为语义否定与语用否定。其中，语义否定下分为命题否定、概念否定、真值否定、逻辑否定等类型，语用否定区分为隐含否定和预设否定，元语否定与羡余否定。从否定的层面与成分的角度，他将否定分为词内否定与词外否定，其中词内否定包括义素否定与语素否定，词外否定包括单词否定、短语否定和句子否定。从否定的方式与功用角度，他将否定分为单一否定、双重否定、多重否定，客观否定与主观否定，间接否定与直接否定等多种类别。从否定的作用与效果的角度，他将否定分为完全否定与局部否定，陈述性否定、修饰性否定与指称性否定以及降格否定与委婉否定等不同类型。这是截至目前建立的最为完善的否定分类系统。

当然，语言学中的否定研究还涉及很多其他方面，如宏观层面上的语言如何表达否定、否定标记与否定表达的关系等问题，微观层面上的否定焦点、否定辖域等问题。限于我们是从不同学科进行比较，就不在此一一评述了。

---

① 史尘封：《论语用否定》，《修辞学习》2004 年第 2 期，第 38 页。

第五节　我们对否定的认识

不同学科的研究成果为我们进一步认识否定提供了多样的观察视角，同时也为深入研究否定奠定了不同学科的理论基础。语言学研究否定更多的是关注否定形式、否定意义等问题，对于否定本质的思考相对较少。我们认为，全面认识否定并推动否定在语言学研究中的深入，还需要弄清楚否定的本质是什么，并在此基础上，结合语言实际对否定作出分类，对否定在语言学中的属性进行界定。

一　否定的本质

无论从哪个学科角度研究否定，其根本都是要弄清楚否定的本质是什么，这是研究否定的基础和重中之重。

哲学研究在很大程度上关注了否定的本质问题。但由于绝大多数哲学研究者倾向于从命题的角度关注否定，因此，虽然触及了否定的本质，但往往语焉不详。或者说，有的哲学家已经论及了否定的本质，但他们关注的却不是否定本质问题本身。

亚里士多德在《形而上学》中指出，"有一门科学，专门研究'有'本身，以及'有'借自己的本性而具有的那些属性。这门科学跟任何其他的所谓特殊科学不同；因为在各种其他的科学中，没有一种是一般地来讨论'有'本身的"。[①] 这里所谓的那门科学就是哲学。在这个"专门科学"中，曾经有过关于否定的界定。"所谓否定和缺乏，就是这个东西的否定和缺乏（因为我们或者只是简单地说那个东西不存在，或者是说它不存在于某一类的事物中；在后一种情形下，除了已包涵在否定中的意义之外，还有别的意义；因为否定仅只意味着所说的东西不存在，而缺乏则还包含着一种基质，所谓缺乏乃是用来述说那种基质的）。"[②] 事实

[①] 北京大学哲学系、外国哲学史教研室：《古希腊罗马哲学》，三联书店1957年版，第234页。

[②] 北京大学哲学系、外国哲学史教研室：《古希腊罗马哲学》，三联书店1957年版，第237页。

上，这样的论断中已经包含否定本质的思想。哲学本身表现为一种思辨，否定表现的就是人的一种思辨能力。对"有"的本性的思辨源于具体的"有"，就是那个东西的存在。而否定首先是讲那个东西不存在，即实体的"无"，进而讲属性在某一类事物中的存在（有）和不存在（无）。因为当时的哲学主要是要讲清楚"有"，即其任务不在于说明人的认识的产生和发展，所以，虽然对否定的本质进行了说明，但总体上不是作为主要任务和主要目标。

否定是人的一种认识（也包含人的认知能力），是主客体相互作用的结果，是人的认知心理发展到一定阶段的产物。起初，人们认为认识只有两种形式，即感性认识和理性认识。目前，一般都认可的认识形式有三种，即感性认识、理性认识和体验认识。关于感性认识和理性认识的讨论很多，也比较成熟，但近年来讨论更多的是体验认识，也称体验认知。宋德生（2004）认为："从本源上说，认知都是体验的，即人以自身的感觉器官直接感知客观世界，在与客观世界的互动中获得经验，认识世界。"① 这种观点目前的接受度很高，在语言学界也是如此。当然，语言学界多是用这样的理论去证明语言与世界的象似性。事实上，这也可以解释人类获得认识的方式或途径。对于否定来讲，它应该是对不同形式的认识结果。人类否定认识的获得正是不同的认识形式在发挥作用，认知过程结束沉淀的就是认知结果。

"任何关于认识发展的研究，凡追溯到其根源的（暂不论它的生物前提），都会有助于对认识最初是如何发展的这个尚未解决的问题提供答案。"② 这里我们尝试先分析人类否定认识的生成和发展，进而探讨否定的属性。

（一）否定的体验性

否定具有体验性，这是否定作为人的认识之一而具有的认识共性。荀子在其《正名篇》中即有对认识体验性的精彩论述。"形体、色、理，以目异；声音清浊，调竽奇声以耳异；甘、苦、咸、淡、辛、酸、奇味以口异；香、臭、芬、郁、腥、臊、洒、酸、奇臭以鼻异；疾、养、沧、

---

① 宋德生：《体验认知与语言象似性》，《外语教学》2004 年第 1 期，第 24 页。
② 皮亚杰：《发生认识论原理》，商务印书馆 1997 年版，第 21 页。

热、滑、铍、轻、重以形体异;说、故、喜、怒、哀、乐、爱、恶、欲以心异。心有征知。征知则缘耳而知声可也,缘目而知形可也。"也就是说,人对形体、色理、声音、味道、温度、好恶等的认识都是通过人不同的感知器官实现的,这就表现为体验性。

总的来讲,人的体验可以分为三类:空间内的体验、时间内的体验和价值内的判断。在空间范围内,人可以体验其观测视野范围内的存在物,即一定空间范围内某个具体存在物是否存在。在时间范围内,人可以体验在其测度的时间范围内某个事件是否发生。从价值判断的角度,人可以思考某个属性在某个事物身上是否存在。从人类认知能力发生和发展的角度讲,这构成了一个认知序列。

否定的体验性显然不是对存在或属性的直接体验,而是在这个基础上的更高层次的体验。这其中应该有其他的认知方式在起作用,我们以"有"为例,"有"最典型的体验应该是人对具体存在(物、实体)的体验,是空间内的体验类型。当人的认识发展到一定阶段,对客观存在的具体事物就形成了个体的"有"的概念。对这种具体的"有"的思辨则形成了第一哲学意义上的"有"。对具体事物的"有"的否定就是具体事物的"无"。这种体验显然是人的认知能力提高的结果,是"心有征知"的更高层次的体验。具体事物的"无"的思辨结果就是第一哲学意义上"无"的形成。

(二) 否定的互动性

否定认知具有主客体互动性。皮亚杰在讨论认识的心理发生问题时,提出了这样一个疑问:"是否所有的认识信息都来源于客体,以致如传统经验诸主义所假定的那样,主体是受教于在他以外之物的;或者相反,是否如各式各样的先验主义或天赋论所坚持的那样,主体一开始就具有一些内部生成的结构,并把这些结构强加于客体。"[①] 这个问题同样也适用于对否定的考察。

皮亚杰是从心理发生的角度来解释认识的获得,他一再强调认识的建构是通过主客体的相互作用完成的。从生物学的角度考察,"生物的发展是个体组织环境和适应环境这两种活动的互相作用过程,也就是生物

---

① 皮亚杰:《发生认识论原理》,商务印书馆1997年版,第21页。

的内部活动和外部活动的互相作用过程"。① 在行为主义刺激反应（S→R）的基础上，他提出"一个刺激要引起某一特定反应，主体及其机体就必须有反应刺激的能力"的观点，并将其描述为"S（A）R"公式。进而，他把这种认识总结为："认识既不是起因于一个有自我意识的主体，也不是起因于业已形成的（从主体的角度来看）、会把自己烙印在主体之上的客体；认识起因于主客体之间的相互作用，这种作用发生在主体和客体之间的中途，因而同时概括着主体又包含着客体，但是由于主客体之间的完全没有分化，而不是由于不同种类事物的相互作用。"② 否定也是主客体互相作用的结果。"如果从一开始就不存在一个认识论意义上的主体，也不存在作为客体而存在的客体，又不存在固定不变的中介物，那么，关于认识的头一个问题就将是关于这些中介物的建构问题：这些中介物从作为身体本身和外界事物之间的接触点开始，循着由外部和内部所给予的两个互相补充的方向发展，对主客体的任何妥当的详细说明正是依赖于中介物的这种双重的逐步建构。"③ 这个中介物，简单来讲就是身体本身与外界事物的关联，即皮亚杰所讲的"格局"（Schema）。

"格局可以说是认知结构的起点和核心……认识的获得必须用一个将结构主义（Structurism）和建构主义（Constructivism）紧密地联结起来的理论来说明，也就是说，每一个结构都是心理发生的结果，而心理发生就是从一个较初级的结构转化为一个不那么初级的（或较复杂的）结构。"④ 结构主义和建构主义的互动正是体现了认识的主客体的互动性。

从空间上的否定来讲，最简单和直接的体验就是"目异"。在一个主体设定或触及的空间范围内，目异的结果有两种：一种是某种存在物是存在的，即"有"；另一种是空间内没有任何存在物或没有主体标定的存在物。存在物的存在和不存在都是客体对主体的刺激。皮亚杰认为："个体如何能对刺激作出反应呢？这是由于个体原来具有格局来同化这个刺

---

① 皮亚杰：《发生认识论原理》，商务印书馆1997年版，第2页。
② 皮亚杰：《发生认识论原理》，商务印书馆1997年版，第21页。
③ 皮亚杰：《发生认识论原理》，商务印书馆1997年版，第21—22页。
④ 皮亚杰：《发生认识论原理》，商务印书馆1997年版，第4页。

激。个体把刺激纳入原有的格局之内，就好像消化系统将营养物吸收一样，这就是所谓的同化。"① 如果人体验"某地存在某物"并形成一个格局，那么类似的"某地存在某物"就都被纳入这个格局从而被同化。在逻辑智力阶段，经验的内容同化为人的思想形式，"有"这样的思想形式从而形成。当存在物不存在时，同化将不再起作用，而是自我调节开始起作用。因为"同化不能使格局改变或创新，只有自我调节才能起这种作用。调节是指个体受到刺激或环境的作用而引起和促进原有格局的变化和创新以适应外界环境的过程"。② 在自我调节的作用下，并在"某地存在某物"这个原有格局的基础上，"某地不存在某物"就形成一个新的格局，并最终成为人的思想形式，表现为"无"。以"某地"为背景的客观存在和不存在构成客观对立，当这种客观对立表现为人的思想形式，就成为"有"和"无"的对立，表现为双方之间的互为否定。

时间上的否定和价值上的否定最终都可以通过空间上的否定透视出来。在一个单位时间内，或者是主体观测事件的时间范围内，考察一个事件是否发生，最终与观察"某地是否存在某物"在原理上是一致的。在当代认识心理学中，由空间域向时间域的投射也是最典型的投射。当观测结果为特定时间内某个事件已经发生，就在思想形式上表现为"已经"，反之则表现为"未"。这从空间考察方式的角度看，就是在某个时间范围内这个事件表现为"有"或是"无"。空间上的否定和时间上的否定具有共性——互补性：否定一方则肯定另一方。当然，肯定一方也就否定了对立面。

价值判断的否定也是基于空间否定的观测方式，但比空间观察要复杂得多。这源于人的认知，价值最终要落实到存在物上。某个存在物是否具有主体言说的某种价值与某地是否存在某物，在机理上也是相同的。如我们说某个存在物"好"或"不好"，就是说这个存在物上存在或不存在"好"的属性。只不过，与空间和时间上的否定不同的是，价值判断的否定不是互补式的，而是极性式的。这是从空间格局分化出新的格局

---

① 皮亚杰：《发生认识论原理》，商务印书馆1997年版，第3页。
② 皮亚杰：《发生认识论原理》，商务印书馆1997年版，第21—22页。

的协同活动，也是建立新的格局和调整原有格局的过程，是对外界刺激进行的新的同化。正是这种新的格局使价值判断上的否定表现为一种连续性，从而在思想形式上就有"好—还好—尚好—不好"一类的具体表现。

(三) 否定的生成性

否定的生成性指否定不是与生俱来的，是在人的认知发展过程中生成的，是人的认识发展到一定阶段才形成的。这可以从两个角度去验证。

首先，我们可以从辩证唯物主义认识论的角度考察否定的生成性。辩证唯物主义认识论的两个紧密联系、不可分割的命题就是实践是认识的唯一来源，实践是检验真理的唯一标准。"只有社会实践，首先是以劳动为主要因素的生产实践，才是人类认识的起点，是认识的真正发生地、发源地。"① 就实践本身来讲，能够进入人的认知视野的实践活动也是不断发展的，需要经历一个过程。"在蒙昧人的'畜群意识'中，自身和外界、对象和对象之间只能朦胧地、而不是明确地区分开，常常是浑然一体的。但这种情况随着劳动必然要发生改变。通过劳动实践，人们首先把满足不同需要的物体区分开。由于制造和使用工具，人们逐渐认识了自己的活动（击、刮、砍、剥等）和结果之间的关系，并逐渐把作为手段的物和被作用的物区别开，把对象本身的属性和对象之间的关系区别开。这样就使人们逐渐认识到，作为手段的工具有其本身固有的客观属性，它不随人对它的关系，即人是否使用它和怎样使用它而转移。但是工具只有被使用而满足人的需要时才能发挥其固有属性的实际效用。使用工具变革对象的过程不断重复，也使人们认识了客观对象本身不依人的意识和意志为转移的客观属性。这样，正是由于使用和制造工具的实践，使人们逐渐明确了自己的目的和活动的结果及其相互关系，进而把自然界和自己本身以及自身对外物的关系和体验从认识上分化出来，把自身作为某种与自然物不同的东西从自然界分化出来。这种区分对于人的自觉能动的认识活动的发展具有关键的意义。没有使用和制造工具的实践，就没有主客体的区分；而没有主客体的区分，就无认识可言。"②

---

① 刘奔：《认识的来源和真理的标准》，《哲学研究》1980年第9期，第14页。
② 皮亚杰：《发生认识论原理》，商务印书馆1997年版，第4页。

这既说明作为认识来源的实践不是同步进入人的认知视野的，也说明认知是在不断进入人的认知视野范围内的实践的基础上产生。因此，作为人的认识的否定，也应该是在人类发展过程中逐渐产生并发展的，既不能脱离实践，也不能超越实践。

其次，我们可以从认识发生角度考察否定的生成性。皮亚杰认为："活动既是感知的源泉，又是思维发展的基础。运演是一种认识活动，它能协调各种活动成为一个整个运演系统，又渗透在整个思维活动中。"[①] 运演具有内化特征、可逆属性，是具有守恒特性的一个系统。以运演为基础，皮亚杰将儿童思维发展划分为四个阶段，即感知运动阶段（在此阶段，儿童运用某种原初的格局对待外部客体，开始协调感知和动作间的活动）、前运演阶段（在此阶段，儿童开始用符号描述外部世界，对感知运动经验有依赖性）、具体运演阶段（在此阶段，儿童能够在具体事物相联系的情况下进行逻辑运演）和形式运演阶段（在此阶段，儿童的思维能力已经超出事物的具体内容或感知的事物）。事实上，如果空间否定、时间否定和价值否定的划分是正确的话，否定的不同形式可能恰是反映了否定发生的不同阶段。

此外，心理学对于否定的实证性研究，尤其是到体验性表征理论阶段的研究，也证明了这个问题，说明否定是人的认知心理发展到一定阶段的产物。

二　否定的分类

否定的分类注定是个复杂的问题。从哲学的角度，依据不同的标准，否定可分为主观否定与客观否定，自然否定、社会否定与思维否定，内在否定和外在否定，辩证否定与非辩证否定，整体否定和部分否定，可能性否定和现实性否定，渐进否定和突现否定等不同的类型。从语言学的角度，否定在不同的层级上依据不同的标准可分为有标记否定和无标记否定，冗余否定与含蓄否定，语用否定与语义否定以及命题否定、概念否定、真值否定、逻辑否定、隐含否定、预设否定、元语否定、词内否定、词外否定、义素否定、语素否定、单词否定、短语否定、句子否

---

① 皮亚杰：《发生认识论原理》，商务印书馆1997年版，第4页。

定、单一否定、双重否定、多重否定、客观否定、主观否定、间接否定、直接否定、完全否定、局部否定、陈述性否定、修饰性否定、指称性否定、降格否定、委婉否定等不同类型。这些分类办法和结果都具有一定程度的科学性，解决了语言研究中关于否定的特定问题。

但这些否定分类办法也都存在一定的问题。首先，这些否定分类是否反映了否定的本质？目前很多关于否定的分类都是指向否定句的，也就是说，是在语言内部或言语内部对否定句作出分类，很少兼顾否定的思维或认知特性，隔断了否定与否定对象的关联。其次，否定的分类究竟依据什么样的标准进行划分，划分为哪些类别是科学、合理的，这样的问题似乎还没有得到解决。目前的分类中大多是以否定方法或否定手段为标准，也就是说，形式上的标准多，功能上的标准少，尤其是兼顾否定本质功能方面的标准更少，这也在一定程度上远离了否定的本质。而且从分类的繁简程度来看，过简的分类很难反映否定的本质，过繁的分类也不利于对否定本质的理解。最后，从目前建立的关于否定的分类来看，存在多重标准多重分类的状况，不同分类之间的体系化不强，关联性不大，多是一个标准一个分类体系，不同分类体系之间往往是一种疏离的关系，这也不利于对否定的理解。

鉴于此，我们尝试建立一个新的否定分类系统，试图从否定本质的角度出发，并结合语言和语言使用，使之在一定程度上能够反映否定在不同学科内的特点，并最终可以凸显它的本质特征。

从否定本质的角度出发，它表现为主体与客体的互动。这种互动的结果最终通过语言表达出来，即语言研究中的否定。因此，语言中的否定（或称为否定表达）可以以此作为分类的基础。

从否定生成互动性的角度看，语言中表述出来的任何情形的否定都是主体对客体的认知，是人能动的否定行为及其表达结果。也就是说，否定是人的认知对客观世界和主观世界的能动反映。因此，否定在本质上是主观的，在这一点上，各种情形的否定都概莫能外。同时，否定的主观性特征并不妨碍我们给否定进行分类。从互动方式的角度看，有两种情形值得关注：一是否定对象——客体是否存在？当客体存在时，有所否定；当客体不存在时，无所否定。二是对客体的反映。当主体客观地反映客体的存在情形时，就是原样反映，如当主体对"一个教室内没有任何人"的情形进行描述时讲出"教室没有人",这就是原样反映;当主体面对同样的情形讲出"教室有很多人"时,就是能动的非原样的反映,这一定包含了言者特定的交际目的。结合这两个观测点,我们把语言中出现的有所否定且原样否定的否定称为客观否定;把无所否定或有所否定却能动非原样反映的否定称为主观否定。

(一)客观否定

客观否定就是在主体与客体的互动过程中,主体对客观存在的客体有所否定且原样反映客体的存在情形的否定行为。客观否定是人对客观世界的认知反映,是在人的认知基础上对客观世界特定情形的原样描摹。这种否定基于物质及其运动的"存在",可以从时间、空间和价值判断三个维度去考察。"时间和空间的概念是和物质以及物质的运动分不开的。有物质和物质的运动,就有相应的时间和空间。所以,时间和空间是物质运动存在的形式。"[1] 那么,我们观察物质及物质的运动就可以从时间和空间这两个维度来进行。从空间维度考察,物质存在于空间之内。从时间维度考察,物质的运动存在于时间之内。同时,从物质及物质的运动本身考察,我们可以判断其是否具备某种核心属性,即可以从价值判断角度进行否定分析和否定表达。基于这样的互动方式,客观否定可以分为基于空间的客观否定、基于时间的客观否定和基于价值判断的客观否定三种类型。

1. 基于空间的客观否定

从空间的角度考察,对于物质及其运动来讲,基于人的体验所形成的原初格局就是"某个空间有某物"。在人的"自我调节"能力作用下,"某个空间不存在某物"这个新的刺激促使人调整原有的"某个空间有某物"格局,从而形成一个新的格局。这是皮亚杰所讲的形式运演阶段人的思维能力。因为对于儿童来讲,在这个阶段思维能力已经超出事物的具体内容或感知的事物,可以处理假设而不只是单纯地处理客体,即认识已经超越了现实本身,无须具体事物作为中介了。在人的这种思维能力的作用下,生成了"某地存在某物"的对立面的思想形式。"某地存在某物"的思想形式是"有";与之对立的思想形式是"无"。"无"对

---

[1] 何祚庥:《物质、运动、时间、空间(续)》,《哲学研究》1987年第12期,第18页。

"有"的否定是人对客观世界的能动认知。其中"有"这个思想形式对应的格局是对客观世界的原初描摹,而"无"这个思想形式显然是对客观世界特定情形进行形式运演而得到的认知结果。

2. 基于时间的客观否定

从时间的角度考察,对于物质及其运动来讲,基于人的体验所形成的原初格局就是"某个时间(点或段)有某个事件出现过或发生过",而没有发生或出现的事件是无法体验的。当一个没有发生或出现的事件作为一个新的刺激出现,就需要人通过"自我调节"来调整原有格局或直接建构一个新的格局。这显然也是人的形式运演思维能力的作用。这个新的刺激建构的新的格局反映在人的思维形式中就是某个事件在某个时间(点或段)没有发生或没有出现,即"未"。从而原初格局反映的"曾"就和新的格局反映的"未"形成对立,成为一对否定概念。事实上,这种时间维度的认知方式与空间维度上的认知方式在内在机理上是一致的。从认知心理学的角度讲,时间维度上的"未"与"曾"就是空间维度上的隐喻。它们一个共同的认知基础就是"存在",对空间维度上"存在"的原初格局的形式运演可以建构新的格局"无",对时间维度上"存在"的原初格局的形式运演可以建构新的格局"未",并分别与"有"和"曾"相对。这在语言中就形成了"有—无""曾—未"这样的概念对立。

3. 基于价值判断的客观否定

基于存在并从价值判断的角度考察,就是观测物质及其运动是否具备某种特征。当某个事物或某个运动具备某种属性,就成为价值判断角度存在的原初格局。价值判断与空间否定和时间否定都不同,由于物质及其运动的特征不一定都显现互补性,因此基于新的刺激而建立起来的新的格局要比空间和时间否定建立的格局复杂得多。至少这种新的格局形成的思想形式在语言中不一定就直接否定物质及其运动本身的存在。但毋庸置疑的一点是,基于新的刺激建立的新的格局都否定了原初格局中物质及其运动的特征。这种基于新的格局的思想形式在汉语中用"不"表示。当然,对特征的否定一定能够直接否定特征本身的存在,但不一定直接否定具有这种特征的物质及其运动的存在。如对于"跑"来讲,"不快"只是否定了"快"的存在,不一定必然否定"跑"。这也是汉语中具体事物的存在一般不能用"不"否定的原因。

客观否定是人对客观世界情形的人为且原样的否定,表现了人的主观认知能力,可以分为空间否定、时间否定和价值否定三个小类。客观否定是有所否定,是真否定。

(二)主观否定

主观否定就是在主体与客体的互动过程中,主体无所否定或有所否定却能动非原样反映客体的否定情形。从主观否定指向的否定对象这一角度看,可以分为两种情形:一是存在主体可以否定的对象,但是主体并不是客观描摹客体的情形,而是从相反方面进行了否定表达,从而体现特定的交际目的;二是并不存在主体可以否定的对象,主体只是使用了否定的表达方式,从而主要体现否定表达的功能性。我们把前一种情形称为故反否定,后一种情形称为故意否定。

1. 故反否定

前期关于否定的研究中还有一种"故作否定"。"在现代汉语中,有双重否定或否定的反问式表肯定的形式,也应当有属于修辞范畴的故作否定的'否前'式——它貌似否定实为肯定。"① 故作否定一般是指在话语中使用否前式"不"的情形。如:

[1] 张恩远——不,老张头从冬冬那里了解了一点儿秋文的事情。
[2] 我对于陶渊明的诗和生活自信是相当了解,不,不仅了解,而且也还爱好。

(见吴土艮,1986)

一般认为,这里所谓的故作否定属于强意肯定。"强意肯定常采用下列表达方式:双重否定(没有一个不佩服。)、反问式肯定(李双双怎么不是你的老婆!)、故作否定(随着指挥棒的移动,上百人,不,上千人,还不,仿佛全部到会的上万人,都一齐歌唱。)强意肯定与一般肯定相比,语气更强烈。"②

---

① 吴土艮:《试论故作否定式》,《浙江师范大学学报》1986 年第 4 期,第 142 页。
② 孙汝建:《肯定与肯定焦点》,《南京师范大学文学院学报》2004 年第 3 期,第 165 页。

我们所讲的故反否定与故作否定不同，其差别表现在这样几个方面：首先，故作否定和故反否定与客观实在的关系不同。故反否定是说话人针对客观实在的情形从否定的角度出发去言说，可以从空间、时间、价值判断等角度进行否定。空间中实际存在某物、时间中发生了某事、某物身上具备某种属性，这作为客观实在存在。当言者不是客观地陈述这个实在，而是从相对立的角度言说空间中没有某物、时间中未发生某事、某物身上不具备某种属性，这就是故反否定。故反否定反映的是否定表达与客观事实之间的关系。故作否定与故反否定的不同在于，故作否定与客观实在没有关联，而是与说话人前面的表述相关联。从这方面看，故作否定中使用的"不"是否定性话语标记，而故反否定中使用的"不""没"是否定标记。

其次，从否定内容看，故作否定是无所否定，而故反否定是有所否定。故作否定只是使用了否定的形式，并没有对客观实在进行真正意义上的否定。吴土艮（1986）认为，故作否定"不"的作用有两种，即改换提法（改换型故作否定）和更进一层（进层型故作否定）。所谓改换型故作否定就是"故作否定前后属于对同一人、同一事物或同一现象的两种不同的提法，否定词'不'并没有对前一提法加以真正否定，只是为了适应实际情感或场景的需要，后面从不同角度改换一种更为切实的提法"。[①] 也就是说，改换提法只是认为前一种表述内容或表述方式不够科学，而与客观实在无关。所谓进层型故作否定是指"故作否定前后的词语或句子表示的意思往往相同、相近或相关，否定词'不'不仅丝毫没有对前面的说法有所否定，相反，后面的意思往往在程度、情态、范围、数量等方面要更进一层，予以充分肯定"。[②] 显然，进层型故作否定就更是无所否定了。而故反否定是有所否定，是对时间、空间或价值属性的客观实在从相反方面进行表述，即把有说成无、把无说成有、把未说为曾、把曾说成未、把是说成否、把否说成是。因此，故反否定是以客观实在为基础，是有所否定。

最后，故作否定是形式上为否定，意义上为肯定；故反否定是当形

---

① 吴土艮：《试论故作否定式》，《浙江师范大学学报》1986年第4期，第143—144页。
② 孙汝建：《肯定与肯定焦点》，《南京师范大学文学院学报》2004年第3期，第144页。

式上为否定时其表意也是否定的。关于故作否定，吴土艮（1986）已经明确其为形式否定，意义肯定。而故反否定则与之不同，故反否定是有所否定，因此，当这种否定形式出现时，都是表达否定的意义。

故反否定是说话人有意地否定客观实在，显然是说话人特定交际目的在起作用，因此，有时表现出特定的表情性。

2. 故意否定

故意否定是说话人为了实现特定的交际目的而故意实施的否定表达，往往是人的主观意愿、情感、态度等的表现。故意否定往往是一种否定性意愿、消极性情感的表达，或者是现实交际中说话人特定的言语策略。因此，故意否定大都属于无所否定的情形。故意否定中的否定是从语义的角度分析得出，而这个否定表达事实上都是特定的言语行为。从故意否定的功能角度出发，可分为祈使、评价、表情等不同类型。

（1）否定祈使

否定祈使是表达说话人主观意愿的一种言语行为，一般都是通过否定祈使句来表达。否定祈使作为一种言语行为，从否定的角度讲，属于对客观世界无所否定的主观否定类型，它只表达说话人的某种意愿。

否定祈使研究一直以来颇受关注。据彭飞（2012）统计，20世纪90年代以来关注否定祈使问题的主要成果就包括彭可君（1990）、袁毓林（1991，1993）、方霁（1999，2000）、王红旗（1996，1997，1999）、邵敬敏和罗晓英（2004）、项开喜（2006）、姜慧英（2008）、王银（2008）等。一般认为否定祈使可以通过使用"甭、不用、不要、别"等词语来实现，其中关于"别"否定的研究成果最多。关于"别"否定句的话语功能，见仁见智。孙淑芳（1999）认为："在人们的言语活动中，祈使的具体意义往往以命令、请求、劝告等祈使言语行为表现出来。祈使意义和祈使言语行为这两个术语是同一个概念的不同名称。"[①] 她将祈使区分为狭义和广义，并建立了分层系统。狭义的祈使言语行为包括请求、命令、劝告、回应祈使，请求的亚类又区分为哀求、祈求、恳求、说服，命令的亚类区分为要求、口令、指示、吩咐，劝告的亚类区分为建议、

[①] 孙淑芳：《祈使言语行为的分类及其语义诠释》，《中国俄语教学》1999年第1期，第37页。

推荐、规劝、劝诫、提醒、警告、威胁等。彭飞（2012）认为："祈使句的主要话语功能是表达说话人的某种事理立场……否定祈使句表达的是不同程度的负面立场"，① 具体表现为请求、安慰、提醒、劝阻、批评、禁止等不同的话语功能。我们认可前期把祈使界定为言语行为的做法，但是这种分类办法显然是从互动角度出发的，更侧重于"祈使"，对于揭示否定祈使的"否定"就显得力不从心。因为否定是人的一种认知能力，显然更适合从说话人的角度去解析。在这一点上，我们更倾向邵敬敏、罗晓英（2004）的观点："'别'字句的语法意义，实际上有三种情况：（1）禁止；（2）劝阻；（3）祈求。总的来说，就是表达一种不希望某件事情发生的意愿。概括地说，就是表示'否定性意愿'。"② 他们将"否定性阻拦""否定性猜测""否定性警告""否定性评价"均归为"否定性意愿"，即否定祈使句表现为一种意愿性否定。这也更能说明祈使句中否定的特征。

否定祈使中的否定都是无所否定。就否定行为来讲，否定必须有否定的对象，即在时间、空间中现存的对象。就祈使句来讲，"被祈使的"往往都是非现实的。这样看来，即不存在否定的对象，因此，这种否定当然是无所否定。即使有已然和未然之分，否定祈使句中的否定也是无所否定。如邵敬敏等认为："别动！一动就坏了"是禁止于未然，"别动！再动就坏了"是禁止于已然。禁止于未然显然是无所否定的。但即使是禁止于已然，也没有对任何对象进行否定。

（2）否定评价

否定评价是评价的一种类型，是语言研究中的重要内容之一。"评价在语言学中有着特殊的地位，它是直接参与语言交际组织最重要的范畴之一。随着语言学研究向人本中心范式转变，对评价的研究成为了语言学的中心课题之一。"③ 对于评价，人们曾有不同的认识。一种观点认为，评价是"人类意识的行为，存在于事物的比较、事物性质的对

---

① 彭飞：《汉语对话中"别"类否定祈使句的话语功能研究》，《广东外语外贸大学学报》2012年第2期，第44页。

② 邵敬敏、罗晓英：《"别"字句语法意义及其对否定项的选择》，《世界汉语教学》2004年第4期，第19页。

③ 杨利芳：《评价的认知阐释》，《解放军外国语学院学报》2008年第3期，第42页。

比以及确定事物在主体生命活动中的作用过程之中，还是在意识和语言中以肯定、否定或中立的态度体现的这种行为的结果"，① 是言语主观层面的体现。比较或对比的焦点主要包括个人意愿、个人利益、个人需求、个体能力以及社会规范。否定评价就是人依据一定的标准而对事物或性质等作出的否定看法。这种看法表现在语言中就是否定评价的言语表达。

从否定评价的"评价"出发，这种评价都是负面的。评价必须针对特定的评价对象，因此，这种对象是客观存在的，是不可否定的。原因在于如果否定了评价对象的存在，这种评价也就不存在或不可能发生了。因此，在评价对象这个层面上，否定并不发生作用。否定评价发生作用的机理在于对否定对象身上的质、量、方式进行否定，从而起到评价的作用。

首先，否定评价可以否定一个评价对象身上具备的某种属性，这是质的否定。质的否定在于使评价对象成为另外的对象。如"这哪里是茶，这是中药啊！""什么茶，分明是中药嘛。"中都存在一个评价对象，这个对象并没有被否定其存在性，而只是否定这个对象身上具备"茶"的属性，从而否定其性质，并将其归为另外一物。再如，"什么'上学'，就是在混日子！""那也叫'跑'，那根本就是'走'！"这是否定特定对象没有具备相应的条件或达到特定的标准，从而否定这种行为、动作没有具备某种属性，而是表现出另外的属性。这种否定评价可以通过与百科标准、社会规范以及个人判断来判定。如对"是茶"的否定往往依据的是百科标准，对"上学""跑"的否定往往可以依据社会规范或个人判断。

其次，否定评价可以否定一个评价对象身上某种属性量的特征，这是量的否定。量的否定在于使评价对象虽不失为某种事物，但显得不够典型或未能符合主体的心理期待。如在"这什么学生，堂堂课迟到！""这什么茶，这么苦！"中，言说主体并没有否定评价对象"学生""茶"的身份，但就某种评价标准而言，评价对象或者不够典型，或者有失主体期待。再如"好什么好，一般般吧！"中并没有彻底否定"好"这个属

---

① 杨利芳：《评价的认知阐释》，《解放军外国语学院学报》2008 年第 3 期，第 42—43 页。

性的全部量，只是言说其不具备所有量或不及言者的期待值。

最后，否定评价可以否定一个评价对象的适宜性，这是方式的否定。方式的否定不针对特定评价对象，往往是针对特定对象的评价方式，言说这种方式的不恰当、不适宜。如"什么'毛泽东'，是'毛主席'！""什么'吹毛求疵'[pi^{51}]，那是'吹毛求疵'[ts ɿ^{55}]"。当然，也有人把后者归入错误。但从否定角度看，把它看作方式评价的一种也是可以的，甚至更科学。

因为评价都是依据一定的标准对特定对象作出判断，这时往往就包含了言者特定的情感，尤其是当这种标准表现为价值判断标准中的社会规范或个人拟定标准的时候，更是如此。

（3）融情否定

融情否定是指那些一般我们认为是否定表达，但实际上更倾向于表达言者特定情感的否定方式。这种否定常见于互动交际中，融情否定常见的表达方式主要有以下一些。

首先，在互动交际中，汉语可以用疑问代词回复对方的赞美、肯定。一般认为具有表达否定的功能。如：

[3] "我妻子和女儿是贵刊的忠实读者。有时我也翻翻，很有意思。""哪里哪里，"李东宝极表谦逊，"要论良师益友，贵刊才是首屈一指。"

[4] 梁大牙轻轻地晃动着这只小手，再说出的话里就多出几分雅致了，咧嘴谦虚道："哪里哪里，国难当头，匹夫有责。咱做得还很不够，只要你们大伙看着快活，往后咱还要多杀几个狗……狗……狗娘养的……"

事实上，"哪里"或"哪里哪里"用于回复时一般并不有所否定，往往是一种自谦的回应方式，表示对对方赞誉或肯定的委婉认同。陈波（1991）将这种用法的"哪里哪里"称作自谦语。邱莉芹、邓根芹、顾元华（2000）认为，当"哪里"或其叠用形式用于说话人言说自己时，"否定的语气极弱，它其实是一种客气的说法，即当别人对己或与己有关的人或事作出褒扬时,说话者用'哪里'来表达自己谦虚的语用效果"。①

其次,疑问代词失去疑问功能后,在特定语言环境中也能够表示否定,这种否定往往都有特定的语用功能。能够表达否定意义的疑问代词主要有"哪里""哪儿""什么"等。如:

[5] 王一生看着我说:"你<u>哪儿知道</u>我们这些人是怎么回事儿?你们这些人好日子过惯了,世上不明白的事儿多着呢!你家父母大约是舍不得你走了?"

[6] 费格拉哈一见,<u>哪里舍得</u>,随后也施展轻功术,追上房去。

[7] 奶奶对围观的众人大声说:"还<u>看什么看</u>?都睡觉去!"

[8] 不要瞒着我喽,<u>好什么</u>,你们已经分手了。

疑问代词本身并不能单独表示否定,只有在特定的结构中才有表达否定的功能。

最后,汉语中还有一些特定的格式用于表达否定。如王一军(1999)列举了其家乡湖北十堰的口语中一些表示否定的用法。如:

甲:你该发财啦! 乙:发棺材。
甲:咋不算账? 乙:算肚子胀。
甲:这下可吃亏了。 乙:吃锅盔。
甲:你啥时搬家? 乙:搬螃蟹夹。
甲:你今日在哪里作客? 乙:作蚌壳。
甲:你儿子在哪里读书? 乙:读红薯。
甲:你多享福! 乙:享豆腐。
甲:他当了官? 乙:当烟袋锅。
甲:论辈分,你要把他喊爷。 乙:喊冤孽。

(见王一军,1999)

---

① 邱莉芹、邓根芹、顾元华:《浅谈"哪里"的否定用法》,《常熟高专学报》2000 年第 5 期,第 97 页。

关于否定意义的产生,他认为:"这种形式上的相似和内容上的不谐和就使得乙的话有了否定甲的话的作用。"① 关于这类否定表达的功能,他认为:"这类句子除了有否定的效用以外,还有表达委曲、抱怨、鄙夷、厌恶等情绪的效用,是相当情绪化的。"② 事实上,这样的否定表达在其他地区也存在。如:

[9] 老婆就瞪圆了牛眼,吼:你个倒霉鬼,做梦搂大闺女,想好事儿呀?包饺子包饺子,<u>包你妈个小脚</u>!家里穷得叮当响,哪有白面?

吴继章(1993)曾经论及汉语中另外一种表达否定的情形,即"词或词组+个+脏字眼"的格式。"常用于这类句子的脏字眼有:六、屁、蛋、屌、屎、毯(球)等,其中以'屁'出现的频率最高。"③ 这种表达否定的格式除了使用吴继章(1993)论及的这些脏字眼外,也有其他用法。如:

[10] 好?<u>好个熊</u>呀!鬼子都叫你们杀了!

[11] 他<u>嘲笑个鬼</u>!咱们不是也在嘲笑他吗?他给咱们竖起了红色停站牌,可咱们却闯了过去,然后又怎么样呢?咱们栽进深渊了吗?<u>栽个鬼</u>吧!咱们脱险了,并因此挣了一万元钱。

吴继章(1993)认为:"这种否定句大都带有强烈的感情色彩,是人们对谈及的对象、内容大不以为然时所使用的愤激之语。"④ 可见,这类否定表达带有很强的表情性。

邵敬敏(2012)曾经论及"X你个头"结构。"'X你个头'是当代汉语里极为流行的一个框式结构,X是可变项,'你个头'为不变项,主

---

① 王一军:《口语中的一种否定表达方式》,《语言研究》1999年第1期,第121页。
② 王一军:《口语中的一种否定表达方式》,《语言研究》1999年第1期,第121页。
③ 吴继章:《汉语里一种特殊的否定形式》,《汉语学习》1993年第6期,第18页。
④ 吴继章:《汉语里一种特殊的否定形式》,《汉语学习》1993年第6期,第19页。

要用于对对方的话语表示反驳或者否定。该结构式很能产，出现频率非常高，近年来该框式结构还出现了一些特殊的变式。"① 汉语中与此有相同语用功能的否定表达还有"X 你个脚""X 我个脚""X 你个肺"等。其中，"X 你个脚"还有"X 你个脚后跟/脚杆/脚底板/脚后跟子"等变式；英语中也有"X your foot"的用法。除邵敬敏提到的几种用法外，还有一些类似的说法。如：

［12］"咱哥儿俩今天晚上去翻翻本然后再去找春红和桃娘乐上一乐如何？""翻你个大头鬼！"

［13］段誉道："司空帮主，你对钟姑娘口出污言，未免有失君子风度。"司空玄怒喝："君子你个奶奶！"

邵敬敏（2012）认为："整个框式结构的语义是针对对方的话语表示反驳或者否定的，包括调侃、讽刺、挖苦、质疑、否定、愤怒……"② 可见，这类结构具有较强的表情性。更能证明其表情性的是这类结构还能带上詈词。如：

［14］威你妈个头啊，没看见每回打架前都得先把墨镜摘下来么，你以为镜片扎眼睛里好玩。

［15］这些步兵听到又要往回走，有的一屁股坐在雪地上，有的骂道："走你奶奶个膣。"

三 主客观否定系统及其差异

事实上，语言中表达出来的否定都是说话人主观认知的结果。从这个角度审视否定，语言中所有的否定都是否定表达。从否定表达与客观实在关系的角度，可以区分出不同的类型，从而建立否定系统。所谓客

---

① 邵敬敏：《新兴框式结构"X 你个头"及其构式义的固化》，《汉语学报》2012 年第 3 期，第 33 页。

② 邵敬敏：《新兴框式结构"X 你个头"及其构式义的固化》，《汉语学报》2012 年第 3 期，第 38 页。

观否定就是对客观实在的否定情形的原样表述，其特点是有所否定。客观否定可以分为基于空间的否定、基于时间的否定和基于价值判断的否定。主观否定就是说话人为了达到特定的交际目的而进行的否定表述，其特点一般都是无所否定。主观否定首先可以区分故反否定和故意否定，而故意否定可以再分为否定祈使、否定评价和融情否定。

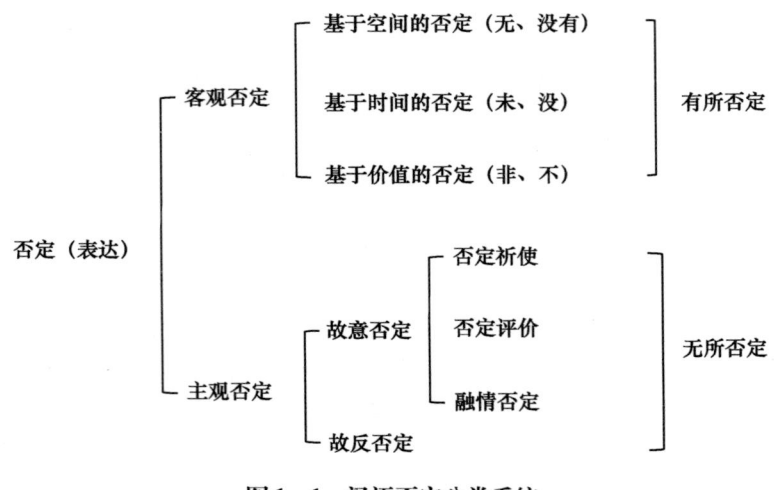

```
                    ┌─ 基于空间的否定（无、没有）  ┐
          ┌─ 客观否定─┼─ 基于时间的否定（未、没）    ├─ 有所否定
          │         └─ 基于价值的否定（非、不）    ┘
否定（表达）┤
          │         ┌─ 否定祈使 ┐
          │   ┌─故意否定─ 否定评价 ├─ 无所否定
          └─ 主观否定┤      └─ 融情否定 ┘
                   └─ 故反否定
```

图 1—1　汉语否定分类系统

主观否定和客观否定的差异可以从这样几个方面考察：首先，主客观否定与客观实在的关系不同。客观否定与客观实在关系密切，是对客观实在——事物的不存在、事件的未发生、价值属性不存在的表述。主观否定与客观实在关系松散，是说话人为了达到特定交际目的而使用的否定表达。其次，从否定能力方面考察，客观否定是有所否定，主观否定是无所否定。再次，从肯定否定对立角度考察，客观否定表现出互补性，肯定一种情形就是否定对立的一种情形，否定一种情形同时也就肯定了对立的情形，属于质的否定。主观否定表现出极点性或量度性，往往表现为说话人表情强度的变化，是量的否定。最后，从否定的表达功能看，客观否定的表达功能比较单一，多为陈述；主观否定的表达功能比较多样，可以表现为祈使、评价等言语行为，可以表达愤怒、讽刺、不满等不同情感。

第 二 章

现代汉语标志否定及其表达

否定和否定表达从本质上看是不同的，这又与标记和范畴密切相关。本章我们会先做一个铺垫性工作，即梳理标记理论的发展历程，并从不同角度对标记的使用作出说明。在此基础上，我们再对标记、范畴以及它们之间的关系进行梳理和阐释。

我们认为，目前汉语中通常称为否定标记的"不""没（有）"等最好称之为否定标志。从范畴的角度看，否定不是语法范畴或语义语法范畴，而属于语义语用范畴。

本章的主体部分将分别研究"没（有）""不"以及"别"的否定和否定表达问题。

"没"是公认的否定标志，源于表示"陷没"义的动词"没"，并对应特定的认知格局。从"没"的功能演变历程来看，有从否定向情态化发展的趋势。从"没"的否定功能来看，其内部也有否定存在和不否定存在而只否定数量的区别。否定标志"没"由动词向副词演化，根本上是空间域向时间域发生认知投射的结果。"没"的进一步发展就是逐渐产生情态化功能，成为句尾的语气词和主观量标记。

"不"与"没"并立，是汉语中两个最重要的否定词。"不"是经假借用于表否定的词，同"没"一样有从否定向情态化演变的趋势。"不"表示否定，是基于存在并从价值判断角度进行的考察，并对应特定的认知格局。"不"否定总体上可以分为否定关系、否定事件、否定属性和否定数量等情形。否定关系和否定事件是对点的否定，其结果是使关系或事件为零；否定属性和否定数量是对线的否定，其结果是减量。"不"由于受高频使用等不同因素的影响发生了情态化，表示说话人特定的情感、态度或认识。

"别",包括"甭""不要""不准"等,通常被看成是与"不""没(有)"平行的否定标志,可统称为"别"类否定标志。我们在对"别"类否定词(主要是"别")的研究成果进行简单梳理的基础上,主要分析了"别"类否定的本质,并将其与"没""不"进行比较分析。汉语中(主要指普通话中)的行为否定词除了"别"以外,还有"不X""少X"等不同用法,它们之间既存共性,也有差异。此外,我们也将关注"别是""不是"的词汇化以及"别不是"的概念叠加与构式整合问题。

第一节 否定标记与否定范畴

目前,学界对于"标记"一词的使用似乎显得有些泛化。综观学界近年来对"标记"这一词语的使用,主要表现在以下几个方面。

(一)话语、语篇或语用研究使用的"话语标记""语用标记"

20世纪70年代以来,关于话语标记的研究渐成汉语研究中的热点。话语标记也称话语标记语。从目前的研究情况来看,关于话语标记的界定似乎还没有一个公认的定义。一般认为,话语标记从功能角度看在于组织话语,从意义角度看在于不表示命题意义,从结构角度看在于其不影响句子的合法性。李潇辰、向明友和杨国萍(2015)提出了话语标记的三个区别性特征:"功能上,话语标记具有组织话语的功能,在命题语义、言语行为和谈话主题等层面发挥承上启下的作用,赋予话语以结构,将言语交际组织为连贯的整体。语义上,话语标记不贡献命题意义,不影响句子真值。语法上,话语标记游离于句子主干之外,是一类边缘化的成分,即使删除也不影响句子的合法性。"[①]

从国内关于话语标记的研究来看,在这个意义上使用"标记"一词,均指某个确定的成分,可以是词如"其实"(唐斌,2007)、话语标记语"嘛"(李成团,2008)、预期标记"瞧"(邱闯仙,2010)、话语标记"然后""但是"(马国彦,2010)、话题标记"嘛"(强星娜,2010)、话

---

① 李潇辰、向明友、杨国萍:《"话语标记"正名》,《中国外语》2015年第5期,第22页。

语标记"不是"(殷树林,2011)、陕北神木话的话题标记"来"和"去"(邢向东,2011)、焦点标记"来"(张全生,2011)、话语标记"不错"(胡建锋,2012)、"就是"(姚双云、姚小鹏,2012)、"等"(印文霞、梁晓玲,2012)、陕北横山话的话题标记"是"(张军,2012)、话题标记"的话"(谢晓明、陈琳,2012)、前置性话题标记"就"(司罗红,2013)、话题标记"有"(赵建军,2013)、话语标记"对不起"(汪梦翔、王厚峰,2013)、合预期确信标记"当然"(张则顺,2014)、话题焦点标记"光"(司罗红,2015)、置换假设标记"搁""叫""换"(周洋,2015)、反预期话语标记"怎么"(刘焱、黄丹丹,2015)、话题标记助词"硬"(陈山青,2015)、话题标记"想"(胡丽珍、卓子姣,2015)。也可以是大于词的成分,如"责怪"义标记格式"都是+NP"(郑娟曼、邵敬敏,2008)、负面评价语用标记"问题是"(李宗江,2008)、北京话话语标记"是不是""是吧"(李咸菊,2009)、反预期信息标记"别看"(刘焱,2009)、"责怪"式话语标记"你看你"(郑娟曼、张先亮,2009)、语用标记语"不是我说你"(郝琳,2009)、表达建议的主观性标记词"最好"(乐耀,2010)、源于完整小句的话语标记"我告诉你"(董秀芳,2010)、主观性话语标记"不是我说你"(乐耀,2011)、作为话语标记语的流行语"你懂的"(王丹荣,2011)、"瞧(看)你说的"(李治平,2011)、认识立场标记"我觉得"(徐晶凝,2012)、话题标记"V起来"(王晓凌,2012)、权势标记"给我"(张恒君,2013)、总括性话语标记"一句话"(李绍群,2013)、北京口语中的引述类传信标记"人说"(乐耀,2013)、认识立场标记"要我说"(张金圈、唐雪凝,2013)、叙实性语用标记"实际上""事实上、其实"(方清明,2013)、话语视角标记"X说来"(周娟,2013)、篇章连接标记"这一来"(黄均凤,2014)、话语标记语"你知道"(单谊,2014)、坦言式语用标记"说X了"(孙利萍,2014)、话语标记"你不知道"(周毕吉、李莹,2014)、话语标记"怎么说呢"(曹秀玲,2014)、夸张话语标记"夸张地说"(高群,2014)、话语解释标记"这么说吧"(曹爽,2014)、情态标记"不管他"(赵宏刚,2015)、话语标记"这样一来"(王凤兰、方清明,2015)、话语标记语"你懂的"(朱冬怡,2015)、"问题是"(张璐,2015)、"你知道"(单谊,2015)、提醒、明示话语标记"再怎么说"

（王刚，2015）、源于疑问小句的话语标记"你信不信"（王华，2015）、迟疑功能话语标记"怎么说呢"（吕为光，2015）、"别看"（张金圈，2016）等。

话语标记是国内学者比较常用的一种说法，也称话语标记语，源自"discourse markers"的英译。事实上，话语标记还有一些其他的讲法，如"话语联系语（discourse connectives）、连接词（conjunctions）、逻辑联系语（logical connectors）、话语操作语（discourse operators）、话语小品词（discourse particles）、语用表达式（pragmatic expressions）、语用标记语（pragmatic markers）等"。① 话语标记可以由词语和句法结构充当，是个实体性的功能成分。

（二）语法研究中使用的"标记"

汉语语法研究中一般使用"标记"指称特定的成分。汉语是形态不丰富的语言，因此，较早的语法研究中一般不使用标记这样的说法，即使使用，也不是在目前的意义上使用。从目前语法研究中对标记的使用来看，主要表现在以下几个方面。

第一，时体助词"了、着、过"以及方言中表示时体意义的助词多以标记相称。如体标记"下来""下去"（高顺全，2001）、南宁平话体貌标记"过"（杨敬宇，2002）、过去完成体标记"的"（王光全，2003）、汉语体标记"了、着"（吴福祥，2005）、乌鲁木齐方言体貌标记"底"（周磊，2006）、新界客家方言体标记"开""里"（庄初升，2007）、江苏常熟练塘话准体标记"开"（王健，2008）、安徽芜湖清水话对象完成体标记"得"（胡德明，2008）、云楼方言体标记"紧得"（昌梅香，2008）、涟源六亩塘方言进行体和持续体标记"害嗯哩""到嗯哩"（伍巍、李立林，2009）、汉语史中的将来时标记"欲"（王统尚，2009）、楚语区黄梅方言持续体标记"倒"（陈淑梅、夏慧，2011）、湘潭方言体标记"玌得 N""在 N"（龚娜，2012）、宿松方言完成体标记"着""脱""倒"（唐桂兰，2013）、广东粤方言完成体标记"逋"（甘于恩、许洁红，2013）、粤方言完成体标记"休"（甘于恩、赵越，

---

① 何自然、冉永平：《话语联系语的语用制约性》，《外语教学与研究》1999 年第 3 期，第 1 页。

2013)、泉州方言体标记"咧"（曾南逸、李小凡，2013）、陕北吴堡话过去时标记"来该"（邢向东，2014）、表示事实申明的体标记"在"（郭晓麟，2015）。从狭义上讲，汉语的时体意义不是通过动词的形态变化实现，因此，汉语中表示时体意义的成分一般称为助词或体助词，目前学界也习惯称之为时体标记。

第二，除表示时体范畴外的其他语法范畴的成分，学界也习惯称之为标记。汉语研究中学界也常把表示数意义的成分称为标记，如汉语中复数标记"们"的语法化（安俊丽，2006）、汉语河州话及周边地区非指人名词的复数标记"们"（徐丹，2011）、省略构成的人称代词复数标记（汪化云，2011）、湖南泸溪话复数标记（彭晓辉，2012）、汉语方言附加式复数标记（彭晓辉，2014）、湖南凤凰话复数标记"些"（丁加勇、沈祎，2014）、湖南祁东话复数标记"一各"（彭晓辉，2014）、河北武邑方言复数标记"们"（张晓静、陈泽平，2015）、冀南晋语人称代词复数标记"都"（王锡丽、吴继章，2015）等。除此之外，在关于有定范畴、持续范畴等的研究中也习惯把相关成分称为标记。如有定性标记自然数"1"（石毓智，2004）、汉语方言读上声的持续标记"倒"（罗自群，2006）、现代汉语非典型持续体标记"中"与"间"（张谊生，2007）等。

第三，一些具有特定标示作用的成分，学界也习惯称之为标记。如南方方言状态补语标记（吴福祥，2001；2002）、补语标记"得"（吴福祥，2009）、被动标记"叫"（李崇兴、石毓智，2006）、被动标记"让"（屈哨兵，2008）、福建南安方言补语标记"遘"（吕晓玲，2010）、壮语中源语指示词的定语标记（覃凤余，2013）、琉球官话使役标记"叫""给"（王琳、李炜，2013）、闽语莆仙方言处置标记"合"（蔡国妹，2014）、当代汉语新兴补语标记"到"（张谊生，2014）、汉语序数标记"第"（王霞，2015）、青海甘沟话反身领属标记"囊"（杨永龙，2015）等。除标记特定句法成分的情形外，还有标记特定句式的，如汉语比较标记和差比句（邓凤民，2012）、水语比较标记"to13"及差比句（黄芳，2015）等。

此前，这些标记性成分一般都被归入特定的词类，如"了、着、过"等归入动态助词，比较句中表示比较的成分一般归入介词，述补结构中的"得"归入结构助词，表示序数意义的"第"归入序数助词。从这个角度看，这些所谓的标记都有标记特定成分特定句法能力的作用，也可以归入功能性成分。

（三）词语和词类的分析中也有使用"标记"一词的情形

如词语的性别标记（周荐，2011）、哈萨克语名词身份的双重标记（张定京，2011）、汉语时间标记成分（金晓艳，2012）、西夏语专有名词的类别标记（聂鸿音，2013）等。

（四）当然还有在不对称和标记理论的意义上使用"标记"一词

国内此项研究应首推沈家煊（1999）的《不对称和标记论》。张国宪（1995）、沈家煊（1997）、李生春（1997）、王寅（1998）、付琨（2005）、罗苹（2006）、石定栩（2006）、陆丙甫（2009）等也从标记理论发展角度讨论过这样的问题。在标记论的意义上使用"标记"，指的是语言中的不对称现象，而不仅指具有标记功能的实体性成分，或者说主要不是指实体性成分。

这样看来，"标记"一词的确肩负着多种不同的意义，有必要对其进行系统梳理。

一　标记理论的形成与发展

从目前学界对"标记"一词的使用来看，关于标记的认识可以概括为结构主义的标记理论和功能主义的标记观。从功能角度考察，不论是标记理论还是标记观，它们都是基于描写的。

（一）结构主义的标记理论

标记始源于布拉格学派对音位的研究。"标记（markedness）是结构主义语言学中一个极为重要的概念，由布拉格语言学派的音位学家特鲁别茨柯依（Trubetkzoy, N.S.）和雅格布逊（Jakobson, R.）于1930年首次提出。"[①] 在音位层面上，音位对立（phonemic contrast）可以通过有标记（marked）与无标记（unmarked）的描写进行区分。事实上，标记法就是寻找对立音位中的区别性特征。这对于辨别处于一个聚合中的不同音位具有重要意义。音位描写意义上的标记法带有非常鲜明的结构主

---

① 王立非：《布拉格学派与标记理论》，《外语研究》1991年第1期，第1页。

义特征。雅格布逊（Jakobson，R.）在特鲁别茨柯依以生理发音为基础阐释相关标记的基础上，对音位对立中有标记与无标记之间的关系进行了探讨。他认为："在音位层次上，任何特定对立中有标记项的位置是由音位系统中这个对立与其他对立之间的关系所确定的，换句话说，是由该对立与同时或暂时邻近的区别性特征之间的关系所确定。"① 可见，这种标记法强调的是要素、关系和系统，这正是结构主义的核心思想。音位学层面上的标记法就是描写处于一个聚合中的不同音位的区别特征，从而对不同音位进行区分。

此后，雅格布逊将标记法引入了语法和词汇领域，用来描写语法和语义现象。在词义层面，标记法用于对词义进行区分和界定。在语法层面，早期主要用于对动词形态的研究。随着标记研究的深入，"当代语义学家、语用学家把标记理论扩展到现代语言学研究的各个不同领域"。② 在国内，根据付琨（2005）的论述，标记理论的使用领域包括成对反义词的分析、形容词的再分类、肯定和否定范畴的比较、语法结构的初步考察、语用范畴的概念区分、三个平面之间的关联标记模式等不同侧面。但是就理论的使用来讲，"综观标记理论在汉语语言学界的运用情况，可以以沈家煊发表的专著《不对称和标记论》（1999）为界，分为两个阶段。之前的阶段重在用标记理论分析汉语事实，证明标记现象的普遍存在；而后一阶段则从分析现象转移到解释现象上来，重点从语言以外的认知的角度解释汉语中标记现象的成因"。③ 也就是说，标记法从音位领域的使用，到后来在语义学、语法学以及语用学等不同领域的使用，基本都是在描写的层面。

描写主义的标记理论中应该包含两个概念，同时也应该区分这两个概念，即实体标记和标记现象。所谓标记现象，是指在语言的语音、词汇、语法及语用的层面上存在的对立或不对称现象，如语音上的清浊对立、反义词及其使用的不平衡现象、句法上形态的对立现象等，这些都

---

① Jakobso, R. & Pomosrka, K., D. *Dialogue*, Cambirdge University Press and The MIT Perss, 1983, p. 97.
② 王立非：《布拉格学派与标记理论》，《外语研究》1991年第1期，第1页。
③ 付琨：《标记理论的介绍与应用》，《汉语学习》2005年第3期，第36页。

属于标记现象。实体标记是指在有些标记现象中用以标志有标记现象的成分。实体标记可以分为显性实体标记和隐性实体标记。在现代英语中可数名词规则变化情形下,单数是无标记的,复数是有标记的,其中可数名词的复数标记就是显性的实体标记。汉语中绝大多数有标记现象的实体标记都是隐性的,也可以认为是没有显性的实体标记。

(二) 功能主义的标记观

功能主义是与结构主义相对的一种研究思路,一般也称为功能主义理论或功能主义思潮。"对语言的功能研究或语言研究的功能主义就是指把语言看成是一种交际的形式,强调语言的工具特征。它揭示语言是如何在一个人类社会的更大系统中发挥作用的,因此它旨在通过语言在社会交际中应实现的功能来描述和解释语言各层次上的各种语言特征。"[①]在对"功能"的认识上,也存在一定差异。马丁内(A. Martinet)认为,功能包括语言在社会生活中所完成的功能和语言单位在完成交际功能的过程中所承担的功能。韩礼德(Halliday)认为"功能"可以从两个方面理解:旨在说明语言使用的方式,结构中的一切都能从语言的使用中得到解释;语言的基本意义成分是功能成分。他同时区分了概念功能、人际功能和语篇功能。虽然不同的专家学者对"功能"的认识不尽相同,但他们对功能的研究取向还是一致的。"绝大多数的功能主义语法都是'话语性的'(discourse-orientated)。这里所谓的话语性的有两层意思:第一层指的是大多数功能主义语言学家并不满足仅仅对句子进行描写,他们还注重对超句子的结构,即语篇进行描写,研究句子与句子之间的衔接与协调。就这方面来说 Halliday 的系统功能语法以及荷兰的 Dik 是比较突出的例子。'话语性的'第二层意思,或许是更重要的是功能主义语言学在对句子进行分析研究的时候,非常重视对语用、话语的研究并充分考虑语言使用中的语境及功能,试图从这些方面来理解形式结构。也就是说,他们在分析句子的时候并不像形式主义者那样孤立地看这些句子,而是把这些句子放在一个话语的语境中,看成是一个'活'的话(utterance)来研究。这一点可以说是所有的功能主义语法的一个

[①] 龚放:《论语言研究的功能主义思潮》,《外语学刊》2000 年第 3 期,第 1 页。

共性。"①

"话语性"的功能主义研究也使用标记一词,但这个标记与结构主义标记理论中的"标记"显然不是一回事:一方面,功能主义研究中的标记都是实体性标记,每个标记都有特定的话语功能。结构主义研究中的标记虽有实体标记,但在形态不丰富的语言中,隐性标记更为常见。另一方面,结构主义研究中的标记更主要的是指标记现象,而功能主义研究中的标记并不指标记现象,仅仅指实体标记本身。

严格地讲,功能主义的标记观并不构成一种观点,只是专家学者的一种词语使用习惯,用"标记"来指称那些具有特定话语功能的成分而已。

(三)"标记"与"标志"

结构主义和功能主义在使用"标记"一词的含义时显然是存在差异的。这种使用方式在一定程度上不利于对标记的认识。我们认为有必要在术语的使用上区分标记和标志两个概念。在讨论词形变化时用以指称表示不同语法意义的语言形式以及论及语言中的不对称现象,我们建议使用"标记",并将这样的含义赋予"标记",作为其语言学意义上固定的含义。至于指称不同功能类型(聚合)的语言形式,最好称之为"标志"。

事实上,在这两个术语的使用上,前期有很好的示范。沈家煊(1999)在讨论肯定与否定的不对称时,就使用了"标志"一词。"从形态上看,否定句总是比相应的肯定句来得复杂,否定词就是一个多加的标志。"② "在形式上,有标记否定句有一些额外的标志,汉语一般要在'不'后加'是'字,说成'不是'。"③

二 范畴与标记

(一)范畴与标记的关系

标记一词的含义可以从三个角度理解:一是结构主义视角下的标记

---

① 龚放:《论语言研究的功能主义思潮》,《外语学刊》2000年第3期,第5页。
② 沈家煊:《不对称和标记论》,江西教育出版社1999年版,第46页。
③ 沈家煊:《不对称和标记论》,江西教育出版社1999年版,第60页。

现象；二是结构主义视角的实体标记；三是功能主义视角的实体标记。三个角度的定义分别与不同意义上的范畴相关联。

首先，结构主义视角下的标记现象指的是语言中客观存在的不对称情形。这种情形可以从不同意义上的范畴角度去考察。或者说，因为不对称的类型不同也就导致其指向的范畴意义不同。第一，当不对称情形指的是语法意义的不对称时，其构成的是语法范畴。例如英语动词的词形变化可以表示不同的时体意义，在时的意义上可以区分为过去时、现在时和将来时，在体的意义上可以区分为进行体、非进行体。这种体的意义形成对立，构成时体范畴。这就是时体意义的不对称构成的语法范畴。第二，当不对称情形指的是命题意义的不对称时，其构成的是语义范畴。标记现象是人对特定情形的主观认知，这种认知在语言形式上一定是由形态标记体现。例如肯定和否定就是一对人们熟知的范畴。"肯定和否定是语法中重要的范畴，许多语法现象都与肯定否定有关。逻辑上讲，肯定的一面是否定，否定的一面是肯定，所以任何语句都应该有肯定和否定两面，而且这两面的语义具有排他性。有趣的是有些语句只有肯定没有否定，有些只有否定没有肯定。例如：'见一个爱一个'不说'见一个不爱一个'，'只字未提'不能说'只字提'。这是肯定句与否定句的对立。"[①] 事实上，肯定和否定的对立是命题意义的对立，属于语义范畴。当然，因为标记现象可以从语音、词汇、语法、语义以及语用的角度分析，因此，标记现象对应的范畴也是多样的。

其次，结构主义视角下的实体标记指的是能够标记不对称现象的语言形式。如英语可数名词的复数标记、动词不同的时体标记等都是结构主义视角下的显性实体标记。这些显性实体标记对应着特定的语法意义，并能够与对应的意义形成对立，因此是对应语法范畴的。从语音的角度看，清浊、舌位高低前后的对立也对应着特定的范畴，这个范畴往往是一个聚合。汉语中的反义词存在不对称现象，这种不对称对应的是一个语义范畴。所以，结构主义视角下的实体标记对应的范畴要看在哪个层面上分析，不同角度的分析对应的范畴往往也是不同的。

最后，功能主义视角下的实体标记指的是话语分析中起到人际功能、

[①] 周小涛：《否定不对称的语用视角》，《湖北大学学报》2012年第2期，第130页。

语篇功能等不同功能的语言形式，一般称为话语标记。殷树林（2012）认为："话语标记的性质特征主要有五个：在语音上，话语标记形成独立的语调单位，与其他语言单位之间可以有停顿；在句法上，话语标记具有独立性，主要出现在句首；在语义上，话语标记编码程序信息，除证据标记外，不会增加所在语句表达的命题的内容，也不影响其真值条件；在语用上，话语标记是自返性的，对言语交际进行调节和监控；在风格上，话语标记多用于口语。"[①] 也就是说，话语标记本身构成一个功能性聚合。

综上，我们认为，不是标记与范畴的关系有多复杂，而是因为对标记的理解或界定不同，导致它们之间产生不同意义上的对应关系。

（二）否定范畴与否定标记

关于否定的范畴属性，我们前文已经论及。从目前的研究成果来看，关于否定主要有这样几种认识：把否定归入认知范畴，如李宇明（2000）；归入语义范畴，如戴耀晶（2000）、胡清国（2006）；归入语法范畴，如徐杰和李英哲（1993/2001）、袁毓林（2000）、文贞惠（2003）；归入语义语法范畴，如文贞惠（2003）；归入语用范畴，如吕叔湘（1947）、高名凯（1948）、齐沪扬（2002）等。

我们认为，否定属于认知范畴和语义语用范畴，不属于语法范畴。

1. 否定属于认知范畴

否定属于认知范畴，我们在前面已经有所论及。事实上，讨论否定的认知属性应该区分两个概念，即否定和否定表达。否定是人认知能力的一部分，是人的认知能力发展到一定阶段后形成的对事物、事件的辨识能力。从哲学和发生认识论的角度考察否定，这一点是显而易见的。前文已经论及，此处不赘述。

否定表达是通过语言表达出来的人对事物、事件的认知结果，是认知能力和语言能力的外化显现。语言研究中提及的否定多是指否定表达。否定表达从其根源上看，也属于认知范畴。"作为语言运用中的重要形式，否定现象也是世界上众多语言不可回避的形式，它一定富含了许多很有意义的认知特征。对它展开认知性的研究无论是对于传统研究还是

[①] 殷树林：《话语标记的性质特征和定义》，《外语学刊》2012年第3期，第91页。

对于揭开语言使用者——人是如何对现实进行概念化还是探索语言与认知的关系等方面都是很有意义的。"① 梁晓波（2004）所指的否定现象事实上就是语言中实际出现的否定表达。他从否定的标记性、图与底的关系、距离象似性、语义原型和语义范畴的变化以及否定概念心理空间的角度讨论了否定表达的认知属性。从标记性角度考察，与肯定相比，否定表达的结构更为复杂，往往要增加相应的否定标志词；使用频率要比相对的肯定表达低得多；否定表达的认知复杂度更大，在心理耗力、注意力以及处理时间上都要比相应的肯定表达消耗要多。从图与底的角度考察，"否定与事物存在状态中所凸显的特性和状态有关（saliency），突出的一面成为图（figure），而其他相关部分则成为底（ground）"。② 这突出表现在否定的表达形式可能更为显豁，更具有表现力，其所表达的信息也更具特色。从象似性角度考察，否定表达具有距离象似的基础。"否定句的否定语义如果完全隐含（embedded）在某一词语中，其否定义往往较强；而当否定义由相关的否定词加上一个肯定的表述时，其否定之义就会相对弱一些；而当否定词由于语句的原因与该词有一定距离时，其否定意义就更弱了。"③ 这可能是否定的认知共性在语言中的类型学反映。从语义原型与范畴化的角度看，否定的分类显然对应着不同的认知结果。客观否定是原型否定，而主观否定显然是范畴化否定。也就是说，前者一般都是有所否定，而后者往往只是一个否定表达，并非有所否定。从否定概念心理空间角度考察，梁晓波（2004）认为："我们也可以为否定语义概念建立如下的心理空间图示：即任何一个否定的空间都能建立两个重要的属空间，一个万能的否定空间 N，在这个空间里，所有的语义都是被否定的（negated）；另一个是可能世界的空间 P，在这个空间里，任何事件都是可能变为现实的或者说有变为现实的基础。在理解这样的语句过程中，听话者可以再现说话人的这两个语义空间，并实现否定词语的语义投射，建立最终的否定语句，从而完成对语义否定的理解。"④

---

① 梁晓波：《否定的认知分析》，《外语研究》2004 年第 5 期，第 13 页。
② 梁晓波：《否定的认知分析》，《外语研究》2004 年第 5 期，第 14 页。
③ 梁晓波：《否定的认知分析》，《外语研究》2004 年第 5 期，第 15 页。
④ 梁晓波：《否定的认知分析》，《外语研究》2004 年第 5 期，第 16 页。

事实上，皮亚杰（1997）已经从发生认识论的角度讨论过，并已被目前的心理学所证明。

常规意义上的否定包含否定认知和否定表达两种含义。从否定和否定表达的角度看，否定属于认知范畴是没有争议的。

2. 否定属于语义语用范畴

戴耀晶（2000）、胡清国（2006）曾论及否定的语义范畴属性。吕叔湘（1947）、高名凯（1948）、齐沪扬（2002）的研究成果表明，否定属于语用范畴。我们同意以上观点，并拟从否定分类的角度入手，讨论否定的语义语用属性。

前文我们尝试建立了一个新的否定表达系统。从否定表达与客观实在关系的角度，首先可以区分为客观否定和主观否定。客观否定基于从时间、空间和价值判断角度考察否定表达，是对客观实在的否定情形的原样表述，是有所否定。这种否定是命题意义上的否定，是真值否定，属于语义范畴。主观否定是说话人为了达到特定的交际目的而进行的否定表述，是无所否定，主要行使祈使、评价和表情等功能，可以表达愤怒、讽刺、不满等不同的情感。

从这个角度观察，客观否定都属于语义范畴，主观否定都属于语用范畴。而我们一般提及的否定主要就包括客观否定和主观否定两种类型，因此，我们说否定属于语义语用范畴。

3. 否定不属于语法范畴

任何语法范畴的建立都需要一定的条件。彭楚南认为，"词形变化常常跟语法范畴联系在一起。但是它不是本质的条件。最重要的条件是语法意义的对立……语法意义的对立是必要的条件，没有两种或两种以上的语法意义的对立就谈不上语法范畴"。[①] 同时他也讲道，"有词形变化的语法范畴是稳定的、显性的语法范畴。但是也往往有一些语法范畴没有明显的固定的词形变化，这是不稳定的、隐性的语法范畴"。[②] 这为我们讨论否定范畴的属性提供了立论的基础和依据。如果否定范畴能够成为一个合格的、确在的语法范畴，需要具备语法意义的对立，且语法意义

[①] 彭楚南：《语法范畴（上）》，《中国语文》，1957年5月号（总第59期），第27页。
[②] 彭楚南：《语法范畴（上）》，《中国语文》，1957年5月号（总第59期），第27页。

应该能够制约句法结构。

首先，从肯定与否定对举的角度讲，肯定和否定不是语法意义，不能制约句法结构。而且，现代汉语中诸如"不、没（有）"只是标志否定意义的词语，不是形态标记。从这个角度看，肯定和否定不能构成语法意义的对立，没有建立肯定范畴或否定范畴的条件。

其次，从否定内部看，可以区分为客观否定和主观否定两类。客观否定可以下分为基于空间的否定、基于时间的否定和基于价值判断的否定等不同的类型。主观否定可以分为祈使、评价、融情等不同的类型。但是这种分类也不是语法意义上的分类。在实际使用中，的确能够看到不同类型否定的句法差异，但这种差异显然不对应特定的语法意义。因此，否定也不具备建构语法范畴的条件。

综上，我们认为，否定属于认知范畴、语义语用范畴，但不属于语法范畴以及语义语法范畴。

4. 否定标记均为标志

基于对否定范畴的属性界定，我们认为，通常称为否定标记的语言形式更适宜称为否定标志。前文我们已经从标记论的角度说明了这个问题。这里我们再次证明，否定不是语法范畴。通常所谓的否定标记并不代表语法意义上的对立，而多是命题意义上的对立。

诚然，我们也看到不同类型的否定会有句法上的差异。如从标记论的角度看，有标记的否定句数量要少于无标记的否定句。有标记的否定句也常常带上额外的标志成分。"无标记否定可以单独成句，有标记否定不能单独成句，后面要有一个接续的表示申辩或解释的肯定小句。"[①] 但这种现象的背后并不是语法意义在起作用，也就是说，这种有标记否定和无标记否定的差异更多地体现在组合标准、聚合标准、分布标准、频率标准、意义标准以及历时标准上，而不是体现在句法差异和语法意义上。

为了避免与形态学意义上的形态标记和标记论意义上的不对称现象相混淆，我们把通常所谓的否定标记看作表示否定意义的形式上的标志，简称为否定标志。

---

① 沈家煊：《不对称和标记论》，江西教育出版社1999年版，第61页。

（三）否定标志

交际中表达否定意义的方法很多。"交际过程中用于表达否定的手段是很丰富的，既可以是语言手段，又可以是体态语。比如汉族人可以通过摇头、摆手等表示否定。就语言系统内部来说，否定的方法也是多彩多姿的，既可以利用否定标记'不'或'没'进行否定，也可以用反问语气、特指疑问代词、有否定意义的词语等手段达到否定的目的。"[①]

从形式的角度看，首先，否定表达可以通过词语手段实现。能够表达否定意义的词语可以分为三类：一是石毓智（2001）所讲的有否定意义的词语，如"拒绝、懒得"等；二是含有否定义词素作为构词成分的词语，如"不当、不等、不敌、不定、不端、不对、不乏、不服、没底、没劲、没脸、没门儿、没趣、没事、没玩、没戏、没治"以及"寡廉鲜耻、置如罔闻、自叹弗如、靡日不思、乏善可陈、毋庸置疑、毋庸讳言、匪夷所思"等；三是否定标志（通常所谓的否定标记）"不""没"等。其次，否定表达可以通过特定框式结构实现。这方面论述最多的就是反问格式。反问表达否定已经成为学界公认的事实。丁声树（1961）、吕叔湘（1982）、于根元（1984）、李宇明（1990）、常玉钟（1994）等认为反问句的基本语法意义是否定。更有一些激进的看法，直接将疑问代词等同于否定词，如肖志野（2004）。"反问度越高（指句子的规约度高，具有一定的形式标志，即使脱离语境也可以判断为反问句）的句子，其中的疑问代词实在意义越少，虚化程度越高。这些疑问代词会失去其表示指代的部分实义，甚至虚化成一个基本上只表示否定意义的标记词。"[②]

除反问句外，还有一些特定的格式可以表达否定意义。如王一军（1999）论及的湖北十堰口语中"—你该发财啦！—发棺材"类用法；吴继章（1993）提及的"词或词组＋个＋脏字眼"格式；丁雪欢（2007）论及的"什么X不X"否定格式；姜炜和石毓智（2008）、樊莉（2012）、夏雪和詹卫东（2015）、代丽丽（2016）等论及的"X什么X"格式；邵

[①] 石毓智：《肯定与否定的对称与不对称》，北京语言文化大学出版社2001年版，第23页。

[②] 肖志野：《"怎么"反问句的研究及其教学思考》，硕士学位论文，暨南大学，2004年，第11页。

敬敏（2012）论及的"X你个头"结构；张田田（2012）论及的"管他"结构；张谊生（2015）论及的贬抑性否定规劝构式"你少X"；李萌（2016）论及的"（你）得了（吧）"互动结构等。

此外，还有用肯定形式表示否定意义的情形。如傅惠钧和陈艳丽（2007）论及的隐性否定祈使句式（好好端着，洒了！小心走好，摔着！），袁毓林（2013）论及的"差点ɪVP"表达隐含否定的格式等。

从范围限定的角度，我们把否定标志限定在词语中的否定标志词"不""没"以及所有表示否定的框架上。前者我们称之为否定标志词，后者称为否定标志框架。与之相对，我们把通过否定标志词表达的否定称为否定标志词式否定，简称标志否定；把通过特定否定框架表达的否定称为否定框架式否定，简称框架否定。

第二节 "没"的生成、演化与表达

"没"是公认的否定标志词，源于陷没义动词"没"，形成于唐代，并逐步替换了原来的否定标志"无"。从"没"的功能演变历程来看，有从否定向情态化发展的趋势。从"没"的否定功能来看，其内部有否定存在和不否定存在只否定数量的区别。否定标志词"没"由动词向副词演化，除了需要特定的句法条件外，根本上是空间域向时间域认知投射的结果。"没"的进一步发展就是其逐渐生成情态化功能，并成为句尾语气词、主观量标记，同时也伴生着跨层结构的词汇化。"没个"正是一个典型的由跨层结构向情态副词演变的案例。本节主要讨论"没"的产生、演变及其发展，并讨论其在不同层面的语义功能。

一 "没"的产生与空间否定

"没"是现代汉语中典型的否定标志词。"没"的产生经历了与汉语原有否定标志系统竞争的过程，继而形成了其现有的稳定用法。从"没"的基本否定功能讲，它用于否定存在，但是在语言表达中，也可以不否定存在，而只否定存在的特定属性。

（一）否定标志"没"的产生

现代汉语否定标志"没"可分为两个。吴福祥（1995）认为："现代汉语否定词'没'的句法功能可分为'没₁'与'没₂'。'没₁'是动词，后接体词性成分，否定事物的领有、具有及存在，相当于古汉语的'无'。'没₂'是副词，后接谓词性成分，否定动作、状态已经发生，相当于古汉语的'未'。'没₂'的出现晚于'没₁'。"① 因此，一般讨论否定标志"没"的产生是从否定标志动词"没"和否定标志副词"没"两个角度着眼的。

就否定标志动词"没"和否定标记副词"没"的分界点来看，一般认为是在15世纪。"'没'在唐、宋时期一直是一个名词性成分的否定标记，它否定动词性成分的用法十五世纪前后才出现。"② 这至少说明，否定标志词"没"最初是用于否定名词性成分的。

至于否定标志动词"没"出现的时间，目前看来虽还有一定争议，但对于大致生成时间的看法还是相差无几的。石毓智、李讷（2000）认为，否定标志动词"没"是因为汉语否定标志系统调整而产生的。"'无'一直从先秦沿用到宋元，元明时候被大约于唐朝后期兴起的另一个名词否定标记'没'替换。"③ 就是说，他们认为否定标志动词"没"出现于唐朝后期。志村良治（1995/2005）认为："'没'在中古后期才开始见到，如'唯怕村中没酒沽'（罗邺《自遣》），'火风没处藏'（《维摩变文》S. 3872）。"④ 这里的"没"是否定名词性成分的否定标志动词。太田辰夫（1987/2003）的研究也支持这样的看法，他认为，否定标志动词"没"源于埋没义动词"没"，大约在唐代用于表示"无"的意思。蒋冀骋、吴福祥（1997）的《近代汉语纲要》也支持这样的观点："否定词'没'由'陷没'义动词演变而来，最早见于唐代文献。"⑤

关于否定标志动词"没"出现的时间，徐时仪（2003）提出了不同的看法。"考《小尔雅·广诂》载：'勿、蔑、微、曼、末、没，无也。'

---

① 吴福祥：《否定副词"没"始见于南宋》，《中国语文》1995年第2期，第153页。
② 石毓智、李讷：《十五世纪前后的句法变化与现代汉语否定标记系统的形成——否定标记"没（有）"产生的句法背景及其语法化过程》，《语言研究》2000年第2期，第39页。
③ 石毓智、李讷：《十五世纪前后的句法变化与现代汉语否定标记系统的形成——否定标记"没（有）"产生的句法背景及其语法化过程》，《语言研究》2000年第2期，第46页。
④ 志村良治：《中国中世纪语法史研究》，江蓝生、白维国译，中华书局2005年版，第88页。
⑤ 蒋冀骋、吴福祥：《近代汉语纲要》，湖南教育出版社1997年版，第446页。

《小尔雅》的著录始见于《汉书·艺文志》，列于《尔雅》后，没有撰者名字。《隋书·经籍志》一著录《小尔雅》一卷，李轨略解，亦未载编者名字。《旧唐书·经籍志》和《新唐书·艺文志》的著录与《隋志》同。宋代编的《崇文总目》、晁公武《郡斋读书志》、陈振孙《直斋书录解题》和王应麟《玉海》所引《中兴馆阁书目》则载'《小尔雅》一卷，孔鲋撰'。《四库全书总目》卷四十三《小学类存目一》指出其书久佚，今所传本则为从《孔丛子》第十一篇所抄出而别行者。《孔丛子》一书是伪书，故今传本中'汉儒说经皆不援及，迨杜预注《左传》始稍见征引，明是书汉末晚出，至晋始行，非《汉志》所称之旧本'。考北魏·郦道元注《水经》，隋·陆德明作《经典释文》，唐·李善注《文选》，孔颖达、贾公彦作经传注疏，司马贞作《史记索隐》等皆引有《小尔雅》，引文亦皆与今传本相合，由此可推论《小尔雅》大约成于汉末，魏晋间流传。据其所载其时'没'已有'无'义，可证唐以前否定动词'没'已出现。"① 同时他也从语音角度证明了"无"与"没"的替换在唐朝时已露端倪，并在元明时期最终完成"没"取代"无"的替换过程。

如果此说成立，那么否定标志动词"没"应于唐前出现，至少在唐代已经用"没"替换了前期的否定标志动词"无"。

关于否定标志动词"没"的语义来源，认识基本一致，即"没"的否定义源于动词"没"的"陷没"义。事实上，"没"成为否定标志词是两种力量共同作用的结果：一是"没"由"陷没"义向"无"义引申过程中认知的力量；二是否定标志词"没"的否定能力问题。

关于否定标志词"没"的否定能力，石毓智、李讷（2000）已经作过系统阐述。他们认为："现实世界的量可分为两种基本的类型，一是离散性质的（discrete），二是连续性质的（continuous）。它们可以简单定义如下：离散量是指具有明确的边界、可以分出一个个独立个体的数量特征。连续量是指边界交叉、无法分出确定个体的数量特征。反映在语言中，我们把指代离散量事物的词语看作具有离散性语义特征，同理，把

---

① 徐时仪：《否定词"没""没有"的来源和语法化过程》，《湖州师范学院学报》2003年第1期，第2页。

指代连续量事物的称作具有连续量的语义特征。"① 而在早前的 1992 年，石毓智论证了"不"与"没"的分工。他认为，"没"否定具有离散量语义特征的词语，而"不"否定具有连续量语义特征的词语。

我们再看动词"没"语义的变化。以动词"没"的"陷没"义（图 2—1 中图 B）为观测点，"陷没"义向"无"义的变化，事实上反映的是一个完整的事件，即陷没之前的情形（图 2—1 中 A）到陷没过程中（图 2—1 中 B）再到陷没结束（图 2—1 中 C）的完整情形。对这种情形的认知就反映为"没"的语义变化。这种变化如图 2—1 所示：

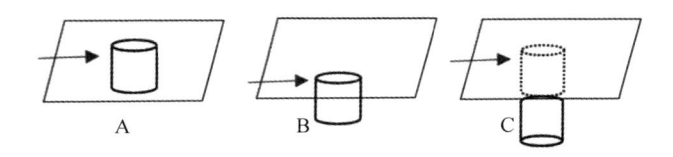

图 2—1　"没"的语义变化与认知格局

图 2—1 中 A 反映的是人的一个认知格局：某个事物在特定空间存在，其中箭头指向的圆柱体是人关注的重点，是图形。这个认知格局表示"某处存在某物"，即"有"。图 2—1 中 B 反映的是动词"没"表示"陷没"义的情形。在人认知中的图形只是图 2—1 中 A 的一部分，整个图形在背景上是动态消失的过程。图 2—1 中 C 反映的是动词"没"的"陷没"义所表示的事件的终点，即图形在背景上消失。其中图 2—1 中 B 到 C 反映的是动词"没"的"陷没"义到"无"义的变化。而从图 2—1 中 A 与 C 的比较来看，反映的恰是人的两个认知格局的形成，即由"有"格局到"无"格局的形成。

因为人的认知作用，动词"没"有了"无"的意义，加之"没"可以否定离散量语义特征的词语，因此，否定标志动词"没"最终形成。

（二）"没"的空间否定之一：对存在的否定

否定标志动词"没"原初的功能是否定事物的存在。这种否定表达

---

① 石毓智、李讷：《十五世纪前后的句法变化与现代汉语否定标记系统的形成——否定标记"没（有）"产生的句法背景及其语法化过程》，《语言研究》2000 年第 2 期，第 40 页。

在句法中的典型表现就是否定标志动词处置其后的体词性宾语，也就是学界常讲的"没"作名词性成分的否定标志。否定标志动词"没"的否定功能是人的认知能力的反映，是在二维的具体存在和三维的容器隐喻认知格局基础上生成新的格局的结果。在二维的具体存在以及容器隐喻的基础上，人类的认知结果是"有"，并形成关于"有"的格局。而"没"是在这个认知格局的基础上生成的一个新的认知格局。

我们先看"有"的认知格局。李先银（2012）认为："'有'字句既可以表达存在关系，也可以表达容纳关系，存在和容纳是两端分明，中间模糊的两种状态，典型的存在是二维的存在地存在某物，而典型的容纳是三维封闭空间容纳某物。"① 事实上，容纳也是存在，只不过是人观察存在的背景不同而已。在存在的样态上，李先银认为："'有'字句表达一种存在关系。存在关系表达事物之间的联系。存在的样态有四种，即空间存在、时间存在、领有存在和具有存在，形成从具象到抽象的梯次过渡。"② "空间存在、领有存在和具有存在在认知上具有心理上的连通性，它们共享相同的形式，在不同的环境中，一种关系被激活，成为显性存在，另一种关系会被抑制，成为隐性存在。"③ 也就是说，不论是空间存在、领有存在还是具有存在，它们都有共同的认知方式。

首先，我们考察空间存在。空间存在从背景差异角度可以区分为两种：一种是二维空间的存在，即"某地存在某物"。如：

[1] 那铺着路面的方形小广场上<u>有</u>两棵无精打采的梧桐树，树下点缀着三张桌子。

[2] 天亮起来，发现桌子上<u>有</u>一朵花。

---

① 李先银：《容器隐喻与"有+抽象名词"的量性特征——兼论"有+抽象名词"的属性化》，《语言教学与研究》2012 年第 5 期，第 79—80 页。
② 李先银：《容器隐喻与"有+抽象名词"的量性特征——兼论"有+抽象名词"的属性化》，《语言教学与研究》2012 年第 5 期，第 81 页。
③ 李先银：《容器隐喻与"有+抽象名词"的量性特征——兼论"有+抽象名词"的属性化》，《语言教学与研究》2012 年第 5 期，第 82 页。

人是在认识这样的客观存在的情形时形成了以"某地"为背景,以"某物"为图形的认知格局。这种认知格局可以图示如下(2—2):

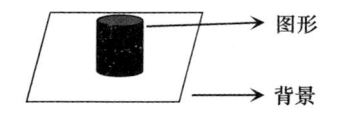

图 2—2　"有"的二维认知格局

背景和图形的关系就是背景上"存在"图形,即"有"。以 [1] 为例,就是以"小广场"为背景,以"梧桐树"为图形,二者的关系就是"小广场上存在梧桐树",在语言中的表达就是"小广场上有梧桐树"。

另一种是三维空间的存在,即容纳。如:

[3] 洞内还设了一所小学,无顶无窗的教室里<u>有</u>两块黑板,进行复式教学。

[4] 月亮光从窗子进来,锅台上安着做豆腐的桶子锅,锅里<u>有</u>一碗冷豆腐。

人是在认识这样的客观存在的情形时形成了以容器为背景,以容纳物为图形的认知格局。这种认知格局可以图示如下(2—3):

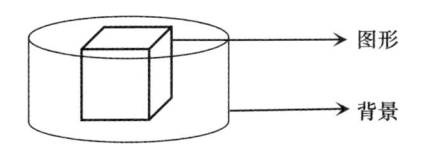

图 2—3　"有"的三维认知格局

背景和图形的关系就是背景中存在图形,这种容纳关系同样可以表述为"有"。以 [3] 为例,就是以"教室"为背景,即容器,以"黑板"为图形,即容纳物,二者的关系是"教室里存在黑板",在语言中表达出来就是"教室里有黑板"。

对空间存在进行否定所反映的是在"有"的认知基础上生成一个新

的"无"的认知格局。这个新的认知格局是在存在基础上生成的,对二维存在和三维存在的反映可以用图 2—4 表示:

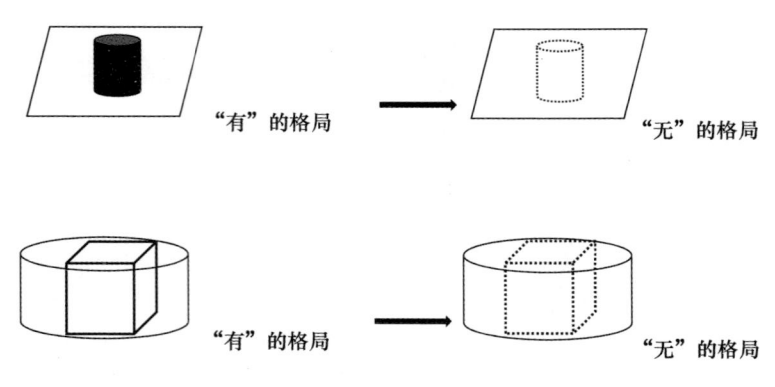

"有"的格局 → "无"的格局

"有"的格局 → "无"的格局

图 2—4 "无"义的生成与认知格局

在人的认知过程中,人最容易感知到的就是具体事物的存在。在这种具体事物存在的刺激下,首先生成的是"某地有某物"的认知格局。发生认识论的研究表明,当人在认知"某地不存在某物"的情形时,是把"某地有某物"的认知格局先与这种情形对照,并在此基础上生成新的认知格局,即"某地无某物"。如:

[5] 许三多跟在成才身后穿过操场,外边在下雨,操场上没有一个兵。

[6] 教室里没有取暖设备,王志强就在怀里揣个热水袋,一个人悄悄来到教室练习。

主体在对"操场上没有一个兵"这个表达进行理解时,是将这个事实作为对"有"的认知格局的刺激,并在此基础上生成"无"的格局,进而理解"操场上没有一个兵"的意思。对于三维的不存在而言,这个认知过程是一致的。不论是对二维存在的否定还是对三维存在的否定,在语言理解上都有一个从"有"的格局向"无"的格局的转换过程。以对例[5] 的理解为例:

事实 S1/S2→ "有" {操场；兵} R1→ "无" {操场；兵} R2

这个图示可以理解为：当事实为存在时，事实 S1 的刺激直接生成的是"有 {操场；兵} R1"这个认知格局；当事实为不存在时，事实 S2 需要在 R1 这个格局的基础上再生成"无 {操场；兵} R2"的认知格局，并进而理解这个具体表达的意思。从这个角度看，对否定表达的理解事实上增加了一个肯定表达的过程。现代心理语言学的研究也在不同的阶段验证了这种思想。现代心理语言学的命题表征理论认为："否定是一个外显的操作器（operator），它将整个命题置于它的否定辖域中，将整个命题包起来，这样，否定句比肯定句多了一层附加的命题胶囊。因此，理解者在建构否定句的意义表征时，就比建构肯定句的意义表征更为复杂，因此，否定句比相应的肯定句在加工和理解上就更加困难，表现为更长的加工时间和更高的错误率。"[①] 继此之后出现的经验模拟观认为，对否定的理解是"个体在语言理解中需要建构文本所描述的事件状态的心理模拟，这些心理模拟是以个体已有的经验为基础的……否定并不是一种特殊的逻辑抽象符号，而是经验模拟的结果，是一个动态模拟的时间经验过程，即从事件被否定状态的模拟转向对事件真实状态的模拟"。[②] 经验模拟观的两步模拟假设（two-step simulation hypothesis of negation）认为对否定句的理解包括两步加工：首先是个体对被否定状态的模拟；其次是对事件真实状态的模拟。这些思想与发生认知论的认知格局思想事实上是一致的。

当然，"没"对存在的否定并不仅仅是对具体存在的否定，还可以是对抽象存在的否定。如：

[7] 现有的特殊教育法律法规<u>没有</u>明确的法律责任，对违法主体的制裁缺乏法律依据。

[8] 原始社会<u>没有</u>阶级，因而原始社会的教育是<u>没有</u>阶级性的。

---

① 何先友、林席明、李惠娟、陈广耀、杨惠：《"否定"加工研究的新进展：认知神经科学的视角》，《华南师范大学学报》2013 年第 1 期，第 33 页。

② 何先友、林席明、李惠娟、陈广耀、杨惠：《"否定"加工研究的新进展：认知神经科学的视角》，《华南师范大学学报》2013 年第 1 期，第 34 页。

[9] 万物不是任何造物主所造的，可是物与物之间并不是<u>没有</u>关系。关系是<u>存在</u>的。

　　[10] 上海话"跑""伴"的第一个音素都是［b］，北京话里<u>没有</u>［b］这个音。

事实上，"没"对抽象存在的否定只针对"存在地"和"存在物"，其所属的认知格局是没有变化的，对"没"否定的认知理解也是没有变化的。就上例来讲，存在物"法律责任""阶级""阶级性""关系"都是抽象的存在，即使是"［b］这个音"一类的存在，与具体事物的存在相比，也具有一定程度的抽象性。就存在地来讲，抽象的事物也为存在物提供了认知考察的背景。这种存在的关系可以分为依附和容纳两种。其中表示依附关系的可以在表示存在地的成分后面使用或添加"上"，表示容纳关系的则可以在表示存在地的成分后面使用或添加"中、里、内"等。如：

　　[11] 短期债务和长期债务在本质上<u>没有</u>区别。
　　[12] 评论家认为国产手机入市将挑起价格战，实际国产手机在价格上<u>没有</u>什么优势。
　　[13] 《制度》中<u>没有</u>包括相关业务部门填报报表的统计业务制度。
　　[14] 没错，我同意，你的知识结构里<u>没有</u>经济和金融的内容。
　　[15] 从整个音系来看，湖南境内<u>没有</u>真正的赣方言点。

　　其次，我们考察领有存在和具有存在。李先银（2012）区分了领有存在和具有存在。"典型的领有是某人领有某物的所有权或者使用权，A领有B等同于B属于A。"①"当'有N'成为某事物区别于其他事物的特征时，特别当这种特征是固有的，非临时性的，存在关系就变成了具

---

① 李先银：《容器隐喻与"有+抽象名词"的量性特征——兼论"有+抽象名词"的属性化》，《语言教学与研究》2012年第5期，第82页。

有关系。"① 事实上,领有存在、具有存在与空间存在是属于同一认知范畴的。在语义上,也表现为属于同一语义框架。从李先银分析的情形来看,具有存在和领有存在都可以纳入任鹰(2009)所讨论的领属范畴,而空间存在是她讨论的存现范畴中的存在范畴。任鹰(2009)认为:"'领属'和'存现'是有着明显的相似性并且可被纳入同一认知框架的语义范畴,以相同或相似的句法形式表示'领属'义和'存现'义则是极具共性特征并有着充分的认知理据的语言现象。由典型的存现句到所谓的领属句,由物理的、具体的附着关系到心理的、抽象的附着关系,合乎人的认知规律,也合乎隐喻发生的基本规则和语言范畴扩展的一般程序。从认知根源上说,心理的、抽象的附着关系同物理的、具体的附着关系一样,都可以被纳入'容器—内容物'框架,相同或相近的关联模式实现为相同或相近的语言结构式,正体现了语言的形意同一性要求。"② 也就是说,从认知和语义的角度看,具有存在和领有存在与空间存在并无二致。如:

[16] ——打电话也行。
　　——他家<u>没有</u>电话。

[17] 谢铁澜却说,我们<u>没有</u>退路了,倾家荡产也要生产空调器。

[18] 鲸鱼<u>没有</u>腮,靠肺呼吸。

[19] 如果鸡<u>没有</u>羽毛,褪毛加工厂也能节约给鸡拔毛时大量使用的水。

从命题意义的角度讲,对空间存在、领有存在以及具有存在的否定在本质上是一致的,它们共用一个相同的认知模式,并产生命题意义上的一致性,即都表示言说对象是不存在的。从空间否定与客观存在的关

---

① 李先银:《容器隐喻与"有+抽象名词"的量性特征——兼论"有+抽象名词"的属性化》,《语言教学与研究》2012年第5期,第82页。
② 任鹰:《"领属"与"存现":从概念的关联到构式的关联——也从"王冕死了父亲"的生成方式说起》,《世界汉语教学》2009年第3期,第317页。

系角度看，因为空间否定都是对客观实在的原样描摹，都是有所否定，属于客观否定。

空间角度对存在的否定，一个典型的特征就是否定标志动词后所带的宾语一般不带数量限制成分，更具体地说，是排斥除最小量限之外的数量成分。如：

[20] 他们毫无同情心，脑子里根本<u>没有一点</u>儿恢复重建的概念。
[21] 她为人随和，<u>没有一丁点</u>儿大明星的架子。
[22] 从孔子的时代到上世纪末，中国思想家<u>没有一个</u>人有过到公海冒险的经历。
[23] 整个电文，<u>没有半句</u>慰问罹难者家属的话，令人心寒。

只有当否定标志动词后的宾语为无数量成分限制或仅为表示最小量限的成分进行限制时，才能表示对存在物的否定。究其原因，可从空间否定的特点以及否定范围规律的角度解释。就空间中的存在来讲，它只能有两种情形，即或者存在或者不存在，不会有中间的情形。也就是说，或者"有"或者"无"。那么如果对空间的存在进行否定，就只能是完全否定。"由否定范围规律可知，在给定的范围内，对其中最小一个量级的否定等于对整个范围的否定。'1'是自然数中最小的一个，所以常常借用它与适当的量词相配表示完全否定。"[①] 事实上，在汉语的表达中，除最小自然数"1"可以表达最小量限外，一些数量义不再凸显的数量组合也可以用于表达最小量限的意义，如上例中的"一点儿""一丁点儿""半句"。如果否定标志动词"没"后的宾语含有数量成分，且数量成分不表示最小量限意义时，就不再表达对存在的否定。我们把这样的现象称为"'没'的空间否定之对存在物的量的否定"，严格地讲，这是一种否定表意的特殊情形。

（三）"没"的空间否定之二：对存在物的量的否定

"没"对存在物的量的否定事实上只是一种权宜的表述。从表意的角

---

① 石毓智：《肯定和否定的对称与不对称》，北京语言文化大学出版社2001年版，第41页。

度看,这种否定表达并没有否定事物的存在,而只是对所讨论的事物的数量、范围以及事物所具有的某种属性的程度进行减量描述,从而表示"数量不及、范围不到、程度不足"等意义。吕叔湘(1980)曾经注意到这样的用法。《现代汉语八百词》在分析动词"没"的时候,提及"没"有四种用法,即"对领有、具有的否定""对存在的否定""表示数量不足"和"表示不及"。其中,"没有+数量"就有表示数量不足的情形。如:

[24] 这间房子没有十平方公尺｜他走了还没两天呢｜跑了没几步就站住了

(见吕叔湘《现代汉语八百词》)

宋世平(1993)曾经尝试划分出"没有₃"。他认为"没有"既可以当动词用,也可以当副词用。当动词用时"没有"是"有"的否定式;当副词用时"没有"否定动作或状态已经发生。除此之外,还有不同于以上两种用法的第三种情况,称之为"没有₃"。"'没有₃'既不是'有'的否定式,也不是否定动作或状态已经发生。它用于表示动作已经发生的句子……要求不定量词语作动词的后续成分……用于说话者对动词所涉及的量的大小、多少的估价,它能与'很'构成对立格式。'没有₃'表示量小、少等意思,'很'表示量大、多等意思。"① 他分析的"没有"内部虽然还不清晰,但是以下这些情形对我们的研究还是有启发的。如:

[25] 他没有写几个字｜那栋房子没有住几年｜我没有几本中文画报

(见宋世平,1993)

张谊生(2006)分析了"他考虑了没几天答应了"一类用法,认为其中的"没"是主观减量标记。"出现减量标记'没'、'不'的句子,

---

① 宋世平:《说"没有₃"》,《荆州师专学报》1993年第1期,第30页。

相关的时量或度量几乎都是说话人主观上认为出乎意料的、不合常理的情况。"① 这些论述对我们从存在角度分析否定标志动词"没（有）"具有一定的借鉴意义。我们拟从否定标志动词"没（有）"对量进行否定的使用情形、否定标志动词不否定存在只对存在物进行减量描述的原因、否定标志动词进行减量描述的特点、表示弱比（即吕叔湘所讲的"不及"）等几个方面对表示减量描述的否定标志动词"没（有）"进行分析。

1. "没（有）"对量进行否定的几种情形

当否定标志动词"没（有）"的否定对象受到表示数量或程度的成分修饰或限制时，就不能对存在进行否定，而只是对修饰或限制否定对象的表量成分（包括数量、范围、程度等）进行减量描述。如：

［26］这几个人根本没想到的是，呼过去没有 30 秒，罗维民的电话便打了过来。

［27］整座船厂里没有几个固定工，除了业主也没别的管理人员。

［28］中国人对防晒没有多少概念，只有一点阳光会晒黑皮肤和引生斑点的常识。

［29］我为了得诺贝尔奖而拼死拼活，我告诉你，我没有那么笨！

［30］生活中很多问题本就没有那么严重，不要把问题想得很糟糕。

例［26］~［28］中，"没有"并不是对所用时间、固定工和概念从存在的角度进行否定，即不是说其"无"，而分别表示"所用时间不到 30 秒""有固定工但数量很小""有一定认识"。例［29］~［30］中也并不是说"不笨"或"不严重"，而是说没有达到"那么笨""那么严重"的程度。数量、范围、程度都可以用量来衡量，因此，我们称这样的否

---

① 张谊生：《试论主观量标记"没"、"不"、"好"》，《中国语文》2006 年第 2 期，第 131 页。

定为减量否定。

从否定标志动词指向成分的构成角度看，减量否定可以分为两种类型：一种是否定对象中含有数量成分的情形，数量修饰或限制的核心成分是体词性成分。因为数量成分可以是确量，也可以是约量，进而可以下分为两个小类，即"没（有）+确数+（NP）"和"没（有）+概数+（NP）"。"没（有）+确数+（NP）"的情形如：

[31] 包括西藏和各省藏族聚居区的藏族人口，总共也<u>没有</u>600万人。

[32] 中年男人不记得他经营这所当铺有多少日子，心想<u>没有</u>一千也有八百年吧！

"没（有）+概数+（NP）"的情形如：

[33] 我把信从头看到尾，总共也<u>没有</u>几个字。

[34] 从现在起到本世纪末<u>没有</u>几年了，时间紧，任务重，这是必须正视的现实。

另一种是否定对象中含有表程度的修饰或限制成分的情形，被修饰或限制的核心成分是谓词性成分，主要是形容词。如：

[35] 思成笑道："诗人总是善于想像，事实上做这些事恐怕<u>没有</u>那么好玩。"

[36] 生活中很多问题本就<u>没有</u>那么严重，不要把问题想得很糟糕。

[37] 对于家庭和个人来说是这样，但一个主权国家就<u>没有</u>这么幸运。

[38] 没有他们，北京的楼就<u>没有</u>这么高，路就<u>没有</u>这么宽，天就<u>没有</u>这么蓝。

当否定标志动词后为谓词性成分时，简单谓词性成分都不可以进入

"没（有）+谓词性成分"结构，也就是说，谓词前面必须有表示程度的成分出现，主要是"那么""这么"。这种用法可以描写为"没（有）+这/那么+简单谓词"。

吕叔湘（1980）将"他走了还没有两天呢"一类用法归入"表示数量不足"，把"问题没有那么严重"一类用法归入"表示不及，用于比较"。我们把这两种用法归为一类，均表减量描述。原因有二：首先，不论是数量、范围还是程度，它们具有共同的认知基础，即都可以用量来衡量。数量大、范围广和程度高本质上是一致的，数量增大、范围扩大和程度加深的动态认知基础也是一致的。其次，从句法上看，它们的构成形式可以认为是相同的，都是"没（有）+表量成分"。"没（有）+确数+（NP）"是否定标志动词后有一个确定的数量。"没（有）+概数+（NP）"中的概数虽然不是一个确定的数，但是在互动交际中出现时，这个量并不是一个虚的量，于言者而言是实的量，只是不是一个确定的数而已。也就是说，在这样的格式中出现时，这个量在用法上与确定的量具有相同的作用，表示于言者而言的一个实在的带有点特征的量，而不是一个量幅。"没（有）+这/那么+简单谓词"中的量是在程度上表现出来的。简单形容词本身只能表示属性，没有量的特征。但当"这么/那么"与简单形容词连用时，就使形容词所表示的属性呈现出量的特征，而且也表示这个量达到了一个特定的点。如"高"仅仅表示属性，而"这么高"对于说话人而言，是"高"达到了一定的程度，就是程度本身有一个确定的点。从这个角度来看，"没（有）+确数+（NP）""没（有）+概数+（NP）"和"没（有）+这么/那么+简单谓词"的抽象结构形式是一致的，都是"没（有）+表量成分"。

另外，我们同意吕叔湘（1980）的观点，即把"没（有）+这么/那么+简单谓词"中的"没（有）"界定为动词。这可以从两个角度进行分析：首先，通过前文的分析，我们可以看到，第一，"没（有）+确数+（NP）""没（有）+概数+（NP）"和"没（有）+这么/那么+简单谓词"在结构上具有平行性；第二，三个结构在语义上具有平行性；第三，三个结构的认知基础是一致的。这在一定程度上说明，三个结构中的"没有"应该具有同质性。其次，三个格式使用的认知格局与表示空间存在的认知格局是一致的。只不过，原来的依附、容纳等存在方式变成了内含而已。从"没（有）+确数+（NP）""没（有）+概数+（NP）"和"没（有）+这么/那么+简单谓词"三个格式表示的存在来看，数量、范围、程度是内含于讨论对象的，如"人口的数量大小是在人口内部的""书信的文字本来就是可以计数的""楼有高低之分""路有宽窄之别"。表示空间存在的认知格局是"存在地—有—存在物"，具有一定的制约作用，也就是说，表达这个认知格局的语言形式压制在否定存在的标志动词后出现的成分具有事物特征。"确数/概数+（NP）"本身就具有事物属性。谓词性成分本身没有事物属性，但当它进入这个结构，就会使其发生事物化。

2. "没（有）"对量进行否定表示减量的原因

从前面的讨论可知，当否定标志动词"没（有）"的否定对象受到表示数量或程度的成分修饰或限制时，就不能对存在进行否定，而只是对修饰或限制否定对象的表量成分（包括数量、范围、程度等）进行减量描述。这个减量描述就是表示小于某个特定量，如"包括西藏和各省藏族聚居区的藏族人口，总共也没有600万人"表示"藏族人口小于600万"，"生活中很多问题本就没有那么严重"表示"生活中的很多问题虽会严重到一定程度，但小于'那么严重'"。这样的否定表达缘何能够表示"小于"的意思，正是我们关注的一个问题。

从否定认知格局生成的角度来看，任何否定认知格局的产生都是基于其对应的肯定认知格局的。因此，对否定表达"小于"进行解释，可以从这个角度入手。

首先，我们看"有+表量成分"的情形。刘丹青（2011）曾经讨论过"有"字领有句的语义倾向和信息结构问题。从"有"字句的本性来讲，他认为："领有也可以说是拥有、占有，领有关系在大多数情况下符合领有主体（以下简称'领主'）的利益，领有的原型属性包含'有益'的特征，如'有财富/土地/资源/权力/门路/靠山'，等等。所以，表领有关系的'有'，本性就有积极倾向。另外，'有'和'无'相对。任何拥有，不管多少，相对于不拥有，是任何数比零，均为无穷大，因而'有'的本性里又有'多'的倾向。这也是'有本事、有学问'之类组合可以表示多、程度深的来历。潜存于'有'字语义里的本性，就是既

'多'又'好'。"① 这里刘丹青证明了"有"本身具有"大量"义的本性。关于"有"字领有句,他更是鲜明地指出:"现代汉语'有'字领有句具有表好(褒义)和表多(主观大量)的语义倾向,主要表现在领有句宾语强烈地、甚至刚性地排斥负面定语和主观小量定语,排斥程度因宾语、定语的小类而异。"② 也就是说,当"有"字领有句其后带有数量成分时,只接受主观大量。我们发现,还有一种现象可以支持刘丹青上述的观点,即现代汉语中只有"有+数量+之多"的说法,没有"有+数量+之少"的说法,而且"有+数量+之多"中的数量在客观上不论是大量还是小量,在交际中都是表达主观大量的。如:

[39] 百科全书或全集之类的大套书,一套都<u>有数十册之多</u>。
[40] 据科学家推算,在整个地壳中,地下热水的总量大约<u>有 7 亿立方千米之多</u>。
[41] 据估计,每年从海洋、陆地上蒸发到大气中去的水气,约<u>有 4.5 万亿吨之多</u>。
[42] 各种企业所得税就<u>有五种之多</u>,各种奖金税也不少。

这样的用法一方面辅证了刘丹青(2011)的观点,即"有"字领有句排斥名词性宾语的表小量特征,同时也说明,"有"字领有句不仅要求其后的数量含有大量义,而且这个大量义往往体现为一种极量义,且均表示极大量。

继此之后,温锁林(2012)讨论过"有+数量结构"。他主要是要证明这个结构中的"有"具有自然焦点凸显功能。在"有+数量结构"的表意倾向方面,温锁林认同刘丹青(2011)的说法。他认为:"现代汉语的'有+数量结构'中的动词'有'尽管语义发生了虚化,不再表示具体的拥有义,但它在虚化为自然焦点标记词后,还是把表示超乎寻常的

---

① 刘丹青:《"有"字领有句的语义倾向和信息结构》,《中国语文》2011 年第 2 期,第 100 页。
② 刘丹青:《"有"字领有句的语义倾向和信息结构》,《中国语文》2011 年第 2 期,第 99 页。

拥有的语义倾向承继了下来,并赋予'有+数量结构'一种表大表多的语义特色。由此可以推知,这一语义倾向是由'有'的出现造成的。"① 温锁林(2012)认为,"有"具有标引大量成分的功能,同时也认为,"有+数量"具有表示大量意义的特征。但是,就研究对象来讲,温锁林与刘丹青显然不同。"现代汉语中的动词'有'除了表示'领有、拥有'与'存在'外,还有一种表示'性质、数量达到某种程度'的用法。这种用法的'有'只出现于两种句法环境:一种是用在'有+［那么］+形'结构中,用于比较,表示相似,如'这花开得有碗口那么大/这孩子已经有我那么高了';另一种是用在'有+数量结构'中,表示达到这个数量,如'他走了有三天了/这块地估计有四十亩'。"② 这也正是我们关注的对象。关于这种结构的表意,温锁林的认识比刘丹青更近一步。他认为这种结构只有表大表多的意义,因为"表示数量或性质达到某种程度的'有',是从表示领有义的动词虚化而来。'有'超乎寻常的领有义,再加上位于多而大的数量成分前的位置,使其在虚化过程中把表多表大的语义特点保留了下来。但是,'有'为什么没有保留其表好的语义倾向呢?其实也不难解释。抽象虚化的'有'只与凸显数量的显著度相关,数的大小多少与好坏褒贬关系不大,所以动词'有'原有的表好倾向在数量的领有关系中被消解了,并未成为其明显的语义倾向"。③ 这里,温锁林意在证明:一方面,"有"存在大量本性意义;另一方面,"有"可以充当自然焦点。但我们更关注的是另外一个问题。温锁林在讨论"有+那么+形"和"有+数量"结构时强调了一个问题,就是这样的结构表示"性质、数量达到某种程度",且结构中的"有"是从表示领有的动词"有"虚化而来。所谓的"性质、数量达到某种程度"实质上就是说"有"后的量是个大量,且具有极量义。

  李先银(2012)也讨论了一种相关的现象,即"有+抽象名词"。他

---

  ① 温锁林:《"有+数量结构"中"有"的自然焦点凸显功能》,《中国语文》2012 年第 1 期,第 32 页。

  ② 温锁林:《"有+数量结构"中"有"的自然焦点凸显功能》,《中国语文》2012 年第 1 期,第 29 页。

  ③ 温锁林:《"有+数量结构"中"有"的自然焦点凸显功能》,《中国语文》2012 年第 1 期,第 34 页。

认为这种结构具有隐性大量义的量性特征。这种大量义来自抽象名词与主体的隐喻容器关系。"寄生抽象名词是主体具有的一种情状，通常是人具有的内在的精神特质。当认知上把人的身体隐喻为一个容器，抽象名词是容器内的容纳物时，就构建起了隐喻容器关系，从而获得隐喻容器关系的量性特征。同时，尽管抽象名词可以采取评价式估量，如'一点、一些、很少、很多'等，但与身体容器形成的隐喻容器关系是一种内—外关系，实际的容纳状态是不可观察的，我们不可能剖开人的肚子看看他肚子里到底有多少杯水，观察容纳的状态是'满'还是'半'，因此对抽象名词来说，不存在'小半、半、大半'的容纳状态，只存在'满'一种容纳状态……抽象名词与主体形成的隐喻容器关系，同时把隐喻容器默认的大量义注入容纳结构'有+N'中，使得'有+N'默认表达大量义"。① 事实上，这也进一步证明了刘丹青（2011）的看法。

前期的研究表明，"有+表量成分"中的表量成分可以分为两种：一种是明示的量性成分，即数量成分和"这么/那么+形容词"表示的程度量；另一种是隐含的量性意义，即"有+抽象名词"结构隐含的大量义。不论"有"的含量成分以何种方式呈现，它们都有一个共性特征：这个量是主观大量。至于数量中的表量属性，刘丹青认为，"用实际数词限定名词是一种客观表述，无所谓主观量的大小"。② 但这还是要区分不同使用情形的。我们前面举过使用数词的例子，也可以表示主观大量，而且，这其中一个非常重要的问题是："有+表量成分"中量的属性不仅仅表现为主观大量，而且这个量还有两个特点：第一，这个量的量幅特征不明显。量幅表现为数量、范围、属性的可延展性，句法上可以受相应的修饰或限制性成分进行限定。表示数量的"大"、范围的"广"、属性的"好"都可以用相应的成分进行限定。如：

[43] 由于在会计信息系统中，记账凭证的数量往往<u>非常大</u>，所

---

① 李先银：《容器隐喻与"有+抽象名词"的量性特征——兼论"有+抽象名词"的属性化》，《语言教学与研究》2012年第5期，第81页。

② 刘丹青：《"有"字领有句的语义倾向和信息结构》，《中国语文》2011年第2期，第103页。

以系统提供多种查询方法以满足用户的不同查询要求。

[44] 实际上速冻食品范围很广，它包括速冻蔬菜、速冻水果、速冻海产品、速冻面食等 8 大类产品。

[45] 我前面讲过，女性的直感特别好，所以她的这个暗示效应就特强。

但我们从"有+表量成分"的使用来看，不论其后的成分是表示数量，还是程度，都不再有明显的量幅特征，表现为：当"有"后成分是数量成分时，确数当然是没有量幅的；如果是概数，在"有+表量成分"结构中出现时也不具有量幅特征；如果"有"后出现的是表示程度的成分，其前往往有"这么""那么"进行限定，从而使带有量幅的程度带上点的特征。第二，这个量是主观极大量。从刘丹青（2011）、温锁林（2012）、李先银（2012）的研究来看，"有"后的成分都具有主观大量的特征，即表示"多且好"。从实际使用情形来看，这个量不仅是主观大量，而且具有言者认定"极大量"的特征。刘丹青（2011）就认为："所谓表多，是指主观大量，即说话人认为数量超出通常水准。"[①] 也就是说，"有+数量成分"是一个表示主观大量的结构，其后的量性成分在结构中表现为带有极点性的主观大量，即极大量。

其次，我们考察"没（有）+表量成分"的情形。前面我们分析了"没（有）+表量成分"的情形，总体上可以分为两种：一是"没（有）+数量成分"；二是"没（有）+这么/那么 AP"。"没（有）+数量成分"可以再分为"没（有）+确数"和"没（有）+概数"。其中"没（有）+确数"还有"没（有）+极小量""没（有）+非极点量""没（有）+极大量"三种情形。我们可以把这些不同的类型归纳为三种：没（有）+极小量、没（有）+非极点量、没（有）+极大量。其中"没（有）+概数"可以归入"没（有）+非极点量"一类，"没（有）+这么/那么 AP"可以归入"没（有）+极大量"一类。即：

---

① 刘丹青：《"有"字领有句的语义倾向和信息结构》，《中国语文》2011 年第 2 期，第 103 页。

没（有）+表量成分 ⎧ 没（有）+极小量
　　　　　　　　 ⎨ 没（有）+非极点量
　　　　　　　　 ⎩ 没（有）+极大量

图 2—5　"没（有）+表量成分"的分类

（1）没（有）+极小量

前面已经从否定存在的角度对"没（有）+极小量"的情形进行了分析。我们这里再从量的角度进行讨论。"没（有）+极小量"的情形如：

[46] 整整一夜，全队职工身上没有一丝干纱，姜满金激动得热泪涌出了眼眶。

[47] 她依然那样温存安详，好像没有一丝痛苦。

[48] 爸爸和妈妈一催再催，说的也很有道理，可我却一直没有半点睡意。

[49] 对川人的感情，他没有半点虚伪！

石毓智（2001）曾经依据其总结的否定范围规律，从否定与量词的关系角度对这种现象作出解释。"否定的量级越小，它的否定范围越大，同时其否定程度也就越高……在语言运用中，往往是利用对最小量级的否定来实现完全否定，譬如'没有丝毫问题''没有一点问题'。"[①] 依据他总结的否定范围规律，在给定的范围内对其中最小的一个量级的否定等于对整个范围的否定。

我们认为，这可以从质的否定和量的否定两个角度来分析，并归结到存在的问题上。如果一种存在可以从数量角度考察的话，就可以从量的角度去追问其质的问题。具体事物的存在是可以计数的，如"干纱"可以"丝"的多少而论，抽象事物的存在是可以通过特定成分进行计数

[①] 石毓智：《肯定与否定的对称和不对称》，北京语言文化大学出版社 2001 年版，第 37 页。

的，如"睡意"可以用"点"计算。"痛苦""虚伪"是表示某种属性的，但当其事物化后，也是可以通过特定的成分进行量化的。不论具体的事物还是抽象的事物，又或是事物化的属性，一旦其可以量化，就能通过计数来讨论存在。当一种事物计数为零时，不仅是这种事物的计量意义不存在了，更重要的是这种事物本身也就不存在了。因为事物计数为零即表示这种事物的"无"。量变的结果是质的变化。从存在的角度看，就是这种事物不存在。语言运用中，当对一个最小量级进行否定，就是使这个事物的量归为零，从而表示该事物不存在。

从量的主客观属性角度看，客观小量的主观化能力最小。也就是说，客观上的最小量在主观上很难处理为大量。因此"没（有）+最小量"这种否定式几乎不可能进入温锁林（2012）讨论的自然焦点凸显功能的使用情形中，而是往往用于陈述客观事实。再从"没"的否定能力角度看，"没"的否定必定指向"有"的肯定。从否定存在的角度看，任何一个"没"的否定都是对一个存在的否定，这种否定具有较强的客观特性。因此，"没（有）+最小量"表达的否定基本都是命题否定，是客观否定。

综上所述，从量的角度考察存在，对"没（有）+最小量"的理解可以表述如下：

"没（有）+最小量" = 小于最小量 = 事物为零 = 无 （语言运用）

（2）没（有）+非极点量

仅从数量角度看，"没（有）+非极点量"有两种情形：一是"没（有）+非最小量确数"，如：

[50] 当然，这些年台湾的人均收入比大陆高，但那里<u>没有</u>十亿人口，也<u>没有</u>八亿农民。

[51] 不料刚过了<u>没有</u>三分钟，眼前的门哗地一下子拉开了，娟子提着箱子冲了出来。

[52] 沙曼道："我知道的虽然<u>没有</u>五千多个，可是也不算少。"

二是"没（有）+概数"，如：

[53] 我自认为，我在制冰这个领域的研究，全世界也<u>没</u>几个人赶上我的。

[54] 他们发现，放下<u>没</u>几天之后，那小猴子"就大部分时间畏缩在一角"。

[55] 抓起来以后严刑拷打，结果他父亲回来<u>没</u>多少天就去世了。

[56] 但是，过了<u>没有</u>多少天，终于把他左拾遗的职务撤掉，改派别的官职。

从确数角度考察，除"1"之外的所有确数都可以看作非极点量，因为与无穷大相比，它们都不是极点。表示概数的"几""多少"一定不是最小量限，因为它们没有同义变换关系；也一定不是极大量，因为从常规上来讲，"几""多少"都不表示大量，而表示一个不确定的小量。从数量角度考察"没（有）+非极点量"，它们均表示"小于"。如"没有十亿人口"表示"人口数量小于十亿"，但人口是存在的；"没几天"表示时间"小于一定的数量"，但经历的时间是存在的。这在讨论具体事物的时候会更加明显。如"全世界也没有几个人"并不是说人不存在，而只是说存在的人小于特定的数量。也就是说，"没（有）+非极点量"这样的否定表达并不否定事物的存在，而只是表示数量的降级。这样看来，"没（有）+非极点量"也是表示小于特定数量，但不否定事物的存在，即：

"没（有）+非极点量"＝强调小于所述量＝事物存在但数量降级（语言运用）

"没（有）+非极点量"表示小于特定数量但不否定事物的存在可以通过两个不同的结构来证明。

首先，用于降级描述的"没有……只有……"结构可以证明"没（有）+非极点量"并不否定存在，只表示数量的降级。"没有……只有……"结构可以表示选择、转折，也可以表示比较。当"没有……只有……"表示比较时，可以是同质型比较，也可以是异质型比较。所谓同质型比较，是指在数量内部进行比较。同质型的数量比较，如：

[57] 在座的同志要教育我们各级干部，关心国家大局，就是使我们国家在二十年内发展起来，实际上从现在到二〇〇〇年，<u>没有</u>二十年，只有十六年了。

[58] 我从没有一半以上成功地表达我想表达的事物，实际上还<u>没有</u>一半，只有十分之一强。

[59] 对于他们，每一个月并<u>没有</u>三十天，而是只有六天，因为他们每五天赶一次街子。

[60] 这个团<u>没有</u>200人，只有100多人。

同质型的数量比较表示所论及的数量小于"没有"后面的数量，如例 [57] 中"没有二十年"后面的"只有十六年"，说明"没有二十年"是"小于二十年"的意思。尤其是例 [60] 不仅说明"没有200"是不足200，而且可以清楚地看到，"没有200人"并不否定"人"的存在，而仅仅是表示数量不及。

"没有……只有……"表达同质型比较不限于数量。如：

[61] 我母亲告诉过我，她<u>没有</u>能力扮圣诞老人，只有有钱的母亲才会假扮圣诞老人，送礼物给小孩。

[62] 世界上<u>没有</u>丑陋的女人，只有因不注意修饰而显不出美丽的女人。

[63] 我们<u>没有</u>方案，只有一个原则，参酌原有情况，量才使用

例 [61] 也带有比较的意义，是"无钱（钱少）"和"有钱"的附属属性的比较；例 [62] 是"丑陋"和"不注意修饰而显不出美丽"的比较，从言者的视角出发，都是降级比较。例 [63] 则更加明显，从言者视角看，"方案"是一定包含"原则"的，是降级比较。当"没有"在"没有……只有……"降级比较格式中出现时，证明"没有"并不否定存

在，而仅仅表示数量或程度不足。

当然，在有些异质型比较格式中，"没有"是可以否定存在的。如：

[64] 他没有三个儿子，只有三个女儿。
[65] 她没有三个戒指，只有三个耳环。

这种"没有……只有……"似乎更加强调的是对比，因为是同数异质型的比较，数量并不是表达的重点。例［64］中否定了言说对象有"儿子"，例［65］中否定了言说对象有"戒指"。但从类属方面看，例［64］也仅仅是否定了言说对象有"儿子"，没有否定其有"孩子"；例［65］否定了言说对象有"戒指"，但没有否定其有首饰。

其次，现代汉语中另一用于降级描述的结构"没有……也有……"也能证明"没有+非极点量"不否定存在，只表示数量降级。如：

[66] 中年男人不记得他经营这所当铺有多少日子，心想没有一千也有八百年吧！
[67] 戒指是赤金的，没有一两也有八钱，其大无比，其俗也无比。
[68] 从下午到晚上，来的人没有五十个也有四十个。

上例显示，"没（有）+非极点量"仅仅表示数量不足。"没有……也有……"的其他用法也显示，这里的"没有"不是否定存在的。如：

[69] 虽然没有土豆那么大，差不多也有黄豆粒大小啦。
[70] 阿英的事，我没有功劳，也有苦劳。
[71] 严知孝抬起头来，看着陈贯群说："没有什么大事……倒也有一点小事。"

例［70］中言者意在表明其有所付出，只是付出的努力被认可的程度有差异；例［71］中意在说有事情，只是事情的大小有区别。

综上所述，我们认为，"没（有）+非极点量"一般都不否定存在，而仅仅表示数量不足。

（3）没（有）+极大量

"没（有）+极大量"中的"极大量"可以是数量，也可以是程度，但都属于主观量。从否定生成的角度看，"没（有）+极大量"是对"有+极大量"的否定。关于"有+极大量"，刘丹青（2011）、温锁林（2012）等已经进行了充分的研究。这里我们先看"没（有）+极大量"的使用情形。"没（有）+极大量"可以分为两种类型：一种类型是"没（有）+主观极大数量"，如：

[72] 华宝的净资产没有原来说的16个亿那么多，只有13个亿左右。

[73] 当前实际上流出的865系列芯片组，其实并没有1300万颗那么多。

[74] 要说起来就说他的敛财，即使咱们对半劈，说他没有清朝国库15年收入那么多，有7年也该杀。

主观大量与客观数量的大小没有绝对的关系，上面出现的三个数量从客观上看有大小之分，但从言者表达的角度看，都是主观大量，都可以用"有……之/那么多"变换，即：

[75] 华宝的净资产有16个亿之/那么多。

[76] 当前实际上流出的865系列芯片组，有1300万颗之/那么多。

[77] 他的敛财有清朝国库15年收入那么多。

这说明，在"没（有）"之后出现的都是主观大量，而且从具体表述中可以看出，这个量往往是一个极大的量点，即说话人认为这个数量在所讨论的范围内达到了一定的点。

另一种类型是"没（有）+这么/那么 AP"，如：

[78] 老陈呀，只怕事情没这么简单，这个尚德全，我们恐怕要

把他撤下来哩。

[79] 到过很多国家，买过很多西服，从来<u>没有</u>这么漂亮、舒适、挺括。

[80] 诗人总是善于想象，事实上做这些事恐怕<u>没有</u>那么好玩。

"没（有）+这么/那么 AP"是温锁林（2012）所说的"有+这/那么 AP"的否定形式。因此，它的表意可以从这个角度入手进行分析。"现代汉语中的动词'有'除了表示'领有、拥有'与'存在'外，还有一种表示'性质、数量达到某种程度'的用法。这种用法的'有'只出现于两种句法环境：一种是用在'有+［那么］+形'结构中，用于比较，表示相似，如'这花开得有碗口那么大/这孩子已经有我那么高了'……整个结构呈现出强烈的表大表多的语义倾向，同时排斥表小表少。"① 也就是说，"有+这么/那么 AP"表示 AP 所言的程度到达了一个极大量。按照石毓智（2001）所讲的否定规律，当对一个极大量进行否定时，表示小于这个极大量。"没这么简单"就是表示不如对方想象的那么简单，"没有这么漂亮"就是表示不及目前看到的西服漂亮，"没有那么好玩"就是不及想象中的好玩。

总之，"没（有）"对量进行否定表示减量可以从"有+数量"的角度入手，并依据认知格局的生成和否定规律进行解释。"有"后出现的数量从否定角度考察，可以有两种：一种是最小量；另一种是非最小量。在"有"的认知格局基础上生成"没有"的认知格局，对这个认知格局的理解遵循否定规律，即"没（有）+数量成分"的含义为小于出现的数量。如果是"没（有）+最小量"，就是表示存在数量特征为零，这样也就否定了事物的存在。如果是"没（有）+非最小量"，就是表示存在的数量小于非最小量，即减量描述。

3. "没（有）"对量进行否定的特点

动词"没（有）"可以对存在和存在物的量进行否定：当对存在本身进行否定时，就是存在为"无"；当对存在物的量进行否定时，是表示少

---

① 温锁林：《"有+数量结构"中"有"的自然焦点凸显功能》，《中国语文》2012 年第 1 期，第 29 页。

于特定的量。从整体上看,"没(有)"对量进行否定,具有如下几个特点:

首先,动词"没(有)"进行否定时符合数量优先的原则,即当动词"没(有)"实施否定时,优先被否定的不是存在本身,而是存在物身上反映的数量。这个数量可以是数量本身,也可以是范围或程度。如:

[81] a 人常说,没有千年人,枉操千年心。
　　　b 可能因为是雨天,里面空空荡荡没有人。
[82] a 世界上并没有十全十美的制度,任何制度总难免有空子让人钻。
　　　b 有了制度,不去认真执行,等于没有制度。
[83] a 然而,1981年7月17日堪萨斯城饭店发生的一次类似事件却没有那么幸运。
　　　b 克劳迪亚没有幸运,也没有不幸,她生活着,需要追求的,她都实现了。

所谓数量优先也可以解释为属性优先的原则,即动词"没(有)"否定时总是优先否定存在身上体现出来的数量属性。比照上面的三组例子,如例[82],"没有制度"和"没有十全十美的制度"意义差别显然很大:"没有制度"是指制度不存在,而"没有十全十美的制度"是说制度是存在的,只是在其属性上不具备十全十美的特征。

其次,动词"没(有)"在进行涉及数量否定时均为降量否定。所谓降量否定是指当动词"没(有)"否定数量时,都是在否定对象所表现出来的数量基础上进行降量描述。如:

[84] 他们学校没有20000人。
[85] 她没有你们说的那么好。
[86] "因为没有幸运的第三者。"娄红说到这儿眼睛又湿了。

"没有20000人"是指人数不到20000人,"没有你们说的那么好"是说"好"的属性存在,只是没有达到"你们说的"那个程度。例[86]中的降量表现在人的期待程度上。对于说话人来讲,从"幸运"到"不幸"

是一个降量过程。"没有幸运的第三者"不是说"没有第三者",第三者存在,但是是不幸的。

最后,动词"没(有)"进行涉量否定时可以实现由量及质的否定。所谓"由量及质"的否定,即动词"没(有)"可以通过否定存在物的量来实现对存在本身的否定。如:

[87] 对这些人来讲,伤害损失是百分之百,几乎<u>没</u>半点选择的余地。

[88] 他<u>没有</u>一丝一毫的怀疑,对上帝的言辞无限信仰。

[89] 没想到车厢里分外静,<u>没有</u>一个人发言,大家都是呆坐着听她的。

由量及质的否定之所以能够实现,也是在前两条原则的作用下才得以发生。动词"没(有)"涉量否定都是降量否定,而在由量及质的否定中,数量都是最小量,最小量降量的结果是为零,数量为零也就是事物本身不存在。

二 "没"的演变与时间否定

(一) 动词"没"的副词化

动词"没"的副词化最明显的句法表现就是"没"在谓词性成分前出现,且已经失去了动词的句法特征,其中一个典型表现就是不能再与体标记同现。前期有人已对"没"的副词化问题作过相关研究,对"没"语法化的时期、语法化动因等问题作了阐释。

1. 动词"没"副词化的时间

关于"没"副词化的时期,各家看法还存在分歧。太田辰夫(1987)认为"'没''没有'否定动词大约始于元明"。[①] 同时他也声明,否定动词的"没"不是来源于"未"。孙锡信(1992)认为,用于否定动词的"没"大约出现于元明之际。志村良治(1995)认为,"'没'在中古后

---

① 太田辰夫:《中国语历史文法》,北京大学出版社2003年版,第279页。

期才开始见到"。① 吴福祥（1995）认为，宋代南戏作品《张协状元》中已经出现了"没"修饰动词性成分的情形。如：

[90] 独自做人了，浑没投奔。（《张协状元》P607）
[91] 没瞒过我实是你灾。（《张协状元》P556）
[92] 侯门相府知有万千，读书人怕没为姻眷，料他每福缘浅。（《张协状元》P583）
[93] 休得要两眉蹙远山，吃些个饭食浑莫管，好因缘怕没为方便。（《张协状元》P583）
[94] 音书断，没成虚假。（《张协状元》P585）

（见吴福祥，1995）

杨荣祥（1999）认为南宋时期的《朱子语类》中已经出现了否定副词"没"。如：

[95] 止缘初间不理会到十分，少刻便没理会那个是白，那个是皂，那个是酸，那个是咸。（《朱子语类》卷17）

石毓智、李讷（2000）认为，"'没'在唐、宋时期一直是一个名词性成分的否定标记，它否定动词性成分的用法十五世纪前后才出现"。② 如此看来，关于动词"没"副词化的时间就有了两种说法，即元明之际和南宋时期。

确定动词"没"副词化的前提条件是要区分"没（有）+VP"的两种情形，即VP事物化和非事物化的情形。如果"没（有）"后出现的VP发生事物化，即VP失去了动词属性，那么它就不能带上体标记、数量宾语或补语。如果"没（有）"后VP能带上体标记、数量宾语或补语凸显陈述性，这时"没（有）"就副词化了。因此，需要甄别的就是

---

① 志村良治：《中国中世纪语法史研究》，中华书局2005年版，第88页。
② 石毓智、李讷：《十五世纪前后的句法变化与现代汉语否定标记系统的形成——否定标记"没（由）"产生的句法背景及其语法化过程》，《语言研究》2000年第2期，第39页。

"没 + VP"结构中的 VP 凸显陈述性的最早时间点,这应该是"没"副词化的起点。

我们以南宋为分界点来观测"没 + VP"的使用情形。在南宋前,"没 + VP"就已经出现,但这时均为 VP 事物化的情形。如:

> [96] 今人不是不理会道理,只是不肯子细,只守着自底便了,是是非非,一向都<u>没</u>分别。(《朱子语类》卷三八)
> [97] 行动都<u>没</u>理会了,说甚未发!(《朱子语类》卷五)
> [98] 天纲恢恢道路穷,使我恓惶<u>没</u>投窜。(《敦煌变文选》)
> [99] 如云宁障碍,似日<u>没</u>遮拦。(《敦煌变文集新书》)

上例"没 + VP"中的 VP 都是事物化了的谓词,相当于一个体词性成分。这里出现的"没"均为动词性成分。那么,南宋时期"没"是否已经有副词化的倾向,就需要甄别出当时是否出现了"没 + VP"结构中 VP 凸显陈述性的情形。如:

> [100] 止缘初间不理会到十分,少刻便<u>没</u>理会那个是白,那个是皂,那个是酸,那个是咸。(《朱子语类》卷一七)
> [101] 南轩见义必为,他便是<u>没</u>安排周遮,要做便做。(《朱子语类》卷一〇八)

这是《朱子语类》中出现的情形。其中例[100]杨荣祥已经使用过,但未及讨论。此例中,"理会"后的成分是其宾语,因此"理会"凸显动词性特征,此时,"没"分析为副词是比较可靠的。例[101]似乎比例[100]复杂,"安排""周遮"均为动词性成分,有同时被事物化的可能。此中的"没"分析为动词未尝不可,因为《朱子语类》中还继续使用"无"。如:

> [102] "人之生也直",如饥食渴饮,是是非非,本是曰直,自<u>无</u>许多周遮。如"敬以直内",只是要直。(《朱子语类》卷三二)
> [103] 彼中虽是号令简,<u>无</u>此间许多周遮,但彼中人才逼迫得

太急，亦易变，所以要调发甚难。(《朱子语类》卷一一〇)

从《朱子语类》"无"的使用可以看到，其后的成分事物化后可以接受数量成分修饰，而使之有界化。但是，在"没"的使用中还没有这样的用法，因此，动词"没"副词化在南宋时期应该仅仅是开始。但无论如何，"没"的副词化发生在南宋时期应该是可信的。

2. 动词"没"副词化的动因与机制

石毓智、李讷（2000）曾经讨论过"没"的副词化问题。他们认为，15世纪前后发生的几个重要句法变化为新否定标记"没"的诞生创造了合适的条件。"这些条件包括动补结构的成熟，体标记系统的建立，量词范畴的引入，以及时间词、动量词由宾语之后向宾语之前的变动，等等。"① 这些句法变化的结果是使谓语动词发生有界化，从而赋予作为单一句法单位的谓语动词以离散量特性。离散型特征恰与名词的语义特征相符，这种谓语动词整体语义特征的改变导致原来主要用于无界谓语动词的否定标志因不适应新的发展而被淘汰。同时，为用于名词类的否定标志"没"向动词否定标志扩展创造了条件。在"没"语法化具体路径方面，石毓智、李讷（2000）认为，"没"常用于连动结构的第一动词，在时间一维性的作用下，逐渐丧失动词的特征而向单纯的否定标志转化，从而为其向动词否定标志的扩展做好了准备。

石毓智、李讷（2000）的研究在一定程度上解释了"没"副词化的动因，具有借鉴价值。我们拟从隐喻认知的角度分析"没"由动词演化为副词的认知机制，并为目前"没"的副词化研究提供认知理论上的证据。我们认为，动词"没"副词化的根本动因在于时间与空间范畴之间的密切关系，并通过隐喻认知途径促成其最终副词化。

时间和空间的关系问题始终受到哲学、数学、物理学等学科研究者的关注。认知语言学出现后，也表现出对时间和空间问题的极大关注，并用二者之间的关系解释了一系列语言现象。时间和空间本是两个不同的范畴，"时间和空间在一般的概念上，如在经典物理学中，是两个截然

---

① 石毓智、李讷：《十五世纪前后的句法变化与现代汉语否定标记系统的形成——否定标记"没（有）"产生的句法背景及其语法化过程》，《语言研究》2000年第2期，第39页。

不同的存在物。时间是一维的，只向一个方向延伸。而空间是三维的，在每一个维度上都可以双向伸展"。① 从存在方式角度看，空间更加具体，而时间是一个抽象概念。但是，在认知这个节点上，时间和空间则密切地关联起来。"由于时间的抽象性特征，我们不能直接经历时间本身，而是经历空间中的事件或通过感知物体运动过程经历时间，因此，借助具体知识理解抽象知识是一种认知普遍性。人类从这种经验中抽象出了时间和空间的概念以及概念之间的隐喻联系，于是空间性在我们的知觉空间中表现为距离、方向和维度。"② 时间范畴和空间范畴成为人类认知中两个最基本的范畴。从认知语言学的角度看，时间范畴和空间范畴存在一种隐喻关系。"'时间是空间'隐喻具有认知普遍性。尽管人类文化类型存在差异，但相似的社会生活体验形成了共同的时间的空间识解范式，空间—时间隐喻几乎存在于所有人类的时空认知中，是最普遍的时间思维形式。无论从文化视角还是从概念化视角看时间的空间识解，它都'具有文化普遍性、心理真实性、多产性，并在思想和语言中被深深固化'。"③ 空间成为时间的原型，这就为理解时间提供了基础，同时也为我们从空间角度去解释跟时间有关的语言现象提供了基础。当然，这也成为我们解释动词"没"缘何发生副词化的理论基础。

动词"没"否定的是事物的存在，表示某地没有某物。其中，"某地"既可以是二维空间，也可以是三维空间。从人的观察角度考察，二维或三维空间是参考点，事物是观测点，这种认知格局的生成是基于"有"对应的认知格局。基于时间与空间之间的隐喻认知关联，空间概念的"没"在人的隐喻认知能力作用下可以发生由空间域向时间域的投射。其中，空间认知格局中二维或三维的参考点变为一维的时间流，且具有方向性特征。空间认知格局中的观测点"事物"在时间认知格局中成为"事件"。在空间认知格局中，人是在特定的时间点上观察某物与某地的存在与不存在关系。在时间认知格局中，人是在特定的时间点上观察某个事件是否发生过。人、时间、空间和观测对象是认知格局中不可或缺

---

① 冯文丽、孔秀祥：《语言表达中的时间和空间》，《修辞学习》2001 年第 4 期，第 6 页。
② 肖燕：《时间的空间识解理据》，《外国语文》2014 年第 6 期，第 68 页。
③ 肖燕：《时间的空间识解理据》，《外国语文》2014 年第 6 期，第 69 页。

的要素。

其中，空间域内的事物在人的隐喻认知能力作用下，在时间域内投射为事件。同时，空间的参考点在时间域内成为时间流。空间域向时间域投射的一个显著变化就是时间既成为人观察事件的参考点，同时人也在时间流上选点作为某个表述发生的时间点，这两个点统一出现在时间流中。空间域向时间域投射得以发生的基础是"存在"关系：在空间域中，显现为观察某地与某物的存在关系，时间域中显现为观察某个时间与某个事件之间的存在关系。在时间域中观察一个事件，如果这个事件存在，就是发生过；如果这个事件不存在，就是这个事件尚未发生。尚未发生在语言中表述为"没 VP"。这种认知过程如图2—6所示：

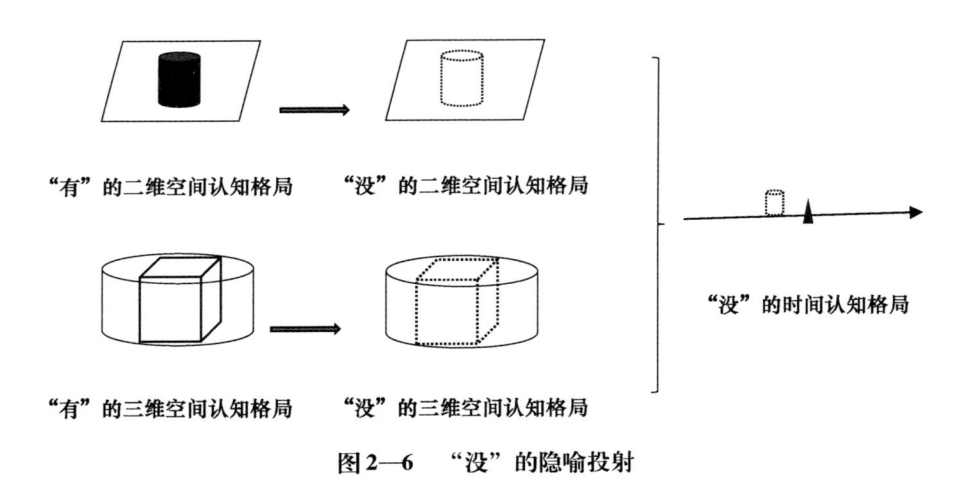

"有"的二维空间认知格局　　　"没"的二维空间认知格局

"有"的三维空间认知格局　　　"没"的三维空间认知格局

"没"的时间认知格局

图2—6　"没"的隐喻投射

对"没"的认知从空间域向时间域投射，对应的是两种不同的句法后果。空间域内"没"所处置的是事物，此时"没"呈现动词性特征。时间域内"没"处置的是事件，此时"没"呈现的是副词性特征。我们以"没好""没说""没商量"一类用法为例进行讨论。

"没好""没说""没商量"都可以两解，同时对应两种不同的句法结构。这可以从以下几个方面分析。首先，从韵律角度看，当"没好"和"没说"中的"好"和"说"儿化时，"没"是动词。如：

［104］我对周瑾说："我就说过，落到这帮人手里，没好儿。"

[105] 到我这儿没好儿！这路生意千万别信，你要是拿它当金科玉律呀，那是脑子里的油泥没擦干净哪！
　　[106] 你就放心和他处吧，这个人啊，没说儿。
　　[107] 我没说儿，但你最好征求一下老师的意见。

谓词性成分"好""说"后的"儿"有事物化的作用，"没好儿""没说儿"表示事物的不存在。此时"没"与其后成分构成述宾关系。当"没好"和"没说"中的"好"和"说"不可以儿化时，"没"是副词。如：

　　[108] 没想到她只是怔了一怔，旋即默默地低了头，轻咬下唇，什么也没说。
　　[109] 当我走进医院爸爸的病房时，母亲一句话也没说。
　　[110] 其实，我本来不想来这里参赛，因为我的伤势还没好。
　　[111] 彩排也是真摔，我的腿都摔青了，伤一直到演完都没好。

"说"是动作动词，"好"在这种用法中不表示属性，而表示变化。这时"没说""没好"不表示空间不存在，而表示时间上事件未发生。"没说""没好"构成状中关系。

　　其次，从句法变换的角度看，二者也存在差异。表示空间上不存在的"没说""没好""没商量"可以变换为"数＋量＋说/好/商量（的余地）＋也/都没有"的语义解释型变换，而表示时间上未实现的"没说""没好"则不可以这样变换。如：

　　[112] 你就放心和他处吧，这个人啊，没说儿/一点儿说儿都没有。
　　[113] 女儿对我很有看法，但我就是没商量/一点儿商量的余地都没有。

　　另外，表示时间上未实现的"没说""没好""没商量"后可以带上宾语或补语，而表示空间上不存在的"没说""没好""没商量"没有这样的变换。如：

[114] 自此以后，他可以踏实地活着，而且还<u>没说大话</u>！
[115] 但是主会保佑什么，宋美龄<u>没说出来</u>，只能留给宋仲虎夫妇品味、沉思。
[116] 先生的感冒还<u>没好透</u>，别让风再吹了。
[117] 这事我和开田还真<u>没商量过</u>，你说哩？

从时间域和空间域的关联角度来看，当表示空间域内"不存在"时，是"没"与其后的事物性成分共同表示一个状态，"没"在其中起着核心作用。而当表示时间域内未发生（在指定的时间内不存在）时，核心事件是由"没"后的谓词性成分表达的，"没"被外围化，仅表示这个事件在指定时间内的一种存在状态。"没"后的成分由事物转换为事件，使"没"的句法地位外围化，从而发生副词化。

"没"发生副词化，从而实现从时间的角度对事件进行否定。"没"否定事件有两种情形：一种是否定特定时间内事件的存在，即事件未发生或未实现；另一种是否定事件的可量度性，即不否定事件的实现或发生，而是从数量角度进行减量描述。

（二）"没"的时间否定一：否定事件、状态的存在

"没"从时间的角度否定事件、状态的存在有两种表达方式：一是"没 V"（动词的简单形式）和"没 A"（形容词的简单形式）。"没 V"表示 V 在特点时间点上没有发生。如：

[118] 他回答："报啦……不，<u>没报</u>，四海（这次战斗中牺牲的通讯员，是石头的亲密的战友）的仇还<u>没报</u>哩。"
[119] 她是比利时国王博多恩的祖母，因为她的孙子还<u>没结婚</u>，因此保持着王后的称号。
[120] 但是，石油工业上国外在技术、装备等方面有不少问题已经解决而我们还<u>没有解决</u>。

"没 V"表示以言者讲话时间为参照点，相应的事件在这个时间点之前不

存在，即表示在特定时间点上事件未发生。这时言者说话的时间点和考察事件的时间参照点是重合的。即：

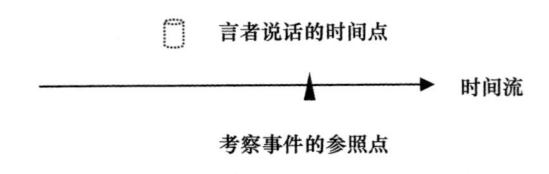

图 2—7　言说时间作为参照点的否定

当然也有不以言者说话的时间为参照点的情形。如：

[121] 如果到了 15 分钟面膜还<u>没有</u>干多敷一会是没有问题的。
[122] 如果到他这个年龄还<u>没</u>成家，那肯定不正常。

这时，言者说话的时间点不是考察事件的时间参照点。如例 [121] 中，考察"面膜没有干"的时间参照点是说话的时间点后的第十五分钟。即：

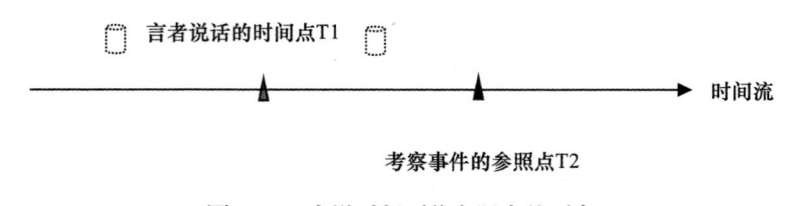

图 2—8　言说时间不作参照点的否定

"没 A"（形容词的简单形式）表示某种状态在特定时间点上不存在。如：

[123] 这时候，天色已经黑下来了，电灯还<u>没</u>亮。
[124] 下了官路再走七里小道，来到黄家湾，天还<u>没</u>黑。
[125] 我这眼病还是<u>没</u>好，现在干脆不吃了。

此时，言者说话的时间点和考察状态的时间参照点是重合的。如例

[123] 表示在言者说话的时间点"这时候"灯亮的状态不存在。其中，"这时候"也就是考察灯亮这个状态的时间参照点。与对事件的观察相同，观察状态时也有言者说话的时间点和考察状态的时间参照点不重合的情形。如：

[126] 如果出现流鼻血和一些感冒症状，如流鼻涕、咳痰等，却一直<u>没</u>好，或平时不常感冒的人，连续感冒就要有所警觉，尽快去医院检查。

[127] 过几天就白露了，到那时要是还<u>没</u>红，这枣今年就卖不上价了。

表示特定时间点上某种状态不存在的"没 A"对 A 有特定的要求：首先，结构中的形容词只能是性质形容词，状态形容词不能进入该结构。因此，"没 A"在表示某种状态不存在的意义时，都不能变换为"没很A"。其次，"没 A"结构中的 A 都具有变化性，都有"A 了"的用法。

二是"没"与极小量的组合形式。事件和状态都有这样的组合，极小量一般多为带"一"的组合。但是否定事件和否定状态有差异，否定事件一般使用"没 + V + 极小量"。如：

[128] 终于听到亲人的呼唤了，<u>没</u>说一句话，两边同时传出的是压抑不住的痛哭。

[129] 话务员王宁宁为了提高训练成绩，入伍第一年<u>没</u>逛过一次商场，<u>没</u>看过一场电影，业余时间几乎全部用于学习业务技术。

[130] 两天来大家多次在调度询问台交涉，<u>没</u>见过一张笑脸，<u>没</u>听过一句抱歉的话，得不到一个确切的答复。

而且"没 + V + 极小量"都可以变换为"极小量 + 都/也 + 没 + V"的形式。如：

[131] 终于听到亲人的呼唤了，一句话都/也<u>没</u>说，两边同时传出的是压抑不住的痛哭。

[132] 话务员王宁宁为了提高训练成绩，入伍第一年一次商场都/也没逛过，一场电影都/也没看过，业余时间几乎全部用于学习业务技术。

[133] 两天来大家多次在调度询问台交涉，一张笑脸都/也没见过，一句抱歉的话都/也没听过，得不到一个确切的答复。

但是在表示客观陈述的时候，否定事件都不使用"V（了）+没+极小量"的形式。

否定状态时一般都是用"极小量+没+A"。如：

[134] 拉着整车的水果跑了三天的路，竟然一个也没坏。

[135] 他和同学满院子寻找红透了的枣，结果发现，整整一个园子的枣，一个都没红。

否定事件和否定状态的共用形式是"极小量+都/也+没+V/A"组合，但否定状态时一般较少使用"没+A+极小量"组合。

"没"通过否定极小量从而否定事件或状态的存在，这一方面有空间到时间的隐喻认知作用，同时也遵循否定的原则。

(三)"没"的时间否定二：否定事件或状态的可量度性

1. 事件、状态的可量度性

事件和状态具有可量度性，这可以从两个角度进行观察：其一，事件或状态显性量的角度。事件的量度可以从两个方面来考察：一是看事件本身，可以从时量、动量角度进行量度观察；二是看与事件相关的对象（一般多为动词性成分支配的体词性成分），可以从数量角度考察。如：

[136] 老人住了几天，说想回城，儿子又开车把她拉了回来。

[137] 在果汁渍上滴几滴食醋，用手揉搓几次，再用清水洗净。

[138] 待在座人士都发言过后，主席遂请那名似乎是有备而来的董事说几句话。

"住了几天"是从时量的角度量度事件,"揉搓几次"是从动量的角度量度事件,"说几句话"是从"说"支配的对象"话"的数量角度来量度事件。状态也具有可量度性,可以从时量、动量和状态本身的内在变化入手。如:

[139] 手术后,医生把他椎间盘上突出的部分去掉了,他的病好了<u>几年</u>。

[140] 直升机里的人看见杀手的枪口亮了<u>几下</u>,知道他的劫车没有成功。

[141] "捂"成功一次,人们从灾难和事故中吸取教训的机会就少了一次,而灾难重复发生、事故损失更加惨重的可能性却高了<u>几分</u>!

[142] 同那些不讲公德的人相比,我们旁观者的素质又能高<u>多少</u>呢?

其二,事件或状态的量度考察还可以从隐性量的角度进行。这种隐性量可以是方式的角度。如:

[143] 不过,<u>认真</u>说来,文坛上"软包装"的流行,其实是一种浮躁心理、功利思想和媚俗现象的反映。

[144] 我是有一次看报纸上说招聘演员,<u>仔细</u>看了那个人物介绍我觉得我演肯定合适,就很想去,但是不知道怎么联络。

可以是范围的角度。如:

[145] 为了不当副县长,该说的<u>都</u>说了,该找的人<u>都</u>找了,结果还是无济于事。

[146] 好了,<u>全</u>好了!这几天,汗王一直在纳泽屋里过夜,可把狐媚急坏了!

也可以是程度的角度。如:

［147］说话或写文章的人要处处为读者着想，把话说<u>清楚</u>。

［148］真怪，那些种疮几乎过了半年时间才<u>好透</u>。

方式、范围和程度本身不是数量，但用其去衡量事件或状态时，可以看作一种隐性量。因为事件是有可量度性的，当然就可以从其对应的角度考察事件或状态。

2. 事件、状态显性量的否定

当"没"对事件或状态的显性量进行否定时，并不否定事件或状态的存在，即不否定事件的实现或发生以及状态的存在，只是对事件或状态从量上进行减量描述。我们先看"没"对事件进行否定的情形。如：

［149］但是<u>没培训几天</u>，"养蝎专家"便要农民买下昂贵的蝎苗回家"试养"。

［150］母亲总在我面前说儿媳花钱大手大脚，衣服一套一套地买，<u>没穿几次</u>就扔一边再也不穿了。

［151］<u>没有</u>认认真真写过什么东西，也<u>没有读过几本书</u>，最大的本事就是走门路，拉关系，把智慧都用在嘴尖舌巧和吹牛皮上了。

"没"对事件进行否定从而表示减量描述可以从时量、动量和动词处置的对象角度进行。"没训几天"不表示"培训"这个事件没有发生，而表示这个事件发生的时间短，这是从时量角度对事件进行减量描述。"没穿几次"并不否定"穿"这个事件已经发生，而表示这个事件发生的次数很少，这是从动量角度对事件进行减量描述。"没有读过几本书"不表示"读书"这个事件没有发生，而是讲读过的书的数量比较小。

当"没"对事件进行减量描述时，句法上都有相同的变换形式，即"没V+数量"可以变换为"VP（或动作指向对象为中心的体词性词组）+没+数量"。如：

［152］但是<u>培训了没几天</u>，"养蝎专家"便要农民买下昂贵的蝎苗回家"试养"。

[153] 母亲总在我面前说儿媳花钱大手大脚，衣服一套一套地买，穿了没几次就扔一边再也不穿了。

[154] 没有认认真真写过什么东西，读过的书也没有几本，最大的本事就是走门路，拉关系，把智慧都用在嘴尖舌巧和吹牛皮上了。

但都不能变换为"数量+也/都+没+VP"的形式。如：

[155] *但是几天也/都没培训，"养蝎专家"便要农民买下昂贵的蝎苗回家"试养"。

[156] *母亲总在我面前说儿媳花钱大手大脚，衣服一套一套地买，几次也/都没穿就扔一边再也不穿了。

[157] *没有认认真真写过什么东西，几本书也/都没有读过，最大的本事就是走门路，拉关系，把智慧都用在嘴尖舌巧和吹牛皮上了。

这与"没"通过否定最小量从而否定事件已经发生或实现是不同的，即与否定存在不同。

"没"对状态进行否定也是进行减量描述，可以从时量、动量和状态本身内在变化角度进行。如：

[158] 5年前第一次尿路感染，经治疗好转，但没好几天，旧病复发。

[159] 储户们没高兴几天，就再也高兴不起来了，因为他们时不时会吃闭门羹。

[160] 这些路灯从装上就没亮过几回。

[161] 怕我撞穿天花板？其实我没高多少，是肌肉厚多了。

"没好几天"没有否定"好"的状态存在，而是从时量的角度描述时间不长。"没亮过几回"不否定"亮"的状态曾经出现，只是表示"亮"的次数不多。"没高多少"肯定了"高"的事实，只是"高"的量不大。

"没 + A + 数量"的减量否定式也有"A + 没 + 数量"的表达形式，通常在 A 后要带上相应的体标记，且数量大多为时量。如：

[162] 天气<u>好</u>了<u>没几天</u>，咋今天又是雾蒙蒙的呢！
[163] 老爷子，大家都已有一晚没睡了，这时候天刚<u>亮了没多一会</u>，还是先去休息吧。
[164] 天才<u>黑</u>了<u>没多久</u>，他们可不愿意这么早就分别。

与对事件进行减量描述相同，"没"否定状态时也不能变换为"数量 + 也/都 + 没 + AP"的形式。如：

[165] *天气<u>几天也/都没好</u>，咋今天又是雾蒙蒙的呢！
[166] *老爷子，大家都已有一晚没睡了，这时候天刚<u>多一会也/都没亮</u>，还是先去休息吧。
[167] *天才<u>多久也/都没黑</u>，他们可不愿意这么早就分别。

"没"对事件或状态的显性量进行否定时，要求数量必须为概约量，表确量的成分不能进入这样的表述中。

3. 事件、状态隐性量的否定

当"没"对事件或状态的隐性量进行否定时，也不否定事件或状态的存在，即不否定事件的实现、发生或状态的存在，只是对事件或状态从量上进行减量描述。我们先看方式角度表现出来的隐性量。如：

[168] 他在少年时期，<u>没认真读书</u>，到二十七岁那年，看到别人一个个都上进了，才发个狠劲读书。
[169] 这问题过去<u>没认真想过</u>，也<u>没仔细算过</u>。
[170] 这次老张接受以前骑自行车的教训，当总务处通知他搬家时，他<u>没故意做任何姿态</u>，痛痛快快答应，然后通知老婆在家收拾东西。

"认真""仔细"在动词之前出现，表现人做事时的用力程度，体现了一种隐含的量。"故意"是人做事时的有意程度，也体现了隐含的量。事实上，用于修饰或限制谓词性中心语的表方式的成分都隐含着量。当"没"对这样的结构进行否定时，并不否定事件的存在，而只是对表示方式的成分所隐含的量进行减量描述。如"没认真读书"并不是说"没读书"，而只是对读书的用力程度进行否定，表示没有达到认真的程度。"没故意做任何姿态"也不是说没有姿态，因为"痛痛快快答应"显然就是一种姿态，这种否定仅是说"故意"这种情形没有出现。

范围本身就表现为一种量。当"没"对范围进行否定时，也是进行减量描述。如：

[171] Mark 是夹着海萍出门的，因为看她那样子，<u>酒没全醒</u>，前言不搭后语，还是自己跟着比较放心。

[172] 我走了一天的山路，到大灵岩的时候，天还<u>没全黑</u>。

[173] 老奶奶，别夸奖我们了吧！我们的工作并<u>没都做好</u>！

"没"对范围进行否定时，不否定谓语中心表示的核心事件或状态，而只是对前面表示范围的成分进行减量描述。如"酒没全醒"不是说酒没醒，而是讲全醒的程度没有达到。"我们的工作并没都做好"不是说全部没做好，而是讲有的工作没有做好。

程度也是可以量化的，因此，当"没"否定含有程度补语或结果补语的事件或状态时，也仅仅是对程度进行减量描述。如：

[174] 到了文艺复兴时期，推翻了神的地位，但是人是什么也<u>没有搞清楚</u>。

[175] 我就是参观学习才来的，问都<u>没问明白</u>就叫走，我不走了。

[176] 这时，宋庆龄轻步走上前来："先生的感冒还<u>没好透</u>，别让风再吹了。"

"没有搞清楚"不是说对"人是什么"这个问题没有进行研究，只是没有达到清楚的程度。"没问明白"是指已经问了，只是没有达到明白的程度。"没好透"是讲感冒在好转,只是没有彻底恢复而已。

至此,我们可以从动词"没"和副词"没"的角度综合考虑"没"的否定特点,或者称为规律,即"没"否定的数量优先原则。"没"是用于否定存在的,既可以否定事物的存在,也可以否定事件的存在。当其否定事物或事件的存在时有两种表述方式:一是"没"直接否定不带数量成分的事物或事件的简单形式;二是"没"否定带最小量含义的数量成分的事物或事件的复杂形式。从总体上看,这也是"没"否定的两种基本形式,即"没"可以否定含量成分和非含量成分。我们关注的是"没"否定含量成分的情形,主要是其中"没"否定非最小量的情形。

当"没"为动词时,"没"否定非最小量有两种用法,即否定确量否定和约量。如:

[177] 不久她便走出房来,可是她走到自己房间里还<u>没有三分钟</u>,母亲又赶来了。

[178] 我再跟您说一遍,眼下她<u>没有三万法郎</u>是没法过门的。

[179] <u>没有三五个月</u>的健身经历,连参加比赛的资格都没有。

[180] 我在制冰这个领域的研究,全世界也<u>没有几个人</u>赶上我的。

在上述四个例子中,前两个例子中的"三分钟""三万法郎"显然是确量,后两个例子中的"三五个月""几个人"都是约量。但是,从表述的角度看,这些都是客观陈述。事实上,当"没"为动词且否定事物的存在或进行减量描述时,一个共性的特征就是"没"从句法的角度看是句子的中心、重心、核心。我们再看"没"为副词的情形。如:

[181] 可还<u>没看两天</u>,申赵氏嫌乱,不愿看电视,申美英就让哥哥又把电视机搬了回去。

[182] 老宋<u>没说两句话</u>就哭了,他说:"劳教所比我这个父亲强。"

[183] 他们相见如故,谈兴甚酣,而团子和他几乎<u>没说几句话</u>。

[184] 马锐在看爸爸给他写的长篇检讨时<u>没看几行</u>就哭了,眼

泪顺着脸颊扑簌簌流下来。

当"没"否定事件而虚化为副词时,其首先否定的不是事件本身,而是与事件有关的量,进行减量描述。当"没"否定事件,除显性的量外,还可以否定隐性量。如:

[185] 似乎生活的劳碌,使她从没仔细看过孩子。

[186] 然而近年来农民却不断呼吁,他们没拿到或没全部拿到国家补贴。

[187] 值班军官还说了点什么,但我没听完他的报告就给车库挂了电话要车。

当"没"否定隐性量时,也不否定事件的存在,而是从不同的角度对事件进行减量描述。于此,我们可以总结"没"否定的一个基本规律:当否定对象可以量化时,优先否定数量,进行减量描述。这可以称为"没"否定的数量优先原则。

三 "没"的发展及其情态化

（一）"没"的情态化

"说话者在描写客体事件、传达客观命题内容的同时,也要表达他个人的主观看法和态度,这部分内容称为情态。"① "'主观性'（subjectivity）是指语言的这样一种特性,即在话语中多多少少总是含有说话人'自我'的表现成分。也就是说,说话人在说出一段话的同时表明自己对这段话的立场、态度和感情,从而在话语中留下自我的印记。"② 可见,情态化和主观性、主观化之间关系密切。简单地讲,情态化和主观化的核心思想就是在表述中加入个人的因素,体现的是语言研究的人文性。就"没"否定来讲,是从"没"否定的客观陈述到主观表达的一种显现。

---

① 徐晶凝:《语气助词"吧"的情态解释》,《北京大学学报》2003年第4期,第143页。

② 沈家煊:《语言的"主观性"和"主观化"》,《外语教学与研究》2001年第4期,第268页。

从认知角度看,"没"否定起初应该是对客观存在的否定。这种否定反映在语言中就是客观陈述。这种客观否定在句法上有其特有的表现。当"没"为动词,对事物的存在进行否定时,不论直接否定事物的存在还是从数量角度进行减量描述,这时"没"只出现在句法结构的核心位置上。如:

[188] 我国目前许多心理咨询门诊实际上也在做心理治疗工作,彼此之间并没有中间环节。

[189] 看来,这种理论也是没有多少科学根据的。

当"没"以副词身份进入句法结构时,都是充当句法结构(单句或复句的分句)中谓语核心的状语。如:

[190] 在这一新的语境下,教育体系中的结构问题并没有及时引起高层重视。

[191] 我们俩并没说多少话,他好似不大愿意和我多谈

从表意的角度看,"没"都是命题的核心。于此我们可以初步认定,陈述的客观性与句法上"没"的位置有一定的关联。动词的"没"处于核心句法位置时,表述的都是客观命题。当"没"发生副词化,且位于说话人表达的命题中心时,表述的也都是客观命题。

"没"发生情态化主要表现在两方面。首先,"没"由客观表述命题进行真值判断向介入说话人主观倾向表达情态义变化。这一点,张谊生(2006)已经作了充分的研究,他认为,"没"是近现代汉语中的主观量标记词,用于减量强调。"否定词'没'、'不'作为否定的标记词,本来与客观命题的真值有关,但是随着说话人主观倾向的介入,'没'、'不'就从真值判断转向了主观认识,'没'、'不'的否定义也就跟着转变成了一种主观情态义了。"[①] "没"发生情态化的一个基本条件就是其

[①] 张谊生:《试论主观量标记"没"、"不"、"好"》,《中国语文》2006年第2期,第132页。

后必须有表量成分存在，而且这个量必须为约量，不能是确量。如：

[192] 市中心血站为了给阿勒泰路让道，自行拆除了才盖了<u>没两年</u>的住宅楼。

[193] 果然，她们在福鼎的公寓里住下<u>没两天</u>，孩子就生病了。

[194] 有一次听说音乐厅开办音乐教室的事还没批下来时，立即趴在一架钢琴上给有关区领导写了个条子，要他们支持高雅音乐事业，果然，<u>没两天</u>批文就下来了。

上述这些现代汉语中的例子，其中的"两"都是可以两解的。如果赋予"两"重音，就是客观描述，表示客观减量，如"没两年"就是"不到两年"，"没两天"就是"不到两天"；如果"两"不读本音而发生语音轻化，则发生情态化，如"没两年"不好解释为"不到两年"，而表示在言者看来时间很短，是个主观减量描述。"没"发生情态化后，更容易接纳典型的约量，如"几""多少"等。如：

[195] 由于当时上级要求"必须马上出成果"，结果贯彻<u>没几天</u>就开始统计"成果"了。

[196] 不仅广大普通群众怨声载道，就是在干部队伍中赞成的<u>也没几个</u>，但却为什么长期屡禁不止呢？

[197] 经理在电话那头哇哇地恳求和恫吓起来，他却<u>没听几句</u>就撂下了电话。

[198] 安武说，儿子八个月了，我真<u>没好好抱过他几回</u>。

这时，"几"都不像表问那样读本音或在句子中重读，而是发生轻化。再如：

[199] 这就是我们看起来，<u>没多少文化</u>，说大白话的那个孔子，成为大乘至圣先师的原因。

[200] 抓起来以后严刑拷打，结果他父亲回来<u>没多少天</u>就去世了，去世以后给朱丹溪打击非常大。

［201］在街的那边，我<u>没看见过多少小孩子</u>，原来小孩子都在街的这边呢。

［202］这本书他看了<u>也没多少遍</u>，就都记得差不多了。

"没"与数量组合，从客观陈述到主观表达，"减量描述"的功能没有发生变化，不论是客观表述还是主观表达，它们都是减量描述。可见，"没"发生情态化的条件是须与数量组合，而其发生情态化的机制应该是减量描述。从根本上讲，还是可以从"没"否定的角度进行解释。

"没"否定是对存在的否定，可以否定事物的存在和事件的实现或发生。最简单的否定就是"没"直接否定事物或事件，而不通过数量来完成。如：

［203］身体力行地去尊重学生的个人自由，因为<u>没有个性</u>就<u>没有自由</u>。

［204］江北岸向上提升，南部<u>没动</u>。

但是，否定事物或事件也可以通过数量来完成。如：

［205］清纯的女人是不染尘世喧嚣的仙子，她们的心灵如童心，<u>没有一丝污染</u>。

［206］他的嘴紧抿着，<u>没说一句话</u>，低着头走回称作"燕南寄庐"的家。

通过否定最小量来实现对事物或事件的否定，事实上就是一种减量否定，是通过量的否定来实现质的否定。这成为"没"否定数量的一条特定的规律，即减量。

这条特定的规律在客观表述中实现为质的否定和量的否定。当说话人的情感、态度、认识进入表达中时，就使这种客观减量发生情态化，表达说话人主观的看法，即数量小，从而也能够表达说话人特定的情感或态度。张谊生（2006）认为，"所谓情感，就是指说话人在表达一个客观命题的同时，用移情（empathy）方式流露出来的主观意向和态度等。

在近代白话中，有时候'没'、'不'的使用实际上就是一种移情的表现。譬如有些情况和现象从客观上讲似乎没有什么不正常、不合理，但说话人却根据自己的主观情感，认为超乎常理或出乎意料，从而加上减量标记词"。①

这是我们讨论的"没"发生情态化的一种表现，即通过客观减量向主观表达的减量发生变化。这种情态化现象发生后，在语义发生变化的同时，对"没"的否定对象——数量成分也提出了约量化要求，且表量成分在表达中基本都发生轻音化。

其次，副词"没"发生尾置化，语法化为语气助词，表达特定的情态意义，从而发生情态化。李艳（2010）曾经讨论过句末"没"从否定副词到疑问语气词的演变问题，认为："'没'可以用于疑问句末，表现为两个阶段，前期阶段用例较少；当代阶段用例越来越多。句末'没'型疑问句有自己的口语性、修辞性特色。大致的虚化路径是由'简单型句末反复问句'发展到句末'没有'型疑问句，再到句末'没'型疑问句。"② 徐晶凝（2003，2007）曾专门讨论过语气词"吧""呗"的情态意义问题，认为："对汉语来说，情态还有一个非常重要的组成部分——语气（口语中一般称'口气'），语气助词是它的主要语法表达手段。语气助词怎样进行情态表达，有待详细研究"，③ 并将"吧"的语义表述为"对命题内容作出推量，并要求确认"。徐晶凝（2007）在前期研究的基础上，更进一步讨论了情态意义问题，并总结了"呗"的情态意义。"说话人在某交际语境中发出某个语句（utterance）时，要指定（specify）以下三个方面：一是语句内容（designation），二是说话人对语句内容的主观态度，三是说话人对交际参与者（说话人和听话人）的态度。它们分别属于语言客观性（objectivity）、主观性（subjectivity）和交互主观性（intersubjectivity）。汉语中，语气助词的主要作用在于表达语言的交互主观性，即表达说话人在交际语境中对听话人的态度。另一方面，如果把

---

① 张谊生：《试论主观量标记"没"、"不"、"好"》，《中国语文》2006年第2期，第133页。

② 李艳：《句末"没"从否定副词到疑问语气词的渐变》，《深圳大学学报》2010年第4期，第130页。

③ 徐晶凝：《语气助词"吧"的情态解释》，《北京大学学报》2003年第4期，第143页。

语句分为命题（proposition）和情态（modality）两个部分，那么，语气助词属于情态标记，它们出现与否不影响句子命题的内容及其句法合法性，不参与句子的命题表达。因此，语气助词的意义，也就是一种情态意义。"①

前期研究给了我们较大启示，我们认为"没"的情态化研究应该包括这样几个方面：第一，尾置且发生情态化的"没"的来源，即来源于动词的"没"还是源于副词的"没"；第二，尾置且发生情态化的"没"如何发生的语气词化；第三，尾置且语气词化的"没"表达什么样的情态意义；第四，尾置且语气词化的"没"与典型的语气词相比呈现什么样的特征。

第一，尾置且发生情态化的"没"都源于副词"没"。吕叔湘（1981）讨论过副词"没"的用法，他认为，"动/形+没有"用于单纯提问，不作推测。也就是说，当"没"出现于句尾且置于谓词性成分之后时，它都是副词。这当然是毫无争议的，当下的用法也支持这样的看法。如：

[207] 大婶子，侄女冒犯了，咱小妹有主了没？
[208] 起来起来！你们八个人这下记住了没？
[209] 试什么试？不必这么麻烦啦！我直接开上路就知道好了没。
[210] "系好安全带的指示灯亮了没有？""没有，根本没有。"

当然也出现了"体词性成分+没"的情形。如：

[211] 大学生了没？

（见李艳，2010）

事实上，有一类体词性成分均可以进入这样的结构，即要求这些体词性成分含有［+顺序］特征。诸如"教授了没？""医师了没？""高中

---

① 徐晶凝：《语气助词"呗"的情态解释》，《语言教学与研究》2007年第3期，第72页。

了没？""5000了没？"等说法都是成立的。而且，"谓词性成分+没"与"体词性成分+没"有共同的变换式，即"没+谓词性成分/体词性成分"，如"没有主""没记住""没好""没亮""没通知""还没教授呢""还没5000呢"。可见，这类体词性成分因为具有谓词的特征，其中的"没"也应该看作副词。

综合以上情形，我们可以认定，尾置化的"没"源于副词的"没"。"没"由动词到副词再到尾置化的情形构成了一条逐渐虚化的链条。

第二，尾置的"没"已经语气词化。语气词是帮助表达特定语气的助词，最常见的位置是出现在句子的尾部。从我们所讨论的"没"的使用情形来看，它仅仅出现在句子的尾部。这就为其语法化成语气词创造了句法条件。另外，汉语中表达特定的语气有不同的方式，或使用特定的语气词，或使用相应的语气语调。也就是说，在现实的口语交际中，语气词可以被语气语调代替，表现为语气词可以删除。如：

［212］儿子可以不和你商量卖掉那块土地<u>吗</u>？只要我还活着就不能随便卖。

［213］那么，人的能动性是怎样来的<u>呢</u>？

上例中的语气词"吗"和"呢"都可以删除，而用相应的语气语调来表达，这样的变换没有改变句子的基本功能。当然，变换前后还是存在一定的差异的，因为按照徐晶凝（2003；2007）的看法，语气助词有表达情态意义的功能，删除语气助词至少在情态意义上是有变化的。我们再来看尾置的"没"。如：

［214］我和他妹妹为他干了五六年，你问他拿回过一分钱了<u>没</u>？

［215］要是饿了，随时可以找阿美替你弄吃的，千万不要自己下厨，听到了<u>没</u>？

［216］甭跟我说这个，跟我说这个，听见<u>没</u>？

［217］王四，我也不白要你的。看见<u>没</u>？有六毛。你三毛，我三毛，像回事儿不像？

例［214］中的"没"可以省略，而用特定的语气语调表达。而且其中的"了"也可以同时省略并以语气语调代之。当"了"有成句的作用时，只能省略"没"，如例［215］。尾置的"没"可以用语气语调代替，从语料统计的绝对数量上看，也呈现这样的特点。但并不是说尾置的"没"都可以省略。如例［216］和［217］中的"没"用语气语调替代就不要。① 此外，如李艳（2010）所述那样，有些尾置的"没"可以用典型语气词"吗"替换。如：

［218］我和他妹妹为他干了五六年，你问他拿回过一分钱了<u>吗</u>？
［219］要是饿了，随时可以找阿美替你弄吃的，千万不要自己下厨，听到了<u>吗</u>？

通过用"吗"替换的方式证明"没"的语气词化虽然还有待进一步考证，但至少证明从功能的角度看，"没"已经外围化了。尾置化以及可以用语气语调替换也可以证明"没"的外围化。

此外，尾置的"没"已经不能从句法角度进行分析。如：

［220］他说，你看见动物园笼子里的狼<u>没</u>？
［221］我问你，杀前，你给羊打上水了<u>没</u>？

在上例这种用法中，"没"已经不能进行句法分析，即不能单独充当句法成分，这说明，"没"已经发生了虚化。

随着"没"尾置化，句法位置发生了外围化。尾置化的一个后果就是"没"原来的限制性成分消失，"没"的副词属性消解。随着"没"句法功能消失，从而发生虚化。在虚化和外围化的共同作用下，"没"由原来的副词语法化为语气助词，帮助表达特定的语气和情态意义。

我们把尾置化的"没"看作语气词，还有一个理由：它具有与现有的典型语气词不同的功能。一般认为，汉语中常用的语气词主要有"的、了、呢、吧、吗、啊"，它们分别表达不同语气。我们发现，"没"与上

---

① 这样的结构形式在现实表达中出现，往往具有提示或提请对方注意的作用。

述典型语气词的功能存在互补。如：

[222] a 你看过这本书的。
b 你看过这本书了。
c 你看过这本书呢！
d 你看过这本书吧？
e 你看过这本书吗？
f 你看过这本书啊！
g 你看过这本书没？

在上例中，例［222］中的 g 虽然与 e 在基本意义方面没有多大差别，但从言者的角度看，还是存在差异。因此，这些不同的语气词在功能方面可以看作是互补的。这说明，"没"在功能方面具有特异性，具备语气词的价值。

第三，尾置且语气词化的"没"表达深究探寻的情态意义。徐晶凝（2003）认为，汉语中的语气助词是表达情态义的主要语法手段，并先后分析了语气词"吧""呗"的情态意义。关于语气词化的"没"的功能，我们上面进行了简单的分析，认为它与典型的语气词具有功能对立。其中，"没"与"吗"的对立性最小，我们就以它们为比较对象进行分析。如：

[223] 他虽然应声回头了，却完全答非所问："你胳臂上的伤好点了没？还疼吗？"

[224] 听说你病了，我抽空回来看看你，好点了吗？

就例［223］来看，我们一般会认为作者是为了避免重复使用语气词而分别用了"没"和"吗"，即二者的功能是一致的。而对"没"与"吗"进行互相替换也基本支持这种看法。如：

[225] 他虽然应声回头了，却完全答非所问："你胳臂上的伤好点了吗？还疼吗？"

[226] 听说你病了，我抽空回来看看你，好点了没？

但是进一步考察，我们还是能够发现二者的差异。如：

[227] 他虽然应声回头了，却完全答非所问："你胳臂上的伤到底好点了没？还疼吗？"

[228] *他虽然应声回头了，却完全答非所问："你胳臂上的伤到底好点了吗？还疼吗？"

[229] *听说你病了，我抽空回来看看你，到底好点了吗？

[230] 听说你病了，我抽空回来看看你，到底好点了没？

从上述四例的比较来看，当句尾为"没"时，前面可以添加"到底""究竟"等表示深究意义的副词；而当句尾为"吗"时，前面则不能添加这类副词。这说明，虽然"没"和"吗"在功能上有相似之处，但从平行变换来看，它们还是存在差异的。这恰恰表现出"没"在进行征询的时候有深究探寻的意味，而"吗"没有这种意味。我们认为，所谓的深究探寻恰是尾置化的"没"表现出来的情态意义，表现为一种交互主观性。

第四，尾置且语气词化的"没"还不是典型的语气助词。典型的语气助词只具有功能价值，不参与命题的表达。但"没"除了具有语气功能外，还使命题具有了时体意义，参与了命题的表达。一般来说，"没"往往是在探寻言者说话时间点之前某个事件是否发生或某个状态是否存在。这种时体意义是其他语气词不能表达的。从这一点来看，尾置的"没"具有否定副词的部分功能，不宜看作典型的语气助词。李艳（2010）在讨论尾置"没"的来源和虚化机制的时候认为，尾置的"没"大致的虚化路径是由"简单型句末反复问句"发展到句末"没有"型疑问句，再到句末"没"型疑问句。"没有"这个中间阶段是否存在不在我们的关注范围内，但是，句末"没"型疑问句来源于"简单型句末反复问句"的说法还是可信的。张伯江（1997）在讨论疑问句的功能时，将是非问句区分为 a 附加问句、b 反复问句和 c "吗"问句。他认为，从语法化的角度看，"a 是低级语法化形式；b 是中级语法化形式；c 是高级语法化形式。低级语法化形式是一种不充分的语法化。因此，我们看到，附加问句是轻微的征询口气，倾向于相信命题的真实性，缺少强烈的质疑色彩；高级语法化形式是充分的语法化，因此易于滋生新的附带意义，如'吗'问句常常带有否定意义，这是反问作用赖以产生的原因"。[①] 因为"没"源于反复问句，因此，这个"没"可以看作张伯江所讲的中级语法化形式。所谓中级语法化，也就是说，"没"还没有完成它最后的语法化过程，处于进一步语法化的进程中。这也从一个侧面证明了"没"还不是一个典型的语气助词，有待进一步虚化。

（二）"没个"

"没"的情态化不仅表现在"没"本身功能和意义的变化上，在与"没"相关的结构中也表现出"没"的情态化。这里我们以现代汉语中的"没个"为个案进行分析。

姜文振（1990）曾论及"没个 V"。他认为："没个 V"是口语中常用的格式，表现强烈的判定语气，表示"可行/能性的否定"的语法意义，"没个"与 V 之间是状中关系，"没"与"个"宜看作一个整体，"个"不能省略。这些看法都是很有见地的，但还未能就此中的"没个"给予定性。而且由于姜文考察的只是"没个 V"结构，因此与该结构中"没个"同形的其他用法的研究并未涉及。我们拟在姜文的基础上，全面描写现代汉语中使用的三个"没个"，并从形式和意义的角度对其进行分化；对"没个"的词汇化进行全面分析；对主观量标记"没个$_2$"的量标记功能进行梳理。

1. "没个"的分化

"没个"连用的情形在现代汉语日常交际中比较常见。如：

[231] 祁县法院仍是<u>没个</u>说法，至今连基本的法律程序都不履行。

[232] 几辈<u>没个</u>识字的人，弟兄俩下决心供一个学生。

[233] 说于忠新能干，谁也比不了，他干起来<u>没个</u>够。

[234] 要形成经济规模，<u>没个</u>三年两年是不行的。

[①] 张伯江：《疑问句功能琐议》，《中国语文》1997 年第 2 期，第 105 页。

［235］假如你再知道这作者是《纽约报》的王牌科学记者之一，美国新闻界最著名的普利策奖的得主，知道她写的东西，篇篇可圈可点，那你就更没个跑了。

［236］中国乱到不能再乱的那一天，"文化大革命"才能结束！要不是没个结束的！

这些连用的"没个"事实上并非同质，可以分化为三个：一是词组层面的"没个$_1$"，如例［231］和［232］；二是否定性动词"没个$_2$"，如例［233］和［234］；三是否定性副词"没个$_3$"，如例［235］和［236］。下面我们分别分析这三个"没个"。

首先，我们看词化前的"没个$_1$"。词化前的"没个$_1$"从句法角度看，有两种情形：一是"没"与"个"不在同一层次上的跨层结构"没个$_{11}$"。此时，"没"是核心动词，充当述语；被"个"限制的体词性成分置于"个"的右侧，与"个"构成定中词组共同充当"没"的宾语。如：

［237］一年到头家里也没个客人前来，女儿偶尔来通电话也是吵着要钱。

［238］也没个正统领导，啊，都是各自比较多，一看见你人多，就不愿往里收你。

［239］没个当家吃饭的拳头产品，你就没有经济实力。

二是"没"与"个"同层且与其后谓词性成分构成连谓结构的"没个$_{12}$"。此时，受"个"限制的成分在"个"的左侧出现，有划定范围的作用，强调在这个范围内无一例外。如：

［240］真是天上飞的，地下跑的，海上行的，梨园镇没个看不见。

［241］哼，男人果然没个是好东西，什么山盟海誓、甜言蜜语全是废言。

［242］找我玩的都是没钱的，有钱的没个找我，当我财神啊！

"没个$_1$"的共性特点是都可以还原为"没有一个"。就其中的"个"来讲，具有事物个体化功能，个体化"有界""可数"的物质名词，充当不定指称标记。

其次，我们看表示否定的动词"没个$_2$"。"没个$_2$"是个表示否定意义的动词。就"没个"后接成分来看，有三种情形：其一，"没个"后接非个体物质名词或非物质抽象名词。如：

[243] 小时候儿那要是过个年春节那累死了，那个事情很多是不是，一天老没个休息时候儿这一天。

[244] 吵什么吵，你们还发牢骚，我们为了谁，都高三了，一点没个紧张劲儿，离7月7日还有几天？

[245] 草帽没个什么讲究，买的人只是一图个结实，二图个便宜。

其二，"个"发生去数量范畴化，后接数量成分。如：

[246] 现在，你们苏北人想干这一行，和我们竞争，不客气地讲一句，没个十年八年成不了。

[247] 要是打一眼机井，没个十万八万下不来。

[248] 市区内平常是五六十欧元的旅馆，在此期间没个二百欧元是住不进去的。

其三，"个"表现出性状个体化功能，充当名物化限定标记，后接谓词性成分。如：

[249] 自家孩子要自打。自己打有恨也有爱，要让别人打就只有恨，打起来没个轻重了。

[250] 一辈子守着一个男人，就像小驴拉磨，原地转圈没个新鲜。

[251] 工人们递上丰收烟，冲上干烘茶，话头没个完。

从句法上看，"没个₂"不再能够还原为"没有一个（NP）"。从"个"的角度看，"个"仍具备事物化功能，但已经由"没个₁"中的不定指称标记转变为虚指标记。从韵律的角度看，"没个₂"成为一个音步，是一个韵律词。

最后，我们看否定性副词"没个₃"。"没个₃"是否定性评注副词。依据表义不同，"没个₃"可以分为两类：当"没个₃"对发生动作、行为的可能性进行否定时，基本意义相当于"不可能"，"没个 VP"可以变换为"不可能 VP"。如：

> [252] 咱们别争了，这样下去<u>没个</u>完，您爱才我心领。
> 　　　咱们别争了，这样下去<u>不可能</u>完，您爱才我心领。
> [253] 中国乱到不能再乱的那一天，"文化大革命"才能结束！要不是<u>没个</u>结束的！
> 　　　中国乱到不能再乱的那一天，"文化大革命"才能结束！要不<u>不可能</u>结束！

当"没个₃"对发生动作、行为的可行性进行否定时，基本意义相当于"没有办法"，"没个 VP"可以变换为"没法 VP"。如：

> [254] 她知道，这血要是再流，就<u>没个</u>救了。
> 　　　她知道，这血要是再流，就<u>没法</u>救了。
> [255] 这屋子里太闹哄，<u>没个</u>看书。
> 　　　这屋子里太闹哄，<u>没法</u>看书。

"没个₃"后只接谓词性成分，其中的"个"已经不具备事物化功能，成为词内成分。

2. "没个"词汇化的动因

否定性动词"没个₂"和否定性副词"没个₃"的形成是个历时过程，是多种因素综合制约的结果。这里我们不讨论"没个"的历史演变，仅从共时的角度分析"没个"的词汇化问题。从共时的角度看，"没个"中"个"的功能通用化及其带来的个体化功能磨损，"没个"句法和语音错配引发的重新分析以及韵律格式的改变共同促成了"没个"的词汇化。

首先，我们看"没个"中"个"个体化功能的磨损情况。"没个$_1$"可以看作"没一个"省略了数词"一"，其中的"个"是不定指称标记，属于量词的原型用法，具有个体化功能。此时，"个"对其后的成分有约束性，强制要求其为单一的有界、可数名词成分，如例［237］～［242］所示。

"没个$_2$"的后接成分多样化，总体上看，可以分为体词性成分和谓词性成分两种。其中的体词性成分，如例［243］～［245］中的"休息时候儿""紧张劲儿""讲究"，均为不可数名词，都不具备被"个"个体化的特征。数量成分（如例［246］～［248］）本身就具有谓词性，和谓词性成分（如例［249］～［251］）一样，也不具备受"个"个体化的特征。任鹰（2013）认为"没个 VP"中的"个"有性状个体化功能。① 张谊生（2003）认为此中的"个"充当指称标记，是泛化了的量词。这说明，"没个$_2$"中的"个"个体化功能已经弱化，但仍然保留了事物化功能，使置于其后的谓词性成分事物化。"没个$_2$"后接的事物化的谓词和体词都具有无界属性，"个"也由"没个$_1$"中的不定指称标记虚化为虚指标记，其中一个明显的表现就是不能添加数词"一"。

"没个$_3$"只后接谓词性成分，且都凸显陈述性特征。此时"个"已经失去了事物化功能。从"个"的角度考察，"没个"的词汇化就是"个"的个体化功能与其后接成分指称陈述属性互相竞争的过程，表现为"个"个体化功能逐渐磨损和 VP 陈述性复显。比较下组例子：

［256］身边<u>没个</u>人照顾，免不了遇到这样那样的困难。
［257］见书店就进，见书摊就问，匆匆忙忙，<u>没个</u>停歇。
［258］公安局的人刚才疏忽了，一会儿明白过来，非来翻不可，叫他们拿去，就<u>没个</u>回来啦。

由不定指称标记（例［256］）到虚指标记（例［257］），这表现为"个"

---

① 这里的性状个体化事实上是事物化或名物化，不一定能够使事物化的对象个体化。个体化可以看作分解成有界的个体，而事物化只是使陈述性成分指称化。

的通用性增强、个体化功能弱化。"个"的通用化事实上是把双刃剑，会导致产生所谓的"跷跷板效应"。它一方面可以致使其后的陈述性成分指称化（例[257]），另一方面也导致其本身的个体化功能逐渐受到磨损，这样就会在"个"的个体化功能和其后成分的陈述功能之间产生竞争。竞争的结果是：要么"个"的个体化功能得以凸显，压制其后的陈述性成分指称化，如例[257]；或者"个"后 VP 的陈述功能得以凸显，反制个体化功能已经受损的"个"逐渐失去该功能，进一步虚化，如例[258]。"个"与其后陈述性成分竞争的平衡点，即"没个$_2$VP"与"没个$_3$VP"的临界点就是"没个 VP"的歧义结构。如：

[259] 你这个新娘子也真怪，一说就没个完！你不许再说了！
[260] 路路通话匣子一打开就没个完。
[261] 当领导的人总问还没完事。当职员的人心说事没个完。

例[259]凸显"个"的个体化功能，是"没个$_2$VP"；例[261]凸显"完"的陈述性，是"没个$_3$VP"；例[260]是可以两解的情形。

"个"的功能变化影响"没个"的词汇化，如图 2—9 所示：

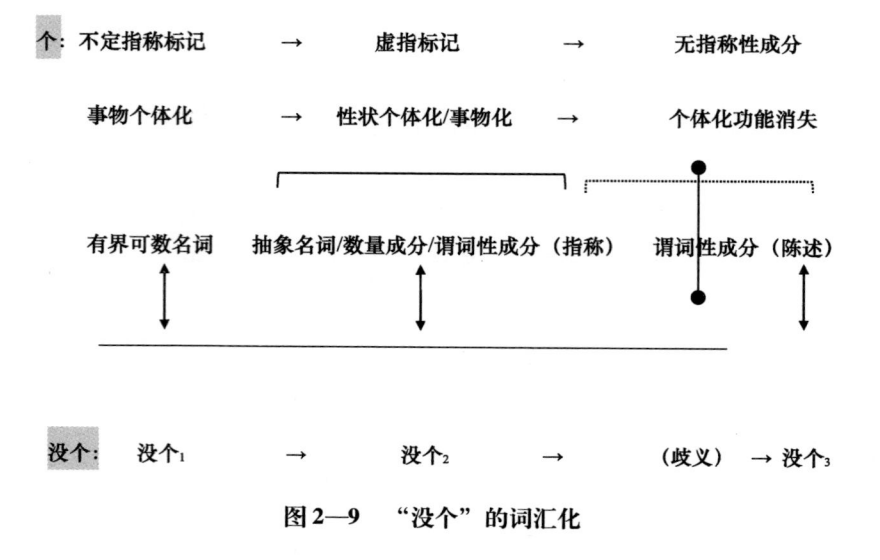

个：　不定指称标记　→　虚指标记　→　无指称性成分

事物个体化　→　性状个体化/事物化　→　个体化功能消失

有界可数名词　抽象名词/数量成分/谓词性成分（指称）　谓词性成分（陈述）

没个：　没个$_1$　→　没个$_2$　→　（歧义）　→　没个$_3$

图 2—9　"没个"的词汇化

其次，我们考察"没个"句法和语音的错配及其引发的重新分析。从"没个$_1$"到"没个$_2$"及"没个$_3$"，一个很明显的变化就是"没"与"个"的句法和语音发生了错配。从句法角度看，"没个$_{11}$"是个跨层结构。如：

　　[262] 咱们这儿就<u>没个</u>人给上边说说，咱这白条要攒到什么时候。

例[262]中的"没个"是"没个$_{11}$"。"个"是其后名词"人"的定语，"个人"充当核心动词"没"的宾语，"没"与"个"处于不同的层次。"没个$_{12}$"与其后的谓词性成分构成兼语结构。如：

　　[263] 哼，男人<u>没个</u>是好东西！除了我爸。

也就是说，"个"不仅与其后的谓词性成分具有主谓关系，还与其前面的"没"具有述宾关系。从韵律角度看，因为数词"一"的省略，"没个$_1$"成为紧密相连的两个音节，但还没成为一个自然音步，尤其是当其还原为"没有一个"时更加明显。

与"没个$_1$"不同，"没个$_2$"中的"个"虽然还有虚指性，① 但它与其后的成分已经失去了句法结构关系，而是"没个$_2$"与其后的成分构成述宾关系。"个"与其后成分失去句法关系的同时，韵律上也发生了变化，即向其前的宿主"没"靠拢，并形成一个自然音步。如果说"没个$_2$X"因为是述宾结构，关系紧密，音步特征不够明显的话，到"没个$_3$"时，它的自然音步特征就非常显著了。"没"与"个"这种句法和语音上的错配引发的结果就是对"没个"的重新分析。"没个$_1$"分别为跨层结构和同层的述宾结构，句法和语音错配发生后，"没个"发生词汇化，成为否定性动词，并进而衍生成为否定性副词。

最后，我们考察"没个"韵律格式的变化对其词汇化的影响。"没

---

① 虚化成分在虚化链条上往往会保留其源头成分的某些功能。"没个$_2$"中的"个"一定程度上还有指称功能，这也是"没个$_2$"导致其后陈述性成分指称化的原因。

个"韵律格式的变化影响其词汇化主要体现在"没个"的副词化方面。如：

[264] 好不容易熬到毕业，生活没个安排，整天也只能邋里邋遢地窝在一间小屋子里伏案爬格子。
[265] 这些人挑拣太多，没个安排。

例［264］中的"没个"是"没个$_2$"，重音在宾语"安排"上，符合焦点在后的原则。例［265］中的"没个"是"没个$_3$"，重音在状语"没个"上。对于状中结构来讲，状语赋予重音也是很正常的。需要说明的一点是，"没个"的副词化还处于"在路上"的阶段，因为它还不能修饰诸如"发生""去过"这样的成分。

3. 动词"没个$_2$"的量标记功能及其情态化

张谊生（2006）曾经讨论过现代汉语中"没""不""好"的量标记功能。"量标记是话语交际中自然留下的主观印记，其基本功用是表达说话人的主观认识，涉及感情、态度和视角。"[①] 也就是说，具有量标记功能的成分都在命题意义的基础上具有情态意义。"没个$_2$"具有标记主观量的功能。

首先，我们看"没个$_2$"标记主观量的几种情形。"没个$_2$"中的"个"发生去数量范畴化并后接数量成分时，具有量标记功能，可以标记主观减量、主观增量和主观限量。"没个$_2$"标记主观减量的情形。如：

[266] 那奴才搔搔头发，"我是小春介绍进来的，才来没个两天而已。"
[267] 这圣人讲混元道果，她自然也来听了，毕竟这个机会不多，一万年也没个几次。

上例中"没个"是主观减量标记，表示"不足""不及""至多"。例

[①] 张谊生：《试论主观量标记"没"、"不"、"好"》，《中国语文》2006 年第 2 期，第 127 页。

[266]中的"才""而已"证明"两天"表示主观小量。例[267]中言者意在讲机会不多，尤其是比照性语境"一万年"更是证明"几次"是主观小量。"没个₂"标记主观增量的情形，如：

[268] 他小样这几年，哪年没个二、三亿收入。
[269] 哪次侠女魔女聚会，外面没个几辆豪华马车？

例[268]和[269]中的"没个"是主观增量标记，表示"至少"。"没个₂"还可以标记主观限量。如：

[270] 想本官这几年杀的人，没个五六十万也有三四十万了。
[271] 集团在申请上市，分公司遍布各地，员工没个一千也有七八百。

上例中的"没个"是主观限量标记，言者主观认定数量介于二者之间。当然，"没个₂"表示主观限量的情形不是它独立完成的，需"也有"与之配合构成"没个……也有……"格式。

其次，我们比较主观量标记"没个₂"与主观量标记"没"。同样作为主观量标记，"没个₂"与"没"的差异主要表现在以下两个方面。

第一，"没个"对客观数量大小的要求比"没"自由。张谊生（2006）认为：虽然增量和减量具有相对的自由度，但在一定程度上也会受到客观数量的制约，客观大量较少使用减量标记，客观小量较少使用增量标记。"没个"基本不受此制约。如：

[272] 她就好像是一个自来熟，无论怎样陌生的人，没个几分钟就打成一片了。
[273] 那个老巫婆正在写超长的板书，没个几分钟是不会转头的。
[274] 那银子可就不是一两年税收可以完工的，没个几十年都做不来。
[275] 没个几十年，人家又死灰复燃了。

上例中"几分钟""几十年"前的"没个"既标记减量,又标记增量,对客观量基本没有要求,而是由"没个"和语境共同认定是大量还是小量。

第二,"没个"与"没"标记的量特征不同。张谊生(2006)认为主观量标记"没"必定标记概约量。"没个"则不受此制约:一是"没个"可以标记确量,且都是主观减量。如:

[276] 军队的话,<u>没个</u>十天绝不可能赶到!
[277] 放心。饿了也不吃你。身上的肉都剃下来也<u>没个</u>二两的。

二是"没个"标记的概约量更容易被看作一个整体,量限变化不明显。如:

[278] 俊郎,城中曲江的地价确实高得离谱,像咱们家这么大的院子,若是在曲江之畔,怕是<u>没个</u>七八万根本就拿不下来。
[279] 练武的人身体强健,真气游走全身,很少生病,但倘若一生起病来,那就是大病,<u>没个</u>十天半个月休想好得了。

"七八万""十天半个月"不是重在强调七万到八万、十天到半个月之间的量限变化,而是被作为一个整体对待。

4. "没个$_3$"的副词化及其情态化

我们前面在分化"没个"的时候,已经从同形的"没个"组合中分化出了副词"没个$_3$"。但这里需要说明的一个问题是:"没个$_3$"还不是典型的副词,也就是说,"没个$_3$"并没有最终完成它的副词化过程。其中一个典型的现象就是"没个$_3$"还没有最终从"没个$_2$"中脱离并独立出来,二者存在界限的模糊性。如:

[280] 不但天天喝,而且一喝就<u>没个</u>完,不喝到天亮,谁都不许走。
[281] 两口子都到老东家屋里去啦。也不知有什么事,商量起<u>没个完</u>。

在例［280］和［281］中，"没个完"应该是可以两解的。当把"没个"处理为"没个$_2$"时，重音在"完"上，表示言者对一种常规情形的客观描述，即"天天喝酒，喝上酒就没完没了"这种情形是客观存在的。当把"没个"处理为"没个$_3$"时，重音在"没个"上，这种句子隐含了言者特定的情态或态度。从这个角度看，"没个"的虚化并没有最终完成。从虚化的链条上看，目前的使用中仍然存在"没个"可以动词和副词两解的情形。如图 2—10 所示：

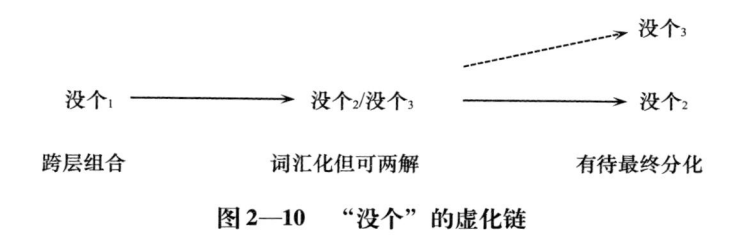

```
                                            ↗ 没个₃
                                          ┈┈┈
   没个₁  ──────→  没个₂/没个₃  ──────→  没个₂

   跨层组合         词汇化但可两解       有待最终分化
```

图 2—10　"没个"的虚化链

"没个$_3$"的源头是"没"与"个"的跨层组合。按照语法化理论，"没个$_3$"必定在某种程度上保留着它构成成分原来的特征。因此，我们尝试通过对副词"没"与副词"没个$_3$"进行比较，进而分析"没个$_3$"的情态化问题。

首先，副词的"没"与"没个$_3$"基本不具备平行变换关系。如：

［282］人和人<u>没个比</u>，你看赵本山就是卸妆了，仍然是那个小老样，和濮存昕能比吗？

　　*人和人<u>没比</u>，你看赵本山就是卸妆了，仍然是那个小老样，和濮存昕能比吗？

［283］这样，我没出手，先胜券在握百分之五十啦！而且就<u>没个输</u>。

　　*这样，我没出手，先胜券在握百分之五十啦！而且就<u>没输</u>。

这种平行变换的不成立源于语义。"没个比"是指不具备比较的条件，可以说成"没法比"。而"没比"与"没法比"在语义上是不对等的。

"没个输"是指胜券在握，可以说成"不可能输"，这与"没输"的语义也是大相径庭的。当然，我们也发现表面上似乎能够平行变换的情形。如：

[284] 对"傻"这家伙就这样，你别出事，出事就<u>没个好</u>。
对"傻"这家伙就这样，你别出事，出事就<u>没好</u>。
[285] 谁愿听你们整天像些麻雀一样，喳喳喳……吵起来<u>没个完</u>。
谁愿听你们整天像些麻雀一样，喳喳喳……吵起来<u>没完</u>。

就例［284］来讲，这种变换成立应该是书面语的假象，我们在前面也曾经讨论过。因为"没好"中的"好"在口语中应该是儿化的，从而使"好"表现出明显的体词性特征。例［285］是个特例。《现代汉语词典》（第7版）中"没完"一词，其中第二个义项为"表示该结束而不结束"，如果这个义项的解释成立且无误的话，那么应该是"没完"在词汇化过程中已经将情态义吸收进来了，那就应该关注"没个完"与"没完"的关系了。但就绝大多数用例来看，"没"与"没个"并没有平行变换关系。

其次，副词"没""没个"与时体的关系不同。"没"含有时体意义。"从时制的角度来看，我们可以把'没'的时制意义概括为'已然'。所谓'已然'，是一种概括的时制意义，包括先事时、方事时、过去时、现在时，但不包括后事时、将来时，后两种时制属于与'已然'相对的'未然'。现代汉语中的两个否定词'没'和'不'在时制上有具体的分工：'没'用于否定已然时，'不'用于否定一般时和未然时。"① 可见，"没"否定是针对言者设定的时间参考点之前的事件或状态而言的。如：

[286] 也有些老人在<u>分家时</u>根本就<u>没</u>有要求养老地，而是完全

---

① 潘泰：《现代汉语"没"与句中"了"的时体属性研究》，《武汉大学学报》2009年第3期，第287页。

依靠儿子们的供养。

　　［287］为什么启用得晚？十三世纪之前，海退没有完成，沼泽湖泊遍布。

这是时间参照点在句子内部的情形，表示特定事件在特定时间点之前没有发生或出现。如例［286］中言者设定的时间参考点是"分家时"，例［287］中言者设定的时间参考点是"十三世纪之前"，都是在说话的时间点之前。再如：

　　［288］无论如何，如今新式女人早不肯多生孩子了，到那时候她们忙着干国事，更没工夫生产，人口稀少，战事也许根本不会产生。

　　［289］到那时我还没怎么把家珍的病放在心上，我心想家珍自从嫁给我以后，就没过上好日子，现在年纪大了，也该让她歇一歇了。

上例中言者设定的时间参考点都是在说话点之后。还有一种情形就是言者设定的时间参考点和说话的时间点相重合的情形。如：

　　［290］钢铁汉举起酒，张文革也流下了泪："东西我还没学够呢！我不想走！"

　　［291］次日早上一醒来，我头一句是："我还没死呀？"

"没个"与"没"不同，它和时体的关系比较松散。"没个"通常用于讨论、描述时间参考点之后的事件、状态或是一种惯常的情形，即主要针对后事时、将来时的事件或状态。如：

　　［292］任何酒筵上，只要敬酒一开始，那么敬来敬去就没个完了。

　　［293］这些人在草地上围成一圈坐着，无精打采地在谈天说地，一扯就没个完。

[294] 公安局的人刚才疏忽了，一会儿明白过来，非来翻不可，叫他们拿去，就没个回来啦。

[295] 以前咱走这条道杀了孙殿元，他家也走这条道杀了咱爹，这条道不能走了，不然杀来杀去没个完！

例［292］和［293］描述的是惯常的情形。例［294］和［295］描述的是以言者说话时间为参考点之后的情形。由此可见，"没"和"没个"与时体的关系是存在差异的。

最后，副词"没""没个"与情态化的关系不同。情态是人的主观情感、态度、认识，融汇于说话者对客体事件的描写和客观命题内容的传达中。因为副词"没个"不与数量成分组合，因此，我们选取不含数量的情形对"没"和"没个"进行情态比较，并主要讨论副词"没个"的情态化。

从语义的角度看，"没个"有特定的意义。姜文振（1990）认为："'没个 V'格式具有特殊的语法意义：第一，表示'不可能有某种动作、行为发生'……第二，表示'使主体无法进行某种动作、行为'，或者说'不能供主体进行某种动作、行为'。"[1] 这种语义的分析是比较到位的。同时，他认为："'没个 V'作为口语中的一种常用格式，不仅准确地表达了一定的语义内容，而且具有特殊的修辞效果，从而增强了语言的表现力。它比起'不能（不可能/不会/无法）V'来，更能表现强烈的判定语气……更能充分地表现出一种斩钉截铁、不容置疑的语气，使人感到很有力量。因此，在表现对某种情况的判断充满自信的场合，用'没个 V'比起用'不能 V'来更会具有感染力。"[2] 事实上，这并不是所谓的特殊的修辞效果，可以看作是对"没个"情态义的论述。综合姜文振（1990）的考察，我们认为，"没个"可以表达强化主观判断的情态义，这种情态义属于认识情态。如：

---

[1] 姜文振：《口语中的"没个 V"及其相关格式》，《学术交流》1990 年第 2 期，第 138 页。

[2] 姜文振：《口语中的"没个 V"及其相关格式》，《学术交流》1990 年第 2 期，第 143 页。

[296] 算啦，依我看，集体事，没个干好。
[297] 让那个姓于的去干吧，他这么突击上去，没个干好。
[298] 从那以后，左屠夫病毒攻心，再没个治。
[299] 再睡不着我的脸就没个看了。

例［296］和［297］中的"没个"均表示"不可能"。例［296］中的"依我看"表明其后内容是言者基于一定的前提作出的判断。"不可能干好"和"没个干好"相比，后者更能传达言者对这个判断的主观确认性，即言者认为其所作出的判断毋庸置疑。例［298］和［299］中的"没个"均表示"无法"，通常是说一种状况达到一定程度，而使某种行为失去实施的条件。"没法治""没法看"与"没个治""没个看"相比，后者的主观确认程度更强。

副词"没"也能够表现一定的情态意义。如：

[300] 那幢别墅是1999年春节过后不久购买的，平时就是李小月和女儿住，刘招华一共也没有住过几次……
[301] "爸爸，我的工作……"宋子文没吃几口便急着问道。
[302] 但是，她在上海没待几天，便匆匆离开了。
[303] 上了沪闵高架，没开几公里因为过了半夜12点要封路维修而被赶了下来。
[304] 没高兴几天，该社的各种变相要钱的收费通知书便接踵而至。

例［300］是"没 + VP + 约量性动量"的情形，例［301］是"没 + VP + 约量性物量"的情形，例［302］是"没 + VP + 约量性时量"的情形，例［303］是"没 + VP + 约量性度量"的情形，例［304］是"没 + AP + 约量"的情形。它们一个共同的特征就是可以变换为"VP/AP（了）+ 没 + 约量"的格式。如：

[305] 那幢别墅是1999年春节过后不久购买的，平时就是李小月和女儿住，刘招华一共住了也没有过几次……

［306］"爸爸，我的工作……"宋子文<u>吃了没几口</u>便急着问道。

［307］但是，她在上海<u>待了没几天</u>，便匆匆离开了。

［308］上了沪闵高架，<u>开了没几公里</u>因为过了半夜 12 点要封路维修而被赶了下来。

［309］<u>高兴了没几天</u>，该社的各种变相要钱的收费通知书便接踵而至。

而这正是张谊生（2006）讨论的主观量标记"没"。"从实际表达功用看，它们都是表示说话人主观情态的典型量标记，其作用就是对客观量进行减量的主观评价，是一种认识情态（epistemic modality）……当说话人认为某个情况的发生要比预期的那个时间或数量来得快、来得少，或来得早、来得小时，就会在该时量或度量词语前面填上一个主观减量标记'没'或'不'。"① 副词"没"的情态义来自"没"的减量描述功能和"没"否定的数量优先原则的共同作用。虽然副词的"没"不好直接看成是情态标记，但是受到减量描述功能和否定的数量优先原则的制约，也具有了主观情态义，即对客观量进行减量的主观评价。

从主观情态义的角度看，"没个"本身就具有主观情态义，且与数量没有关联。但是副词"没"本身不好看作情态标记，且当其辅助表达情态义时，必须有数量参与表达。

四 小结

"没"否定对应的是特定的认知格局，是在对"有"的认知体验基础上形成的新的认知格局。"没"否定有两种功能：一是否定事物或事件的存在或发生；二是进行减量描述。当"没"否定事物的存在时，是客观否定，这是在空间域内生成的认知格局的语言表现。在人的隐喻认知作用下，这种认知格局由空间域向时间域投射，"没"就可以否定事件的发生或实现。"没"否定事物的存在或事件的发生，有两种表述方式：直接否定不受数量成分修饰或说明的事物或事件，通过间接否定最小量的方

---

① 张谊生：《试论主观量标记"没"、"不"、"好"》，《中国语文》2006 年第 2 期，第 129 页。

式实现对事物或事件的否定。当"没"否定非最小量时，衍生的另一个基本功能就是减量描述，这与否定最小量在基底上是相通的。对于一个由"没"否定的格式来讲，数量总是优先被否定，这可以看作"没"否定的数量优先原则。

"没"在使用中存在虚化的情形。"没"最早是动词，否定事物的存在。在隐喻认知的作用下，发生由空间域向时间域的投射，"没"虚化为副词。动词"没"和副词"没"都具有主观化的条件，因为它们都可以直接或间接地进行减量描述。减量描述本身显然是说话人的主观语言运作，这就为"没"的情态化提供了可能。当"没"在进行客观命题的表述中融入言者的主观认识时，就产生了"没"的情态化现象。动词的"没"可以直接作为减量标记词，副词的"没"在数量优先原则的作用下也可以辅助表达特定的认识情态。"没"的进一步虚化还表现在"没个"等的词汇化方面。"没个"由跨层结构词化为主观情态副词具有多方面的原因。而且，"没个"与"没"不论在动词的层面还是在副词的层面，都形成了一定的对立。

第三节 "不"的生成、演化与表达

"不"与"没"是汉语中并立的两个最重要的否定词。"不"是经假借而用于表示否定的词，同"没"一样，有从否定向情态化演变的趋势。"不"表示否定，是基于存在并从价值判断的角度考察，即观测物质及其运动是否具备某种特征。当某物或某个运动具备某种属性，就成为价值判断角度存在的原初格局。在这个认知基础上生成的"不"的认知格局要比依空间和时间否定建立的格局复杂得多。"不"否定从总体上看，可以分为否定关系、否定事件、否定属性和否定数量等不同类型。其中，否定关系和否定事件可以看作对点的否定，其结果是使关系或事件为零；否定属性和否定数量可以看作对线的否定，其结果是减量。"不"由于受到高频使用等不同因素影响而发生情态化，表达说话人特定的情感、态度或认识。

一 "不"的来源及其认知格局

一般认为,"不"有本义、假借义、语助词义和词头等不同用法。《说文解字·不部》注解"不"为:"不,鸟飞上翔不下来也。从一,一犹天也,象形。"宋郑樵《六书略》认为:"不,象萼蒂形。"李润(1987)认为《说文解字》中注解有误,"根据甲骨文形体,当断定'不'之本义为'花蒂'"。①"不"用如否定副词,应为假借义。"'不'字的本义在古籍中很少出现,它的主要作用是假借为否定副词。"② 王兵旭(1986)认为:"不"可用作语助词,没有词汇意义,在古今汉语中都存在,如"不亦,亦也。不有,有也。不盈,盈也。不显,显也。不难,难也""白不呲咧、黑不溜揪、直不笼通、醉不溜丢、好不奇怪、好不热闹、好不纳闷、好不威风"中的"不"均为语助词。李华斌(2014)又提出了"不"的词头用法,区分体词性的词头"不"和谓词性的词头"不"。前者如"不羹""不更""不屠何""不周山""不降""赵不虞",后者如"不尚""不戢不难""不奇"。

否定副词"不"如果是直接假借"花蒂"之"不"的话,就简单了。但是从其用法方面看,却是很复杂的。我们接下来考察否定副词"不"的认知格局问题。

任何事物、事件、关系、属性都存在于特定的时间和空间中。因此,理论上,任何认知格局的生成都是在特定时空内完成的。与"没"相比,"不"的认知格局的生成要复杂很多,这从"不"的否定能力角度可见一斑。

首先,"不"可以否定事件。如:

[1] 今天实行<u>不应酬</u>、<u>不看书</u>、<u>不上网</u>的"三不"政策,白天坐那里看电视,晚上去看一场电影。

[2] 有资深"钢丝"在台下"点活ᵣ",郭德纲也大多欣然从命,台下甚至有人高喊:"今ᵣ<u>不走了</u>!"

---

① 李润:《"不"字本义辨》,《河北师范大学学报》1987年第3期,第127页。
② 李润:《"不"字本义辨》,《河北师范大学学报》1987年第3期,第127页。

任何否定的前提条件都是有所可被否定，也就是说，如果想实施否定，那么首先必须存在一个可以被否定的"存在"。对于事件来讲，其存在的典型表述方式就是"有VP"。对应"有VP"最简单的否定就是"没VP"。"有VP"和"没VP"的共同点在于：在相同的时间域内考察事件。"不VP"与之不同，它是在与"没"互补的时间域内考察事件。可以这样认为，"没VP"是在"有VP"认知格局上生成的，而"不VP"是在"有VP"的基础上，对应"没VP"而间接生成的。这种关系可以如图2—11所示：

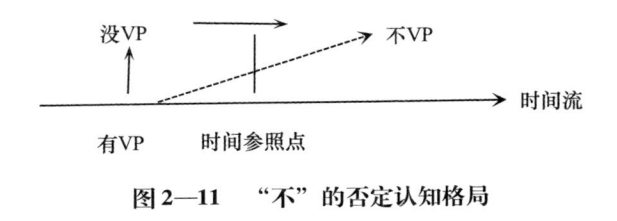

图 2—11　"不"的否定认知格局

我们可以把时间参照点左侧的时间域描述为过去，把时间参照点右侧的时间域描述为将来，"有VP"和"没VP"都是在过去的时间域内。人的认知能力将事件的存在生成"有VP"的认知格局，并在此基础上生成"没VP"的认知格局。但是，对于"不VP"来说，在未来的时间域内并不存在一个与之同域的认知格局，它是在"没VP"的基础上生成的，是将一个过去时间域内的否定格局转换到未来时间域内，从而生成一个新的认知格局。因此，严格地讲，"没VP"与"不VP"应该在形式与意义等诸方面都存在对立。但不论如何，"不VP"认知格局的生成要比"没VP"复杂，因为不存在从"有VP"到"不VP"直接生成认知格局的条件。

其次，"不"可以否定关系。如：

[3] 虽然"词"这个概念来自西方语言学，但<u>不等于</u>说汉语社团心理中有关汉语语法单位一定不是词。

[4] 他的意思是说科学史应该属于历史学，而<u>不属于</u>自然科学。

"等于、属于、姓"等一类词,马庆株称之为属性动词,属于非自主动词的次类。其中有一部分动词用于表示特定的关系,这种关系可以看作一种抽象的存在。这种抽象的存在,或存在于特定的时空环境中,或存在于人的思维领域内。总之,它们不像特定事物那样是具体的存在。因为这种关系的存在具有抽象性,而且与时间的关系不密切,属于泛时性的关系,因此在否定的时候不能用"没"。我们也可以从存在的角度考察这种否定。对于"不 VP"来讲,"A-VP-B"这种关系不存在。如例[4]中的"科学史属于自然科学"这种关系是不存在的。"不"否定关系的复杂性在于:第一,它不是对具体存在的体验性感知。任何一种关系的认定都是人认知的结果,而不是直接体验的结果。对于具体事物的存在感知是体验性的,但是对一种关系的存在感知不可能是体验性的,而是经过人的思辨得出的结论。第二,"不"否定关系的认知格局,其形成经历了两个不同的阶段。否定关系是在认定某种关系存在的基础上,依此形成新的认知格局。这个认知格局的形成实际上就是形成一个新的判断。从这个角度来看,同样是否定存在,"不"否定关系的存在比"没"否定具体事物的存在要复杂得多。

再次,"不"可以否定属性。如:

[5] 沙特队与科威特队争进四强的比赛踢得并<u>不精彩</u>,90 分钟内打成 2∶2。

[6] 作为效标,一个中等程度的相关是较为理想的,太低则聚合效度<u>不好</u>,太高则区分效度<u>不高</u>。

否定属性与否定关系的认知程序存在相同之处。任何属性都是在一定的寄主身上体现出来的特征。寄主是否具备某些特征,首先需要人去判断。然后对"不存在"这种特征再次进行判断,从而最终生成否定属性的认知格局。因此,这种认知与"没"的认知相比,本身就具有复杂性。

最后,"不"可以否定数量。如:

[7] 街道组织人员用铁铲和钢丝刷清洗去一批,<u>不几天</u>,一夜

之间又冒了出来，令人奈何不得。

[8] 院中扯着几个长而无力的哈欠，一阵桂花香，天上剩了<u>不几个</u>星星。

"不"否定数量事实上并不是一种直接的否定，而是表示减量，我们将在下文详述。

这样看来，"不"否定在很大程度上具有复杂性，尤其是和"没"相比，它的否定往往具有间接的特性。

二 "不"否定的几种情形

从所否定的对象来看，"不"可以否定关系、否定事件、否定属性、否定数量。当"不"否定的对象不同，它所表示的语义关系也不相同。我们主要从以上几个方面考察"不"的否定。

（一）"不"否定关系

1. "不"否定关系的基本情形

"不"可以否定关系，即否定某种关系的存在。如：

[9] 在汉语中，"主体"和"主观"是有区别的，主体性<u>不等于</u>主观性。

[10] 一位记者曾编了这样的顺口溜：市场<u>不姓</u>"资"，当铺<u>不姓</u>"封"，行业不需查家谱，洋的古的皆可用。

[11] 叔本华<u>不属于</u>恩格斯语境中的德国古典哲学家，但他却在理解康德的自在之物概念的本质含义上迈出了重要的一步。

"不"否定关系事实上是分两步完成的：首先需要确认某种关系的存在。对于上述各例而言，需要首先确定"主体性等同主观性""市场姓资，当铺姓封""叔本华属于恩格斯语境中的德国古典哲学家"。这些，事实上是人先作出的判断，这些判断一旦形成，也就确定了某种关系是存在的。如对于例[9]而言，当言者形成了"主体性等同主观性"的判断，就说明在他的认知中，"主体性与主观性等同"这种关系是存在的。当他继续对这种关系进行否定时，就是在已有的"存在"认知格局基础上生成一个"主体性与主观性等同"这种关系不存在的认知格局。这一点，我们在讨论"没"的认知格局时已经进行了说明。

为什么对关系的否定没有用"没"，而使用了"不"？我们认为，这其中一个很关键的问题就是关系判断具有泛时性和主观性。首先，我们看泛时性问题。所谓的泛时性，是指言说对象与时体关系不密切，即言说对象可以在过去、现在、将来的任何一种时体形式中存在。对于关系判断来讲，言者所作出的判断对于言者个人来讲没有明显的时体属性，具有时间上的普适性，而这正好与"没"的时体要求相悖。因为"没"否定的是已然的存在，因此，它要求这种存在与时体相合，是属于过去的。"没"不能适应关系判断这种泛时性，因此，不能用于否定关系判断。其次，关系判断的主观性也制约了"没"不能否定它。人作出的任何判断都是主观的，不论这种判断是正确的，还是错误的。而"没"否定总是针对客观存在进行否定，这就决定了对这种关系判断进行否定时只能用"不"，不能用"没"。因此，说"没"和"不"是汉语中两个非常重要和常用的否定标志词且很大程度上具有互补性，这种看法还是有道理的。

2. "不"否定关系的特征

"不"否定关系可以从数量角度考察。我们看如下例子：

[12] 比如数学，有人认为它既<u>不属于</u>自然科学也<u>不属于</u>社会科学。

[13] 说市场主体拥有充分的自主权，并<u>不等于</u>它可以任意妄为。

总的来看，言者作出关系判断时有一个非常明显的特征，即都是对单一关系进行判断。如例[12]，虽然"不"出现了两次，但是，就判断本身来说，可以看作一个单一的判断，即"数学属于自然科学和社会科学"。例[13]就更加明显，言者作出的判断为"市场主体拥有充分的自主权就可以任意妄为"。这样看来，"不"判断也可以像"没"判断那样，从数量角度进行分析。因为"不"所作出的关系判断都是单一的判断，从数量角度看就是对最小的关系判断数量"一"进行否定。依据否定原则，当"不"否定最小量时,就是否定这种关系的存在。这样,我们就可以对"没""不"对最小量的否定作出统一解释。这种否定显然是对一个特定点的否定,是归零否定。

(二)"不"否定事件

事件语义学是在认知语义学的背景下衍生出来的语义理论。王欣(2007)曾简单梳理了国内外学者关于事件的定义。"所谓事件,简单说就是'涉及变化的那些过程'(Ungerer & Schmid 2001：193),Hovav & Levin(1999)把事件定义为一个发生的事情或事情链,自然语言通过动词及其论元使之词汇化和概念化。崔希亮(2006)认为'事件是外部世界的一种动态现象,包括位移、致使—结果、活动、变化、行为、判断这些基本的意义范畴。这种动态现象与静态的状态相对立。语言中的事件是对外部世界事件概念的折射,说话人就是事件的观察者和报告者'。"[①] 王欣(2007)在讨论"不""没"的认知语义时,将事件区分为位移事件、活动事件和抽象位移事件,这在对比分析两个否定标志词的认知语义方面是适用的。在此,我们不再对事件的类型进行重新分类,但为了考察方便,将会对事件的划分作简单化处理。

我们将事件划分为两种类型:一种是语言表达中不含有量性成分的事件,我们称之为单一事件。这种事件的一个典型特征就是其内部是同质的,在这个事件的任何一个时间节点上观察都是相同的情形。如把"来"放在时间流上,在时间流上的任何一个节点来观察,这个事件都是一样的。另一种是语言表达中含有量性成分的事件,我们称之为复杂事件。如把"总来"放在时间流上观察,其内部每个个体的事件"来"是同质的,但整体上看,是不同的单一事件在重复发生。我们把这样的情形也作为一个整体事件来处理。"不"否定事件可以从否定单一事件和否定复杂事件的角度实现。

1."不"否定单一事件

"不"否定单一事件,可以从数量角度进行考察。如:

[①] 王欣:《"不"和"没(有)"的认知语义分析》,《语言教学与研究》2007年第4期,第27页。

[14] 正是在这一意义上，人们说教是为了<u>不教</u>。

[15] 教师要想学生在写字时<u>不漏笔</u>、<u>不错笔</u>、<u>不倒笔</u>，仅仅提示是难以奏效的，必须要让学生去实际操作。

"不"对单一事件的否定遵循否定的数量原则。而且对单一事件来讲，其中所包含的数量为"一"，是对事件计量的最小值。因此，"不+单一事件"的语义就是直接否定事件的存在。例[14]中的"不教"即"教"这个事件不存在。例[15]中的"不漏笔、不错笔、不倒笔"即"漏笔、错笔、倒笔"这样的事件不存在。

"不"否定单一事件与时体因素息息相关。一般来说，只有在表惯常和未然的情形下，"不"才能否定单一事件，即"不"否定一定排斥已然事件。

2. "不"否定复杂事件

所谓复杂事件，一个典型的特征就是在事件的语言表述中含有量性成分。对于表达事件的VP来讲，这个量性成分可以状语的身份出现在VP之前，也可以补语的身份出现在VP之后。一般情况下，表示情态、范围等意义的副词在VP之前出现，可以使整个事件带上量性特征。如：

[16] 平时我从<u>不好好看书</u>，让我正经从书架上找一本喜欢的书，实在还是第一遭。

[17] 有的教师因此而闹情绪、发牢骚，教案<u>不认真编写</u>，作业<u>不仔细批改</u>，课<u>不踏踏实实上</u>。

[18] 当然，背崩人的脸上也<u>不总是写着笑容</u>，他们也有烦心的事儿，比如看不上电视。

[19] 有的几个故事并<u>不都写在二十年之前</u>，有的原来是以影片脚本形式写成的，但在出版之前的几个月中，都由作者重新写过。

"看书""编写教案""批改作业""上课"都是单一事件。但是，"好好看书""认真编写""仔细批改""踏踏实实上课"中由于状语"好好""认真""仔细""踏踏实实"的出现，使得原来的单一事件带上了量性特征。情态状语使一个单一事件呈现连续性，其中单一事件的同质性没有变化，但是其附属特征呈现程度上的连续性。这种程度上的连续性表现为数量的连续变化，或者渐升，或者渐降。渐升或渐降只是观测者的选择角度问题，其渐进的连续性是不变的。例如，对于"好好看书"来说，不论"看书"的附属特征是什么，"看书"本身是不变的，变化的只是这个单一事件上的用力程度，这对于"认真编写""仔细批改""踏踏实实上课"来讲是相同的。这种语义表现可以如图 2—12 所示：

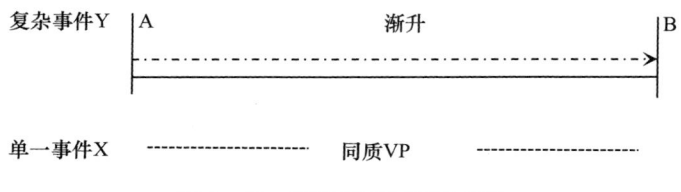

复杂事件 Y ｜A　　　　　　　渐升　　　　　　　B

单一事件 X　 - - - - - - - - -　同质 VP　 - - - - - - - - -

图 2—12　事件类型与语义表现

如果把 A 点作为言者的观测起点，这个点对应的就是"看书"这个单一事件，那么 B 点可以定位为"好好看书"，从 A 点到 B 点是一个渐升的过程。当然，言者也可以把 B 点作为观测起点，从 B 点到 A 点的变化也可以看作渐升的过程，这个过程是单一事件非用力程度渐升的过程。

单一事件的复杂化还有一种情形就是 VP 的情态状语使事件重复，从而使整个事件带上连续性特征。"背崩人脸上没有笑容""某个故事是在二十年前完成的"是单一事件，"不总是写着笑容""不都写在二十年之前"则让单一事件带上了重复的特征，从而使整个事件带上延续性。单一事件的重复在认知上就是事件的累加，从而使单一事件带上量性特征。

单一事件复杂化的另一种情形是语言表达中 VP 之后有补语，用于补充说明 VP，从而使单一事件带上量性特征。如：

　　[20] 遇到晚上活动，回来晚了，他仍然<u>不写完日记</u>不休息。
　　[21] 你这个混蛋，你也<u>不说清楚</u>，我问你是男的是女的？

"写""说"是单一事件，当其后出现补语的时候，就使整个事件带上量性特征，"写完""说清楚"是在单一事件"写""说"的基础上附加了是否完成、是否清楚的量性特征。

当然，复杂事件还有一种情形与前面我们讨论的暗含隐性量不同，可以直接与约量组合。如：

[22] 这东西<u>不听个几十遍</u>，一般很难弄懂是什么意思。
[23] 想悟出道理，<u>不看个十几二十遍</u>的都是白瞎。
[24] 就这路，<u>不走几个来回</u>，下次还是找不到。

这种复杂事件与前面两种情形在表达上存在一定的差异，我们将放在"'不'的情态化"部分讨论，这里我们主要讨论"不"否定复杂事件的前两种情形。

"不"否定复杂事件时，都不否定事件本身，而是对复杂事件中的数量进行减量描述。如：

[25] 这学校也是天天劳动，又<u>不好好上课</u>，在这里白受苦，还不如回去拿两个工分。
[26] 是她说要告诉自己的，讲到一半又<u>不说完</u>，<u>不说完</u>就算了，还生气？

例[25]中"不好好上课"不是"上课"这个单一事件被否定，而是说"上课"这个事件并没有达到言者认为的"好好"的状态。例[26]中"不说完"不是"说"这个事件不存在，而是指"说"这个单一事件是存在的，但是，没有达到说话人认为的完结的状态。情态状语"好好"和补语"完"是单一事件上附属的特征，是一种隐含的量。当"不"对复合事件进行否定时，不否定单一事件本身，而对这一隐含的量只是进行减量描述，这种否定的机理和"没"否定在本质上是一致的。

可见，当"不"否定事件时，表现为两种语义关系和一种否定机制。两种语义关系分别为否定存在和减量描述：当"不"否定单一事件时，直接否定事件的存在；当"不"否定复杂事件时，仅对复杂事件中隐含的数量进行减量描述。一种否定机制就是：两种语义的形成事实上都是基于减量机制。因为单一事件隐含了最小量"一"，因此，对量的否定上升为质的否定，直接否定了事件的存在。复杂事件中隐含的量都是非最小量，因此，只是进行减量描述。

（三）"不"否定属性

属性是存在身上体现出来的某种特征，它依附于特定的寄主，但又不为特定寄主所仅有。语言表达中，属性通常由性质形容词表达出来。"不"可以否定属性。如：

[27] 学生成绩好，皆大欢喜，学生成绩<u>不好</u>，拳打脚踢，家庭暴力和应试教育关系密切，甚至成为家庭暴力的导火索。

[28] 语素的数目虽然<u>不少</u>，但光有语素，还不能用来交际，还需要把它们组合起来，构成几万个词。

[29] 她的外表，并<u>不美丽</u>，却楚楚动人，乍看起来，她很像个西班牙的女子。

"不"否定特定存在身上的属性时，往往都是一种减量描述。因为对于一种属性而言，在量上通常反映为一个量幅，而不是量点。如人对"好"的认识，一般不是在特定的点上，而是在特定的范围内，超出这个范围才会被认为是"不好"。这种现象在否定相对反义词的时候表现得尤其明显。因为相对反义词虽然在意义上彼此相反，但存在中间状态。这正说明在一组相对反义词之间，语义上是连续的。"陌生、认识、熟悉"属于相同的语义范畴。从"陌生"到"熟悉"是一个渐进的过程，反之亦然。按照一般的理解，从"陌生"到"熟悉"多被认为是渐升的过程，而相反的顺序则被认为是渐降的过程，这应该是与人的认知习惯有关。从标记的角度看，从无标记到有标记是渐降的过程，从有标记到无标记则是渐升的过程。不论是有标记成分表示的属性还是无标记成分表示的属性，都可以被"不"否定，但否定的结果却并不相同。我们仍以"陌生""认识""熟悉"为例。如：

[30] 国人对信用卡<u>不陌生</u>但也<u>不熟悉</u>，不冷也不热，即使在今天，信用卡也只能在半遮半掩、半推半就中为国人所接受。

[31] 中国"东方红"牌农用拖拉机对于阿农民来说，不但<u>不陌</u>

生，而且<u>相当熟悉</u>。

在"陌生""熟悉"中，"熟悉"通常被认为是无标记的，"陌生"是有标记的。例［30］中对"陌生"进行否定，语境显示，否定了"陌生"并不表示就肯定了"熟悉"，否定的结果显然是处于"陌生"和"熟悉"的中间状态。例［31］也是对"陌生"进行否定，但是语境显示，否定结果是肯定了"熟悉"。这说明，当否定一个有标记成分表示的属性时，其否定的结果可以是属性渐升序列上的任何一种情形。再如：

　　［32］凡剧团里的人员，以至熟悉甚或<u>不熟悉</u>只是相识的人，遇着生、老、病、死、婚、丧等事，经济上有困难时，梅先生都是立刻送钱接济。

　　［33］在中国，纪德好像是人们熟悉的作家，但实在又并<u>不熟悉</u>，甚至可以说还很陌生。

例［32］是对"熟悉"进行否定。语境显示，"不"否定了"熟悉"，但是肯定了渐降序列上的"相识"。例［33］也是对"熟悉"进行否定。语境显示，"不"否定了"熟悉"，直接肯定了"陌生"。这说明，当否定一个无标记成分表示的属性时，其否定的结果可以是属性渐降序列上的任何一种情形。这样看的话，事实上渐升和渐降的序列都可以看作渐升的序列，只是说话人选择哪个成分作为起点的问题。这也正好验证了"不"否定属性时也仅仅是减量描述，而不能否定存在。

当然，渐降和渐升的序列还是存在的，这可以从序列上中间点的否定情形得到验证。如：

　　［34］那些人，我们（甚至包括我的姨妈）全都"压根儿<u>不认识</u>"，所以凡陌生人我们都认为"可能是从梅塞格利丝来的"。

　　［35］我只是一个他从来<u>不认识</u>的舅舅，一个<u>陌生人</u>。他根本不会听我的。

从上例我们可以发现，当"认识"被否定时，只能是趋向"陌生"的方向，而不能向"熟悉"的方向趋近。这说明，在人的认知序列中，从"熟悉"到"认识"再到"陌生"的渐降序列是存在的。这也正好解释了缘何否定了"认识"就只能向"陌生"方向的语义趋近的实际使用情形。

（四）"不"否定数量

数量，不论是动量、时量，还是度量，都是一种显性量。程度可以看作隐性量。"不"可以否定显性量和隐性量。吕叔湘（1980）认为："不几+量词表示数量不大。不一会ᵣ表示时间不长。"① 下面我们将在此基础上考察"不"对数量进行否定的情形。

1. "不"否定显性数量

从语义的角度看，"不"否定数量主要有这样几种情形：首先，"不"否定动量，主要有"不+几+动量""不+两+动量""不多几+动量"几种使用情形。如：

[36] 但看了<u>不几回</u>，那父亲站起来了，儿子也站起来了，他们将到站了。

[37] 插读卡器用<u>不几次</u>就读不出了，换个又用不了几次还是老样又不读了。

[38] 一年来<u>不两趟</u>光武，还遇见贼店了。

[39] 我新建的这个号就上过<u>不两回</u>，我就关注过一个人。

[40] 那种吼叫声，才一入耳，确然十分可怖，胡怀玉和陈克生两人，也为之陡然震动，可是<u>不多几下</u>，他们就听出，吼叫声并不是一味吼叫，而是长短有序，像是互相呼唤，像是一种最简单原始的语言。

其中"不+两+动量"中的"两"都不是确数，而表示约数。

其次，"不"否定时量，主要有"不+几+时量""不+两+时量""不多几+时量"几种使用情形。如：

---

① 吕叔湘：《现代汉语八百词》，商务印书馆1981年版，第73页。

156　汉语否定的发生与语义功能研究

　　[41] 20 年前他的第一个孩子出世时，由于医疗条件所限，生下来<u>不几天</u>就夭折，此事对韦克斯曼打击很大。

　　[42] 嘎拉通知管家认真准备，<u>不几天工夫</u>，中秋来临，正是秋高气爽，日暖风和。

　　[43] 由于先天不足，干了<u>不两年</u>，就下马停产。

　　[44] 谁也没有料到，改革开放的政策才实行了<u>不多几年</u>，中国的有些人就一下子挣脱了贫穷的锁链，迅速地"发家""光荣"起来了。

　　[45] 这一决策像春雨，<u>不几个月</u>，仅望花区就办起微型企业 300 多家，安置下岗职工 1382 人，形成一个新的经济增长点。

"不"否定时量时，其后的时量成分均为约量，不能是确量。"两"在这种用法中也是约量，如例 [43] 所示。其中，"不"后的时间单位一般多为"天、年、时、日"等，也有使用"分钟"等较低层时间单位的情形。此外，"不"否定时量时，还有一些比较成熟、固定性较强的说法。如：

　　[46] <u>不多时</u>，狂风刮着瓢泼的大雨倾盆而下，雨点很大，打得人脊背痛。

　　[47] 白哩说罢，便拉着布库里雍顺的手，往回走，<u>不多时候</u>，来到白哩家。

　　[48] <u>不多时日</u>后，一幢幢楼房、一条条街道将突现在我们眼前，20 平方公里的开发区必定处处充满生机。

　　[49] 隔上<u>不多时间</u>，就过来一长串担架，抬担架的都猫着腰，跑到我们近前找一块空地，喊一、二、三，喊到三时将担架一翻，倒垃圾似的将伤号扔到地上就不管了。

最后，"不"可以否定度量等数量成分。如：

　　[50] 崔玉贵立即把珍妃挟起来，<u>不几步</u>就是那口井，头朝下就给扔了下去，随即便把井口堵上了。

　　[51] 他和春玲打的场，除去交的这些外，再留些麦种，就剩<u>不</u>

几斤了。

　　[52] 院中扯着几个长而无力的哈欠，一阵桂花香，天上剩了<u>不几个</u>星星。

当"不"否定显性数量时，有这样几个特征：第一，要求被否定的数量必须是约量，任何形式的确量都不能进入"不"否定格式。第二，理论上，任何形式表示约量的动量、时量、度量等数量形式都可以被否定，但实际使用中还是有频率的差异。其中，表示事物单位的物量最容易被否定，出现频率也最高。第三，从语义上看，"不"否定数量时均不能否定数量的单位本身，而是对其中的数值进行减量描述，即一般都是只否定数不否定量。如"看了不几回"中的"回"不能被否定，"不"的减量描述功能指向"几"，表示"看"这个动作发生的次数少；"生下来不几天"中"天"不能被否定，"不"的减量描述指向此中的"几"，表示时间短；"剩不几斤"中的"斤"也不能被否定，而表示剩余的重量小。可见，当"不"否定数量时，均具有减量描述功能，表示说话者主观认为数量不大。

2. "不"否定隐性数量

数量既可以以明示的方式表示，如前面讨论的显性数量，也可以以隐含的方式表示。我们称这种通过隐含的方式表示的数量为隐性量。吕叔湘（1980）认为："不大（不怎么）+形/动表示程度不重。"① 这可以看作"不"否定隐性量的一种情形。"不"否定隐性量的表达，除吕叔湘（1980）提及的这种比较稳定的格式外，还有对方式、范围、程度等的否定。

我们先看"不"否定隐性量的固定表达。"不"否定隐性量的固定表达主要有"不大 X""不怎么 X"等格式。其中"不大 X"中的 X 既可以是形容词，也可以是动词。当"不大 X"中的 X 为形容词时，只能是性质形容词，状态形容词以及本身含有程度义的其他形容词性成分均不能进入这个结构。如：

---

① 吕叔湘：《现代汉语八百词》，商务印书馆1981年版，第73页。

[53] 汉代人似乎<u>不大高明</u>，他只注意不让你过富，而没有法子防止一般劳苦下层民众之陷入于过穷。

[54] 赵雅芝究竟是进了疯人院，还是成了金丝鸟，照我看来，这两种结局都<u>不大美妙</u>。

[55] 至于这些人是怎么冲过去的，圈外人一般<u>不大清楚</u>。

"不大"在一定程度上有固化的趋势，相当于一个程度副词，表示"低于、少于"。"不大"本身已经含有程度义，因此排斥其后的成分含有程度义。如：

[56] *但是"儒"字的字义是"文士"或学者，所以西方称为"孔子学派"就<u>不大很确切</u>，因为这没有表明这一家的人都是学者以及思想家。

[57] *由专业咨询工作者与咨询对象直接见面，能进行深入的交流，及时发现问题，提出建议，故咨询效果好。但门诊咨询对异地咨客<u>不大方便得多</u>。

[58] *我<u>不大高高兴兴</u>，心想：同志间相处，应该开诚布公；我没有及时去找周扬同志。

"不怎么 X"的用法与"不大 X"的用法基本一致。首先，"不怎么 X"也只能接受性质形容词进入该结构。如：

[59] 我学了一个学期的 BASIC 语言，但老实说我最后连打字都<u>不怎么熟练</u>。

[60] 这位同学幼年有点口吃，但<u>不怎么严重</u>。

[61] 一成不变的奉行上司的指示，工作的确<u>不怎么愉快</u>。

其次，含有程度义的形容词性成分不能进入该结构。如：

[62] *不过相比薛定谔来说，波恩并不怎么喜欢拉丁文，甚至<u>不怎么非常喜欢代数</u>，尽管他对数学的看法后来在大学里得到了

改变。

［63］＊迪茨女士说，人们必须牢记真币的肖像图案，而在伪币票面上，华盛顿的肖像变得有些不怎么友好得多，或显示出些许病态。

［64］＊扒开挺漂亮的外包装，里面只有八颗"皮包骨头"，还不怎么干干净净，跟广告上说的根本不是一码事儿。

除"不大 X""不怎么 X"外，还有一种格式与它们具有类似的功能，就是"不怎么样"。如：

［65］这些从思想方面来看，不怎么样，但从美学的观点或精神层面看，他们是很了不起的。

［66］他评论说，英方在遵守中英联合声明方面的记录"不怎么样"。

［67］那一次，我辅导得极为用心，可我化学确实不怎么样，只好破例延长时间给女孩讲了些我较擅长的作文方法。

就"不怎么样"这个格式来讲，它只有高层语义是明确的，即表示所述对象没有达到言者的期待标准。具体语义则需要在特定的语言环境中确定。"怎么样"原来是个疑问代词，通常是对某种情状进行发问。当"不"与"怎么样"组合成近乎凝固的结构时，相当于一个形容词，一般表示偏离言者期望的某种情形。

从"不大＋形容词""不怎么＋形容词"以及"不怎么样"的语义角度来看，"不"并不否定其后的形容词本身，而只是对形容词表示的情形的量进行减量描述。如"不大高明"不是说"不高明"，而只是说"不够高明"；"不怎么熟练"不是否定"熟练"，而是讲相对于言者的期望标准来讲"不够熟练"。因此，"不怎么样"应该看作一个固定表达格式，表示没有达到言者期望的标准。如"可我化学确实不怎么样"是说言者认为个人的化学水平没有达到自己所期望的水平，但并不否定具有一定的水平。综上可以认为，"不大＋形容词""不怎么＋形容词"都是表示减量描述，而不否定形容词所表示的情形本身。

"不大 X""不怎么 X"中的 X 可以是动词性成分。我们先看"不大 + 动词性成分"的情形。如:

[68] 这俩字儿，你可能还是<u>不大懂</u>，是不是<u>不大懂</u>?
[69] 起初爱美的姑娘们<u>不大愿意做肌肉训练</u>，担心体形会变成推铅球的那样。
[70] 我从来<u>不大喜欢</u>那种过分夸张、热情得要死要活的浪漫主义。
[71] 在我这辈儿的<u>不大记得了</u>，我父亲不过呢他可能说。
[72] 你们杂志就是她们的代言人，但现在好像<u>不大提这种说法</u>了，为什么?
[73] 这种叙述方式一般作家<u>不大采用</u>，因为作者点题之笔，搞不好就会变成画蛇添足。

"不大 + 动词性成分"在语义上可以分为两类:其一,可以从程度的角度考察,表示程度未达到一定的点,如例［68］～［71］均如此。"懂""愿意""喜欢""记得"都含有内部的程度变化。当其前面出现"不大"时表示没有达到言者认为的该动词所达到的程度。"不大懂"不是不懂,而是在程度上没有达到一定的点。其余各例均如此。其二,可以从事件发生的数量或频率的角度考察,表示事件发生的数量小或频率低,如例［72］和［73］。"不大提这种说法"不是"提这种说法"这个事件没有或不再发生,而是发生的频率低于此前;"不大采用"是指采用的频率较低。

"不怎么 + 动词性成分"的用法与"不大 + 动词性成分"的用法基本相同。如:

[74] 短期留学的人特爱参加活动，长期留学的不把这个当回事，<u>不怎么参加</u>。
[75] 他确实像他所说的,在班上也是很沉默寡言的,<u>不怎么讲话</u>,就知道读书。
[76] 听爸爸说了以后，心里也<u>不怎么害怕</u>。

[77] 我<u>不怎么喜欢</u>这里的许多许多，但是十分喜欢这里的足球环境。

[78] 客户们<u>不怎么愿意</u>花钱聘顾问来教会自己如何管理各自的行业了。

在语义方面，"不怎么+动词性成分"也可以从频率和程度角度进行考察。例［74］和［75］表示事件发生的频率较低，例［76］～［78］表示程度较此前低。

从"不大+动词性成分"和"不怎么+动词性成分"的使用情形来看，不论是从程度角度考察，还是从事件发生频率的角度分析，"不"均不否定事件的存在，而只是从频率或程度的角度对事件进行减量描述。

我们再看含有"不"的非固定表达。这种否定表达主要有"不+程度副词+X""不+范围副词+X"和"不+X+补语"等形式。其中"不+程度副词+X"中的程度副词一般是"太、很、非常"等正向极量副词，非极量副词，如"稍微、稍稍"等，一般不能进入这个结构。如：

[79] 科学史在国际上是一门相对较新的学科，在我国，这个学科地位还<u>不太高</u>。

[80] 正因为中国哲学家的言论、文章<u>不很明晰</u>，所以它们所暗示的几乎是无穷的。

[81] 赛后贾占波表示，对这个结果并<u>不非常意外</u>。

之所以"不+程度副词+X"结构只接受正向极量副词，应该与这个结构的高层语义相关，我们将在后文详述。"不+程度副词+X"中的 X 可以是形容词和动词，但对这两类词也有一定的要求：首先，当 X 为形容词时，只接受性质形容词，状态形容词和其他含有程度义的形容词性成分都不能进入这个结构。如：

[82] 从总体上说，心理咨询和心理治疗工作的分化<u>不很明显</u>，两者基本上是相互渗透、相互重叠、共同发展的。

[83] *那个脸，没有一点血色，可是并<u>不很惨白</u>，因为在狱中

积下的泥垢好像永远也不能再洗掉。

[84] *他的话不是很对吗？当一个伤兵发现他自己毕竟死不了的时候，<u>不很高高兴兴吗</u>？

状态形容词和其他含有程度义的形容词性成分不能进入"不+程度副词+X"结构，是程度副词和其后的成分不兼容造成的。这与"不大+形容词"在机理上是一致的。但从凝固性程度看，"不大"更适合被看作一个词，而"程度副词+形容词性成分"的关系应该更加紧密。

其次，当X是动词时，会受程度副词的影响，其后的动词性成分多为心理活动动词、能愿动词或认知动词。如：

[85] 他说，我<u>不太担心</u>计算机保有量，却担心没有健康、合适的出版物。

[86] 小姑娘像是觉得他很和气，已<u>不太害怕</u>了，眨着眼道："这里没有林姑娘，只有位周姑娘。"

[87] 为维持社会稳定，政府希望保持现行的计划，<u>不太愿意</u>从事全面性的政策改革。

[88] 然而，当代人选当代作品，往往<u>不太能</u>看出选家的眼光。

[89] 有时战士讲得大汗直冒，她似乎还是<u>不太懂</u>，但从战士真挚的情感上她领会到了战士们介绍的含义。

[90] 西方人对发展中国家如此重视生存权和发展权<u>不太理解</u>，因为彼此所处的社会经济条件不一样。

心理活动动词、能愿动词和认知动词本身具有程度特征，可以接受程度副词修饰。从整体上看，"不+程度副词+X"中"不"否定其后的成分时并不直接否定属性或事件的存在，而是对这种属性或事件表现出来的程度进行减量描述。如"不太高"并不否定"高"这种属性的存在，只是说"高"这种属性在量上存在不足的特征。"不太担心"不是表示不担心，而是说担心是存在的，但没有达到一定的程度。"不太愿意从事全面性的政策改革"不是说不愿意进行改革，而是讲意愿性较低。总的来说，"不+程度副词+X"不否定存在，只是对属性或事件的特征进行减量描述。

"不"否定隐性量的另一种非固定的表达格式是"不+范围副词+X"。如：

[91] 虽然新增耕地不全来源于原有林地，但是耕地面积的增加还是以牺牲高山陡坡所分布的部分林地为代价。

[92] 其实这一现象（指基金灰色操作现象）与市场发育水平有关，可能不全是基金管理公司本身的问题。

[93] 科学理论必须是真理，但真理并不都是科学理论，谬论必定是非科学理论，但非科学理论并不都是谬论。

[94] 继父母与继子女之间，并不都产生父母子女间的权利义务关系。

"不+范围副词+X"中的 X 一般都是动词性成分。整个结构表示事件在特定范围内不具有普适性。如例[91]中的"不全来源于原有林地"表示新增耕地只是部分来源于原有林地。"不+范围副词+X"否定结构中"不"没有否定 X，只是对 X 前的范围副词进行减量描述，缩小范围。

"不"否定隐性量的表达格式还有"不+X+补语"。如：

[95] "坐下！"丹枫用手按住了她。"你不说清楚，你休想走！"

[96] 而另一些自以为才高八斗的吹胀了的评论家，不看完作品就敢捧杀棒杀；读几行就可以写几页，只读过你的作品的十分之一就敢对整个作家下结论

[97] 邓小平以坚决的口吻说道："对这些问题，应当讲清楚，不讲明白，没有好处"。

"不+X+补语"结构中的 X 一般也都是动词性成分，其后的补语用于对其进行补充说明。在这个结构中，"不"不否定事件本身，而只是对其后的补语进行补充性减量描述。如例[95]中"不说清楚"不是否定"说"，而是设定一种情形，即"说"这个事件会发生，但没有达到"清

楚"的程度。

综上所述，虽然隐性量的表现形式不同，但在表意方面，"不"否定隐性量具有共同的高层语义，即减量描述。

三 "不"的情态化

"不"的情态化就是真值否定向非真值否定的演化。这其中既包括"不"的语义变化、句法变化，也包括它本身的属性变化。

和"没"相比，"不"具有天然的情态化表征。早期一般都认为，"不"和"没"在用法上有分工，即"不"用于表示主观意愿，可指过去、现在和将来，"没"用于表示客观叙述，限于过去和现在，不能指将来。这种看法虽然后来受到了质疑，但总体上看，它的合理性还是存在的。陈垂民（1988）分析了"不"的应用范围，其中有这样几种情形值得关注。"凡属主观上不愿意或不准做的事，一般都用'不'，不用'没有'……对表示'精神上需要或能力上可以做到'这类意义的能愿动词如'应该'，'应当'，'可以'和'会'等的否定，只能用'不'，不能用'没有'。"① "对判断动词的否定用'不'，不能用'没有'。"② 第一种情形（表示意愿或允准的情形）属于定性分析，与作者的认知有关。但第二种和第三种情形则在一定程度上说明了"不"的情态化问题。陈垂民（1988）认为，所谓情理上的需要或能力上可能实现，实际上都属于主观的估量，都和主观意愿有一定的联系。就判断动词"是"来讲，判断和判断活动是与主观意愿和认识有直接关系的。从语义兼容的角度讲，能愿动词和判断动词因为本身具有相应程度的主观性，因此，与之同现且直接相关的否定成分也应该具备相同的语义特征。在这方面，"不"具有主观性特征是很自然的。

关于"不"的情态化问题，我们拟从"不"的减量功能、修正功能和"不……嘛"框架几个方面进行分析。

---

① 陈垂民：《说"不"和"没有"及其相关的句式》，《暨南学报》1988年第1期，第94页。

② 陈垂民：《说"不"和"没有"及其相关的句式》，《暨南学报》1988年第1期，第95页。

(一)"不"的减量功能

1. 关于"不"减量功能的前期研究

关于"不"的减量功能，前期有较多专家学者关注。吕叔湘（1981）分析过"不"和量词及时间词组合的情形，认为"不几+量词表示数量不大"。如：

> 不几天就是春节了｜走不几步又回过头来叮嘱几句
>
> （见吕叔湘《现代汉语八百词》）

"不一会儿表示时间不长"。如：

> 帮忙的人多，不一会儿会场就布置好了
>
> （见吕叔湘《现代汉语八百词》）

但这里作者只是说明量小，尚未明确"数量不大""时间不长"的主客观特征。沈家煊（1999）在分析肯定和否定对立的消失时曾从"心理期待的正负值"角度以"一会儿"和"不一会儿"为例讨论过相关问题。"极小量语词还有一个特性，那就是有时可以添加一个否定词而不怎么改变原来的意义。"① 如：

> 一会儿饭做好了＝不一会儿饭做好了
> 过几天就会回来的＝过不了几天就会回来的
> 过些日子他就会厌烦的＝过不了一些日子他就会厌烦的、
> 麦子几天就可以收割了＝麦子不几天就可以收割了
>
> （见沈家煊，1999）

他认为，"'一会儿'是时间上的极小量，'不一会儿'是连这个极小量都达不到，意思好像有所差别，其实都是表示时间极短，说话时似乎并不

---

① 沈家煊：《不对称和标记论》，江西教育出版社1999年版，第115页。

在乎这点差别"。① 从"一会儿"和"不一会儿"表达的基本意义看，差别的确不大。从心理期待正负值的角度分析，沈家煊认为，"一会儿"既可以表示与"零"相对的极小量，也可以表示与更大量相比的一个大量。"不一会儿"中的"一会儿"因为受到否定成分的限制，根据"一般情况下否定一个极小量等于否定全量"的原则，这里的"一会儿"只能是一个相对较大的量。

沈家煊（1999）在从心理期待角度分析"不一会儿"的表意情况时，实际上已经包含了对"不一会儿"情态化的分析。因为对于一个相同的成分"一会儿"而言，究竟是表达与"零"相对的极小量还是表达一个相对较大的量，不仅仅是听话人的期待问题，更是说话人选取视角的问题。"一会儿"是时间上的极小量，这是就人们的常规认识讲的，可以看作一个客观的极小量。当客观极小量"一会儿"受到否定词"不"修饰，就可以从心理期待的角度进行分析。沈家煊（1999）认为："极小量词由于心理视角的不同可以表示极小量也可以表示极大量。这里极小量词，如'一会儿'，由于心理视角的不同，从听话人的期待来说，它可以是相对'零'而言，也可以是相对一个较大的量而言。"② 实际上，这同时也包含说话人视角选取问题。因此，对"不一会儿"的理解既需要遵循否定的规律，同时也受说话人视角选择的制约。也就是说，"不一会儿"类格式本身就包含了说话人的主观情态在内。

石毓智（2001）在分析羡余否定时也谈到了类似的问题。"否定词'不'加在表短暂义的时间词之前，起强调时间短促的作用，它跟肯定式的意思基本相同。"③ 如：

不一会儿他又回来了＝一会儿他又回来了
不几天事情就办完了＝几天事情就办完了

（见石毓智，2001）

---

① 沈家煊：《不对称和标记论》，江西教育出版社1999年版，第115页。
② 沈家煊：《不对称和标记论》，江西教育出版社1999年版，第116页。
③ 石毓智：《肯定与否定的对称与不对称》，北京语言文化大学出版社2001年版，第222页。

从羡余否定的角度分析，他认为："'一会儿'和'几天'是离散量，本来不能用连续否定词'不'否定，因此硬加上'不'就使得它失去了否定的功能而只起强调的作用。"①

张谊生（2006）曾经讨论过汉语中的主观量标记"没、不、好"。如：

> 我很惊奇于涧表妹能有这样的心境，但我也没顺着她的话题往下聊，<u>不</u>一会儿（≈一会儿）她也就跟我聊上服装设计方面的事了。
>
> （见张谊生，2006）

在语义分析方面，张谊生（2006）与此前的研究相同，都认为"不一会儿"的客观意义和"一会儿"的意义是相近或相同的。"从实际表达功用看，它们都是表示说话人主观情态的典型量标记，其作用就是对客观量进行减量的主观评价，是一种认识情态（epistemic modality）。"② 这是对"不"的情态化首次进行明确定性。

在此基础上，张斌、张谊生（2012）对否定词"不"进行了更加深入的分析。一方面，他们考察了"不"后的成分，发现"'不'的使用范围并不局限于表概量的时间词语，还能适用于一些表频率、表量度的词语。也就是说，'不'的实际使用范围，其实要比张谊生（2006）文中所提及的范围更加宽泛些"。③ 另一方面，他们对这种用法下"不"的属性进行了更加深入的分析，认为："由于否定词'不'的语义虚化，现代汉语语料中出现了'不^1'和'不^2'两种不表否定的用法，我们将这种种句法表现以及特征看作是'不'处于语法化历程中的某一阶段，也就是位于语法词到附缀的附缀化阶段。语义虚化，进而都不再表

---

① 石毓智：《肯定与否定的对称与不对称》，北京语言文化大学出版社2001年版，第222—223页。

② 张谊生：《试论主观量标记"没"、"不"、"好"》，《中国语文》2006年第2期，第129页。

③ 张斌、张谊生：《非真值语义否定词"不"的附缀化倾向》，《上海师范大学学报》2012年第5期，第87—88页。

真值语义否定,对特定句法环境依赖以及要求特定搭配项,这些都是现代汉语主观减量功能附缀'不^1'和提醒功能附缀'不^2'表现出的典型附缀化特征,而且'不'的语音弱化同样是'不'附缀化的有力佐证之一。"①

前期研究表明,"不"与数量成分连用具有减量功能。"不"表示减量的条件是其需与表示约量的成分连用,其背后的动因主要是原来用于表示对客观命题的真值进行否定的否定标志词随着说话人主观倾向的介入而从真值判断转向了主观认识,进而表现情态义。

2. 减量功能与"不"的情态化

从所指向成分的量特征角度看,"不"的减量功能既表现在数量上(如动量、时量等),也表现在程度、范围等方面。前者如:

[98] 每当看到一批批西装革履的蕲春籍教授、博士、科学家从海外回来探亲,住<u>不几天</u>就要离开,作为分管统战工作的黄治富,总是红着脸无法挽留。(时量)

[99] 院中扯着几个长而无力的哈欠,一阵桂花香,天上剩了<u>不几个星星</u>。(物量)

[100] 吃<u>不几顿</u>以后,落下了一个习惯性腹泻的病根。(动量)

[101] 张爱萍倒真的学得很认真,<u>不两天</u>,他就能速记大段大段的报纸了。

当"不"与数量成分连用表示减量时,对数量的一个基本要求就是数量约量化。因此,"不"后的数量表示方式经常是"不几X""不多几X""不两X""不多两X"等形式。

程度、范围、幅度以及动作的进程等,从本质上看,具有量变特征,也是数量,可以通过不同的衡量方式从而数量化。程度有高低变化、范围有大小变化、幅度有广狭变化、动作的进程可以在时间流上进行量化,这些都是量变的表现。只不过这些量变的表现形式没有典型数量成分那

---

① 张斌、张谊生:《非真值语义否定词"不"的附缀化倾向》,《上海师范大学学报》2012年第5期,第92页。

样原型化。如：

[102] 法国传教士马神父在广西西林被杀，叶名琛<u>不好好处理</u>，又得罪了法国。

[103] 张克琼说，宇寒小时候她就要求她放学回来要先做完作业再看电视，<u>不写完就不能看</u>，这是家长必须要坚持的原则。

[104] 我觉得你在《绿茶》中研究生的造型很好，你平时都<u>不怎么露出你的额头</u>的，但在《绿茶》里面完全就是露了额头，戴一个大眼镜，我觉得很有知性的美。

[105] 所以，这一理论的发展并<u>不那么集中于涉及政策工具的理念</u>，而是关注其他的一些政策活动。

当"不"与表示程度、范围、幅度等含量成分连用时，就谓语核心而言，或其前有状语，或其后有补语。这个状语或补语可以从程度、范围、幅度或动作进程角度对谓语核心进行说明。如"不好好处理"中的状语"好好"是对"处理"从用力程度角度进行限制，"不写完"中的补语"完"是从动作进程角度对"写"以时间为计量单位进行说明，"不怎么露出你的额头"中的"怎么"是从频率角度对"露出额头"进行说明，"不那么集中于涉及政策工具的理念"中的状语"那么"本身含有程度特征是对"集中"的程度进行说明。因此，我们可以这样认为：当"不"后出现含量成分时，"不"首先指向的是这个数量，并且不能表示否定，只是对这个数量进行降量处理。

"不"与数量连用的这种情形促使我们思考"不"表示降量的条件和机制问题。我们认为，"不"表示降量主要与如下因素有关。

首先，与"不"连用的数量约量化和线性量化是其中一个必需的条件。张谊生（2006）和张斌、张谊生（2012）都曾经论及确量到约量的变化导致从客观表述到主观表达的变化。如：

[106] <u>不两个时辰</u>，把李逵灌得酩酊大醉，立脚不住。（《水浒传》第43回）

[107] <u>不两日</u>，胡生死了。铁生吊罢归家，迪氏念着旧情，心

中哀痛，不觉掉下泪来。(《拍案惊奇·乔兑换胡子宜淫 显报施卧师人定》)

(见张谊生，2006)

张谊生（2006）认为，"不"作为否定标志词，原来与客观命题的真值有关，但是随着说话人主观倾向的介入，"不"就从真值判断转向了主观认识，"不"的否定义也随之变成了一种主观情态义。在例［106］中，"不两个时辰"是客观否定，表示"不到"或"不足"，其中的"不"不能省略。例［107］中的"不两日"仅仅是说话人感觉时间不长，其中"两"是概数，"不"是主观标记。也就是说，随着"两"由表示确量到表示约量的变化，同时也导致与之连用的"不"的语义功能发生了变化，由原来的客观真值的否定标志词发展为具有减量功能的主观标记。这种情形可以概括为与"不"连用的数量从确量变化为约量，即发生约量化。这是"不"情态化的一个条件。

与促使"不"发生情态化的条件——数量约量化相关的一个情形是数量的有限线性化。确量是指一个确定数值的量，这样的量是一个含有点特征的数量，可以简称为点量。与点量相对的是线性量，狭义的线性量是指在线条上延展的量，如时间量；广义的线性量可以理解为非点性的任何带有延展性特征的量，程度、幅度等都可以理解为广义的线性量。从"不"与数量连用的整体情形看，不论是点量还是线性量，不论是客观命题还是主观表达，"不"都有减量功能。差异在于：当"不"与确量连用时，表示"不到"或"不足"，是客观表达；当"不"与约量连用时，主要表示说话人认为事件发生的比常规要快等含义，是一种主观认识情态。事实上，约量还有一个特征就是线性特征，而且与"不"连用且表示主观认识情态的数量都是线性量。

其次，与"不"连用的数量表示客观小量是另一个必需条件。前面我们讨论了"不"与数量连用发生情态化的一个条件是数量的约量化和线性量化。这里我们继续讨论另一个问题，即从量的客观大小的角度出发考察哪种情形的量可以促使"不"发生情态化。石毓智（1992）在讨论否定标志词的冗余否定时提到，当否定标志词对时间量进行否定时，时间词语都表示短暂义，这很有启发意义。事实上，因为与"不"连用的成分不限于时间词语，因此，当"不"发生主观情态化时，要求其后的成分不论表示哪种意义，都必须是客观小量。与非客观小量的组合只能表示减量，不发生情态化。如：

[108] 这些言语显得并<u>不非常严厉</u>，甚至带动沪深股市当日明显回升，但人们仍热切关注央行会否进一步采取提高利率的方式来给某些经济领域降温。

[109] 寡人不会上当，寡人派重兵看守，<u>不写完兵法</u>，他休想离开宾舍。

[110] 人要是贪心少一点，忌妒心少一点，<u>不那么痴迷</u>，就会变得清醒、理性。

在上述例子中，"非常""那么"是表示程度高的副词，从量的角度考察，具备大量意义。这种情形下，"不"只表示减量，都不发生情态化。实际上，制约"不"发生情态化还有一个原因，即程度副词或者结果补语的出现使形容词表示的属性和过程动词的动程由范围属性变为点属性。而我们此前论证过，制约"不"情态化的一个与量有关的条件就是要求量的特征为非点量。形容词的属性从量的角度看为非点量，受程度副词修饰后成为点量。过程性动词隐含一个线性动程，当其后出现结果补语时，使之点量化。这也使这种用法下的"不"只表示减量而不发生情态化。

综上，我们认为："不"的减量功能与主观情态化具有密切的联系，但减量并不导致"不"情态化。从"不"的否定情形来看，它主要可以否定关系、属性、事件和数量。其中对关系、属性和单一事件的否定可以理解为间接否定存在，即否定关系的存在、属性的存在和单一事件的存在。这种对存在的否定也可以依据否定规律从数量角度进行考察，就是否定最小的数量。对复杂事件和数量的否定都是对其中的数量进行降量描述，而不否定事件或事物的存在。因此，我们认为："不"否定的本质就是降量描述。因为数量特征不同，"不"否定出现了间接否定事件或事物以及仅对事件或事物进行降量描述这两种情形。减量并不必然导致"不"情态化，情态化的"不"不再表示否定，这属于"不"的表达功能。非情态化的"不"都有减量功能，这是"不"本身就有的语义功能。

"不"的语义功能仅为其情态化提供了语义条件,只有在数量呈现小量和点量特征时,"不"才能发生情态化。

(二)"不"的修正功能

1. 前期关于独用"不"的研究

刘丹青(2005)认为:否定词独立成句的能力在汉语否定词类型研究中尚未引起足够重视。关于"不"独用情形的研究,前期成果确不多见,已有成果主要涉及两个方面:一是独用情形"不"的句法属性问题;二是独用情形"不"的表达功能问题。关于独用"不"的句法属性,邢福义(1982)认为:"能独说的副词数目有限,而且一般使用频率不高,用法也不复杂。但'不'字情况不同。"[①] 可见,他是把独用的"不"归入副词的。刘丹青(2005)对独用的"不"作了区分,他认为在下面的例子中,"不"可以作两种不同情形分析:

甲:你去吗?/你去不去?
乙:不,我不去。

刘丹青(2005)认为,上例中的"不"可作两种分析:一是看作"我不去"的省略形式,其中的"不"是否定副词;二是看作独立的否定叹词或否定代句词,表示对整个命题的否定。但"小张也去了。——不,他没去"中的"不"则只能分析为独立的否定叹词或代句词。刘丹青(2012)进一步讨论了独用的"不"。"作为应答语的'不',在此是独立表达否定命题的叹词,不再是否定副词,已经叹词化。"[②] 可见,刘丹青是把独用的"不"分化成两个:否定副词和叹词。赵则玲(2015)在对英汉用法进行比较分析后认为:"刘('刘'指刘丹青)文用例及其解释并不符合汉语交际口语的语用和语义原则,不足以支撑否定副词'不'已经'叹词化'的观点。"[③] 她认为这种用法中的"不"仍是否定副词的

---

① 邢福义:《论"不"字独说》,《华中师院学报》1982年第3期,第124页。
② 刘丹青:《实词的叹词化和叹词的去叹词化》,《汉语学习》2012年第3期,第4页。
③ 赵则玲:《也谈现代汉语否定副词"不"叹词化问题》,《浙江大学学报》2015年第3期,第142页。

省略用法。

关于独用的"不"的功能,邢福义(1982)认为:"'不'字独说有两种作用:一是简明否定,二是修订引进。"① 所谓简明否定,"指的是,单用一个'不'字,或者迭用两个或两个以上的'不'字('不不''不不不'),简单明快地对某个问题、某种观点或某一要求作出否定的回答,表示否定的态度。"② 所谓修订引进,"指的是:用'不'字对前面的一层意思作修订性否定,引出后面更进一层的意思,使所说的话一层比一层精确,一层比一层深刻。"③ 刘丹青(2012)认为,独用的"不""表达功能上,它独立成句(分句),对问句给出了否定的回答"。④

前期研究表明,关于独用的"不"句法属性还存在争议,需要进一步分析。关于其功能,邢福义(1982)已经作了详细的分析,但还有深入研究的必要。

2. 独用"不"的句法属性与功能

首先,我们考察独用情形下"不"的句法属性问题。独用情形下的"不",邢福义(1982)认为是副词,刘丹青(2005,2012)先分析为代句词或叹词,并最终认定其为叹词。赵则玲(2015)又在一定程度上反驳了刘丹青的叹词说。我们认为,独用的"不"在不同情形下表现出不同的属性,具有否定副词和代句词两种不同的用法。

"不"的独用是指"不"的单用形式或叠用形式不跟别的语言成分发生结构上的关系。事实上,独用的"不"对语言环境的依赖性很高,因此,对其进行分析也必须在特定的语言环境中进行。"不"的单用和叠用仅具有表达功能上的差异,因此,我们对独用的"不"的句法属性分析暂不区分单用和叠用。

独用的"不"出现的语言环境主要有两种:现场对话和言者表述。现场对话是指交际双方(当然不一定限于两人,但典型的现场对话形式是听话人和说话人的对话)实时的互动交际。为描写方便,我们把第一

---

① 邢福义:《论"不"字独说》,《华中师院学报》1982年第3期,第124页。
② 邢福义:《论"不"字独说》,《华中师院学报》1982年第3期,第124页。
③ 邢福义:《论"不"字独说》,《华中师院学报》1982年第3期,第128页。
④ 刘丹青:《实词的叹词化和叹词的去叹词化》,《汉语学习》2012年第3期,第4页。

说话人表述的语句称为触发句,把第二说话人表述的语句称为后续句。如:

[111] ——你知道有一个人一直在照顾你吗?
——不。我已经没有需要,没有爱,没有牵挂,没有欲望,什么都没有了。

[112] 问:你已说过国民党是不会改变的。如果国民党继续不改变,读者也继续沉默,我们很怀疑你所说的,若干年后你的影响力会发挥。
答:不,那是副产品,那是我死后的事。

独用的"不"只能在后续句中出现,而且往往是触发句引发的,并对触发句有所回应。因此,现场对话往往反映为前言后语的形式。言者表述多为言者的独白。如:

[113] 董先生,如果我没有猜错的话,您是希望我们长实集团从现在起就应该把人参,不,把中国的中草药也当作重要的生意来经营,对吗?

[114] 百年一回,千年一回,让我赶上了,能说不幸运?不,这么说太狭隘了。

这种情形下,"不"嵌入言者表述的始发句和后续句之间,表现为上下文的形式。

对独用的"不"句法属性的分析应该在这两种不同类型的语境中进行。否定副词"不"和代句词"不"的核心功能是相同的,即使否定的程度不同,但都有否定的作用。在核心功能——否定之外,二者在如下三个方面表现出了差异性。

第一,二者对语言环境的要求不同。否定副词通常只能在现场对话中出现。如:

[115] "回梅龙镇吗?""不,"事已至此,她尚有何颜面回来?

[116]"你怀念心扉信箱?""啊,<u>不</u>。"

代句词可以在现场对话和言者表述两种语境中出现。前者如:

[117] 银泉说:"美景今天不高兴了,小家公不过夜就走了。"我多嘴了:"<u>不</u>,美景不大喜欢她的小家公!"

[118]"你在学外国歌吗?"岳之峯又问。妇女不好意思地笑了,"<u>不</u>,我在学外国语。"

后者如:

[119] 让我们往后看20年,<u>不</u>,10年就够了。

[120] 请让我再看一会儿吧,再看15分钟,<u>不</u>,10分钟就好。

第二,因为否定副词和代句词"不"的核心功能相同——都有否定功能,因此,可以从它们否定对象的角度入手分析二者的差异。从否定对象的角度看,否定副词"不"是否定始发句中的特定部分,通常是谓语中的某个部分。如:

[121] 霍英平看着丽诗,又看了看跟在后面的世浩:"这位先生,一定是你的男朋友。"

"<u>不</u>,<u>不</u>,"丽诗连忙否认:"他叫程世浩,他的爸爸是我爸爸的好朋友。"

[122] 玛特尔请求他离开。"走吧,尤金!"她说。"走吧!""<u>不</u>,<u>不</u>,"他回答。

"我上哪儿去呢?我在这儿很好。"

上例中独用的"不"具有否定功能,分别指向始发句中的核心动词"是"和"走"。而代句词"不"的否定对象不是指向始发句的谓语核心。如:

[123] 她的声音更低了:"我说了一些很不该说的话。""<u>不</u>,

不，"他急声说："你说得很好，你是对的，你一直是对的。"

［124］科斯迪斯立即说："有！有一艘最新式的太阳能金属帆游艇，船名就叫田歌号，是利物浦船厂的产品。3 天前，不，4 天前在这儿注册。"

上述两例中的"不"也有否定功能，但都不是针对始发句的谓语核心，例［123］中的"不"是针对始发句中说话人的判断——"我说了一些很不该说的话"进行否定，例［124］中的"不"是对说话人自己的前期结论进行否定。

第三，否定副词和代句词"不"的变换方式不同。否定副词是否定始发句中的核心谓语动词的，因此，在对话中可以将承前省略的成分补充回来。如：

［125］我们抽签拿到优选权后开始接到电话，有人问我们愿不愿意以此交换，或者选别的球员，我说，"不，我们要选姚明。"

［126］酒保走过来问他："你不觉得现在正是喝啤酒的好时光吗？"笛卡尔回答："不，我不觉得。"说罢，便起身离去。

事实上，上述两个例子中对"不"进行变换时，还是有一定的差异的。例［125］中的"不"可以比较自由地还原为"不愿意"，从而讲成"不愿意，我们要选姚明"。例［126］中的"不"也可以还原为"不觉得"，只是因为后面已经出现了"我不觉得"，为避免重复给人带来的冗余感而被省缩掉了。这种现象可以从两个方面去解释：一是"不"看作"不觉得"的承前省略，语义的重复在于说话人用以进行强调；二是这个"不"除了具有否定功能之外，还携带了其他方面的话语功能，我们将在后面进行分析。但不论如何，我们发现，只要是独用的否定副词，"不"都可以还原为"不 VP"。

代句词具有否定功能，但是它不是针对始发句的特定部分，因此，都不能进行"不 VP"式的还原变换。如：

［127］"你现有的理论水平，工作经验能胜任新工作的。"冯军

头也没回。"不，我还差得远。我们干什么就要学什么，干什么就要干好什么，说话不能说外行话。"

［128］我的一生是曲折的、坎坷的。不，道路不是以人的意志为转移的，也不能返回去，重新走一遍，只好"上什么山砍什么柴"。

［129］如何处置？降低高度吗？不，前方是1800米的高山！上升高度？不，飞机已无力爬升，飞不出结冰高度层！

例［127］是"不"用于现场对话的情形，看似可以还原为"不能胜任新工作"，但从对话语境中可以看出，冯军并不是说自己不能胜任，只是想通过否定李桂霞的说法，从而进一步表明个人的看法，即在独用的"不"后出现的成分。例［128］中的"不"事实上已经不是纯粹否定说话人前面的看法，而只是想借助"不"的作用去表明另外一种看法。这里的"不"的否定功能已经在一定程度上发生了弱化。尤其是这里的"不"已经无法还原。例［129］中的"不"和例［128］一样，不具备还原的条件，这更像是说话人在叙述当时的思维过程，其中的"不"是对思考过程中出现或闪现的想法的否定，而不是对话语意思的否定。

从句法属性的角度看，独用的"不"目前可以分析为否定副词和代句词。其中，否定副词通常在现场对话语境中出现，是对始发句中的特定成分进行否定，因此，可以依据始发句进行还原。否定副词"不"更多地体现语义上的否定功能。代句词"不"可以在现场对话和言者表述中出现，通常是对始发句本身进行否定，不具备像否定副词那样的还原条件。代句词"不"在一定程度上还有否定的功能，同时还表现出更多的话语功能，具有标记化倾向。

其次，我们考察独用的"不"的功能。"不"字独说的现象相当活跃（邢福义语），对独用"不"的功能分析需要在特定的语言环境中进行。总体来讲，独用的"不"出现的环境可以分为两种：即对话（conversation）和独白（monologue）。事实上，邢福义（1982）已经在一定程度上对独用"不"的功能进行了分析，他认为："'不'字独说有两种作用：

一是简明否定，二是修订引进"。① 我们觉得"不"的功能还有继续深入分析的必要，并区分两种不同的话语环境进行探讨。

"不"作为否定标志词，其核心功能表示否定，这属于"不"的语义功能。同时当"不"进入特定的话语环境，还会表现出特定的话语功能。因为"不"还没有语法化为纯粹的话语标记词，因此在任何语言环境中，"不"的语义否定功能都是存在的。我们区分以下几种情形讨论"不"的功能。

第一，当独用的"不"在对话中出现，且没有下文或后语，即"不"后为零语境时，"不"表现为语义否定。如：

[130]　——五十卢布？
　　　　——不。
　　　　——一百卢布？
　　　　——不。
[131]　——能零买一两本么？
　　　　——不。
[132]　——你抽烟吗？
　　　　——不。
　　　　——你喝酒吗？
　　　　——不。
　　　　——你与姑娘们外出吗？
　　　　——不。

因为这种情形下使用的"不"语境清晰度较低，因此，对"不"的理解会出现多元化的现象。例［130］中因为没有出现特定的谓词性成分，对"不"的理解就很难确定。例［131］中的"不"是针对状语"能"进行否定。例［132］因为语境清晰度较高，且始发句中都有核心谓语动词出现，因此"不"的否定对象也就很清晰。可以看到，对独用"不"的理解难度与语境清晰度呈反比例关系。

---

①　邢福义：《论"不"字独说》，《华中师院学报》1982年第3期，第124页。

第二，当独用的"不"在对话中出现，且有下文或后语，即"不"所处的语境具有一定清晰度的时候，"不"在语境中语义确定，都有否定作用，但在话语功能方面表现出多样性。如：

　　[133] ——杨澜：那您是怎么会喜欢上相声呢？你在美国长大，而且相声还是一个纯粹的，一个北京的艺术表现形式。
　　——赖声川：<u>不</u>，我们在台湾有一个相声的。
　　[134] ——克：人这个有机体只是能量的一部分，并没有一个"我"的存在，只有外在的形体而已。
　　——博姆：<u>不</u>，我不这样认为。

上两例是第二发话人否定对方的看法。再如：

　　[135] 兄弟相会，哥哥说："弟弟，动手吧，把我打死，你好回去侍奉爹娘。"弟弟说："<u>不</u>，你是兄长，理应留你活着回家。"
　　[136] "你到底同意不同意？如果你觉得这个方案不稳妥，咱们也可以再想别的办法。我可以找辆警车到学校来公开把你抓走……""<u>不</u>，我不走。"

上两例是第二发话人对对方提出的要求等进行否定，表现为拒绝。另如：

　　[137] 宋蔼龄说道："不必了爸爸，今晚我想请孔先生到外面吃饭。"孔祥熙赶忙说："<u>不</u>，该我回请你们全家。"
　　[138] "它的味道应该不错，我想我该试试。"坎得人很快为他的这个念头感到恶心。"<u>不</u>，我才不这样认为，我不能吃那玩意儿。"

上两例中的"不"表现为第二说话人拒绝或制止对方提出的要求、请求或将要付诸实施的行动。可见，当独用的"不"进入具有一定清晰度的语境中时，语义也逐渐显现确定性。其核心的语义功能仍然是表示否定，在话语功能方面表现为否定对方的观点或看法、制止对方将要实施的行动、拒绝对方提出的请求等不同的功能。

第三，当独用的"不"出现在独白（monologue）中时，其核心语义功能仍然是表示否定，同时具有修正"不"前表述的话语功能。邢福义（1982）称之为修订性否定。如：

[139] 1941年暑假，以亮来上海料理家务，时剧艺社正拟上演《正气歌》，角色多，我介绍他给演吴天，在该剧里"客串"了文天祥的随从吕武，虽只一场戏，在牺牲前高呼"打倒日本帝国主义"，<u>不</u>，"大宋朝万寿无疆"之类，还是很动人的，使吴天念念不忘，同台者石挥诸君不忘。

[140] 昨天，<u>不</u>，该说是前天了，他还享受了一回众星捧月的滋味：在南湖宾馆召开的货主会议上，他几乎成了与会者人人青睐的座上客。

邢福义（1982）认为，修订引进的有各种具体内容，包括程度、数量、范围、时间、地点，等等。事实上，我们可以对"修订引进"作这样的理解：修订针对说话人此前的表述，是说话人对自己已有表述的修正；引进是针对说话人此后的表述，是说话人通过引进相应的表述进一步更正前期表述过的内容。此时的"不"虽然还有语义上的否定功能，但更加凸显的是其话语功能，显示说话人思考的进程和认知的演进。如：

[141] 是英雄们的挽歌吗？<u>不</u>，是希腊精神的重生。<u>不不</u>，希腊精神何尝死去——既然蓝天，大海，太阳依然属于这片英雄的国土？

[142] 这个会上的发言如果有一半，<u>不</u>，五分之一，<u>不</u>，十分之一变为现实，那就简直是不得了！

[143] 此物就是那个阴森可怕的化妆广告人？<u>不</u>，不是的。那么是一只可怕的野兽吗？<u>不</u>，也不是。

[144] 她断断续续地向他描述森林的幽深、她当时的心情，以及她和一个遇见的养蜂人的谈话，她时时中断讲述，说："<u>不</u>，我不会说，我说得不对；<u>不</u>，您不了解。"

上例中的"不"在一定程度上还有否定的功能，但是否定的对象是说话人此前的表述。从话语功能的角度看，"不"嵌入说话人的两个或多个表述之间，往往反映说话人对自己此前表述的更正。此时，"不"反映了说话人在进行表述时的思考进程。

这种用法的"不"在一定程度上已经发生语法化，表现在这样几个方面：

（1）与没有发生语法化的"不"相比，独用的"不"已经丧失了其原型功能中的减量本质。比较"不"前后的表述，后一表述体现的都是在前一表述基础上的认知增量。如：

[145] 诗歌被毁灭了吗？天才遭到了驱逐吗？没有！中不溜儿的人们，不，别让嫉妒激起你这种想法。<u>不</u>，他们不仅还活着，而且统治着，拯救着。

[146] 而当你不顾这个个体的时候，当你把他捆绑住像垃圾一样丢在那里任其生命的气息在痛苦中慢慢消逝的时候，那一刻，火车上那 1000 名乘客——<u>不</u>，我们所有的中国人，不但失去了尊严，而且也不再那么自由！

（2）独用"不"的否定方向与原型功能的否定标志词"不"不同。原型功能的否定标志词"不"的否定方向是右向的；而语法化的"不"不是右向否定，如果我们把这种功能也看作否定的话，它的否定方向是左向的。我们比较以下一组例子：

[147] 但和青年比较，少年评价别人和自己的品质的能力还是<u>不</u>高的，而且是<u>不</u>稳定的。

[148] 灵珍调侃似的说："有话怎么一次<u>不</u>说完？我看你们可真累！好，你等一等！"

[149] 只静静躺着诧异，何以自己年纪轻轻，而对恋爱会那样厌倦。<u>不</u>，不但对恋爱，对一切都懒洋洋不发生兴味。

原型功能的"不"不能游离于其否定对象所在的句法结构，否定方向是右向。例［147］和［148］中的"不"是原型功能的"不"，其否定对象都在其右侧，否定的内容是语义的。语法化的"不"已经游离于句法结构之外。这时，它所否定的对象出现在"不"的左侧，否定的内容是说话人的表述，而往往不是特定的语义内容。也就是说，这种用法的"不"已经没有否定标志词的原型功能，而是发生了语法化。

（3）语法化的"不"更加凸显的是话语功能。这在不同的语境中有不同的表现。当独用的"不"在对话中出现时，表现为话轮抢断。如：

［150］"我的美丽的女主人爱芙姬琵达命令我把这封信交到苏拉本人手里，但是神惩罚我，他们只许我在这儿碰到这个已经死去的最伟大的人。现在这封指定交给他本人的书信，我只能交给你了，因为从你眼睛里的泪水看来，你一定是一位他最亲信的人。""<u>不</u>，<u>不</u>，这不可能！……不，不，这绝不是真的！……"

［151］杨澜：这是不是您释放自己对艺术的兴趣和热情，还是只是商业操作的一部分？普拉达：<u>不</u>，<u>不</u>，<u>不</u>，绝对不是，这真的是我人生最美妙的部分。

当独用的"不"在独白中出现时，表现为话轮保持。如：

［152］庞涓："要不，你再写封信，向你两位堂兄说明缘由……"庞涓摇摇头："<u>不</u>，也不行，他们会以为你做了官，把他们忘了……"他说着看了孙膑一眼。

［153］安娜不顾对方显而易见不愿跟她讨论的决心，接着说："过去的几个月中，我一直在思考这个问题……<u>不</u>，我很想跟你谈谈。我们两人毕竟都经历过这件事，而且又是同一个人……"

当然，独用"不"的语法化尚未最后完成，"不"还没有完全虚化为一个话语标记词。

3. 独用情形"不"的特点

关于独用情形下的"不"的特点，前期已经进行了一定程度的分析。接下来，我们将在前期研究基础上，从结构关系疏离、语境依赖增强、话语功能凸显等方面进行讨论。

　　首先，独用的"不"的典型结构特征是不与其前后的结构成分发生任何结构关系。这一点，邢福义（1982）已经作了说明。但就独用"不"的两种情形来看，还存在一定的差异。独用的"不"可以分析为否定副词和代句词。就否定副词来讲，书面上要求其前后必有特定的标点符号，口语中前后有停顿，"不"本身构成一个独立的节拍。如：

　　［154］文玉旬道："那么与老哥哥是同等身份了？"古浩摇头道："<u>不</u>，'金令使者'虽是同等身份，但'金令一号'则另有其超然不同的地位！"

　　［155］二晶看着姐姐，"你也是渐渐才接受他的吧。""<u>不</u>，"一品老老实实坦白，"我甫认识他就觉得舒服，我说过，自你们口里才知道大家觉得他外形稍差。"

但是，作为否定副词的"不"天然地具有修饰或限制功能，因此，这个"不"可以还原为"不X"状中结构。上述两个例子中的"不"就可以还原为"不是"。但是，作为代句词的"不"虽然与否定副词"不"在口语和书面语中的表现情形相同，却没有还原形式，只能依据代句词所代内容进行相应的扩展。如：

　　［156］"不必这个了，我几乎可以肯定，这些东西，根本连一个人都毒不死，你不信，我将它溶在一杯水中，让我喝下去，你看我可死得了！""<u>不，不</u>，"丁工程师双手连摇。

　　［157］不语扔下手袋，把自己抛到沙发上去。"唉，"她叹气，"有钱真好，你便是我救命皇菩萨。""姐姐，你变了。""<u>不不不</u>，"不语笑说，"我怎么会变，是你以前没把我看清楚。"

上例中的"不"在形式上与否定副词"不"相同，但是，它们都不再有还原形式，而只能根据语境进行相应的扩展。如例［156］可以表述为"不要这样"或"不能这样"，例［157］可以表述为"不是这样的"或"你这样认为是不对的"。由否定副词向代句词发展，是"不"虚化的表现。事实上，独用的"不"仍旧处于以代句词为起点的继续虚化的进程中。如：

　　［158］如果有更多兵力就好了，再给我1000艘，<u>不</u>，500艘，<u>不</u>，<u>不</u>，300艘就可以了，这么一来……

　　［159］如何处置？降低高度吗？<u>不</u>，前方是1800米的高山！上升高度？<u>不</u>，飞机已无力爬升，飞不出结冰高度层！

这里独用的"不"既不能判定为否定副词，也不好判定为代句词。否定副词"不"可以还原为相应的状中结构。从上例来看，它们都没有这样的还原变换形式。代句词可以使用相应的扩展形式来变换，用以表示代句词的相应的意思，上例中的"不"也不宜进行这样的变换。事实上，它们用在上例中，更适宜理解为一种认识情态标记，表示言者在思考的进程中不断否定自己前期的看法，并引出相应的新的看法。

　　其次，独用的"不"有很强的语境依赖性。邢福义（1982）在分析独用的"不"时，将其区分为表示简明否定的"不"和表示修订引进的"不"。其中，"表示否定态度的'不'字不管具体表示什么意思，都一定有上文"，[①] 可以没有下文。表示修订引进的"不"的语境，邢福义（1982）虽然没有明示，但是，从其对这个"不"字的论述看，表示修订引进的"不"要求必须有上下文。因为"修订"必须是对已经存在的结论或认识进行修订，这表现为"不"的上文；引进是在修订已有的认识或结论的基础上而得出新的结论或认识，须在"不"之后出现，即下文。也就是说，独用的"不"字虽然在形式上与前言后语或上下文没有结构关系，互不作为对方的结构成分，但是在语义或功能上却有着密切的联系。事实上，也正是因为"不"字在结构上的独用，导致它在语义上或功能上与前言或后语、上文或下文的关系更加紧密。因为在言语交际中不可能存在任何一个片段既在结构上与前言后语或上下文没有关联，又在语义或功能上与前言后语或上下文也没有任何关系。因此，独用的"不"因为在结构上与前后成分疏离，导致它对语境的依赖性很强。

---

　　① 邢福义：《论"不"字独说》，《华中师院学报》1982年第3期，第125页。

最后，独用的"不"存在语义逐渐弱化，话语功能逐渐凸显的变化。前期研究以及我们前面的分析都表明，现代汉语中存在两个独用的"不"：一个是否定副词"不"，另一个是代句词"不"。事实上，随着"不"使用的发展，"不"的话语功能有逐渐凸显的趋势，有些"不"最好分析为话语标记。前面我们已经分析过，否定副词"不"是可以进行还原变换的，代句词"不"是可以进行扩展变换的。但实际交际中，有些"不"好像不宜或不再能够进行上述变换，而主要体现特定的话语价值。邢福义（1982）的研究已经部分地涉及这个问题。在分析表示简明否定的"不"时，他认为：表示否定态度的"不"有三种情形，其中第三种情形是表示制止，相当于"别""不要这么说"。如：

——"我……我要……"我结巴起来。
——"不，"她忽然扬起脖子，急切地打断我："不要说，真的不要说，什么也别说……
到秋天，自然会结果……"

（见邢福义，1982）

他认为："用'不'制止对方的求爱，等于说'别，别说'。正如作者所作的形容，是用来'急切地打断'对方的话的。"[①] 我们在对独用的"不"进行语法化分析时已经提到，这种用法下的"不"已经凸显其话语功能，而语义则显得弱化了。上例中的"不"如果单独进行分析，已经很难讲清楚它到底表示什么样的意义。但从话语功能的角度看，它主要的作用在于抢断话轮。当"不"独用，游离于句法结构之外时，它的语义逐渐弱化，话语功能就凸显出来。可以这样认为，当"不"外围化为独用，语义逐渐弱化，话语功能不断凸显，"不"就逐渐语法化。比较句法结构内的"不"和句法结构外的"不"，前者是原型功能的否定标志词，"不"发挥否定作用主要是语义驱动；后者是语法化了的"不"，在一个表述的前端出现，它发挥话语功能的作用时主要是位置驱动。

[①] 邢福义：《论"不"字独说》，《华中师院学报》1982 年第 3 期，第 125 页。

（三）"不（是）……嘛"框架和焦点标记功能

1. 前期的相关研究

事实上，前期研究中已在一定程度上包含了"不（是）……吗/嘛"的研究成果，但均不是基于框架的角度。王立和（1995）在分析"不"的非否定用法时，认为"屋里不热嘛，打开电扇吧"一类用法中的"不"是否定副词。"我们之所以说副词'不'能表示非否定意义，是因为不起否定作用的副词'不'不但确实存在，而且广泛地流行于口语之中。"① 同时，他也总结了副词"不"在口语中的非否定用法呈现出来的几个特点，即句末要带语气词"嘛"或"吗"；"不"多用在动词、形容词前，有时也直接用在名词前；"不"经常与"是"连用；表示非否定意义的"不"读轻声且只见于口语。至于已经不表示否定意义的"不"，王立和（1995）认为其只表示某种语气，但没有深入分析。史金生（1997）区分了表示提醒的"不是$_1$"和表示确认的"不是$_2$"。"不是$_1$经常出现在句首或句中，有时还能出现在句末……不是$_1$所在的反问句可带语气词'吗'……不是$_1$可脱落'是'而出现'不'，'不'随时可以补出来，句子意思不变。"② "不是$_1$最基本的功能是表提醒，在不同语境中，还有强调、疑惑、辩解、证实等附加功能。"③ 张斌、张谊生（2012）曾经分析了前附缀"不"。"'不^2'前附于名词、动词、形容词时……句末常带上语气词'吗''嘛''么'"，④ 具有表示提醒的功能。

前期的研究主要集中在"不"的属性和功能方面，可以看作一种分解式的研究。这些成果为我们进一步分析同一功能的"不"奠定了基础。同时，我们也认为，前期的一些分析还有待继续深入。

2. "不（是）……吗/嘛"的构式化与"不"的标记化

（1）"不（是）……吗/嘛"框架的鉴别

"不（是）……吗/嘛"事实上是两个框架使用了一个结构形式，尤其是处于句尾的语气词使用"吗"时。我们看这样一个例子：

---

① 王立和：《副词"不"的非否定用法》，《吉林师范学院学报》1995 年第 4 期，第 31 页。
② 史金生：《表反问的"不是"》，《中国语文》1997 年第 1 期，第 25 页。
③ 史金生：《表反问的"不是"》，《中国语文》1997 年第 1 期，第 26 页。
④ 张斌、张谊生：《非真值语义否定词"不"的附缀化倾向》，《上海师范大学学报》2012 年第 5 期，第 88 页。

你不像农民吗

这个例子在零语境情形下,可以有两解:一是把这个句子作为问句来理解,可以表示疑问,当然一般也可以认为是说话人认定句子主语"你"与农民相像,不表示疑问;二是把这个句子直接理解为"你就是像农民"这样的意思,不再表示疑问。我们关注的是第二种情形下的框架,即已经发生了构式化的框架。

这种两解的现象需要我们处理好两个问题:一是如何鉴别两种不同的格式;二是这种两解现象可以且恰好说明两种格式之间可能存在某种特定的关系,这种关系究竟是什么?我们先来处理第一个问题,即如何进行两种不同框架的鉴定。

首先,可以从"不(是)……吗/嘛"所在句子的整体语义角度考察。语法化的"不(是)……吗/嘛"所在的句子在没有其他否定方式出现的时候,不表示否定意义。如:

[160] 当方案得到大多数人赞同后,又有人劝他:"方案是你想出来的,找人合作,<u>不是拿着成果白白送人嘛</u>!"

[161] "怎么回事?赶也不走,<u>这不影响我们办公嘛</u>?"

上两例中含有"不(是)……吗/嘛"的句子都没有否定意义:其中第一句表示说话人就是认定这样做是拿着成果白白送人;第二句表示说话人认定对方的行为已经影响了他们的办公。这从两个句子所在的语境中能够更加清晰地看出。而没有发生语法化的"不(是)……吗/嘛"本身是表示否定意义的。如:

[162]《惯调》中有两段问答记录正反映了这种情况:有一个儿子,父母和一个儿子的家族有分家的吗?没有。父母掌握养老地和儿子的家庭分开时<u>那不是分家吗</u>?<u>不是分家</u>。

[163] 人家说,林肯为了打败消灭他的敌人而奋斗,后来发现他跟他的敌人好起来还拉着手,人家说,<u>你不是要消灭你的敌人吗</u>?林肯说:<u>我已经消灭他啦,他现在已经不是我的敌人,他变成我的</u>

朋友啦。

一般认为，反问句是不用回答的，也不表示疑问。事实上有一些反问句还是具有疑问的意味的，也是可以或需要回答的。上述两个例子中，都含有肯定的意义，这种肯定的意义是句中否定标记词"不"和句尾疑问语气词"吗"共同作用的结果，不是其中某个要素单独发挥的作用。而且，两个例子所在的语境都表明，反问句是可以或者需要回答的。但不论如何，在这种情形下，否定标记词"不"的否定意义还是存在的。

其次，从"不（是）……吗/嘛"所在句子的结构角度考察，语法化的"不（是）……吗/嘛"可以从所在的句子中整体剥离出来，而不影响句子命题意义的表达。如：

[164] 话说这个王凤仪老先生，他不是有一派学说传下来嘛，这个刘善人他就跟我讲过，他说实际上人欲分成三个层面。

[165] 先笼统地说这个创造的方向，不就有形而上学的意义了吗？

就这种语法化的"不（是）……吗/嘛"来讲，它们都可以从所在句子剥离出来，如例[164]"他不是有一派学说传下来嘛"的命题意义正是剥离语法化的"不（是）……吗/嘛"框架而变换来的"他（是）有一派学说传下来"所表述的意义。例[165]与上例相同，"不就有形而上学的意义了吗"所表述的命题意义正是"就有形而上学的意义了"所表述的意义。但是，没有语法化的"不（是）……吗/嘛"框架是不能从其所在的句子剥离出来的。如：

[166] 于是，教师在生存面前心理发生变态，做出许多违背教师正常心理的事情，比如考试时告诉学生要发扬"雷锋精神"，有的甚至想尽办法窃题、把学习不好的学生赶走（甚至对不好的学生采用体罚等"惩罚"），这难道不是教师心理的变态吗？

[167] 实证经济学家说："那样会减慢经济发展的速度啊！而且

可能引起经济衰退，那时候富人会变穷，穷人会饿死，<u>不是适得其反吗？</u>"

上例都是不能剥离出"不（是）……吗/嘛"框架的，因为一旦从所在句子中将其剥离出来，语义就会发生变化。如"这难道不是教师心理的变态吗"与"这难道是教师心理的变态"的语义正好相反。例［167］与之相同。

最后，我们也可以从韵律特征角度来考察。语法化的"不（是）……吗/嘛"框架中的"不"语音轻化，而没有发生语法化的"不（是）……吗/嘛"框架中的"不"基本读本音或遵循语流音变规律。我们比较如下的例子：

不是要靠艺术创新吗？不说过了吗？（反问句）
不是要靠艺术创新嘛。不说过了嘛。（陈述句）

反问句中的"不"遵循语流音变规律，"不是"中的"不"本调是51，在句子中变读为35。反问句"不说过了吗"中的"不"只受到语流的影响发生相应的变化，但不能变读为轻声。陈述句中的"不"一律都轻读。

综上所述，我们可以从语义、结构和韵律的角度对两种同形的"不（是）……吗/嘛"框架进行区分。事实上，对现代汉语的语料进行核查显示，语法化和没有语法化的"不（是）……吗/嘛"框架已经有了表层形式的二分。语料显示，语法化后的框架基本只使用"不（是）……嘛"形式，且句尾标点基本不再使用"？"，而多使用"，""。"或"！"等不再表示疑问的标点符号。没有发生语法化的框架一般使用"不（是）……吗"形式，句尾标点为"？"。如：

［168］笔者问："<u>您不是免费诊断吗？</u>"医生回答："有病就得拿药嘛！要是都像你一样来凑热闹，那还不得排长队？"
［169］工作人员告诉他："主席，这水碱性很强。"主席说："<u>这不是很好的自来水嘛？！</u>""您老人家已经洗了一次，够了。"主席

幽默地说："多洗一点肥料，给老百姓下田。"

　　[170] 燕子，别哭，<u>你现在这不是很好嘛</u>，总理听说你身体不好，不放心，让我来看看你，你挺好，我们也就放心了。

例[168]还是反问句，表示说话人对所言对象已经有所认识，从而进一步寻求听话人的认定。这里的"不是……吗"框架没有发生语法化。例[169]中的"这不是很好的自来水嘛？！"表示说话人（毛主席）对言说对象有了个人认识，但同时也有征询的意味，因此，作者在此处用了组合式的标点。例[170]是语法化后的形式，从语境中可以看出，"你现在这不是很好嘛"是说话人作出的肯定表述，是在对情况进行判断后得出的结论。这个框架没有否定的意思，因为其后的语境"你挺好"已经证实了这一点。我们虽然没有从历时的角度证实上述三例之间的先后关系，但是从共时的角度看，它们确是代表了三种不同的用法，表明在三者之间应该存在某种内在的关联。

还有一个需要交代的问题是语法化的"不（是）……嘛"框架的结构特性。从语义的角度，尤其是命题意义的角度看，"不（是）……嘛"框架的表述核心是除去框架外的部分。这样，我们可以把这个框架分为"不（是）"、表述核心和语气词"嘛"三个部分。因为语气词是虚词，本身就具有黏着性，必须黏附在一定的结构上。在张斌、张谊生（2012）看来，框架中的"不"是个前附缀，当然也具有黏附性。这样，就需要我们考察它们三者之间到底是怎样一种黏附关系。如：

　　[171] a 这件事我说过了。
　　　　　b 这件事我说过了嘛。
　　　　　c 这件事我不说过了嘛。
　　　　　d *这件事我不说过了。

通过例[171]中的 a 和 b 的比较可以看出，语气词"嘛"是黏附在"我说过了"这个小句上的，表示特定的话语功能。也就是说，"说过了"和"说过了嘛"的命题意义相同，只是在语气方面有差异，语气词"嘛"是黏附在表述核心上的。比较例[171]中的 c 和 d，"我不说过了"一般在不使用特定语调时是不成立的。我们认为,"不"不是黏附在表述核心上,而是黏附在其后的特定语调或语气词"嘛"上面的。也正是在这种情况下,我们认为"不(是)……嘛"是个框架,因此,对这类语言现象的分析如果仅仅集中在"不"或"嘛"上,而不进行整体框架的分析,应该都是有问题的。

(2)"不(是)……吗/嘛"的构式化

"不(是)……吗/嘛"框架的语法化,更加明确地讲,是指由"不是……吗?"反问框架在特定要素影响下虚化为"不(是)……嘛"情态化框架的变化。这种变化不仅表现在框架的整体角度,也与框架内的要素息息相关。我们拟从以下几个方面去讨论。

第一,框架由表示疑问到不表示疑问的变化。史金生(1997)认为,表示提醒的"不是₁""所在的反问句是由一般的是非问句形式构成的,即由一个否定陈述和疑问语调构成的,其中的'不是'是由一般的否定词演化而来的"。① 关于反问句的疑问功能,一般认为只有疑问形式,没有疑问功能。吕叔湘(1947)认为:"反诘实在是一种否定的方式:反诘句里没有否定词,这句话的用意就在否定;反诘句里有否定词,这句话的用意就在肯定。特指问和是非问都可以用作反诘句,而以是非问的作用为最明显。"② 这一点,学术界的认识基本一致。至于反问句的其他语用功能,"绝大多数学者认为是表示强调,有加强语气、语势和说服力等作用,反问句语气强烈,口气重。但近年来,有学者提出不同意见,如郭继懋认为,反问句是一种间接地告诉别人他的行为不合情理的方式"。③ 齐沪扬、胡建锋(2010)认为,"不是……吗"反问句具有疑问用法。一方面,他们认为:"说反问句没有疑问,这主要是对句子中的命题来说的,也就是指说话者对反问句本身的内容没有疑惑。但只从一个句子内部,并不能确定是否有疑问";④ 另一方面,他们认为:"不是……吗"

---

① 史金生:《表反问的"不是"》,《中国语文》1997年第1期,第27页。
② 吕叔湘:《中国文法要略》,商务印书馆1947年版,第294页。
③ 齐沪扬、胡建锋:《试论"不是……吗"反问句的疑问用法》,《上海师范大学学报》2010年第3期,第105页。
④ 齐沪扬、胡建锋:《试论"不是……吗"反问句的疑问用法》,《上海师范大学学报》2010年第3期,第106页。

是话语标记,"在表达中,话语标记的主要功能是表达说话人对话语流中话语单位之间的关系或者言谈事件中受话人角色的态度、视角和情感"。① 因此,"不是……吗"反问句在两种情况下可以表示疑问:"A. 说话人心中应该对句子表达的内容或与之相关的某方面内容有疑问。B. 说话人使用这一表达方式主观上是希望寻求答案的。"② 这至少说明这样的问题:"不是……吗"反问句是可以表达疑问的。事实上,从"不是……吗"的实际使用情形来看,确有需要回答的情形,即在对话中有直接对问题进行回应的情形。

但"不是……吗?"反问框架语法化后,均不具有表示疑问的功能。比较如下一组例子:

[172] 张:<u>你们家不是蒙古族吗</u>?没有什么特殊的叫法?
　　　　白:叫什么,没有特殊的。反正大伙儿生下来也这么这么叫了。

[173] 昨天副校长王怡亭向他提交了调离天虹的报告,使唐强颇为震惊和气愤,心想<u>这不是存心拆我的台嘛</u>,现在学校创一流正进入关键时刻。

从上述例子的比较来看,例[172]中的"你们家不是蒙古族吗?"还具有一定程度的疑问功能,多表示说话人因对自己的判断的不确定而产生的疑问,并寻求对方的肯否。但例[173]这种情形则没有任何的疑问功能,在当前的语境中,更倾向对说话人判定的强调。从当代的语料中可以看出,"不(是)……吗/嘛"框架已经初步呈现出形式上的二分现象,即"不(是)……吗"多用于表示反问的情形,而"不(是)……嘛"则只用于语法化后不能再表示疑问的情形。

第二,框架对句尾语气词的选择。从上面的讨论可以看出,事实上

---

① 齐沪扬、胡建锋:《试论"不是……吗"反问句的疑问用法》,《上海师范大学学报》2010年第3期,第106页。
② 齐沪扬、胡建锋:《试论"不是……吗"反问句的疑问用法》,《上海师范大学学报》2010年第3期,第107页。

有表示反问的"不（是）……吗"框架和不表示疑问且发生语法化的"不（是）……嘛"框架。从历时的角度看，两个不同的框架对句尾语气词的选择出现过共选"吗"到分选"吗"和"嘛"的变化。此外，还出现了句尾无语气词的情形。

熊子瑜、林茂灿（2003）进行的语音听辨研究表明，汉语中疑问语气和陈述语气的区别是由句调来负载的，而"吗/嘛"兼有疑问、非疑问两种用法，不具有区分疑问语气和陈述语气的能力。郭婷婷（2005）将"吗"三分，即接近否定副词，构成询问求知句的"吗$_1$"，典型疑问语气词，构成猜测求证句的"吗$_2$"和更多表达言者对于命题的强烈质疑态度，构成反诘疑问句的"吗$_3$"。彭小川（2006）将"吗"分为表示中性问的"吗$_1$"、表示诧异或反问的"吗$_2$"。王珏（2016）在前期研究的基础上，"运用语气词界定标准进一步明确'吗'是具有一定句法功能的疑问语气词，而非语法化程度最高的语气词……依据语气词的功能模式，将'吗'的功能概括为［+构成非典型是非问句］［+怀疑］［+询问］［+求答］"。[①] 上述研究均表明，语气词"吗"具有传疑功能，即使这不是句尾语气词"吗"唯一的功能。

关于句尾语气词"嘛"，强星娜（2008）认为，"语气词'嘛'标记说话人的知情状态，具体表现为说话人对听话人知情状态的预测，即认为听话人不知道自己应该知道的。'嘛'是一个直陈语气词，反映说话人对命题为真的强确定态度"。[②] 郭红（2012）通过比较"嘛"和"呗"，认为"嘛"是传信语气词，"表示'显而易见'的确认类语气…重在说明道理显而易见，隐含着对听者的指责、不满等态度，要求对方行事，语气强烈"。[③] 也就是说，句尾语气词"嘛"的语义是表示显而易见的确认语气，是个传信语气词。

句尾语气词"吗"和"嘛"在功能上显然有逐渐分化的趋势，前者倾向于传疑，而后者倾向于传信。这一点，在"不（是）……吗/嘛"构

---

① 王珏：《再论"吗"的属性、功能及其与语调的关系》，《汉语学习》2016年第5期，第3页。
② 强星娜：《知情状态与直陈语气词"嘛"》，《世界汉语教学》2008年第2期，第54页。
③ 郭红：《汉语传信语气词"嘛"和"呗"》，《首都师范大学学报》2012年第5期，第86页。

成的反问框架和已经语法化的非疑问框架上有明显的表现。从不同时期的语料来看，前期的用法中，"不（是）……吗"有表示疑问和不表示疑问（通过反问表示确认等语气）的使用情形。同时，也有不表示疑问而有语法化倾向的情形使用"不（是）……吗"框架。但是从反问框架对句尾语气词的选择来看，它只能选择"吗"。而从当代语料来看，在发生语法化的框架中，基本只使用"嘛"，而很少使用"吗"。也就是说，"吗""嘛"在当代的用法中基本实现了功能二分，从而出现了分选的情形。这也正好符合两个语气词分别侧重表示传疑和传信的功能差异。

句尾没有语气词的情形。如：

[174] 他儿媳妇问："你不刚才吃完了?"他会很快回答："没有，我没有吃过。"

[175] 你不看今年是啥价格? 一公斤麦子比去年多三毛多钱哩!

事实上，这是"不（是）……吗/嘛"框架的变异形式，只不过句尾的语气词由相应的语调替换了。王珏（2016）提出的情态二分模式和双标句符假设正好可以解释这样的现象。"升调是句子的强制性第一标句符，优先赋以句子［+怀疑］和［+询问］［+求证］语气；'吗'是可选性第二标句符，仅在语调之上赋以［+求答］语气，其［+怀疑］和［+询问］功能自动隐去，同时语调的［+求证］功能也自动隐去。"① 如果将传信语气词和传疑语气词的功能与句调进行对应，这种区分就非常明显。

由此可见，"不（是）……吗/嘛"框架选择传信语气词"嘛"或降调句调就是语法化后的框架，当其选择传疑语气词"吗"或升调句调，则是未发生语法化的框架。换句话说，两个不同的框架对句尾语气词的选择是有差异的。

第三，体制约的消失。关于否定标记词"没""不"与时体的关系，历来争论颇多。吕叔湘（1981）在比较"没（有）""不"的时候指出：

---

① 王珏：《再论"吗"的属性、功能及其与语调的关系》，《汉语学习》2016年第5期，第3页。

"'没有'用于客观叙述，限于指过去和现在，不能指将来。'不'用于主观意愿，可指过去、现在和将来"。① 石毓智（2000）从离散和连续的角度分析了"没""不"的对立，并发现了它们在有界化方面的对立。"'没'是过去时否定，'不'则是非时间性否定，就大多数情况下，这种理解没什么问题。但是，我们认为，这种表面上的差异是由'没'和'不'的基本用法派生出来的。当人们看到的是一个发生在过去的行为，该行为通常是具有起始点和终结点的独立单位，所以带有明显的离散特征。这正符合'没'的否定功能，也正与'不'相矛盾，所以一般只能用'没'来否定。事实上，'不'也可以否定过去的行为，'没'也可以指将来。"② 可见，石毓智（2000）也是承认"没""不"与时体的关系是有差异的。离散和连续的引入只是对这种差异进行了一定程度上的解释。聂仁发（2001）在探讨否定标志词"不"与"没有"的语义特征及其时间意义时认为："它们的语义特征互相对立，互相补充，构成了一个相对完整的否定系统。'没有' = ［＋否定］［＋实现］，'不' = ［＋否定］［－实现］或［＋否定］／［＋意愿］／［＋性状］。它们的时间意义体现在'体'而不是'时'上。"从体的角度分析"没""不"的对立，应该更加符合汉语否定标志词的使用事实。王欣（2007）在前期研究的基础上，进一步讨论了"不"和"没有"的语义差别问题，认为"作为事件否定词，'不'是未然事件否定词，'没（有）'是已然事件否定词；作为状态否定词，'不'是内部状态否定词，'没（有）'是外部状态否定词"。③

前期研究表明，否定标志词"不"与体存在制约关系。同时，作为否定标志词的"不"与同样作为否定标志词的"没"在相同体特征的情形下存在互补分布的情形。这可以作为考察"不"及"不是……嘛"框架发生语法化的一个切入点。

首先，"不（是）……嘛"框架中所表述的核心事件可以突破否定标

---

① 吕叔湘：《现代汉语八百词》，商务印书馆1981年版，第341页。
② 石毓智、李讷：《十五世纪前后的句法变化与现代汉语否定标记系统的形成——否定标记"没（有）"产生的句法背景及其语法化过程》，《语言研究》2000年第2期，第42—43页。
③ 王欣：《"不"和"没（有）"的认知语义分析》，《语言教学与研究》2007年第4期，第26页。

志词"不"的体制约。否定标志词"不"是未然事件否定词，当"不"后出现已然事件，表示完整体概念时，这种用法下的"不"则应该进行新的分析。如：

[176] 天仇：对不起呀，SUNNY 哥，很热！
　　　副导：<u>我不跟你说过了吗</u>，你说你可以的！
[177] 芮母说："这次来怎么没见你抽烟哪？"
　　　芮小丹说："妈，您又问这个，<u>我不是早跟您说过了嘛</u>，他就是个混混，除了这个我还真想不出更合适的词。"

对于这种现象，有两种分析路径：将"不"看成否定标志词，"不"对其后的核心事件进行否定。例［176］中的核心事件是"我跟你说过了"，表述的是一个已然事件，从体的角度考察，是一个完整体（实现体）。而前期研究表明，作为否定标志词的"不"是不能与完整体兼容的。那么，这时只能对这里出现的"不"进行另外路径上的分析。这也就是我们将要进行的另一种分析，即，将"不"纳入"不（是）……吗/嘛"框架，"不"并不与其中的核心事件发生体特征方面的关联。例［176］和［177］可以变换成如下的情形：

[178] 天仇：对不起呀，SUNNY 哥，很热！
　　　副导：<u>我跟你说过了（,）不是吗</u>，你说你可以的！
[179] 芮母说："这次来怎么没见你抽烟哪？"
　　　芮小丹说："妈，您又问这个，<u>我早跟您说过了（,）不是嘛</u>，他就是个混混，除了这个我还真想不出更合适的词。"

再如：

[180] 唯一的问题在于（而且<u>你一定已经意识到这个问题不是吗？</u>）如果你单纯依赖于那些美容品，早晚你会出"大"问题！
[181] 他们是办公室那块ɹ的，有那么四五个小孩ɹ，男的女的

都有，然后他们就吵架，可逗了，因为一点儿小事儿，什么，您像上次特逗，我呢就是<u>上他们那儿玩儿去不是吗</u>？

从对例［176］和［177］的变换以及例［180］和［181］都可以看出，"不是……吗"可以作为一个整体直接从原来的表述中移出。这说明，"不"与这个框架内的核心事件并没有直接的关联。更确切地说，"不"与这个核心事件没有语义上的联系。这样看来，"不是……吗"只是套加在核心事件上的一个框架，其中的"不"虽然还是否定标志词，并不对核心事件进行否定，而是整个框架表示说话人特定的认知情态。这个框架还是反问框架，没有发生语法化。但当这个框架进一步虚化时，则出现了不同的情形。如：

　　［182］我不都写纸上了嘛。
　　［183］你这一出来，他不来了嘛。

所谓框架的进一步虚化，就是这个框架在任何时候都不再表示反问。此时，一个明显的变化就是基本不再使用传疑语气词"吗"，而使用传信语气词"嘛"。从变换方式看，表示反问的框架很容易将套加的框架整体后移，而虚化后的框架不大容易这样变换。从"不是……嘛"的实际使用情形看，也很少有这样的用法。以笔者当时的检索时间为准，在北京大学中国语言学研究中心的语料库中，符合"不是嘛"检索条件的共有112例，其中类似"……，不是吗？"用法的"不是嘛？"仅有两例。如：

　　［184］只要你相信，它就灵，<u>不是嘛</u>？
　　［185］李：快点儿给电视台打电话，让全市人民停住，搞错了，<u>不是嘛</u>？

这说明，当"不"和传信语气词"嘛"构成特定框架的时候，传信语气词不能表示反问，而说话人想表述肯定的意思却使用了"不"，那么"不"只能进一步虚化，而不再能够分析为否定标志词。

其次，还有一种情形可以证明"不"的虚化。前期研究表明，作为否定标志词的"不"和"没"存在互补分布的情形。关于出现这种互补分布的原因，吕叔湘（1981）、石毓智（2000）等从主观客观、时体制约、离散连续等角度进行过解释，但是在实际语言使用中还有以下的情形。如：

[186] 牛海成手指贴在墙上的大红收购价格布告说："<u>你不看今年是啥价格</u>？一公斤麦子比去年多三毛多钱哩！"

[187] 夏风说："我庆堂哥不吃纸烟，你倒烟瘾越来越大了。"竹青说："<u>你没看看你庆堂哥干的是不是男人的事</u>？！"

上例中的"没"和"不"可以相互替换而且不影响句子基本意义的表达。这说明，这种用法中的"没"和"不"已经不受体的制约。而否定标志词"不""没"显然是受体制约的。这只能说明，这种情形下的"没""不"已经不是否定标志词的用法，而是发生了情态化。

第四，否定语义功能的消失。前面我们说过，"不"在表示传信的"不（是）……嘛"框架中，否定语义功能消失。一个语言形式某种功能的消失往往意味着新功能的诞生。齐沪扬、胡建锋（2010）认为，"不是……吗"是一个话语标记。"在表达中，话语标记的主要功能是表达说话人对话语流中话语单位之间的关系或者言谈事件中受话人角色的态度、视角和情感。"① 至于"不是……吗"，他们认为，除表示疑问，充当话语标记外，还具有缘起、转换话题的功能。缘起、转换话题的功能是就整个框架的作用而言的。我们这里试图分析框架内的"不（是）"的功能。如：

[188] 愿留则留，想走则走，来去自由，<u>这不是搞组织上的自由主义嘛</u>！

[189] 他们就是愿意或者主张台湾问题要无限期地拖下去，今

---

① 齐沪扬、胡建锋：《试论"不是……吗"反问句的疑问用法》，《上海师范大学学报》2010年第3期，第106页。

天你说不能够无限期拖下去，那不就翻了天了嘛。

从语义角度分析，上例都可以进行这样的变换。如：

　　［190］愿留则留，想走则走，来去自由，这正/就是搞组织上的自由主义！

　　［191］他们就是愿意或者主张台湾问题要无限期地拖下去，今天你说不能够无限期拖下去，那正/就是翻了天了。

　　从说话人的角度看，上例中含有"不（是）……嘛"框架中的核心表述部分都是对某种情形的认定。如果没有"不（是）……嘛"，说话人所表述的核心意思也是明确的。从变换式的角度看，这里的"是"是强调标记，其功能在于引出说话人的表述核心，即焦点。其中的"是"可以看成焦点标记词或焦点提示词。那么按照这种思路，我们可以将"不（是）……嘛"也看成是焦点标记结构，也就是说，当否定标志词"不"的否定语义功能消失时，它在特定表达中获得了新的功能，即由它构成的"不（是）……嘛"成为焦点标记结构，用以提示说话人的表述核心。

　　根据前面的论述，"不"否定可以小结如下：和否定标志词"没"相比，"不"否定在很大程度上具有复杂性。从认知角度讲，"不"否定具有间接性特征。从否定对象角度看，"不"可以否定关系、否定事件、否定属性、否定数量。"不"的否定对象不同，它所表示的语义关系也不同。"不"可以否定关系，即否定某种关系的存在。"不"否定事件可以从否定单一事件和否定复杂事件的角度来考察。当"不"否定事件时，表现为两种语义关系和一种否定机制，两种语义关系分别为否定存在和减量描述。当"不"否定单一事件时，直接否定事件的存在；当"不"否定复杂事件时，仅对复杂事件中隐含的数量进行减量描述。一种否定机制就是两种语义的形成事实上都是基于减量机制。属性是存在身上体现出来的某种特征，它依附于特定的寄主，但又不为特定寄主所仅有。语言表达中，属性通常由性质形容词表达出来。"不"可以否定属性。"不"否定特定存在身上的属性时，往往都是一种减量描述。数量不论是动量、时量，还是度量，都是一种显性量，程度可以看作隐性量。"不"可以否定显性量和隐性量。"不"对数量的否定遵循否定原则，事实上也是一种减量描述。

否定标志词"不"在实际使用中具有情态化功能，主要表现在减量功能、修正功能等不同方面。"不"的减量功能并不仅仅表现在数量上，当与"不"连用的成分表示程度、范围、幅度等意义时，均有减量功能。与"不"连用的数量约量化和线性量化是其中的必需条件，表示客观小量是另一个必需条件。"不"表示减量并发生情态化，其背后的动因主要是原来表示客观命题真值的否定标志词随着说话人主观倾向的介入而从真值判断转向了主观认识，进而表现情态义。当然，虽然"不"的减量功能与主观情态化具有密切的联系，但减量并不必然导致"不"情态化。从"不"的否定情形来看，它主要可以否定关系、属性、事件和数量。其中对关系、属性和单一事件的否定可以理解为间接否定存在，即否定关系的存在、属性的存在和单一事件的存在。这种对存在的否定也可以依据否定规律从数量角度进行考察，就是否定最小的数量。对复杂事件和数量的否定都是对其中的数量进行降量描述，而不否定事件或事物的存在。因此，可以这样认为："不"否定的本质就是降量描述，因为数量特征不同，从而出现间接否定事件或事物以及仅对事件或事物进行降量描述两种情形。情态化的"不"不再表示否定，这属于"不"的表达功能。非情态化的"不"都有减量功能，这是"不"本身就有的语义功能。"不"的语义功能仅是为其情态化提供了语义条件，只有在数量呈现小量和点量特征时，"不"才能发生情态化。

独用的"不"可以出现对话（conversation）和独白（monologue）两种语言环境中，可以分析为否定副词"不"和代句词"不"。其中，否定副词"不"通常在现场对话语境中出现，多是对始发句中的特定成分进行否定，可以依据始发句进行还原，更多地体现语义上的否定功能。代句词"不"可以在现场对话和言者表述中出现，通常是对始发句本身进行否定，不具备像否定副词那样的还原条件。代句词"不"在一定程度上还有否定的功能，同时表现出更多的话语功能，具有标记化的倾向。独用"不"的典型结构特征是不与其前后的结构成分发生任何结构关系，有很强的语境依赖性，语义逐渐弱化，话语功能逐渐凸显。

"不（是）……嘛"是一个语法化了的框架，不再具有反问和否定的功能，可以看作一个标记性框架，具有特定的话语功能，其中的"不（是）"具有提示表述核心、强调焦点的作用。

第四节 "别"类否定及其表达

"别"，包括与其功能相同或相似的"甭""不要""不准"等，通常也被看成是与"不""没（有）"平行的否定标志词。我们把这些统称为"别"类否定标志词。前辈和时贤对这类否定标志词进行了比较深入的研究，主要涉及来源、语义、功能、与"别"类否定标志词相关的各种结构、与"别"类否定标志词语义功能相同或相似成分的个案研究及对比研究等。这些研究成果为我们进一步研究"别"类否定标志词（包括与之相关的结构）奠定了坚实的基础。

我们将在前期研究的基础上，主要完成以下几个方面的工作：第一，对"别"类否定词（主要是"别"）的研究进行简单的梳理；第二，尝试分析所谓"别"类否定的本质，并与"没""不"否定进行比较；第三，关注汉语中（主要指普通话中）的行为否定词，并主要对"别 X""不 X""少 X"进行比较；第四，关注"别"类否定的情态化用法。

一 "别"类否定研究述评

前期关于表示劝阻或禁止的"别"的研究主要集中在来源、语义、功能等方面。

关于"别"的来源，截至目前主要有四种说法：第一种观点以吕叔湘、江蓝生为代表，认为"别"是"不要"的合音。吕叔湘（1947/1958）在论及禁止时，认为"'不要'一词用久了已经失去原意，干脆成了一个禁止词。到了'不要'二字合音成'别'（北京）的时候，那就和'休''莫'等单词没有什么两样了"。[①] 江蓝生（1991）从音理角度系统论证了"不要"合音为"别"的过程。冯春田、王群（2006）在前

[①] 吕叔湘：《中国文法要略》，商务印书馆1947年版，第310—311页。

期研究基础上又提出了"别"是"不要"不完全合音的混音式观点。第二种观点以太田辰夫为代表，太田辰夫（1987/2003）在论及现代汉语的否定副词时认为："表禁止的副词'别'在明代就有一些，但用得较多是在清代。有人认为它是'不要'的简缩形式，但这是不正确的。它也可以说成'别要'，恐怕是从本来意义的'别（另外）'引申而来，成为委婉的禁止的意义。"① 第三种观点事实上并没有提出明确的看法，而是对"别"是由"不要"合音而来的看法表示怀疑。王力（1954）就对"别"是由"不要"合音而来的观点提出质疑。他认为普遍认为的"别"是"不要"的合音，但这是很难解释的，因为"不"和"要"的合音应该是 biao，不该是 bie，所以"别"字的来源还是有待考证。第四种观点认为表示禁止的副词"别"约起源于元代，明清时期开始在禁止副词系统中占据优势地位，来源于"不必"的合音。李焱、孟繁杰（2007）对"别"的来源又进行了重新考证。他们认为，"实际上，'别'表示禁止是另有来源的，'不必'的合音化才是'别'的来源"，② 并从语义条件、表达效果和音理角度进行了论证。

关于"别"的意义，事实上前期关注并不多。《现代汉语词典》（第7版）在解释副词"别"时认为："别"可以表示禁止或劝阻，跟"不要"的意思相同；"别"可以表示揣测，通常跟"是"字合用，所揣测的事情往往是自己所不愿意的。事实上，大多数专家学者在研究"别"时，都没有具体观照"别"的意义，主要研究的是含有禁止副词"别"的相关结构的意义。王红旗（1996）在讨论"别 V 了"的意义时，认为书面上的"别 V 了"的句子可以表示以下六个意义：

  A. 劝阻或禁止开始做某事，例如"别说了、别看了、别打了"等。表示这个意义时，"了"是"了$_1$"，句子的重音在"别"上，句子的语音形式是"别 V 了（le）"。

  B. 劝阻或禁止继续做某事，例如"别哭了、别念了、别切了"。表示这个意义时，"了"是"了$_1$"，句子的语音形式同 A。

---

① 太田辰夫：《中国语历史文法》，北京大学出版社 2003 年版，第 279 页。
② 李焱、孟繁杰：《禁止副词"别"来源再考》，《古汉语研究》2007 年第 1 期，第 55 页。

C. 劝阻或禁止去除某个客体，例如"别杀了、别扔了、别吃了"等。表示这个意义时，"了"是"了₂"，句子的重音在"别"上，句子的语音形式是"别 V 了（lou）"。

D. 提醒避免去除某个客体，例如"别拿了、别说了、别烧了"等。表示这个意义时，"了"是"了₂"，句子的重音在 V 上，句子的语音形式是"别 V 了（lou）"。

E. 提醒避免发生某件事，例如"别着了、别翻了、别死了"等。表示这个意义时，句子的语音形式同 D。

F. 揣测某件事的发生，例如"别走了、别病了、别娶了"等。

（参看王红旗，1996：15）

"在这六种不同的语境中，'别'的意义并未发生变化，都表示'否定'，'劝阻或禁止'、'提醒'、'揣测'等意义并不是'别'本身具有的，而是由在不同语境中、具有不同语调的'别 V 了'的句子所表达出来的。长期以来，学术界把这三个意义当作'别'的三个词汇意义，显然是把'别 V·了'的句子的意义强加给了'别'，混淆了语境、语调所造成的意义与句子中某个语段成分所具有的意义。因此，我们应把'劝阻或禁止'、'提醒'、'揣测'的意义从以上六个意义中排除出去，把'否定'的意义还给'别'。"[①] 王红旗区分了成分和结构的意义，对"别"的意义进行了系统分析，很有借鉴意义。事实上，这也是我们见到的仅有的对"别"的意义，而不仅仅是对含"别"的结构的意义和功能进行分析的文献。

关于"别"的研究，更多地集中在含有"别"的结构（包括句子）以及与之功能相同或相近的结构或成分的研究方面。

"别"否定结构的意义研究是一个受关注较多的方面。全国斌（2000）讨论了"别 V 着！""别 V 我！""别 V 他！"结构。"三种格式的祈使句实际上均涉及动作实现与否两种形式。表示动作实现的情形捐其细微差别都可概括为劝阻，动作未实现的情形又都可概括为告诫或禁止。

[①] 王红旗：《"别了"的意义是什么》，《汉语学习》1996 年第 4 期，第 17 页。

也可以说，劝阻和禁止是'别'字祈使句的两种互补的语法意义。"① 宋春阳、李琳（2003）研究了"别＋V＋了＋NP"句式，"认为'别＋V＋了＋NP'句式义不在于'劝阻'，而在于'提醒'人不要做某动作以避免某种损害的发生"。② 邵敬敏、罗晓英（2004）认为"'别'字句的主要语法意义不仅是指'禁止'，还包括'劝阻'与'求免'，合称'否定性阻拦'，此外还可以表示'否定性猜测'、'否定性警告'以及'否定性评价'等语法意义，总的可称为'否定性意愿'"。③ 项开喜（2006）从"有意—无意"的角度考察"别＋VP"格式的句式语义，认为"'别＋VP'格式有两个基本类别。在 A 式'别'字句中，VP 表示有意的动作行为，整个格式表示'制止'的意义；而在 B 式'别'字句中，VP 表示意外的结果或事件，整个格式表示'防止'的意义"。④ 彭飞（2012）对汉语对话中的"别"类否定句进行了研究，并分析了这类句子的话语功能。他认为，"否定祈使句常用于地位高者对地位低者或地位平等者之间，主要表达说话人对听话人的不同程度的负面事理立场，具体体现为表请求、安慰、提醒、劝阻、批评和禁止等六个层级，其中以劝阻和批评最为常见"。⑤ 李广瑜（2013）分析了"别 V 着"否定祈使句，认为"'别 V 着'祈使句的句式义为'说话人要听话人不处于某种状态'，具体包括'要听话人不保持某种状态'和'要听话人不进入某种状态'两种意义，二者预设不同"。⑥ 当然，对句式意义的研究往往也包含了结构的构成研究。从整体上看，对"别"类结构的语义研究同时也是对该结构的功能研究。因为从这类结构的语义角度看，它往往不表示命题意义，

---

① 全国斌：《"别 V 着！" "别 V 我！" "别 V 他！"》，《殷都学刊》2000 年第 2 期，第 102 页。

② 宋春阳、李琳：《"别＋V＋了＋NP"句式及相关问题》，《汉语学习》2003 年第 3 期，第 65 页。

③ 邵敬敏、罗晓英：《"别"字句语法意义及其对否定项的选择》，《世界汉语教学》2004 年第 4 期，第 18 页。

④ 项开喜：《"制止"与"防止"："别＋VP"格式的句式语义》，《语言教学与研究》2006 年第 2 期，第 48 页。

⑤ 彭飞：《汉语对话中"别"类否定祈使句的话语功能研究》，《广东外语外贸大学学报》2012 年第 2 期，第 42 页。

⑥ 李广瑜：《否定祈使句式"别 V 着"刍议》，《语言教学与研究》2013 年第 1 期，第 48 页。

而显现特定的话语功能，体现的是语言的以言行事的功能。

近来还有一种研究倾向，就是从语法化、词汇化以及交际功能的角度研究"别"。高增霞（2003）探讨了"别"的语法化问题。她认为汉语中也有担心—认识情态范畴，"别"就是情态标志词。"现代汉语中'怕''看''别'都分别由害怕义动词、观看义动词、禁止义否定副词发展出了表示担心—认识情态的标记词用法。其语法化过程分别是……别：禁止劝阻、警告告诫→担心—认识情态→认识情态。"① 王健（2008）将汉语中使用的"别说"区分为三个，即短语"别说$_1$"，表示"不用说"的意思；话语标记"别说$_2$"，不影响句子命题意义的表达；连词"别说$_3$"，在句中连接两个分句，起到连词的作用。尹海良（2009）认为："话语标记'别说'常在话轮的开头或中间，有多个语用变体。话语标记'别说'具有'肯定－确认'、'否定－标异'、'标异－提醒'和'引发－阐释'四种功能。其中，'确认'和'标异'是话语标记'别说'的核心义。'确认'标示着听话人和说话人认知倾向的一致性，'标异'标示着交际过程中说话人和听话人认知倾向的不一致，表现出强烈的语用主观性。话语标记'别说'语法化于'不用说'义，与它同义的'甭说'也已发展出话语标记的用法，'不用说'还在语法化过程中。"② 侯瑞芬（2009）比较了汉语中使用的"别说"和"别提"。"现代汉语中共时层面上'别说'和'别提'存在多种用法并存的现象，这是它们从动词短语经历词汇化和语法化的结果。'别说'和'别提'词汇化和语法化的过程也是其语义演变的过程，这种语义演变与会话中的'质'的原则和'量'的原则有着密切的关系，语用推理和听说双方的互动也在这一过程中起着非常重要的作用。"③ 刘焱（2009）分析了连词性的反预期信息标记"别看"，认为"由单一否定祈使句到复句是'别看'连词化的句法基础，由'观察义'到'认识义'是'别看'连词化的语义基

---

① 高增霞：《汉语担心—认识情态词"怕""看""别"的语法化》，《中国社会科学院研究生院学报》2003年第1期，第97页。

② 尹海良：《自然口语中的话语标记"别说"》，《宁夏大学学报》2009年第6期，第56页。

③ 侯瑞芬：《"别说"与"别提"》，《中国语文》2009年第2期，第131页。

础，'别看'语法化的机制是重新分析，演变的原因在于主观化的增强"。① 周莉（2013）分析了语用标记"别说"的来源，认为"'别说'类语用标记在不同语境下可用作评价标记、话语标记和人际标记，它们分别来源于三条路径：评价标记由'别说'的'阻止义'经语法化而来，话语标记由'别说'的'否定义'经演绎推理得出，'比较'的程序义，通过对预期的触发实现其认知连贯的核心功能，人际标记源于'元语用意识'，通过'别说'概念义对交际认知过程的描述来实现其关注受众的人际功能"。② 周莉（2014）对"别说"进行了进一步的研究，认为连词"别说"的词汇化"无需必经短语实词化的中间环节，可通过短语'别说'中'别'和'说'分别的语义演变直接形成，获得认知连贯和主观评价的双重功能，形成主观递进格式"。③ 同年，她对后分句引导语"别说"进行细分，认为"在篇章视角下'别说'句的语用衍推关系在两个不同语义层面上分别表现为：'别说$_1$'是前后分句命题内容之间的衍推；'别说$_2$'是在更大事件框架下，前分句命题与前后分句的复合命题对于实现此事件可能性的衍推。衍推关系所在语义层面的不同决定了'别说'句不同的结构形式：'别说$_1$'为对称结构，'别说$_2$'为非对称结构"。④

关于"别"类否定的相关研究还涉及功能相同或相似的结构的探讨。宛新政（2008）探讨了具有柔劝功能的"（N）不V"祈使句，并对其形成动因进行了分析。他认为，"作为汉语否定祈使句的一个小类，'（N）不V'祈使句具有特殊的'柔劝'功能。该功能具体表现在三个方面：对听话人的亲昵态度，对听话人自主能动性的调动，对听话人的弱性要求。'柔劝功能'的形成动因在于说话人在心理和情感上与听话人的主观融合。'（N）不V'祈使句是语言移情的产物"。⑤ 赫林（2009）比较了否定副词"别"和"甭"，对其组合限制、语义功能等进行了系统的分

---

① 刘焱：《反预期信息标记"别看"》，《汉语学习》2009年第4期，第38页。
② 周莉：《"别说"类语用标记来源探讨》，《汉语学报》2013年第2期，第48页。
③ 周莉：《"别说"类语用标记来源探讨》，《汉语学报》2013年第2期，第52页。
④ 周莉：《"别说"类语用标记来源探讨》，《汉语学报》2013年第2期，第53页。
⑤ 宛新政：《"（N）不V"祈使句的柔劝功能》，《世界汉语教学》2008年第3期，第16页。

析。曾海清（2009）对比分析了"别客气"和"不客气"的句法和语义问题，认为"句法层面，'别客气'只能作谓语，而'不客气'可以作谓语、宾语、定语、状语、补语。语义层面，在言域义方面，二者是相同的；'别客气'没有行域义和知域义，而'不客气'有行域义和知域义"。① 同年，胡清国也对这两个结构进行了研究，认为："'不客气'和'别客气'在使用语境、词语增量和语法单位上存在差异；在语用上，'不客气'比'别客气'更礼貌。其深层理据在于：第一，'不客气'的主语是言者主语，'别客气'的主语是句子主语，而二者主语的分别是移情策略在言语交际中的运用；第二，语法化对语义的制约，'不客气'的语法意义是不必要客气，'别客气'的语法意义是不需要客气，'不客气'强调客观不必要，自然更易为听话人接受"。② 新近的研究成果中，与"别"否定功能相近的"少"否定也受到了关注。姚占龙（2014）分析了祈使性否定副词"少"的产生问题，认为"'少'是现代汉语中典型的性质形容词，但是在北方方言区'少'的部分功能逐渐脱离形容词范畴向否定范畴过渡，并进一步发展成了一个祈使性的否定副词，且语气强烈……形容词和副词'少'作状语处于相同的句法位置是'少'由形容词向否定副词转化在句法层面的直接促发因素，而'少'的数量意义的消失和说话人带有的否定性的主观态度的增强，则是其语法化的深层诱因"。③ 张谊生（2015）讨论了"你少X"结构，并与"你别X"结构进行了对比。"首先，从结构看，'你少X'构式可以细分为六种下位构式。从用法看，这组构式在构成方式、语义特征、句类归属、所用语境四个方面均有特点。其次，否定副词'少'演化动因包括：从量变到质变、从语用到语义、从竞争到定型、从感染到吸收。语用倾向包括四个方面：提醒与建议、规劝与告诫、贬抑与调侃、反对与指责。最后，'你少 VP'与'你别 VP'的区别在于：真值性减量与调侃性奚落时，一般只能用'少'；直截的要求与命令、明确的告诫与劝阻，一般只能

---

① 曾海清：《"别客气"和"不客气"的句法语义探析》，《修辞学习》2009 年第 5 期，第 50 页。
② 胡清国：《"不客气"和"别客气"》，《赣南师范学院学报》2009 年第 5 期，第 49 页。
③ 姚占龙：《祈使性否定副词"少"的产生及其语用解释》，《语文研究》2014 年第 1 期，第 43 页。

用'别'。'少'与'别'可以替换使用时,其细微的倾向性差异主要体现在:规劝与直陈、要求与命令、提醒与告诫、贬斥与劝阻四个方面。"①

涉及"别"否定的另一个研究领域是冗余否定问题。傅惠钧、陈艳丽(2007)讨论了"摔着"类隐性否定祈使句。认为"这类句子的主要特点为:一是不用显性否定标记,而否定的语义已隐含在肯定的表述之中,隐含'别'或'不要'一类的否定意思;二是通过强调可预见的、可能出现的'消极结果',以产生'警示'效果,间接地表达提醒、告诫或劝阻等'祈使'意义;三是句中常出现'小心、当心、留神、注意'一类词语"。② 侯国金(2008)讨论冗余否定时,论及了"小心+(别) V",着重阐释了这些构式的语用条件,认为"非合意性"是构式中动词的语用核心。王志英(2014)讨论了强化否定构式"小心别 VP",认为"'小心别 VP'结构具有主观上的非合意性和未然性;'小心别 VP'是在概念整合的基础上形成的,其来源有两个:一个是'小心'和'别'表达事件的整合压缩,另一个是把'小心'深层否定义表层化的结果,其形成具有语义和认知基础。'小心别 VP'在概念整合基础上形成了强化否定义构式,表达的是否定性主观意愿。整个结构的意义是发话人根据自己的主观认知和意愿要求受话人不去实施某种行为。'小心别 VP'的生成动因和机制不但适合与其同类的'注意/当心/留意别 VP'格式,而且也适合'差点/险些/几乎/没 VP'和'保不住/保不齐/保不定/保住准(没不)'等羡余否定格式,具有普遍性意义"。③

涉及"别"否定的还有引述性否定等相关成果,如陈一、李广瑜(2014),马国彦(2016)等。总的来看,前期的研究涉及面广,很多研究具有相当的深度,这为我们进一步研究"别"类否定奠定了坚实的基础。

---

① 张谊生:《贬抑性否定规劝构式"你少 X"研究——兼论"你少 X"与"你别 X"的区别》,《湘潭大学学报》2015 年第 5 期,第 116 页。
② 傅惠钧、陈艳丽:《略论隐性否定祈使句》,《汉语学习》2007 年第 3 期,第 13 页。
③ 王志英:《强化否定构式"小心别 VP"》,《汉语学习》2014 年第 4 期,第 71—72 页。

二 "别"类否定的本质

在前面的讨论中，我们对汉语中的否定进行了分类，如图2—13所示：

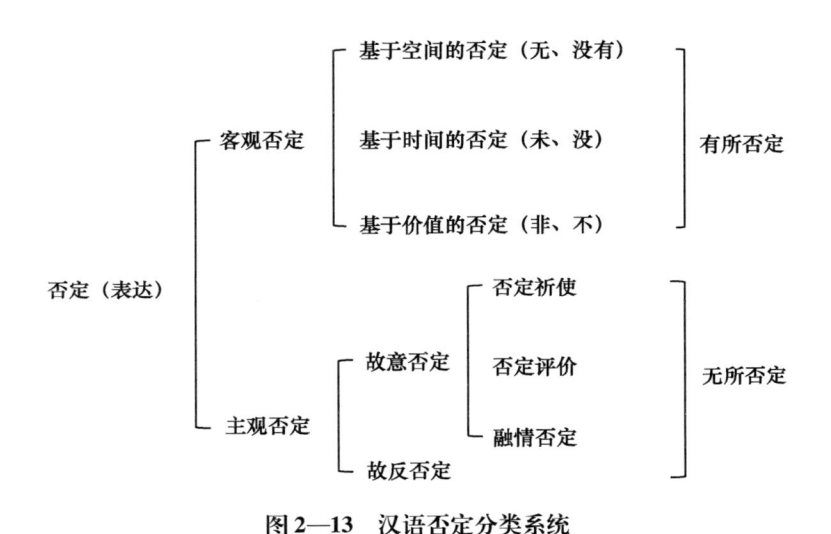

```
                    ┌─ 基于空间的否定（无、没有）┐
           ┌─客观否定─┼─ 基于时间的否定（未、没） ├─有所否定
           │        └─ 基于价值的否定（非、不） ┘
否定（表达）─┤
           │        ┌─       ┌─ 否定祈使 ┐
           │        │ 故意否定─┤ 否定评价 ├
           └─主观否定─┤        └─ 融情否定 ┘─无所否定
                    └─ 故反否定
```

图2—13 汉语否定分类系统

客观否定就是对客观存在的否定，是有所否定。主观否定是说话人特定情感、态度、诉求等的表达，不是针对客观存在的否定。从否定和否定表达的角度看，二者并不是一回事：有的否定表达具有否定功能，如基于空间、时间和价值的否定表达都是有所否定；而有的否定表达并不否定什么，只是具有否定的表达形式。主观否定就只是一种否定表达形式，并没有对客观存在进行否定。

我们认为"别"类否定属于主观否定，从存在的角度看，是无所否定。这里，我们将进一步考察"别"类否定的本质。

（一）对"否定"的认识

语言学中研究否定有一个根本的前提："否定"到底指的是什么？《现代汉语词典》（第7版）解释"否定"一词时认为："动否认事物的存在或事物的真实性（跟'肯定'相对）"，"形属性词。表示否认的；反面的"。如果仅从这个角度看的话，否定似乎只是针对事物和属性的。

显然这与语言学中研究的"否定"是不同的。就目前汉语中对否定问题的研究成果来看,"否定"应该包含以下几层意思。

首先,从存在的角度看,否定是指对事物存在的否定,也包含对事件存在的否定。这种否定在汉语中主要用"没"来表达。一般情况下,当"没"作为动词使用时,表达的是对事物的否定,是从空间角度进行的考察。如:

[1] 整个斐都斯塔的上空<u>没有</u>一丝云彩,很像安达卢西亚的蓝天。

[2] 在这许多长相漂亮、家境富有、穿戴华丽的男子中间<u>没有</u>一个人中我的意。

当"没"作为副词使用时,表达的是对事件的否定,是从时间的角度进行的考察。如:

[3] 但由于幼小时被狼叼走养育,<u>没有</u>接受过人类社会环境和教育的影响,当她们被人发现时,已经不能直立行走,而是像狼一样四肢落地并养成了狼的生活习性,没有人的语言和思维,没有人的情感和兴趣。

[4] 在"被机会撞了一下腰"之前,宋先生从来<u>没</u>想过经营属于自己的企业。

"不"否定也可以否定存在。前面讨论过"不"否定的情形。我们认为"不"否定从总体上看,可以分为否定关系、否定事件、否定属性和否定数量等不同情形。其中,否定关系和否定事件可以看作对点的否定,结果是使关系或事件为零;否定属性和否定数量可以看作对线的否定,结果是减量。如果我们的说法成立的话,其中对关系和事件的否定可以看作对存在的否定。否定关系的情形如:

[5] 但"优惠"<u>不</u>等于"诱惑",理应如实——或三折,或四折,将"优惠"的真面目展示给人们。

〔6〕教职工住房建设项目不属于压缩基本建设投资的范围，各地不得压缩。

否定事件的情形如：

〔7〕花满楼不说话了，他很了解陆小凤，他还不想被陆小凤气死。

〔8〕那人还是站在那里不吭声，垂头丧气的样子。

从存在的视角看待否定，就是表示被考察的事物、事件或者某种属性是不存在的，可以表示某种事物不存在、某个事件没有发生或者某种关系不存在等不同情形。这种对存在的否定从数量的角度看就是被考察的对象在特定的时空范围内为零。

其次，从否定表述出现的环境来看，可以区分为命题式否定和非命题式否定。其中，表示事物不存在的动词"没"实施的否定、表示事件不存在的副词"没"实施的否定以及表示关系和事件不存在的副词"不"实施的否定都是命题式否定。如：

〔9〕可是尽管古人对知识并没有清楚的观念，他对德性却有清楚而分明的观念。

〔10〕冲突的性质并没有消弭，但是武力的阶段过去了，被支配的一方面已认了输，屈服了。

〔11〕美国亚拉巴马州规定：一个男子可以合法地用不大于拇指的棍棒去惩处他的妻子。

〔12〕近年来，部队党委认为"要想官兵不想家，部队就要像个家"，积极出主意、想办法，努力解决住房困难问题。

这类否定可以看作对一个已有命题的否定。还有一种否定是非命题式的否定。如：

〔13〕君子动口不动手。别伤了和气，别伤了和气。

[14] 他为自己举子看榜似的激动心情十分羞愧，连连责骂自己的不成熟：<u>美什么美</u>？

　　[15] 他还冲着我们大叫："<u>看什么看</u>！"哎哟，凭什么这么嚣张啊。

上述情形一般也称为否定，但与前面我们看到的命题式否定不同：这些否定都不存在一个对应的命题，因此，我们统称为非命题式否定。其中例［13］是我们通常所讲的否定祈使；例［14］中的"美什么美"似乎既包含着提醒自己"不要（臭）美"的意思，同时还含有对"美"的不适宜性的认识和评价；例［15］中的"看什么看"与例［14］相近，既有提醒对方不要继续看的意思，同时也含有对"看"这个动作的认识和评价。而且"V什么V"结构在汉语中基本都表达负面评价，带有消极的表情性。

　　区分命题式否定和非命题式否定，事实上是从常规所谓的否定标志所否定的是否为命题的角度进行的。

　　最后，从否定表达的功能角度来看，我们可以把否定区分为语义否定和非语义否定。"奥斯汀把言语行为分成三个层面。一，以言表意（locutionary acts）：语句总要说出些什么或表达些什么，描述某个事实或陈述某种意愿，等等；这个层面研究的是具有意义的语言单位或概念，研究一般所说的字面含义。二，以言行事（illocutionary acts）：语句在表达出字面含义的同时，在发出一串有意义的词语的同时，也完成了各种行为，譬如承诺、期待、赞同、致谢、道歉、反对、放弃、拒绝、发誓、命名、判处，等等。也就是说，人们在说出些什么的同时，也是在做着些什么。三，以言取效（perlocutionary acts）：无论陈述事实，描述状态，发出指令，还是表达意愿，言语总是会对说话人和听话人的思想、感情、态度和行为产生这样那样的影响和后果，言语行为见到了效果，譬如让听话人高兴或使他生气，或者让听话人做某事。"① 否定表达是言语行为的一种，可以从言语行为角度进行分析。我们可以考虑从以言取效的角

---

　　① 马海良：《言语行为理论（speechacts theory）》，《国外理论动态》2006年第12期，第62页。

度，并站在说话人的视角对否定表达进行分类。当然，这种分类可能更明显地表现为一种连续统。

从汉语中所有表示否定的表达来看，语义上的否定是基础和核心。最典型的就是我们讨论的客观否定，即从时间、空间以及价值的角度进行的否定。如：

[16] 实际上我从来没说过他，因为本身从内心我觉得我特亏欠他，关心得少，怎么可能还去说他呢？

[17] 克雷蒂安说，他看到电视上的报道，知道现时华人餐厅经常是没有客人。

[18] 学生不上课，老师被打倒，当时流行口号是"知识越多越反动"。

从言语行为的角度看，客观否定首先需要以言表意，也对应特定的"以言行事"，往往是陈述一个事实。从以言取效的角度看，这种否定的语力是最小的。在核心语义表示否定的基础上，还有一些否定表达可以显现较强的语力，否定祈使就属于这种。如：

[19] 妈的，别给脸不要脸！你要让老子喜欢才行！

[20] 你不要给读者这样的印象，以为你舞文弄墨，夸夸其谈，而不顾历史的发展。

[21] 由十几岁去学徒，学徒就是，哎，那学徒那阵儿就甭说了。

因为否定祈使往往是说话人针对特定的对象（主要是听话人，当然也可能是说话人自己或第三方）提出相应的行为要求，或禁止，或命令，或预防，等等。但从整体来看，这类否定都有一个共同的特征：语义否定是表述核心，以言取效是表达核心。与前述的客观否定不同之处在于，这类否定更加凸显以言取效，显示较强的语力特征。此外，还有一种否定表达，在语义否定这个核心表述之外，不仅具有相应的语力，而且凸显说话人特定的情感、态度或认识。如：

[22] 还<u>看什么看</u>？都睡觉去！文秀，你快去看看靖萱丫头，别真的想不开，我给雨杭说得心里犯嘀咕！

　　[23] 当看到一位车手比赛用时很长的时候，他很气愤的样子："这个还出来<u>跑什么跑</u>呀？干脆回家算了！"

　　[24] ——"林苑"那一片桃花，开得好好看！是不是呀，雁雁？
　　　　——<u>好什么好</u>，连影儿都不见了。

一般认为，汉语中由谓词性成分构成的"X 什么 X"具有否定意义。崔山佳（1995）、王海峰（2003）、晏宗杰（2004）、丁雪欢（2007）、姜炜和石毓智（2008）、樊莉（2012）、朱军（2013，2014）、李劲荣（2015）、夏雪和詹卫东（2015）、代丽丽（2016）、袁毓林和刘彬（2016）等曾从不同的侧面论及这个问题。从"X 什么 X"否定格式来看，它们的表述核心均为语义上的否定。如例[22]中的"看什么看"从语义的角度讲就是"不要再看、别看"，例[23]中的"跑什么跑"是"不必跑"，例[24]中的"好什么好"表示"不好"。但同时这些具体的表达在特定的语言环境中还有不同的附加功能。总体上看，"X 什么 X"表示 X 在特定的情形中具有不适宜性，但在不同的具体语境中还是存在一定的差别。如例[22]否定的是"看"的适宜性，这是表述方面的核心语义。同时"看什么看"还表现出较"别看、不要看"更强的语力，施加于听话人。在这个表达格式中，还包含说话人的责备意味，表现为说话人的一种情感。例[23]中的"跑什么跑"表述方面的核心语义为这个动作的实施具有不适宜性，说话人意在凸显既然用时很长，就没有必要继续跑，凸显不要再跑的语力。同时在这样的言语行为中还包含说话人的认识，即"不必"。例[24]是形容词"好"构成的"X 什么 X"结构。这里的"好"显然具有回声性质，是回述前面说话人言及的"好"。这里的不适宜性是针对前面说话人的言说方式而来的。同时含有当前说话人对此前说话人言论的排斥意味。如果把前面我们论及的客观否定记为 A 类，把否定祈使记为 B 类，把"X 什么 X"类否定记为 C 类。这三类否定恰好构成一个序列，即：

　　　　A 类否定————B 类否定————C 类否定

客观否定	主观否定	主观否定
有所否定	无所否定	无所否定
命题否定	非命题否定	非命题否定
语义否定	语义否定+语力	语义否定+语力+表情

（二）对"别"类否定的认识

表达否定祈使的结构，当然也包括张谊生（2015）等论及的贬抑性否定规劝式，我们统称"别"类否定。这种否定与我们前面谈及的"没""不"的否定存在一定的差别。当然，我们这里作比较时，选取的是"没""不"没有发生语法化的情形，也就是我们常说的"没"和"不"的经典否定。

1. "别"类否定属于主观否定

我们在为汉语中的否定进行分类时，在第一层级上选取的标准是否定针对的对象，即是否针对客观存在进行否定。在这个层级上我们把否定首先区分为主观否定和客观否定。客观否定是从时间、空间或价值判断的角度否定事件、事物的存在。主观否定则是反映说话人特定的主观诉求，包括说话人的认识、情感及态度等。"别"类否定属于主观否定。从"别"类否定包括的情形看，主要有"别"类否定祈使（包括"别、不要、甭"等）、贬抑性规劝构式（主要指"少"构成的表达式）以及"X什么X"构式。

邵敬敏（2004）在论及"别"字句的语法意义时认为："'别'字句的主要语法意义不仅是指'禁止'，还包括'劝阻'与'求免'，合称'否定性阻拦'，此外还可以表示'否定性猜测'、'否定性警告'以及'否定性评价'等语法意义，总的可称为'否定性意愿'。"[①] 李广瑜（2013）在论及否定祈使句式"别V着"时认为："'别V着'祈使句的句式义可概括为：说话人要听话人不处于某种状态。其中又包括两种情况：要听话人不保持某种状态，其预设是听话人正处于某种状态并有可能持续这种状态；要听话人不进入某种状态，其预设是听话人本来没有

[①] 邵敬敏、罗晓英：《"别"字句语法意义及其对否定项的选择》，《世界汉语教学》2004年第4期，第18页。

处于某种状态但有可能进入这种状态。"① 从前期对"别"字祈使句的讨论来看，这类句子主要是说话人要求对方（主要是听话人，有的时候也可以针对第三方或说话人自己）不施为特定的动作、行为，体现说话人的主观诉求。

姚占龙（2014）曾经分析了北方话中"少"的祈使性否定副词用法，认为"'少'是现代汉语中典型的性质形容词，但是在北方方言区'少'的部分功能逐渐脱离形容词范畴向否定范畴过渡，并进一步发展成了一个祈使性的否定副词，且语气强烈"。② 张谊生（2015）将"你少 X"称为贬抑性否定规劝构式，认为"你少 VP"的"语用倾向包括四个方面：提醒与建议、规劝与告诫、贬抑与调侃、反对与指责"。③ 不论是"少"作为祈使性否定副词，还是"你少 VP"作为一个贬抑性否定规劝构式，从功能的角度看，它们和"别"类否定的核心功能是一致的，都是表达说话者的主观诉求。这类否定当然应归入主观否定。

由谓词性成分 X 与"什么"构成的"X 什么 X"也是汉语表达否定的一种构式，前期也有多人论及。朱军（2014）认为："反问格式'X 什么 X'是汉语口语中一种特殊的应答方式，主要出现在话轮之首，也可单独使用，与听话者有各种交互模式。其与常规否定（否定词）有显著的区别，具有负面立场表达功能，具体表现为提醒、意外、反驳、斥责四个层级，以后两者为主。'X 什么 X'还具有说话人不顾及对方'面子'、显示自身权势地位的立场表达特点。"④ 可见，表达否定祈使的"X 什么 X"与前两种否定方式相比有着更明显的主观性特征。

综上所述，我们认为：整体上看，"别"类否定不是否定客观存在，而主要表达说话人特定的情感、态度、认识、评价、诉求，具有明显的主观性特征，属于我们区分的主观否定类别。

---

① 李广瑜：《否定祈使句式"别 V 着"刍议》，《语言教学与研究》2013 年第 1 期，第 48 页。

② 姚占龙：《祈使性否定副词"少"的产生及其语用解释》，《语文研究》2014 年第 1 期，第 43 页。

③ 张谊生：《贬抑性否定规劝构式"你少 X"研究——兼论"你少 X"与"你别 X"的区别》，《湘潭大学学报》2015 年第 5 期，第 116 页。

④ 朱军：《反问格式"X 什么 X"的立场表达功能考察》，《汉语学习》2014 年第 3 期，第 20 页。

2. "别"类否定属于无所否定

就"否定"的本意来讲,是指否认事物的存在或其真实性。也就是说,否定的前提条件是必须有可以被否定的对象存在。在言语交际中出现的否定表达里,如果有否定的前提存在且否定了这个前提,那么这样的否定我们称之为有所否定;如果没有否定的前提存在,或者有否定的前提存在但并不针对这个前提进行否定,这样的表达我们也称之为否定,但它是与有所否定相对的无所否定。

"别"类否定虽然有不同的表现形式,但从其基本意义的角度看都是表示否定祈使。因此,我们可以把不同表现形式的表达作统一考察。对此类表达的考察,如图2—14所示,以说话人说话的时间点(用ST表示)为参照点进行。在时间流上,选定一个参照点后,任何动作行为(用VP表示)只能有三种情形:一是在参照点左侧(VP_1);二是与参照点重合(VP_0);三是在参照点右侧(VP_2)。即:

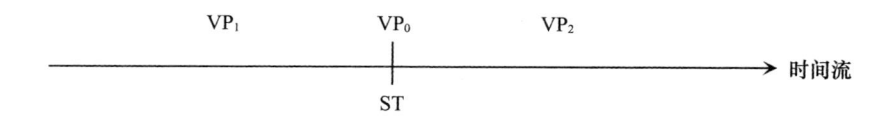

图2—14 动作与时间参照点的关系

结合否定祈使来讲,说话人祈使对方不施为特定的动作行为也有三种情形:一是针对已经实现的一个行为,祈使其不再发生或继续;二是针对正在进行的动作行为,祈使其不再继续;三是祈使对方不施为某个没有实现的行为。"别"否定恰好对应这样的三种情形。如:

[25] 秀丫流着泪说:"你别说了。别再说了。"

[26] 她立刻打断我,她说:"别说了,安,过去的,作为一段美好的记忆,就让它在那儿留着吧。"

[27] 临行,建军含着泪对同事们说:"如果我……别忘了给我穿上警服……"

例[25]中的"别"表示针对已经发生的行为,说话人祈使其不再发生,语境中"再"的出现可以证明这一点。例［26］中的"别"针对的是正在进行的行为，祈使"说"这个行为不再继续。例［27］中的"别"针对的是没有发生的行为，语境中出现的"如果"证明这是个没有发生的动作，表示说话人期望听话人不要忘记这件事情。上述三个例子都是描述事件的，但是否定副词"别"并没有否定事件的存在。就已经发生的事件来讲，是不可否定的；就正在进行的事件来讲，也是不可否定的，说话人只能通过特定的言语行为使之不再继续；而对于尚未发生的事件来讲，当然是无法否定的。

"少"否定也是针对事件的，从时间流的角度考察，似乎比"别"要简单，往往都是针对已然事件或正在进行的事件。如：

　　［28］你<u>少</u>自作多情！我吻过的女孩子起码有一百个，你是最没有味道的一个！
　　［29］你<u>少</u>废话，再过几天就是粤剧节了。

从"少"否定看，也不能否定"自作多情""废话"这样已然或正在发生的事件的存在，往往表现为制止，更多地体现说话人的情感或态度。

"X什么X"否定可以针对事件，也可以针对事物。针对事件的情形如：

　　［30］抢抢抢！<u>抢什么抢</u>！早上起床就开始抢，坏了我一天的心情！
　　［31］你都回答不了，一次两次举手，你<u>搞什么搞</u>嘛，不会回答就不要举手嘛！

"X什么X"针对事件进行否定时，只有否定祈使的功能，并不否定事件的存在。如上例中的"抢""举手"都是已经发生的动作，是无法否定的。针对事物的情形如：

　　［32］<u>什么收税的</u>！分明是吕子秋狗党丁自燮的奴才！
　　［33］所以有农民说，<u>什么"创优"</u>，分明是"添忧"。

当"什么"用于和体词性成分或事物化的谓词性成分组合构成"X 什么 X"时，这个结构并不能否定事物的存在，只能否定某种适宜性或得体性。例［32］并不否定丁自燮的护院大教师的存在，只是说话人认为称其为"收税的"不够适合或不能更加恰切地表明说话人的态度，不如称之为"奴才"更加贴切。例［33］中的"什么'创优'"也有否定的功能，但不是否定"创优"的存在，只是农民认为"创优"这种说法不够合适，更加适宜说成"添忧"。

从以上的讨论我们可以看出，"别"类否定都不否定存在，属于无所否定的情形。

3. "别"类否定凸显言语行为性

前面我们将否定区分为语义否定和非语义否定。这种区分更加关注的是一个表达在言语交际中的作用。所谓非语义否定，就是那些在言语交际中凸显语力效果的否定。语义否定是任何否定表达的基础，但是以此为基础的否定表达在言语交际中所体现出来的功能是存在差异的。从"别"类否定看，它们在核心语义表示否定的基础上，更加凸显的是祈使功能。祈使具有明显的言语行为性，这也成为这类否定的共性特征。

综上所述，我们认为："别"类否定的本质是主观否定、无所否定，表现明显的言语行为性。对应从存在角度分析的语义否定，这种否定更适宜看作行为否定，在不同的语境中表现为不同的言外之力，如禁止、预防等。

三　现代汉语中的行为否定方式

着眼于核心语义的一致性，摒弃不同表达方式之间其他方面的差异，我们把现代汉语中具有否定祈使功能的表达方式均称为行为否定。关于行为否定的讨论，我们主要从两个方面切入：一是现代汉语中常用的表示行为否定的表达方式都有哪些；二是对相近的"别 X""少 X"和"不 X"进行比较。

（一）现代汉语常用的否定祈使方式

在现代汉语，尤其是普通话中，常见的否定祈使方式主要包括"别 X"类、"少 X"类、"不 X"类、"X 什么 X"类以及"不"系相关格式。其中，前期对"别 X"类、"X 什么 X"以及"不"系相关格式的研究较成熟，其他方面的研究则显得相对薄弱。

1. "别"类否定祈使

吕叔湘（1981）认为，副词"别"有两个意义：一是当"别"单用、用在动词或形容词前以及作谓语的小句前时，表示劝阻或禁止；二是"表示揣测，所揣测的事往往是自己所不愿意的。经常与'是'合用"。① 邵敬敏、罗晓英（2004）在前期研究基础上又深入了一步。他们认为，"'别'字句的主要语法意义不仅是指'禁止'，还包括'劝阻'与'求免'，合称'否定性阻拦'，此外还可以表示'否定性猜测'、'否定性警告'以及'否定性评价'等语法意义，总的可称为'否定性意愿'"。② 项开喜（2006）分析了"别VP"结构，认为"'别+VP'格式有两个基本类别。在A式'别'字句中，VP表示有意的动作行为，整个格式表示'制止'的意义；而在B式'别'字句中，VP表示意外的结果或事件，整个格式表示'防止'的意义"。③ 李广瑜（2013）分析了否定祈使句式"别V着"，认为"'别V着'祈使句的句式义为'说话人要听话人不处于某种状态'，具体包括'要听话人不保持某种状态'和'要听话人不进入某种状态'两种意义，二者预设不同"。④这些研究成果对"别"的否定项为对象语言的情形进行了比较充分的研究，并主要分析了"别"类否定结构的意义，即"别"字句的意义。陈一、李广瑜（2014）以及马国彦（2016）分析了"别"进行引述性否定的情形，即元语否定的情形。陈一、李广瑜（2014）认为，"'别+引语'元语否定句对不适宜话语提出修正，进而劝导听话人采取适宜行动，是以言行事的言域否定。据其具体功能可以分为否定非现实情态表达、否定低传信度表达、否定消极性表态、否定关系词语或互动性词

---

① 吕叔湘：《现代汉语八百词》，商务印书馆1981年版，第68页。

② 邵敬敏、罗晓英：《"别"字句语法意义及其对否定项的选择》，《世界汉语教学》2004年第4期，第18页。

③ 项开喜：《"制止"与"防止"："别+VP"格式的句式语义》，《语言教学与研究》2006年第2期，第48页。

④ 李广瑜：《否定祈使句式"别V着"刍议》，《语言教学与研究》2013年第1期，第48页。

语、否定社群外或语域外异质词语等情况"。① 马国彦（2016）认为，"引述性否定的实际实现形式与引语的形式和前后附加成分有关，受句法和语用因素制约。从语用属性看，引述性否定可分为强祈使性、陈述性和指称性三个类别。结合话轮交替机制观察，引述性否定的形成与话轮是否常规交替、始发话轮的完成情况有关，按照会话功能可分为打断式和聚焦式两类，其中打断式又可分为针对起首句的和针对非起首句的两个次类。引述性否定是指向言语行为适宜性和词的用法适宜性的否定，它的基本意义和功能是劝阻或禁止某种言语行为和某个词的使用"。②

与"别"否定直接相关的是"甭"否定。事实上，关于"甭"的研究很少。杨玉玲（1995）分析了"甭"的读音问题。吴继刚（2011）分析了"甭"的产生以及语音、语义的发展演变问题。此外，还有部分文献间接论及"甭"的用法。其中，系统讨论否定词"甭"的当属赫琳（2009）。"'甭'是'不用'的合音，最初就是'不用'的意思，进一步发展，也用以表示无需或客观上没有理由实施某种动作行为。其话语预设是：听话人准备或正在有意识地实施某种动作行为。说话人用'甭'正是为了劝阻或禁止这个有意识的动作行为的实施。"③ 同时，赫琳也对"别""甭"的相关结构进行了比较，认为"'甭+V+着'里的'着'用来表'动作行为状态持续'，'甭'表说话人认为听话人无需或客观上没有理由继续正在实施的某种动作行为或状态，加以劝阻或禁止"，④ 而"别+V+着"中的"着"需要分为两个，分别是"着$_1$"和"着$_2$"（zháo）。"别+V+着$_1$"表示说话人要求听话人结束某个已经持续的动作行为或状态，此动作行为或状态在话语发出前已经存在。"别+V+着$_2$"表示说话人提醒听话人不要发出某一动作，而使自己受损。V 所代表的动作在话语发出前还未出现。这在一定程度上厘清了"别"否定和"甭"否定的结构和功能。

---

① 陈一、李广瑜：《"别+引语"元语否定句探析》，《世界汉语教学》2014 年第 4 期，第 486 页。
② 马国彦：《"别"与引述性否定》，《世界汉语教学》2016 年第 4 期，第 496 页。
③ 赫琳：《"甭"与"别"》，《语言研究》2009 年第 4 期，第 108 页。
④ 赫琳：《"甭"与"别"》，《语言研究》2009 年第 4 期，第 108 页。

2. "少"类否定祈使

"少"类否定研究应该是晚近的事情，早期的研究成果中还不多见。吕叔湘（1947/1956）在讨论否定问题时，论及了古今汉语中使用的否定词，如"不、弗、无、非、未、毋、勿、否、莫、休、别"等，没有论及表示否定的"少"。高名凯（1948/1951）在论及"汉语之否定词"问题时，主要谈及了古代汉语中的否定词情形，主要包括"非、不、无、蔑、毋、勿、靡、罔、曼、亡、微"等，也没有涉及表示否定的"少"。王力（1954）认为："现代中国国语里是没有否定性的观念单位的，一切否定性的观念必须建筑在肯定性的观念之上。"[①] 他把汉语中的否定词分为两大类：其中"无""非""未"为综合性否定词，也称"兼性否定词"；"不""别"为分析性否定词，也称"外附否定词"。这其中也不见有关于"少"的论述。吕叔湘（1981）在分析"少"时认为，形容词性的"少"可以表示"数量小"修饰动词，如"少说废话""病刚好，少活动""少放盐，太咸不好吃""明年要多种粳稻，少种籼稻""少花钱，多办事""你少来这一套"；形容词性的"少"还可以表示"比原来的数目有所减少；数量上不足"，用在动词前，动词后有数量词，如"你就少说几句吧""少吃了一碗饭""这个字少写了一笔"。这里的分析已经隐含了"少"的否定祈使用法。

近来关注"少"否定用法的研究者主要有陈爽（2005）、姚占龙（2014）和张谊生（2015）。陈爽（2005）首先证明了汉语中表示否定祈使的副词"少"的存在，在比较"少$_1$""少$_2$""少$_3$"异同的基础上，进而分析了"少$_1$"与"少$_3$"的源流关系。"这类（'少$_3$'类：笔者加）句子的句式义为：说话人斥责并阻止听话人实施或继续某种行为或状态。"[②] 以量变为基础，从语义演变和经验性逻辑的角度出发，陈爽认为表示否定祈使的"少$_3$"是从"少$_1$"演化而来。这些看法是有一定见地的。姚占龙（2015）进一步讨论了祈使性否定副词"少"。他认为，"少"已经语法化为否定标记，表示否定祈使。促使"少"发生语法化的原因主要有：无论是形容词"少"还是祈使性否定副词"少"，作状语时

[①] 王力：《中国语法理论》，中华书局1954年版，第238页。
[②] 陈爽：《祈使性否定副词"少"》，《柳州职业技术学院学报》2005年第3期，第69页。

均处于相同的句法位置,这就为"少"的语法化提供了句法形式上的可能,这是"少"语法化的句法条件。"少"量性特征的消失和说话人强烈的"不希望、不愿意、不允许"等否定性主观态度的增强,使"少"最终彻底语法化为一个否定标记,这是"少"语法化的语义条件和情态条件。同时姚占龙也对功能相近的"别、不要、甭"和"少"进行了比较,认为"在北方方言中,由'少'构成的祈使否定句的否定强度要高于用'别、不要、甭'等否定副词构的祈使否定句",认为"这主要是语用强化的结果。从信息分布上看,含有祈使性否定副词'少'的句子其主要信息在由少修饰的整个谓词性成分上,它既是句子的新信息,也是说话人所要强调的信息。在主观性不断增强的情况下,'少'所具有的'不希望、不愿意、不允许'等带有否定性的涵义也不断得到强化,整个句子的涵义也由'建议''劝诫'逐渐增强为'命令''禁止'"。[①] 从陈爽和姚占龙的研究来看,他们共同关注了"少"语法化原因中的量的因素,这应该是有道理的。张谊生(2015)从构式角度进一步研究了"少",他认为,"你少 VP"表达方式的构式化主要有这样几个方面的原因:"a 从量变到质变。'少'作为表示数量低的形容词,充当状语过程中逐渐从对已然事态的描述转向了对未然事态的要求,从客观的低量表述向主观的意愿否定转化。b 从语用到语义。根据语言表达的'足量原则、不过量原则',形容词'少'的语义经过语用推理,逐渐由临时的隐含义向固定的祈使否定义转化。c 从竞争到定型。否定副词'少'在形成之初,还面临着'别、甭、休'及'不要、不用'的竞争,这种情况下,发话人不用其他祈使否定式,而选用'少',主要就在于委婉地劝阻与斥责,所以,'你少 VP'和'少 VP'就逐渐呈现出定型化的倾向。d 从感染到吸收。由于与'休、莫、别、不要'配合,否定祈使义更加典型化了"。[②] 关于"你少 X"的构式义,张谊生认为其表现出这样的语用倾向:提醒与建议、规劝与告诫、贬抑与调侃、反对与指责。同时,张谊生也分析了

[①] 姚占龙:《祈使性否定副词"少"的产生及其语用解释》,《语文研究》2014 年第 1 期,第 45—46 页。

[②] 张谊生:《贬抑性否定规劝构式"你少 X"研究》,《湘潭大学学报》2015 年第 5 期,第 115 页。

"你少 VP"与"你别 VP"之间的差异。

关于"少"类否定祈使的研究还在继续，我们这里仅从量的角度进行分析。我们同意陈爽（2005）认为"少$_3$"是从"少$_1$"演化而来的提法。基于姚占龙（2014）、张谊生（2015）对祈使性否定副词"少"的生成解释，我们认为，祈使性否定副词"少"的生成最终可以从量的方面去解释。

根据吕叔湘（1981），"少"不论作为形容词，还是动词，都与量有关。"少"用作形容词，可以表示"数量小、比原来的数目有所减少；数量上不足"；用作动词，可以"表示不足的幅度""欠"和"丢、遗失"。其中，"欠"和"丢、遗失"从体验认知的角度看，也表示数量的减少，数量减少直至"无"分别可以表示"欠"和"丢、遗失"。这样看来，实意的形容词和动词"少"都与数量有关，而且都表示在说话人心理数量标准基础上的减量。

我们前面的分析已经表明，经典否定词"没""不"是可以从数量角度考察的，都表示减量。也就是说，在减量这个意义上，"少"天然具有表示否定的可能。当"少"发生主观化，用于表示说话人对听话人发出指令时，"少"就具备了语法化的条件，从而成为祈使性否定副词。其中，从数量成分使用的角度看，语法化前后的情形对比还是非常清楚的。语法化前，"少"多用于客观描述，这时"少"必有指向的数量，且数量可以用不同的具体量进行替换。我们选取了吕叔湘（1981）的几个例子来考察。如：

[34] 这个字少写了一笔→这个字少写了两笔（确量）
[35] 这本旧书少了两页→这本旧书少了三页（确量）
[36] 我还欠他五毛钱呢→我还欠他六毛钱呢（确量）
[37] 打开提包一看，少了一件毛衣→打开提包一看，少了两件毛衣（确量）

其中有一个例子，虽然含有数量成分，但与上述例子相比是有差异的。如：

[38] 你少来这一套→你少来这套→*你少来这两套。

可见，当"少"用于非客观陈述中时，对数量具有一定程度的排斥性。再如吕叔湘（1981）举到的其他例子：

[39] 你就少说几句吧→你就少说两句吧（约量）→你就少说一句吧（确量）

[40] 少放盐，太咸不好吃→少放一点儿盐，太咸不好吃→？少放一两盐，太咸不好吃

[41] 少花钱，多办事→*少花三元钱，多办一些事

上述例子显然不是客观的陈述，而是表示祈使。从例[39]看，这种用法可以接受数量成分，但不能是确量。例[39]中的"两句"也是个约量。表示确量的"一句"可以讲，这恰好证明"少"表示否定意义时符合数量否定原则：否定最小量即为"无"。因此"你就少说一句吧"就是制止对方继续实施某一行为，从而达到使某一行为或事件从量上考察为"无"的目的。例[40]中的"一点儿"是约量，可以被这样的表达接受。"少放一两盐，太咸不好吃"中的"少放一两盐"是有歧义的：其一表示"少放盐，只放一两"，其二表示"在一定的参考标准下，再减少一两"。这与例[39]具有不同的理解模式，也正是这种理解模式成为允准数量可以进入"少"否定的另外一个条件。例[41]表明，祈使性否定副词"少"是排斥确量成分的。后期的研究也证明了这一点。张谊生（2015）认为："从构成方式看，细分起来，'你少X'构式大致可以分为'你少V、你少VP'、'你少V我、你少来V'、'你少装V、你少给/跟我'等六种下位构式。"① 从张谊生讨论的六种构式来看，所有构式，不论简繁，都属于祈使句。其中的X都不含有量性成分。"特定情况下，也

---

① 张谊生：《贬抑性否定规劝构式"你少X"研究》，《湘潭大学学报》2015年第5期，第114页。

可以用选择问、正反问句,来表示祈使。"① 如:

[42] 可爱同学,你少装嫩一会儿会死啊?
[43] 朱德看了看康克清:"你少说几句好不好?越说越烦!"

（见张谊生,2015）

从表面上看,这是出现数量成分的情形。深入考察会发现,例［42］中的"一会儿"如果离开其后的"会死啊"是不能讲的,即"你少装嫩一会儿"这种说法在实际的交际中并不会出现。例［42］的"你少说几句"单独出现时是可以两解的:或表示可以说但不要多说,或表示以说话人开始表达这个点作为起点,说话人希望对方不要将说话这个行为再继续下去。也就是说,这个"少"还没有完全发生语法化。而如果将这个表达替换为如下的说法,则情形就发生了变化。如:

[44] 可爱同学,你少装嫩!
[45] 朱德看了看康克清:"你少说话!"

此时的"少"只能看作发生了语法化,表示类似"别""不要"的意思。

当然,制约"少"是否表示否定祈使还有一个很重要的条件,即现实性问题,陈爽（2005）、姚占龙（2014）和张谊生（2015）都有论及,此处不再赘述。

3. "不 X"类否定祈使

关于"不 X"类的否定研究也是晚近的事情。吕叔湘（1947）论及"禁止"时认为,"否定性的命令为禁止,语气柔和的也可以称为劝止。这类句子里必然要有否定词,即禁止词。文言用'毋'和'勿',通俗文言中只用'勿'……秦汉以后又常用'莫'字……'莫'字之后又有'休'字"。② 此外,他也谈及了"不可""不得""不准""不许""不

---

① 张谊生:《贬抑性否定规劝构式"你少 X"研究》,《湘潭大学学报》2015 年第 5 期,第 114 页。

② 吕叔湘:《中国文法要略》,商务印书馆 1947 年版,第 309—310 页。

要""莫得""休得""休要"以及"别"和"甭",唯独没有论及"不X"类否定祈使表达。高名凯(1948)在讨论"命令命题"时认为,"命令其实有两种:一种是权威的命令,一种是客气的命令。前者就是一般武断式的命令,所谓军令即其代表;后者则是请求式的命令"。① 他列举的否定命令词主要有"不要""不用(用不着)""别""甭""莫""休""休要",也没有关于"不X"否定祈使的论述。王力(1954)在论述"不"否定的用法时认为,"不"和"非"原来是有分工的,"在叙述句里,否定行为和主语的关系者,用'不'字。在描写句里,否定德性和主语的关系者,用'不'字。在判断句里,否定人物和主语的关系者,用'非'字"。② 其中没有谈及"不"的否定祈使用法。吕叔湘(1981)在讨论"不"时认为,"'不'用在动词、形容词或个别副词前,表示否定"。③ 太田辰夫(1987)在讨论表示禁止的副词时,主要论及了"别""甭""休""休要""莫""不必""未必",其中没有关于"不"否定祈使用法的论述。志村良治(1995)在论及这个问题时,只谈到了"莫"和"休",也没有关于"不"否定用法的讨论。

近来讨论"不"否定祈使用法的主要有张爱民(2001)、宛新政(2008)。张爱民(2001)在否定祈使句中列有"你不去",认为其表示"劝阻"。宛新政(2008)认为,"(N)不V""作为汉语否定祈使句的一个小类,'(N)不V'祈使句具有特殊的'柔劝'功能。该功能具体表现在三个方面:对听话人的亲昵态度,对听话人自主能动性的调动,对听话人的弱性要求。'柔劝功能'的形成动因在于说话人在心理和情感上与听话人的主观融合。'(N)不V'祈使句是语言移情的产物"。④

我们将宛新政分析的"(N)不V"描写为"(N)不X",并从"(N)不X"的产生、"(N)不X"对X的选择以及"(N)不X"的表达功能三个方面进行了分析。

---

① 高名凯:《汉语语法论》,开明书店1948年版,第612—613页。
② 王力:《中国语法理论》,中华书局1954年版,第231页。
③ 吕叔湘:《现代汉语八百词》,商务印书馆1981年版,第71页。
④ 宛新政:《"(N)不V"祈使句的柔劝功能》,《世界汉语教学》2008年第3期,第16页。

(1)"(N)不X"否定祈使构式的产生及其动因

"(N)不X"否定祈使构式的产生是晚近的事情。我们以北京大学中国语言学研究中心的语料库为检索范围，发现这种用法应该是在民国时期的文献中出现的。如：

[46] 老侠张鼎一拉："不！孩子，这东西咱不要！"
[47] 二哥，得啦，您也老啦，咱不干了。
[48] 兄弟你别喝了，过去的咱不谈了。

这里的"不"均可以用"别"来替换，而且基本不改变句子的意义。这说明"不"在一定程度上具有了否定祈使的作用，通过例[48]可见一斑。从对话语境中可见，听话人是拒绝了说话人"不谈"的提议，而这恰好证明说话人是有所提议的。但在此前的文献中，我们尚未发现这样的用法。因此，我们初步确定，"不"的否定祈使用法应该不早于民国时期开始使用。

接下来，我们将继续关注是什么原因促使"不"由意愿性否定副词向表示否定祈使的副词演变这一问题。

首先，"不"由意愿性否定副词向表示否定祈使的副词演变是因为它们具有共同的语义基础。前期研究中，大家一个基本的共识是否定副词"不"属于意愿性否定副词。而否定祈使就是说话人从个人的愿意角度出发要求或请求对方不做某事，因此否定祈使显然是意愿性的。这恰好成为意愿性否定副词和祈使性否定副词的语义共性，是前者向后者演变的语义基础。

其次，促使"不"由意愿性否定副词向否定祈使副词演变的直接动因是移情的作用，而移情的动因恰好就是说话人交际目的决定的，移情成为说话人的交际策略。"功能句法学认为，移情（empathy）是影响句法结构的非语言因素之一。所谓移情，指的是'说话人将自己认同于……他用句子所描写的事件或状态中的一个参与者'……移情与句法发生关联，不仅决定了某些句子的可接受性，而且也会对句子的结构和功能特征产生影响。"① "（N）不 X"的移情具体体现在 N 上。在由否定祈使副词"不"参与构成的"（N）不 X"构式中，N 必须为第一人称或发生第一人称化。"一般说来，祈使句的主语往往是第二人称代词'你、您、你们'以及第一人称'咱们、我们（包括式）'。"② 根据宛新政（2008）的研究，在他们收集的 N 为人称代词的 45 条语料中，全都是第一人称。"人称代词具有人际功能，不仅体现了讲话人对所说内容的态度，还能标明讲话人的社会地位以及他/她对听话人的态度。对人称代词的选择直接影响着'（N）不 V'祈使句的表达效果。包括式人称代词表明说话人与听话人具有共同利益，休戚相关；而作为功能虚化的结果——包括式代词单指受话人，则是对受话人心理感受的关注，可以拉近交际双方的心理距离。"③ 也就是说，说话人为了达到个人的交际目的，会在特定的交际环境中使用相应的交际策略，以更加顺畅地实现交际目的。人称代词的选择就是"（N）不 X"使用中一种特定的策略。说话人的言说目的是让对方接受自己的否定祈使。为了达到这样的交际目的，说话人必然会在表达方式上进行恰当的选择。而将祈使通常使用的第二人称转换为第一人称，将说话人自己也置于祈使对象的地位，就是一种特定的移情方式，有利于拉近说话人和听话人的距离，最终有利于实现说话人的交际目的。

（2）"（N）不 X"构式对 X 的选择

宛新政（2008）在讨论"（N）不 X"构式时认为，"贬义的 V 一般难以进入'（N）不 V'祈使句……'（N）不 V'祈使句中，最常见的 V 是中性词语。在同义词群中，中性词能够自由进入'（N）别 V'和'（N）不 V'两种祈使句，可是一旦带上贬斥色彩，活动能力顿时受到限制"。④ 从整体上看，这种看法没有太大问题。但这也涉及"N"的使用，

---

① 宛新政：《"（N）不 V"祈使句的柔劝功能》，《世界汉语教学》2008 年第 3 期，第 17 页。
② 朱德熙：《语法讲义》，商务印书馆 1982 年版，第 205 页。
③ 宛新政：《"（N）不 V"祈使句的柔劝功能》，《世界汉语教学》2008 年第 3 期，第 20 页。
④ 宛新政：《"（N）不 V"祈使句的柔劝功能》，《世界汉语教学》2008 年第 3 期，第 20 页。

核心是说话人的主观移情问题。因此,"(N)不 X"构式对 X 的选择除了宛新政(2008)得出的结论外,还需要从两个角度进行考察:一是看人称代词的使用;二是看构式后语气的使用。如:

[49] 汪汪,咱不那么猥琐行么?
[50] 你敢不天天买大书吗?你敢三个月不换手机吗?咱不那么分裂成吗?
[51] 看过了几场达人秀,说句实话,节目不错,但是周 xx 讲话我却总有怀孕的反应,咱不那么卖弄行吗!

语料核查显示,"(N)不 X"构式要求其中的 X 必须是谓词性成分,主要是动词和形容词。从谓词性成分的感情色彩看,它更容易接纳中性词语。事实上,X 的选择与 N 和构式后的语气有制约关系,并最终取决于句子表现出来的移情特征。当人称代词选择"咱(们)",且构式后有表达舒缓语气的成分时,构式对 X 的选择就会放宽,可以接纳贬义词语进入其中。这说明,句子表达中移情特征越明显,构式对 X 的选择限制就越小。这时,N 一般只能选择包括式的"咱(们)"。句尾如果使用语气词,则一般用语气比较舒缓的"行么、成吗、好不好"等。我们可以比较一下句尾的"好不好"和"行不行"。如:

[52] 你说话老是那么大声大气,音调放低点儿行不行?
[53] 咱不那么吝啬好不好?

王琴(2012)认为:"'行不行'出现在否定祈使句中,发话人请求答话人不要做某事,语气中表达出对答话人的不满、无奈、讨厌等主观感情"。① 她认为,这种用法的"行不行"也表示祈使,但因为包含了说话人的不满、无奈和讨厌,显然语气强度较大。余光武、姚瑶(2009)认为,"附加问形式的'好不好'的表达功能在不同语境下的具体解读,可

---

① 王琴:《"行不行"的固化及认知研究》,《中国社会科学院研究生院学报》2012 年第 4 期,第 86 页。

以大致分为四类：真问、弱问、假问和非问。其中，真问用于征询听话人意见；弱问在说话人请求得到对方认同时使用，二者的区分主要取决于听说双方的权势关系；假问的作用是弱化制止强度；非问的'好不好'已经不再是'问'而蜕变成了语用标记（言语行为标记），其功能主要是表达辩驳语气，弱化否定强度"。① 这说明，"好不好"具有弱化语气的功能。两相比较，我们可以看到，当"（N）不X"构式中的N选择了包括式人称代词，且构式后的语气较弱时，构式"（N）不X"对X的选择限制就变小。

　　从构式"（N）不X"中X的语义特点来看：首先，X需要具有述人性，即要求不论是动词还是形容词，都应该是描述人的动作、行为、变化、属性或者状态的。因为祈使作为一种言语行为，只能是针对人的请求或要求，只能发生在人与人的交际之中。其次，当X为动词性成分时，要求其具有可控性。因为"（N）不X"中的"不"本身是意愿性否定副词，当其出现在"（N）不X"构式中时，仍然保留着语义上的意愿性。而就祈使句来讲，它的语用功能在于说话人向听话人提出要求或请求。因此，说话人一般不会向对方提出一个行为人不可控的要求。宛新政（2008）认为，"'（N）不V'祈使句强调对听话人自主性的调动。这一特点也反映在它对动词V的选择上……语料也显示，'（N）不V'祈使句中的动词只能是自主动词。自主动词的特征是主体能够对动作进行自由控制，也就是说，自主动词的动作主体具备发挥主观性的可能。而这正是'（N）不V'祈使句对N的内在能动性进行调动的必备前提条件"。② 关于"（N）不X"对N的选择限制，我们认为宛新政的结论是有道理的，但是就动词的选择限制来看，应该是具有可控性的动词性成分，而不一定是自主动词。如：

　　［54］咱不吃光了，留点下顿儿吃好不好？

---

　　① 余光武、姚瑶：《"好不好"的表达功能及其形成的语用解释》，《语言科学》2009年第6期，第631页。
　　② 宛新政：《"（N）不V"祈使句的柔劝功能》，《世界汉语教学》2008年第3期，第22—23页。

［55］咱不<u>打死</u>它，让它长点记性就行了。

按照马庆株（1988）的看法，"吃光""打死"类动词性成分因为带上了结果补语，具有非自主性特征。但是，从［±可控］角度看，它们还都具有可控性。这样的动词性成分是可以进入"（N）不X"构式的。最后，当"（N）不X"中的X为形容词时，除要求其必须具有述人性外，这些形容词都需具有［+逆意愿性］特征。所谓逆意愿性就是说这个形容词所反映的属性或状态是说话人不愿意看到或认为不应该发生的。如：

［56］宝贝，放轻松了前进，咱不<u>紧张</u>。
［57］乖宝宝，要听话，宝宝，一定要等爸爸回来再发动！咱不<u>着急</u>，待满日子再出来！

"紧张""着急"都是说话人不愿意看到的现象。具有这类逆意愿性特征的形容词可以进入"（N）不X"构式，而那些具有［-逆意愿性］的形容词虽然也可以讲，但不是"（N）不X"构式。如：

［58］这是应当应分的嘛！<u>咱不高兴</u>，没的叫冯老兰去高兴？
［59］这个蛋糕说：<u>咱不好看</u>，咱好吃。

上述两个例子都是一般的否定句，不是否定祈使句。
（3）"（N）不X"构式的语用功能

宛新政（2008）认为"（N）不X"构式有特殊的柔劝功能。"'（N）不X'祈使句的'柔劝功能'主要表现为三个方面的特征：'亲昵特征'作用于情感，意在表示立场认同，动之以情，让'听话人'获得愉悦感；'自主性特征'作用于自我认识，意在调动内因、发挥积极性，让'听话人'得到自我价值的尊重感；'弱性特征'则作用于心理，意在削减、消除外在压力，让'听话人'获得一种轻松感"。[①] 这种分析是有道理的，

[①] 宛新政：《"（N）不V"祈使句的柔劝功能》，《世界汉语教学》2008年第3期，第25—26页。

但将"(N)不X"构式的语用功能仅仅分析为柔劝还是略显不足。因此，我们尝试对该构式的语用功能进行进一步的分析。

我们认为，"(N)不X"构式的柔劝功能主要通过"请求、建议、希望"三种行为方式体现出来，主要表现为"请求不继续""建议不进行""希望不发生"。

首先，"(N)不X"构式可以表现为说话人请求听话人不再继续某种行为动作。如：

[60] 宝柱爹：你怎么不听话呢？这几块鸡肉啊给花儿吃，好长结实点。

小花：<u>爷爷不生气</u>，我吃鸡肉。

[61] ——你父亲一句话就把你所有的梦打破了。

——我不相信。（有点沮丧）得了，妈，<u>我们不谈这个</u>吧。

当"(N)不X"构式表现为"请求不继续"时，语言环境中会反映出特定的权势关系，往往体现为晚辈对长辈、下级对上级的关系。这时，构式尾部通常还可以带上表示商量口吻的语气成分，如"吧""好不好"等。如例[60]可以变换为：

[62] 宝柱爹：你怎么不听话呢？这几块鸡肉啊给花儿吃，好长结实点。

小花：<u>爷爷不生气好不好</u>，我吃鸡肉。

其次，"(N)不X"构式可以表现为说话人建议听话人不进行某种动作行为。如：

[63] ——跟着我，你回来又受罪了。

——<u>不说这个</u>，我就想着能和你过个安顺日子。

[64] 朱老忠说："<u>我们不生气</u>，我们跟他们干！"

当"(N)不X"构式表现为"建议不进行"的语用功能时，往往体现为一种平等的权势关系，说话人为对方着想而提出相应的建议。

最后，"(N) 不 X"构式可以表现为说话人不希望听话人处于某种状态。如：

[65] 刚才南非的教练也过来了，他们紧张着呢，咱们不紧张，放开打。

[66] 小伙子，咱们不着急，开慢点儿。

这种情况下往往体现的是上级对下级、长辈对晚辈的权势关系或者临时建构起来的类似的这种关系。

从"(N) 不 X"构式的三种下位语用功能角度看，它们都带有柔劝的性质。

4. "X 什么 X"类否定祈使

"X 什么 X"类否定祈使其实还是一种笼统的表述，实际上表示否定祈使的只有动词性成分和"什么"的特定组合，主要包括"V 什么""V 什么 V""X 什么 Y"等结构式，为表述方便，以下一律都使用"X 什么 X"。吕叔湘（1981）在分析"什么"时认为其可以"表示否定"，其中"用在动词后。表示不满等"。① 如：

[67] 你跑什么，还有事跟你说呢！
[68] 你在这儿乱翻什么！
[69] 她整天瞎嚷嚷什么！
[70] 挤什么！按次序来。
[71] 你知道什么！

吕叔湘（1981）当时没有明确这种否定是语义否定还是语用否定，但是对这种否定的表情性却作出了恰如其分的分析，即可以表示不满。此后研究"什么"否定问题的专家、学者很多，我们这里只择取与否定祈使表达直接相关的成果进行简单总结。王海峰（2003）分析过"A 什么 B"

---

① 吕叔湘：《现代汉语八百词》，商务印书馆1981年版，第429页。

结构式，认为"复合词中间插入'什么'所形成的离析结构，这些结构均表示说话人的轻视、蔑视、不满以及否定等消极态度"。① 如：

  [72] 小孩子家，大人说话你老搭什么茬？
  [73] 咳，这孩子，我那是说你大舅哪，三千元的住院费，你蹦子不掏，光让你妈一人拿成吗？你个小孩子当什么真那……
  [74] 王院长哈哈大笑说：你不同意管什么用呀！

晏宗杰（2004）从汉语表达礼貌级别的视角分析了"V+什么+V"结构，认为"'V+什么+V'句式所表达的是'不要V'、'别V'或'没有必要V'的语义内容，具有表达不满情绪的语用功能，同时隐含着说话人烦躁、嫌弃、厌恶和些微的愤怒语气。说话人认为某种行为或言论显而易见是不合情理的，于是用反问的方式予以否定。虽然略显不够礼貌和客气，但因侧重于对自身不满情绪的发泄，对他人不会造成很大的心理伤害，因而是口语中普遍使用的表达不满情绪的一种反问句式"。② 可见，他认为"V+什么+V"结构具有否定祈使的功能，同时可以表达说话人的特定情感。姜炜、石毓智（2008）在探讨"什么"的否定功用问题时，认为"什么"是口语中使用频率非常高的否定标记，且和"没（有）""不"具有平行性。但"什么"表达否定功能具有相应的使用条件，即"它是通过对已经成为现实的状况的存在目的的否定，来达到对该状况发生的必要性的否定，并否定其继续存在的合理性。因此'什么'所否定的对象必须是与现实有关的"。③ 朱军（2014）在分析"X什么X"反问格式时也涉及了"V什么V"结构，但主要是从立场表达功能的角度进行的分析，认为"'X什么X'格式否定的是听话人动作行为或言语所隐含的态度和立场，否定对方的同时，也确立了自己的态度和立场"。④

---

① 王海峰：《"A什么B"结构式初探》，《四川大学学报》2003年第3期，第90页。
② 晏宗杰：《从"V+什么+V"看汉语表达的礼貌级别》，《汉语学习》2004年第5期，第32页。
③ 姜炜、石毓智：《"什么"的否定功用》，《语言科学》2008年第3期，第272页。
④ 朱军：《反问格式"X什么X"的立场表达功能考察》，《汉语学习》2014年第3期，第23页。

夏雪、詹卫东（2015）将"X 什么"类否定区分为言语行为否定和命题真值否定，其中的祈使性否定归入言语行为否定。袁毓林、刘彬（2016）在研究"什么"句否定意义的形成与识解机制时认为，"'什么'用在动词性成分之后，一般用来否定该动作行为发生的合理性，也就是不希望这种动作行为发生或继续发生，相当于一个否定性祈使句，带有制止或劝阻这种行为发生或继续发生的意味，意思是'不要（不用、别、不该）'。这里的'什么'表示否定，往往是说话人在听对方的话语之后，对对方的言语行为或话语内容表示不赞同，因而，通过引述对方话语的部分内容构成'V+什么'形式，从而表示否定意义"。①

前期相关研究为我们进一步讨论"X 什么 X"类否定祈使作了很好的铺垫。当然，这里还有一些问题值得深入研究：首先，"X 什么 X"类结构是否都表达否定祈使，如何判定是否表达否定祈使，还需要进一步研究；其次，"X 什么 X"表达否定祈使的原因是什么，姜炜、石毓智的"否定目的说"是否真正解释了此类表达的否定祈使动因，似乎还值得继续探讨。接下来，我们将主要针对这两个问题进行讨论。

首先，我们观察"X 什么 X"构式表达否定祈使的条件。前面我们已经论证，只有 X 为动词性成分时，这个结构才具备表达否定祈使的基本条件。那么，是不是只要 X 为动词就一定能够表达否定祈使仍是需要深入观察的一个问题。马庆株（1988）将动词区分为自主动词和非自主动词，自主动词可以进入"来/去+V+（O）+来/去"祈使结构，非自主动词不能进入这样的结构。从这个角度讲，自主动词可以进入一般的祈使句，而非自主动词都不能进入这样的结构。如果"X 什么 X"具有否定祈使功能，那么理论上非自主动词是不能进入这样的结构的，即使可以进入，也不能表达否定祈使。如：

[75] 他几次强调作业写完了，可母亲还是发现了问题，"<u>写完什么写完</u>，不还有英语没有写呢吗？"

[76] 起初大家认为她是很懂英语的，到后来才知道，<u>懂什么</u>

---

① 袁毓林、刘彬：《"什么"句否定意义的形成与识解机制》，《世界汉语教学》2016 年第 3 期，第 307 页。

懂，压根就一点ᵣ不明白。

上例都是非自主动词出现在"X 什么 X"结构中的情形。从例［75］来看，"写完什么写完"显然不是否定祈使，只是否定一种现实性的存在，即"写"的动作是存在的，但"写完"的结果是不存在的。从例［76］来看，"懂什么懂"也没有祈使功能，只是表达说话人的一种判断，即通过观察得出"她不懂英语"的结论。这种情形下的"X 什么 X"结构都不能表达否定祈使。接下来需要考察的一个问题是：当 X 为自主动词且可以进入"X 什么 X"结构时，是否必然表达否定祈使？我们看如下的例子：

［77］"咱们……走吧？……""走？没个结果，走什么走？白来一趟啊？……"王松山有些光火。韩副院长也说："别走别走，总得听梁同志表个态……"

［78］甲：吃。
乙：这个对。
甲：吃什么吃？没钱！
乙：没钱就别吃了。

例［77］显示，说话人提出"走"的建议，听话人只是对这个建议进行了否定，即否认"走"具有合理性，原因是"没个结果"。也就是说，"走什么走"表示不具备"走"的条件，因而"走"这个动作不能实施。这是对动作行为实施的原因进行否定从而否定动作的可行性或合理性，是对对方所提建议的否定，从而表达说话人特定的认识。此例的变换式也支持我们的看法。即：

［79］a "咱们……走吧？……""走？没个结果，不走！白来一趟啊？……"王松山有些光火。韩副院长也说："别走别走，总得听梁同志表个态……"

b *"咱们……走吧？……""走？没个结果，别走！白来一趟啊？……"王松山有些光火。韩副院长也说："别走别走，总得听梁同志表个态……"

例［78］显示，"吃什么吃"也是对对方提出的建议的否定，否定的原因在后续句中进行了说明，即"没钱"。也就是说，当前说话人（甲）否定对方建议的原因是因为不具备"有钱"这个条件。这句话没有明示出否定祈使的意思，因为不可以进行"别"变换，只能进行"不"变换。如：

[80] a 甲：吃。

乙：这个对。

甲：<u>不吃</u>！没钱！

乙：没钱就别吃了。

b *甲：吃。

乙：这个对。

甲：<u>别吃</u>！没钱！

乙：没钱就别吃了。

因此，一般认为"X 什么 X"可以表达"不要 V、别 V、没有必要 V"（晏宗杰，2004），"不要（不用、别、不该）V"（袁毓林、刘彬，2016）的看法，并不十分准确。确切地说，"V 什么 V"语义上表达的是意愿性否定：实施某个行为动作的理由或条件不具备，因此，不去实施这个动作行为。之所以说话人没有选用意愿性否定副词"不"，是因为"X 什么 X"结构除了能够表达"不"表达的基本语义外，还可以传达说话人特定的情感或态度。正如晏宗杰（2004）所言，"具有表达不满情绪的语用功能，同时隐含着说话人烦躁、嫌弃、厌恶和些微的愤怒语气……侧重于对自身不满情绪的发泄"。①

这样看来，前期研究中关于"X 什么 X"表情性的说法是没有偏差的，但是关于"X 什么（X）"结构表示否定由来的分析似乎不够合理。

---

① 晏宗杰：《从"V＋什么＋V"看汉语表达的礼貌级别》，《汉语学习》2004 年第 5 期，第 32 页。

姜炜、石毓智（2008）认为，"'什么'的否定功能和使用条件为：它是通过对已经成为现实的状况的存在目的的否定，来达到对该状况发生的必要性的否定，并否定其继续存在的合理性"，[①] 即合理性被否定的前提是对存在的目的进行否定。我们先看他们当时分析的例子。如下：

[81] 我和你至交相爱，分什么彼此？
[82] 他说有呢就有，没有就没有，起什么誓呢？
[83] 你呢，十九岁的年纪，认什么姑姑？

例［81］显示，说话人认为分彼此是没有必要的，原因在于"我和你至交相爱"。例［82］显示，说话人认为起誓是没有必要的，原因是"他"愿意说有和没有都无关紧要。例［83］显示，说话人认为认姑姑是没有必要的，原因是你不满足这样的条件，即"你是十九岁的年纪"。事实上，这里都不涉及目的问题。此外，"目的"是不具备可否定性的。因为目的是任何行动的导引者，它是先在的，行动是被导引的。所以说，对存在的目的进行否定从而否定合理性的说法是有问题的。

那么，"X什么X"构式有没有否定祈使的语用功能呢？我们认为，应该对"X什么X"构式的语用功能作分层分析："X什么X"构式的核心语用功能表示X不具有合理性，同时它有辅助表达否定祈使的作用。如：

[84] 吵什么吵，烦死人了。
[85] 补什么补，这么冷的天，让我夜里到大街上转圈圈？

上例中的"V什么V"构式都是说明V不合情理。从心理学的角度讲，人都是趋利避害的。于人于己有利的，说话人才倾向于去建议实施；于人于己有害的，说话人则倾向于去制止。"V什么V"构式表示V不合情理，即至少于人或于己是不利的，因此，说话人倾向去制止这样的动作

[①] 姜炜、石毓智：《"什么"的否定功用》，《语言科学》2008年第3期，第272页。

或行为发生，表现在语用功能上就是否定祈使。有时候，这种否定祈使会在语境中直接明示出来。如：

[86] 哭什么哭，把嘴给我闭上，一天天的。
[87] 看什么看，别看啦，都看了半天了，也没看出你看出什么门道来。

上例中的"把嘴给我闭上""别看啦"都是继"V 什么 V"之后明示说话人的否定祈使意愿。

现代汉语中还有"不 X"系列可以表达否定祈使，如"不要、不用"等。这在前期的成果中多有研究，此处不再赘述。

四 "别是""不是"与"别不是"

（一）"别是"的词汇化及语用功能

"别是"是现代汉语中常用的短语词。关于"别是"的词汇化，目前只有李思旭（2017）在讨论三音节固化词语"X 不是"时曾简单提及。不过关于"别是"的语义，前期倒是有所研究。吕叔湘（1981）在讨论"别"时认为，"别"可以"表示揣测，所揣测的事往往是自己所不愿意的。经常与'是'合用……表示揣测的部分如果是小句，只能用'别是'，不能单用'别'"。① 如：

别又弄错了吧｜天空乌云密布，别是要下雨了吧
约定的时间都过了，别是她有事不来了｜电话怎么老拨不通，别是电话机坏了

《现代汉语词典》在解释"别⁴"时认为，副词的"别""表示揣测，通常跟'是'字合用（所揣测的事情，往往是自己所不愿意的）"。② 李思

---

① 吕叔湘：《现代汉语八百词》，商务印书馆1981年版，第68页。
② 中国社科院语言研究所词典编辑室：《现代汉语词典》（第 7 版），商务印书馆 2018 年版，第 89 页。

旭（2017）同意前者的观点，认为"别是"有揣测义，且表示说话人所不希望、不愿意的事情。

前期的研究基本可以总结为这样几点：一是副词"别"有揣测义，可以单用，也可以与"是"合用；二是含有揣测义的"别""别是"所揣测的事情都是说话人所不愿意或不希望的，"别是"是一个表示揣测的语气副词。但这里仍有几个问题是不明确的：第一，"别"的揣测义是如何形成的；第二，"别是"是如何词汇化的；第三，表示揣测义的副词"别""别是"是否都表示说话人不愿意和不期望的事情。这些问题是接下来我们要讨论的重点。

1. "别"揣测义的形成

关于"别"的揣测义的来源，前期没有人研究。已有成果也均是围绕"别"的禁止、劝阻义（即表示"不要"的意义）的来源展开讨论。吕叔湘（1957）认为，"'不要'一词用久了已经失去原义，干脆成了一个禁止词。到了'不要'二字合音成'别'（北京）的时期，那就和'休'、'莫'等单词没有什么两样了"。[①] 江蓝生（1991），冯春田、王群（2006）也都支持合音的观点。不支持这种观点的主要有王力（1951）、太田辰夫（1957）和卜师霞（2002）。王力（1951）不同意"别"是"不要"合音的说法，认为"不"和"要"的合音该是 biao，而不是 bie。太田辰夫（1957）认为，"表禁止的副词'别'在明代就有一些，但用得较多是在清代。有人认为它是'不要'的减缩形式，但这是不正确的。它也可以说成'别要'，恐怕是从本来意义的'别（另外）'引申而来，成为委婉的禁止意义"。[②] 近来，卜师霞（2002）又提出一种假设，认为"把'别'看成蒙古语的借词无论从时间、地域还是语音上都可以解释得通。'别'极有可能是蒙古语的借词"。[③] 其中，冯春田、王群（2006）认为，"除表禁止的'不要'、'别要'、'别'之外，另有非禁止的连词性的'不要说'和表示揣测的副词性的'不要是'，与此相应地则有连词

[①] 吕叔湘：《中国文法要略》，商务印书馆 1947/1956 年版，第 310—311 页。
[②] 太田辰夫：《中国语历史文法》，北京大学出版社 1987 年版，第 282 页。
[③] 卜师霞：《关于否定副词"别"是"不要"合音的质疑》，《中山大学学报论丛》2002 年第 6 期，第 165 页。

性的'别要说'、'别说'和表示揣测的'别是'。显然,'不要说'也就是'别要说'、'别说','不要是'就是'别是',这能够说明表禁止和表揣测及连词性的词语里的'别'、'别要'跟相类的'不要'之间都存在原式与变式的关系"。①

从前期的研究来看,有一种情况值得注意,即关于"不要"合音为"别"究竟是从"别"的哪个意义上来讲的问题。也就是说,表示禁止、劝阻和表示揣测是否会有相同来源的问题。我们认为,表示揣测的"别"并不是源于"不要"的合音,"别"揣测义的形成应该另有来源。我们先来看现代汉语中"别"表示揣测的使用情形。如:

[88] "别又再来了吧!"佛林特抱怨道。"不会,我们不需要再涉一次水。过来看!"

[89] 匆匆忙忙赶到教室一看,连个学生和老师的影子都没有,"别停课了吧",我自言自语地说。

上例中的"别"可以用"或许""可能""恐怕"等表示揣测的副词替换,而句子的基本意义不发生变化。如:

[90] "可能/或许又再来了吧!"佛林特抱怨道。"不会,我们不需要再涉一次水。过来看!"

[91] 匆匆忙忙赶到教室一看,连个学生和老师的影子都没有,"恐怕/可能停课了吧",我自言自语地说。

"别"的这种用法出现的时间并不早。据我们调查,"别"表示揣测最早出现在清代的小说中。如:

[92] 大众俱都谈古论今,时至掌灯之后,金头虎贾明在胜爷背后念叨:"蛮子别跑了吧?怎么盗灯啊?"

[93] 这位镖头闻听,上下直打量蒋伯芳,遂说道:"你别找我

---

① 冯春田、王群:《副词"别"形成问题补议》,《汉语学报》2006年第1期,第36页。

的便宜吧，胜三爷是我师爷。"蒋伯芳说道："一点不假。"

从例［92］和［93］可见，上例中的"别"都不能替换为"不要"，倒是在"别……吧"框架中"别"均可以用轻读的"不是"替换，表示"可能""或许""恐怕"的意思。也就是说，这里的"别"都不能看作"不要"的合音，其揣测义应该另有来源。我们认为，表示揣测义的副词"别"源于动词意义上的"别"。我们看"别"的早期用法。如：

［94］帝釐下土，方设居方，别生分类。
［95］禹别九州，随山浚川，任土作贡。
［96］今妇执币，是男女无别也。男女之别，国之大节也，不可无也。
［97］今轮人以规，匠人以矩，以此知方圆之别矣。
［98］天生民而令有别，有别，人之义也，所异于禽兽麋鹿也，君臣上下之所以立也。

"别"早期为动词，是区分、分别、划分之意。如例［94］中"别生"是与"分类"对举，其中"别"即"分"。例［95］中"禹别九州"即"大禹将天下划分为九个州"。此二例中的"别"均为动词。例［96］中"男女之别""男女无别"中的"别"当为名词，表"区别""差异"之意。例［97］中"方圆之别"中的"别"也是名词，表示"差异""不同"。例［98］中"别"还是名词，表示"差别""差异"。至东汉时期，"别"出现了"离别"义。如：

［99］令百姓远弃先祖坟墓，破业失产，亲戚别离，人怀思慕之心，家有不安之意。
［100］春时，子侯于北馆与家别。

事实上，动词"别"和名词"别"分别反映的是人类的一种认知活动及认知结果，即人类关于"划分"的认知活动和认知结果。"划分是将一个属分成几个种的方法,即由较大的类过渡到较小的类,思维进程的方向是由一般→特殊→个别。"① 如"禹别九州"就是禹将"天下"根据一定的标准划分为九个不同的区域。"别"的结果就是不同的个体之间存在了差异,这种差异也往往就是"别"的依据。所以,"别"必定选取一定的标准确定一个个体,并以这个个体为参照对象,依次"别"出其他的个体。那么到"离别"的"别"就是以原点为参照点,离开这个原点就是"离别"。因此,"别"的认知可以通过二维的方式表示。当其表示"划分"(即"区别")的意义时,参照点/物与考察点/物之间反映为显性的"划分"关系,如图 2—15 所示:

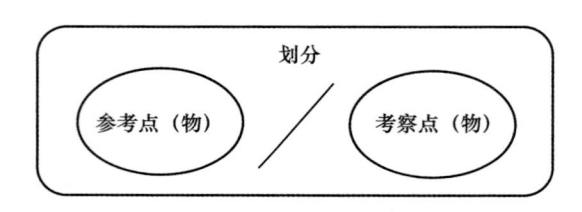

图 2—15 "别"的显性划分认知

在这种认知作用下,相对于参考点/物来讲,考察点/物就是另外的点/物。我们可以把参考点/物放大为基点域,则考察点/物就是对象域。基点域是人类认知的基础,是考察对象域的前提。当"别"表示"离别"的意义时,基点域和对象域反映为隐性的"划分"关系,如图 2—16 所示:

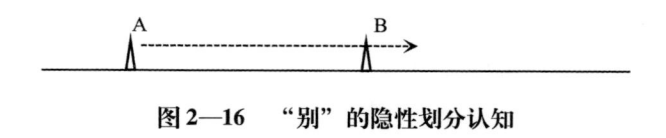

图 2—16 "别"的隐性划分认知

"别"在离别的意义上强调从基点域(实际上就是一个点)向对象域(以基点域为参照的另外一个点)的过渡过程,其结果是反映出两个不同的点的差异,这也正反映了"别"的划分关系。对于 A 点来讲,B 点就

---

① 陆玉文:《论分类》,《逻辑与语言学习》1992 年第 4 期,第 13 页。

是其他点，与 A 点之间必定存在差异，具有特异性。在这种认识模式里，由基点域向对象域考察，有推理关系。从划分关系的角度看，主体对基点域和对象域进行比较，从而得出以基点域为基础的认识结论，即推断出对象域与基点域不同，为"其他"。从位移（即"离别"意义上的"别"）的角度看，主体以基点域的点为参照，已经发生位移的任何一点都是与这一点不同的，即另外一点与基点域是有差异的。这种认知模式为"别"引申出"另外"义奠定了认知方面的基础。如：

［101］其罢乐府官，郊祭乐及古兵法武乐，在经非郑卫之乐者，条奏，别属他官。
［102］如有不便，即依事别言，不得苟趣一时，以乖隐恤之旨。
［103］物情好猜，横立别解，本旨向意，终不外宣。
［104］予其逊位别宫，归禅于宋，一依唐虞汉魏故事。

例［101］和［102］中的"别"处于状语位置上，表示"另外"义；例［103］和［104］中的"别"处于定语的位置上，表示"另外的"之意。这也就是太田辰夫（1957）所谓的指别之意。"别"的句法位置由述语和中心语的位置向外围移动，出现在状语和定语的位置上，为其副词化提供了合宜的句法条件。当"别"出现在 VP 之前时，就基本完成了"别"的副词化，如例［101］和［102］。再如：

［105］汎滥异形，首毖终肥。别有山水，路邈缅归。
［106］若说动时见得是一般物事，静时又见得别是一般物事。

这种用法中的"别"均为副词，表示"另外"。如例［106］中"别是一般事物"即"另外是一样事物"。副词用法上的"别"所使用的认知模式仍旧是动词意义上的"别"的认知方式。仍以例［106］为例，在说话人看来，是把"动时"的情形看作基点域，把"静时"的情形看作对象域，"动时"是一般物事，在此基础上推断出"静时""别是一般物事"。这反映的仍然是从基点域到对象域的推理关系，是基于主体对对象域和基点域的认知而进行的推理。

"别"的副词用法还有一种情形。如：

[107] 蛮子别跑了吧？怎么盗灯啊？
[108] 你别找我的便宜吧，胜三爷是我师爷。
[109] 香五你看，这别是谁娶媳妇吧？

在这种情形中，"别"字句后都有一个表示测度问的语气词"吧"。这种用法恰好与前述的推理相矛盾。因为推理是从前件向后件得出结论，而结论是不可再进行测度的。即主体在基点域的基础上，通过发挥个人的认知主动性与对象域比照，得出一个确定的结论。这个结论一旦确定则不可使用表示测度问的语气词"吧"。如：

[110] *其罢乐府官，郊祭乐及古兵法武乐，在经非郑卫之乐者，条奏，别属他官吧？
[111] *予其逊位别官吧？归禅于宋，一依唐虞汉魏故事。

从基点域和对象域的角度看，这种使用情形下，基点域都是确定的，但对象域或是不确定的，或是没有唯一的推理关系。以例[108]和[109]为例。例[108]中，基点域的情形是"十三省总镖局的镖头胜英是蒋五爷的三哥"，对象域的情形是"胜英是蒋五爷的师爷"，从基点域向对象域考察，在逻辑推理上并不能直接得出就是"找便宜"的结论。例[109]中，基点域的情形是"山口外东首，高搭一座彩棚，红、绿、蓝、黄五色彩绸，八个红绸子彩灯"，这里的对象域本来就是不确定的，因为这种情形下对应的对象域可能是喜事（不亚如办喜事的一般），也可能是丧事（这是闹丧呢）。因此，在逻辑推理上也不能直接得出其中哪一个是确定的结论。在这种情形下，原来的推理变成了推测，副词"别"也从"另外"义虚化为"可能、或许"等揣测义。

副词"别"从指别意义到揣测意义的变化一方面具备上述的认知基础，同时也与句法环境有关。"别"在我们上面所述的使用情形中从指别的副词虚化为表示"可能""或许"的揣测语气副词，也是语境吸收的结果。"语境吸收就是指在词语的使用过程中诱发某个成分虚化的上下文。"① 某个成分在特定的语言环境中高频使用，就容易吸收这种语境中的特定的语气。我们发现，从明清时期起，"别"开始高频出现在表示测度问的环境中。由于受到这种语言环境的影响，"别"吸收了测度语气功能，成为表示揣测的语气副词。

综上所述，我们认为：一方面，表示"区别""离别"的动词"别"和表示"指别""揣测"的副词"别"有共同的认知基础，这是动词"别"向语气副词"别"发生语法化的认知基础，是人转喻认知的结果；另一方面，"别"所处的句法环境也影响"别"语法化，其中语境吸收在这个过程中发挥了相当的作用。

事实上，"别"从动词虚化为指别副词，再到语气副词，还并不是其终点。从目前的使用情形来看，"别"仍旧处于虚化的路上。如：

[112] 打着手电去报告，别又踩沟里了。
[113] 夫人心中不愉快，你以后千万别又蹦又叫的，知道么？

这里的"别"与前面我们讨论的指别副词、语气副词都不同。在例[112]和[113]的使用情形中，表示"担心"的情态。高增霞（2003）就认为"别"经历了"禁止劝阻、警告告诫→担心—认识情态→认识情态"的虚化过程。按照语法化的规律，"别"虚化后仍然遵循"保持原则"。"实词虚化为语法成分以后，多少还保持原来实词的一些特点。虚词的来源往往就是以这些残留的特点为线索考求出来的，残存的特点也对虚词的具体用法施加一定的限制。"② "别"发生情态化后，仍然保留着否定含义。当然，这个"别"的来源，很大程度上可能是"不要"合音的"别"。

2. "别是"的词汇化

关于"别是"，吕叔湘（1981）、《现代汉语词典》（第7版）及李思旭（2017）都有论及，主要言及"别是"的语义和功能。从前期的研究看，他们也都倾向于将"别是"看成词，但对"别是"的词汇化问题却都没有详细讨论。我们拟在前期研究的基础上，深入讨论"别是"的词

---

① 王明洲、张谊生：《浅议语法化的若干机制》，《理论月刊》2014年第8期，第79页。
② 沈家煊：《"语法化"研究综观》，《外语教学与研究》1994年第4期，第19—20页。

汇化问题。

　　首先，我们考察词汇化"别是"的来源。理论上，表示揣测的语气副词有两种可能的来源：一是历史发展过程中跨层组合"别+是"的重新分析导致的词汇化；二是表示揣测义的"别"和"是"的复合化。但是，从"别是"的词汇化和"别"作为揣测语气副词的形成时间来看，都是在清代完成的。这就说明，"别"和"是"复合化成为"别是"不应该是"别是"的来源。因此，我们主要考察第一种情形，即跨层组合"别+是"重新分析导致的词汇化。

　　"别+是"连用最早的使用情形如下：

　　[114] 今者支使侍御以好善心，得稽古力，骋真才子之藻思，辱大丞相之笔踪，推为宾席殊荣，<u>别是儒家盛事</u>。

　　[115] 愁来饮酒二千石，<u>别是风流贤主人</u>。

这样的用例在唐代首现，此后开始大量使用。如：

　　[116] 云："时寒烧向火。""翠微递罗汉意作生？"云："<u>别是一家春</u>。"（五代）

　　[117] 便即是得此道理于己，不是尧自是一个道理，舜又是一个道理，文王周公孔子又<u>别是一个道理</u>。（北宋）

　　[118] 世路风波不见君，一回见面一伤神。水流花落知何处，洞口桃源<u>别是春</u>。（南宋）

　　[119] 波罗<u>别是一仙宫</u>，美女人家景象中。（元）

　　[120] 跑了有十数多里头，天色渐渐开亮，只是黄云紫雾，<u>别是一般景色</u>。（明）

　　[121] 原来不是那位卧云阁的东家，<u>别是一个袅袅婷婷的少妇</u>。（清）

　　这种使用情形下的"别是"是一个跨层结构，"别"是指别副词，表示"另外"；"是"为判断动词，与其后的 NP 有句法结构关系。从例[121]可见，"别是"与"不是"可以相对，这更加证明"别是"不是一个同层结构，更不是词。

至清代，"别是"出现了另外的用法。如：

[122] 后又转想，从来没听见他说有这门亲戚，别是他见我行李盘费皆无，私自逃走了罢。或者他年轻幼小，错走了路头也未可知。疑惑之间，只见包兴从下面笑嘻嘻的上来。

[123] 直走了七八里路，也没走到玉皇阁。心中纳闷，别是柳安儿冤我吧？

[124] 三位哥哥，树林中有人，别是九龙山踩盘子的吧？

[125] 别是那个山西雁罢？好狗娘养的！

从"别是"后续成分看，主要有两种用法：一是"别是 VP"，VP 可以是动词性成分，也可以是句子形式；二是"别是 NP"，NP 主要是名词性成分。另外，"别是 VP/NP"后起初都必须跟着语气词，主要是"吧"，句子的语气主要是测度问或陈述。实际上，我们可以把这样的表述看成是"别是 + VP/NP + 吧/罢"结构。"别是 + VP/NP + 吧/罢"结构在使用中也有脱落"吧/罢"的情形。如：

[126] 别是想起什么来生了气，叫出去教训一场。

[127] 别是这两个孩子，约会了来的。

[128] 别是乖女儿想人家想痴了心，错把凭京当马凉，他怎会在这塞外？

从"别"语法化为表示揣测语气副词的时间和表示揣测的"别是"形成的时间来看，二者是在相同的历史时期。正常情况下，如果揣测语气副词"别"和判断动词"是"复合成为表示揣测语气的副词"别是"，至少需要一定的时间条件。而从"别是"的形成看，这种条件是不具备的。我们看以下的例子：

[129] 蛮子别跑了吧？怎么盗灯啊？（清《三侠剑（中）》）

[130] 银龙说道："你别是做梦吧？"傻英雄说道："你真猜着

啦。"(清《三侠剑(中)》)

例[129]和[130]是同一时期、同一作者的作品中出现的例子,说明"别"和"别是"是在相同时间点发生语法化的。因此"别是"只能另有来源。我们认为,揣测语气副词"别是"源于跨层结构"别+是",其原因我们将在"别是"的词汇化机制部分进行分析。

其次,我们考察"别是"词汇化的机制问题。表示揣测语气的副词"别是"由"别+是"跨层组合并语法化为"别是",主要是重新分析、语境吸收和近义结构类推的结果。

第一,表示揣测的语气副词的形成受其所在句法环境的影响,经重新分析而发生语法化和词汇化。"别+是"早期用例都是"是"后为NP。如:

[131] 闻苑年华永,嬉游别是情。
[132] 山西别是一族,尤为劲悍,唯啖生肉血,不火食,胡人谓之"山西族"。

在这种用法下,"是"均为判断动词充当述语,其后的 NP 是"是"的宾语。"别"与"是"之间没有句法结构关系。当 NP 被 VP 取代时,因原有句法结构平衡被打破,句法结构关系也发生了变化。如:

[133] 今日白等了一天,并没见有个人来,别是那老苍头也死了罢?
[134] 大叔,别是有什么猛兽吧?

上例中的"是"不再能分析为判断动词。这个"是"可以看作出现在"是 VP 吧"结构中,已然是一个强调标记。此时一个重要的伴生现象就是韵律的变化。当"是"后成分为 VP 时,"别是"成为一个音步,其后可以停顿,而且"别是"都失去了原有的重音,读得比较轻。句法环境和韵律条件的变化促使对"别是"进行重新分析,导致"别是"词汇化。

第二,"别是"的词汇化也是语境吸收的结果。进入清代后,"别是"

开始大量出现在"别是……吧"语境中。如：

　　［135］中镖者<u>别</u>是朱光祖<u>吧</u>？
　　［136］艾虎说："三位哥哥，我怎直晕哪！"胡爷说："<u>别</u><u>是</u>真不好<u>吧</u>？"

从"别是……吧"所在的语境看，都表示说话人举棋不定，虽然有所认知，但又不能确定。如例［135］中"一听声音甚熟"表示这是说话人判断的依据，但句尾的测度疑问语气词"吧"又说明说话人不能确认。例［136］是通过不同叙述对象的对话反映了"别是"处于说话人有所判断又不能确定的语境中。当"别是"高频出现于"别是……吧"这样的语境中，就会吸收语境中相应的意义。尤其是当其后的"吧"可以脱落时，这个"别是"就最后完成了语境吸收。如：

　　［137］<u>别是</u>传染病？
　　［138］我甚至怕你<u>别是</u>出了什么意外，我为你隐隐地担心。

如果在例［137］中，句尾的疑问语气还有相当的作用的话，那么到例［138］显然就是"别是"承担了原来框架的功能。

　　第三，揣测语气副词"别是"的形成也在一定程度上受到"不是……吧"的类推影响。从"不是……吧"和"别是……吧"形成的历史时期看，前者先于后者。据李思旭（2017），"在'别不是'词汇化之前，表揣测义'别是'在清代已经词汇化了，主要用在疑问句中，句末常常有疑问语气词'罢'或'吧'与其共现，一起表达揣测义……表揣测义的'不是'在晚唐五代已经发生了词汇化，明清时继续使用"。① 这种看法是可信的。从语义角度看，"不是……吧"和"别是……吧"具有共同的语义基础；从语用功能角度看，它们也有相近的语用功能，二者在很多情形下具有替换性。如：

---

① 李思旭：《三音节固化词语"X不是"的表义倾向及词汇化》，《世界汉语教学》2017年第1期，第77页。

［139］a "<u>不是</u>要赶我们走吧？" 义工们有点紧张。→
　　　 b "<u>别是</u>要赶我们走吧？" 义工们有点紧张。
［140］a 我这<u>不是</u>在做梦吧。→
　　　 b 我这<u>别是</u>在做梦吧。

两个结构在共同的语义和功能的基础上，必然会发生一定的影响。因为"不是"的词汇化发生在先，这就可能影响到"别是"的语法化和词汇化。因此，我们认为，"别是"的形成在一定程度上也受到了"不是"类推的影响。

第四，"别是"的语法化和词汇化也受到使用环境的影响。语料核查显示，跨层的"别＋是"基本都出现在书面语体中。这种特征从"别＋是"首次出现，一直到现代汉语中基本都是如此。如：

［141］兰生不当户，<u>别是</u>闲庭草。（李白诗）
［142］虽然<u>别是</u>洞天景，胜似蓬莱阆苑佳。（《封神演义》）
［143］进了正殿，转过花厅，真个闹中静境，<u>别是</u>一番气象。（《木兰奇女传》）
［144］欲题红叶无流水，<u>别是</u>桃源一段愁。（宋词）
［145］白白与红红，<u>别是</u>东风情味。（宋笔记）
［146］三为调味奇特，<u>别是</u>一方。（现代）

"别＋是"多出现于诗词以及小说、笔记的叙述语言中，现代的"别＋是"显然是承古而用。它们一个共同的语体特点就是基本都在书面语体中出现。而揣测语气副词"别是"的语体环境与之截然相反，基本都是在口语中出现。此前我们所举各例均为口语语体。江蓝生（2008）认为，"构词层面的叠加现象大多发生在口语中那些高频使用的同义常用词之间，叠合而成的三音词多是通行在某些方言中的口语词，这说明口语和高频使用是叠合词产生的土壤"。[①] 事实上，口语语体不仅对叠合词的形

---

① 江蓝生：《概念叠加与构式整合——肯定否定不对称的解释》，《中国语文》2008 年第 6 期，第 486 页。

成有着很大的影响，对其他语法化现象的发生也有一定程度的影响。因为高频使用的一个条件就是口语中的使用频率一定高于书面语。因此，我们认为，"别是"的语体特征也相应地影响了揣测语气副词"别是"的形成。

综上所述，我们认为：揣测语气副词的来源是后接 NP 的跨层结构"别 + 是"。当"别是"后接成分出现 VP 时，"是"首先发生了语法化，成为强调标记。在重新分析、语境吸收、"不是……吧"结构类推以及语体特征等因素的共同影响下，最终成为表示揣测语气的副词"别是"。

3. "别是"的语用功能

关于"别是"的语用功能，前期的看法基本一致。从吕叔湘（1981）、《现代汉语词典》（第 7 版）到李思旭（2017），基本都认为"别是"表示揣测，所揣测的事往往是自己所不愿意、不期望的。我们认为，语气副词"别是"表示"揣测"这种说法是没有问题的，但认为所揣测的事情往往是自己所不愿意、不期望的，还值得继续考察。

从"别是"所在的大部分语言环境看，所揣测的事情往往是说话人不愿意、不情愿的。就倾向性规律来讲，这应该是没有问题的。如果我们把"别是"所揣测的事情用 X 来表示，X 有两种表现：一是 X 本身就具有与人常规意愿相反的负向性，如：

[147] 妈妈忙站起来："怎啦，别是孩子生病吧？"
[148] 今晚你猜枚老是输，别是喝多了吧？
[149] 田忌："好像是钟离春……"
　　　孙膑："我听见了……"
　　　田忌："外面打起来了……"
　　　孙膑："兵不厌诈，别是假的……"

"孩子生病""喝多了""假的"都是主体所不愿意看到的。在这种情形下，当然表示主体对其所不愿意、不期望的事情的揣测。二是 X 本身并没有意愿倾向性，但是在"别是"之后出现时，体现出一定程度的意愿负向性。如：

[150] 有人说老虎担水的时候,望着井底发呆,别是想把村里最后这口井也填填。

[151] 王伟,问你件事儿,你老跑广州,别是找了个广州的女朋友吧?

如果单纯地看"别是X"中的X,"想把村里最后这口井也填填""找了个广州的女朋友"本身都没有意愿倾向性。但是在上例中出现时,确实在一定程度上含有主体不愿意、不期望的含义。这种含义是否就是"别是"的作用,我们持怀疑态度。如:

[152] 晚餐前我们忽见窗外很远的一片水,大家猜,别是贝加尔湖吧?

[153] 看着孩子进门时那种神采飞扬的劲头,母亲既兴奋又迟疑,"别是真的考过了吧?"

从例[152]看,"窗外的一片水是否贝加尔湖"并不是主体期望或不期望的:一方面,一个客观存在的湖本身不会有意愿倾向性;另一方面,主体对其也不会构成是否期望。显然这里的"别是"只是表示揣测,没有"不期望、不愿意"之意。从例[153]看,"孩子通过考试"是人们常规的正向期待,不可能是主体不愿意或不期望的。也就是说,"别是真的考过了"不可能表示"不期待、不愿意"。这样看来,我们需要对"别是X"中"别是"的语用功能进行重新考察。

我们认为,"别是"表示揣测这种说法没有问题,但是说所揣测的事情是不愿意、不希望的,这显然不合语言事实。语料核查显示,"别是X"中的X只是出乎主体意料,并没有绝对的意愿倾向性。因此,我们可以把语气副词"别是"的语用功能概括为"意外性揣测",表示"别是X"中的X是出乎主体意料之外的事情。这既符合"揣测"的特性,也符合"别"的语义倾向。从揣测和事实的对比结果来看,揣测的结果或者与事实相符,或者与事实不符。如果揣测的结果与事实不符,就是"意外"。所以"意外"应该是"揣测"的应有之义。另外,"别"的本意是"另外",不论是另外的事物,还是另外的事件,对于实施揣测的主体来讲都是意料之外的。因此，从这个角度看，"别是"本身就蕴含了"意外"性。故而，我们认为，"别是"的语用功能是表示意外性揣测。

此外，从说话人的角度看，"别是"属于正向表述，即"别是"表述的就是说话人当时的想法，认为事物或事件出乎个人意料，也就用表示出乎意料的构式表达出来。

（二）"不是"的词汇化及其语用功能

1. 揣测语气副词"不是"的来源

现代汉语中关于"不是"的研究成果很多。与我们的研究对象相关的成果包括郭继懋（1987）、史金生（1997）、殷树林（2011）、郑贵友（2014）等。他们都研究独立使用的"不是"。直接将特定用法上的"不是"定性为表示揣测的语气副词的是李思旭（2017）。"表揣测义的'不是'在晚唐五代已经发生了词汇化，明清时继续使用。"① 揣测语气副词"不是"的常规用法是用在"不是……吧"框架中。如：

[154] 你们这<u>不是</u>开玩笑<u>吧</u>？
[155] 该<u>不是</u>因为他那句名言<u>吧</u>，将军赶路，不追小兔。
[156] 晓晴，我终于找到你了，这<u>不是</u>做梦<u>吧</u>！

从"不是……吧"框架的语气角度看，例[154]使用问号，表示一定程度的疑问，例[155]已经没有疑问语气，例[156]是感叹语气。语料核查显示，"不是"表示揣测义时基本只能出现在"不是……吧"框架中。与之平行的还有"不是……吗""不是……么"框架。如：

[157] 惠施说，你不哭也就够了，又鼓盆而歌，<u>不是</u>太过分了<u>吗</u>！
[158] 你唱了那么多年的民歌，<u>不是</u>一直梦想着要出唱片<u>吗</u>？
[159] 一面倡言科举取士，一面又用种种方式抵消科举取士的

---

① 李思旭：《三音节固化词语"X不是"的表义倾向及词汇化》，《世界汉语教学》2017年第1期，第77页。

作用，<u>不是</u>非常矛盾<u>么</u>？

　　［160］俺才不那么傻呢？俺自己讲出去，<u>不是</u>自己挖自己的墙脚<u>么</u>？

"不是……吗""不是……么"框架是表示确认的框架，和"不是……吧"框架并行使用。

　　我们认为，表示揣测语气的副词"不是"来源于"不是……吧"框架，而这个框架始源于"是不是 X"疑问结构。"是不是 X"是个选择问结构，需要就疑问点用"是"或"不是"回答。当 X 为 NP 时，显现为成分焦点。如：

　　［161］人民群众是历史的主人这一观点<u>是不是</u>马克思主义历史唯物主义的理论？

　　［162］混杂在屋子里的所有的声音凝成的共同的一句问话是：<u>是不是</u>刘招华？

当 X 为 VP 时，显现为命题焦点。如：

　　［163］如果你是销售部经理，你不干了，那么销售人员<u>是不是</u>都要跟你走？

　　［164］3G 门户上市之后，你<u>是不是</u>要买一个飞机才能给自己增加更多的压力？

选择问句的一个特点就是要求听话人就疑问点作出回答，这种互动性表现出一定程度的强制特征，是一种比较典型的"问—答"式互动。这种问答式互动表现为说话人确有疑问，并要求听话人就其疑问作出明确回答。说话人实施的仅仅是发问行为，没有个人的推断出现在交际中。当说话人对所言对象有所判断时，就可能产生新的言语行为，主要表现为言语交际中出现了使用表示测度问语气词的"吧"。如：

　　［165］这哪来的美发厅？特价书屋呢？怎么回事？揉了揉自己

的眼睛,<u>是不是</u>半年没来认错路了吧?

[166] 好,所以它成臭的,<u>是不是</u>它成臭的了吧?

[167] 老何呀,你看时间也不早啦,<u>是不是</u>我们今天就到这里吧?

从例[165]来看,"是不是"不是向听话人提问,而是说话人对自己的判断产生了怀疑。例[166]中说话人先对某种情形进行了认定,然后再使用"是不是",显然重点不在问,而是提示对方认可自己的观点。例[167]显示,说话人认为时间不早,应该"到这里结束"。说话人只是以"是不是……吧"框架进行建议,并没有疑问语气在内。从"是不是X"到"是不是X吧"的演变,其功能后果表现在两个方面:其一,原来的疑问变成了弱问,有些"是不是……吧"框架已经没有疑问的功能,转而产生了其他的交际功能;其二,随着疑问功能的弱化,句子的表情强度也随之降低。事实上,"是不是……吧"框架不论表示弱问、求证还是建议,它都有一个基本的特征,就是说话人对所言对象有了一个判断,但是这种判断对于说话人来讲又不能确定。这就是测度产生的基础。"是不是……吧"框架在交际中还有一种拆解分化的用法,即拆解成"是……吧"框架和"不是……吧"框架。先看"是……吧"框架。如:

[168] 美国共产党,你<u>是</u>唬我<u>吧</u>?就是美国有共产党,也是修正主义!

[169] 鲁豫:吃的过程<u>是</u>很煎熬的<u>吧</u>?
王杰:煎熬,煎熬。

[170] 小姐,您<u>是</u>子文兄的小妹<u>吧</u>?

"是……吧"框架的高层语义表示揣测。再看"不是……吧"框架。如:

[171] 鲁豫:那时候<u>不是</u>崇拜黄日华的年代了<u>吧</u>?
赵薇:不是了。

[172] 你<u>不是</u>来骗我的<u>吧</u>?

[173] 东海，你<u>不是</u>桃花源中人<u>吧</u>？

"不是……吧"框架具有和"是……吧"框架相同的高层语义，都表示揣测。既然两个框架能够同时存在，必然各有其存在的理由。也就是说，两个框架之间必然在某些方面存在差异。首先，现实交际显示，对两个框架的回应方式不同。从倾向性上看，对"是……吧"框架的回应可以是肯定的，也可以是否定的。如：

[174] 张：这<u>是</u>物理实验室<u>吧</u>？
　　　 白：<u>放化的</u>。
[175] ——您这房子<u>是</u>接出去的<u>吧</u>？
　　　 ——这房子整个<u>是</u>接出的，原来就到这儿孩儿。
[176] 鲁豫：所以你<u>是</u>家里负责挣钱的那个人<u>吧</u>？
　　　 吴宗宪：<u>男人就认了吧，赚钱跟花钱的永远都不是同一个人</u>。

而对"不是……吧"框架的回应多是否定的。如：

[177] "这<u>不是</u>做梦<u>吧</u>？""怎么会是做梦？我们是周总理的小客人嘛！"
[178] "你们<u>不是</u>本村人<u>吧</u>？"……"我们是湖南花垣县过水村的。"
[179] "你<u>不是</u>这个家里的孩子<u>吧</u>？"……"<u>不是的</u>。"

两个框架的这种差异可以从完型的角度进行分析。"是……吧"框架从肯定和否定的角度构成一个完型，也就是肯定回答和否定回答都可能作为图形显现出来。而"不是……吧"框架只能凸显否定的部分，即只有一个图形。

其次，从对两个框架的回应角度看，二者的表情强度也存在差异。比较来讲，对"不是……吧"框架的回应显现出更强的表情性。如：

［180］"<u>不是</u>想让我一人把墙全刷了<u>吧</u>?""你这人怎么那么没劲呵。"
　　［181］"<u>不是</u>人害的<u>吧</u>?"另一个人问。"<u>不是</u>,百分之百不是。"
　　［182］"你,<u>不是</u>仅仅想玩弄她<u>吧</u>?""不,不,绝不是……绝不是。"

江蓝生（2008）在分析概念叠加和构式整合问题时认为,"不希望的事情、意外的事情没有发生（没 VP）是事物的常态,属于无标记信息,在通常情况下,不会刺激人们的交际动机,没有必要去说。但由于不希望的事情是人们不喜欢、想要避免的,所以不希望的事情差一点儿发生,是不同寻常的事情,属有标记信息,会刺激人们的交际欲望"。① 这和我们分析的两种框架的机理相合。"是……吧"框架对于说话人来讲是正向揣测,属于无标记信息。"不是……吧"框架对于说话人来讲是负向揣测,属于有标记信息。有标记信息本身就带有较强的表情性,当人们回应此类信息时,也倾向于使用表情性明显的表达方式。可以这样认为,信息的标记性与表情强度成正比。这也正好印证了我们对两个框架的完型分析。

　　这样看来,现代汉语中因交际需要并适应交际需求,"是不是 X"经历了分化,并完成了功能的转型,其基本演化路径如下:

$$
\text{是不是 X?（选择疑问）} \rightarrow \text{是不是 X 吧?（弱问/揣测）}
$$
$$
\rightarrow \begin{cases} \text{是 X 吧?（正向揣测）} \\ \text{不是 X 吧?（负向揣测）} \end{cases}
$$

从语义和功能的角度考察,揣测语气副词与"不是……吧"框架具有高度相似性。我们推测,"不是……吧"框架就是揣测语气副词"不是"的直接来源。

---

① 江蓝生:《概念叠加与构式整合——肯定否定不对称的解释》,《中国语文》2008 年第 6 期,第 492 页。

2. "不是"词汇化的诱因

李思旭（2017）认为，表示揣测的"不是"在晚唐五代时期已经发生了词汇化，但没有论及词汇化的诱因。我们认为，"不是"的词汇化与韵律特征、信息完型、语境吸收等因素相关。

首先，信息完型引发的韵律调节导致"不是"组块化。洪波（2009）认为："我们感知并理解语言，实际上是要把语言中不同层级的语言单位处理成不同层级上的前景和背景，也就是处理成完型单位，而后才能感知和理解语言。在日常话语交际中，句子就是最基本的完型单位，因此每个独立的句子都要经过前景化和背景化处理，这种处理不仅仅是听话人感知并理解话语过程中的一种自觉或者潜意识行为，也是说话人为了使听话人更好地感知并快速地理解话语而采取的自觉的或潜意识策略，自然语言通过重音等手段来区分出语句的焦点与非焦点，其根本的动因就在于这种自觉或潜意识策略的具体实施。"①"不是 X 吧"框架在实际交际中也存在相同的现象。为表述方便，我们把"不是 X 吧"框架中的"不是"记为 A 段，把 X 记为 B 段。如：

［183］她笑着对我说："你不是记者吧？"
［184］吴官正说："这不是说现在吧？"

现实交际中，上例中的 A 段和 B 段在重音调配上都有两种不同的情形，即"A 重 B 轻"和"A 轻 B 重"。也就是 A 和 B 都有可能被前景化，从而在交际中被强调出来。当 A 段成为说话人的表述重点时，凸显的是否定判断，着重其中的否定。当 B 段成为说话人的表述重点时，强调的是对 X 的揣测，不带有否定判断的意味。这就是洪波（2009）所说的"说话人为了使听话人更好地感知并快速地理解话语而采取的自觉的或潜意识策略，自然语言通过重音等手段来区分出语句的焦点与非焦点"。当 A 段不再作为前景出现时，当然就不会被赋予重音，从而出现"A 轻 B 重"的重音调配模式，即"不是"语音发生轻化。当"不是"作为一个信息

---

① 洪波：《完型认知与"（NP）V 得 VP"句式 A 段的话题化与反话题化》，见吴福祥、崔希亮主编《语法化与语法研究（四）》，商务印书馆 2009 年版，第 89—90 页。

块被处理时，就在一定程度上促使其结构上也组块化。

其次，框架"不是 X 吧"构式化导致"不是"的重新分析。"不是"在现代汉语中本来就是一个典型的否定判断结构。"Y 不是 X 吧"表示说话人对 Y 进行是否为 X 的判断，因为测度语气词"吧"的介入，使这个否定判断带上说话人的主观性，即说话人对其所进行的判断并没有十足的把握。"Y 不是 X 吧"中的"是"原为判断动词，因此，它最容易接纳的 X 应该为 NP，从而组成"Y 不是 NP 吧"。如：

[185] 欧洲近几年向后看的劲头不亚于向前看的努力，这该<u>不是一种巧合吧</u>？

[186] 从电视上看到您上岸时的精神状态非常好，没想到您能稳稳地站起来，那么精神地登陆上岸。您<u>不是</u>个铁人吧？

这时，"不是"应该理解为一个跨层结构，"不"与"是"之间没有句法结构关系。当"不是"前出现诸如"恐怕""大概""大约""肯定""一定""或许""可能""应该"等表示说话人主观认知情态的副词时，尤其如此。如：

[187]"<u>肯定不是</u>编辑吧？"于德利说。"肯定不该是。"

[188] 想我小小年纪既不认路又不会飞翔，为何一觉醒来身在异地——<u>也许不是</u>人吧？

[189] 但打电话的，<u>大概不是</u>妻子吧？

[190] 看大嫂的样子，<u>应该不是</u>本店的真正主人吧？

表示说话人主观认知情态的副词强制制约其后的"不是"没有成为同层结构，当然也不可能发生词汇化。但当"不是"后出现谓词性成分（主要是动词性成分）时，情况开始有了变化。如：

[191] 此马这样高大，性情定然暴烈，<u>恐怕不是</u>一般人能驾驭得住吧？

[192] 你怎么突然……别吓唬人了，你<u>不是</u>在说你自己吧？

例［191］中的"不是"可以前加主观认知情态副词，表示说话人的认知结果。此时，"不是"要赋予重音，也是说话人强调的部分。例［192］中，脱离原来的语境，则有两种可能，即：

［193］你怎么突然……别吓唬人了，你恐怕不是在说你自己吧？（不是说自己）

［194］你怎么突然……别吓唬人了，你不是在说你自己吧？（可能是在说自己）

一是可以在"不是"前加主观认知情态副词，此时"不是"被赋予重音，表示说话人认定对方不是在说自己；二是在"不是"前不能添加主观认知情态副词，"不是"不能赋予重音，重音出现在其后的 X 上，表示说话人推测对方可能是在言说自己。从语义角度看，前者表示否定，后者表示主观判断上的肯定。从语音形式上看，前者的"不是"需要赋予重音，可以接受主观认知情态副词修饰，后者的"不是"不能赋予重音，不能接受主观认知情态副词的修饰。也就是说，后者已经形成了"新形式—新意义"的配对，且当这种"新形式—新意义"的配对形成后，一个结果就是"Y 不是 NP 吧"也可以进行两种分析。如：

［195］卫默香：伯母，这恐怕不是解决内部矛盾的好办法吧？
齐母：可是，默香，你也没解决好啊！
［196］你昨天说的那个孩子不是我们班的学生吧？

从例［195］来看，其中的"不是"重读，前面有表示主观认知情态的副词"恐怕"，语义上表示否定，即从否定的角度发问。从例［196］来看，可有两解，即：

［197］你昨天说的那个孩子恐怕不是我们班的学生吧？（从否定角度发问）

［198］你昨天说的那个孩子不是我们班的学生吧？（肯定角度的揣测）

当"不是 X 吧"具有高层语义、X 为变量形式,高层语义不能从结构成分推导而出时,说明"不是 X 吧"已经成为一个图形构式。文旭、杨旭(2016)认为,"构式化关注新构式的出现,而新构式的产生是一个连续、渐变的过程。一个构式取得独立的意义后,会与现有词汇成分融合,出现部分或全部的图式构式。构式组配有语义化倾向,并沿着意义连续体产生新构式。新构式的出现伴随'新形式—新意义'的配对。把这种'新形式—新意义'的配对看作构式化。他们认为构式化产生要有新的类型节点,在构式网络中要有新的句法形态,要编码新的意义。文旭、杨坤(2015)认为构式化的出现有两种可能性:一种是构式的'形式—意义'演化引起新规约化的表达,另一种是构式的'形式—意义'受语境触发编码新的意义。总体而言,构式化不仅是对形态、句法、语义以及语用的重新分析,而且还涉及话语、语篇和音位的演化等问题"。[①] 结合我们的考察对象,从历时的角度看,"不是 X 吧"已经完成构式化。"不是 X 吧"构式化带来的一个直接后果就是"不是"发生语音轻化、语义虚化,成为构式中的一个构件,从而完成组块化。这也直接触发了"不是"的词汇化。

最后,语境吸收也影响"不是"的词汇化。"不是 X 吧"框架实际上是两个不同构式共用的一个结构体,分别表示从否定角度发问和表示揣测。当"不是"出现于表示从否定角度发问的构式中时,"不是"保留着否定判断的语义,"不是"没有发生词汇化,"不"和"是"分别作为构式的构件出现;当"不是"出现于表示揣测的"不是 X 吧"框架中时,由于受到整个构式的语义的影响,"不是"在组块化的同时也吸收了构式义中表示揣测的语义。而"不 + 是"否定判断结构不具备表示揣测的条件,这也间接促使"不是"发生词汇化。

综上所述,我们认为,在韵律调节、信息完型、语境吸收等因素的综合作用下,"不是"最终词汇化为表示揣测语气的副词。

3."不是"的语用功能

关于"不是"的语用功能,前期也有相关成果论及。郭继懋(1987)

[①] 文旭、杨旭:《构式化:历时构式语法研究的新路径》,《现代外语》2016 年第 6 期,第 732 页。

论证过表示提醒的"不是"。史金生（1997）在郭文基础上，讨论了"不是$_1$"和"不是$_2$"的区别。"不是$_1$最基本的功能是表提醒，在不同语境中，还有强调、疑惑、辩解、证实等附加功能……不是$_2$基本语用功能是表确认，这类句子有个前提，即说话人已知某一情况已发生或必然发生，用带有不是$_2$的反问句确认这一事实。"① 刘丽艳（2005）、殷树林（2011）、邓莹洁（2015）等讨论过"不是"的话语标记功能。刘丽艳（2005）认为，"在北方方言口语中，存在一个起话语标记作用的'不是'，它在会话中主要出现在话轮的开端和中间。话语标记语'不是'在会话活动中具有两种功能：引发功能和反应功能。引发功能是主动的，反应功能是被动的。其中，反应功能的应用更为广泛"。② 殷树林（2011）认为，"话语标记'不是'的语用价值在于标示说话人所接受的信息与自己的认知状态有偏差，但它的使用可能会产生两个效果：一是体现说话人的自我中心；二是提示冲突性。这两个效果都会增加对对方面子的威胁，所以在日常会话中，说话人持谨慎态度，较少使用"。③ 邓莹洁（2015）认为，"话语标记'不是'为标异标记，而'不是'的'标异性'等级可区分为强、中、弱项，且这一等级区分会使得会话场景呈现多样化，而非前人认定的单一化。程序意义和概念意义的此消彼长是'标异性'差异存在的内在语义机制。此外，'不是'的标异性等级差异会带来其概念、语篇和人际功能的不同"。④ 作为同形成分，这些"不是"均不是我们考察的对象。对本文考察的"不是"的语用功能有所论及的当属李思旭（2017）。他认为"表揣测义的'不是'在晚唐五代已经发生了词汇化，明清时继续使用"。⑤ 可见，他认为"不是"的基本语用功能是表示揣测。相对于"别是"语用功能的研究，前期已经延及揣测对象的意愿性问题，而"不是"的研究明显不够充分。因此，这一部分我们主要讨论"不是"的语用功能，并尝试从"别是"和"不是"互相比

---

① 史金生：《表反问的"不是"》，《中国语文》1997 年第 1 期，第 26 页。
② 刘丽艳：《作为话语标记语的"不是"》，《语言教学与研究》2005 年第 6 期，第 31 页。
③ 殷树林：《说话语标记"不是"》，《汉语学习》2011 年第 1 期，第 36 页。
④ 邓莹洁：《"不是"的话语标记功能研究》，《汕头大学学报》2015 年第 4 期，第 58 页。
⑤ 李思旭：《三音节固化词语"X 不是"的表义倾向及词汇化》，《世界汉语教学》2017 年第 1 期，第 77 页。

较的角度切入。

我们发现,"别是"和"不是"具有有限替换性,即不是所有的"不是"都能够用"别是"替换。下面的情形可以替换。如:

[199] 晓晴,我终于找到你了,这<u>不是</u>做梦吧!
晓晴,我终于找到你了,这<u>别是</u>做梦吧!

[200] 你们看看,这方砖<u>不是</u>和秦始皇陵附近出土的秦砖一样吧?
你们看看,这方砖<u>别是</u>和秦始皇陵附近出土的秦砖一样吧?

[201] 已经没有钱了,还派红利?!你<u>不是</u>讲笑吧?
已经没有钱了,还派红利?!你<u>别是</u>讲笑吧?

"别是"和"不是"替换的语义基础是二者都表示"揣测"。既然二者可以并存,就必然有差异。前面我们在讨论"别是"的语用功能时已经谈到,"别是"是正向表述,"不是"属于逆向表述。因为"不是……吧"框架和"是……吧"框架是并存的两个结构,"是……吧"框架是从正向表达说话人的想法,"不是……吧"框架是从相反的方向表达说话人的想法。如:

[202] a 你<u>不是</u>指某个特定的心<u>吧</u>?
b 你<u>是</u>指某个特定的心<u>吧</u>?

因此,虽然"别是"和"不是"中都含有表示否定意义的成分,但是表述方向是不同的。这是它们平行并存的基础。

在有些情况下,"别是"和"不是"不具备替换的条件。首先,"不是"为"不+是"时一定不可替换。如:

[203] 春晚<u>不是</u>第一次上台唱《血染的风采》吧?
*春晚<u>别是</u>第一次上台唱《血染的风采》吧?

[204] 呀!美梦成真啦!祥熙,我<u>不是</u>说谎吧?

＊呀！美梦成真啦！祥熙，我<u>别</u>是说谎吧？

在以上两例中，说话人强调的是"不是"，"不是"需要赋予重音，属于"不＋是"的跨层结构，这时都不可以替换为"别是"。因为这种情形下，往往都是说话人对既成事实有相当的了解，特意选用"不是"从反向进行表述，有一定程度的主观性，但揣测的前提是客观的依据。

其次，当"不是"前出现主观认知情态副词时，"不是"均不可以用"别是"替换。如：

[205] 那些对号入座的领导对《宪法》可能<u>不是</u>一窍不通吧！
　　　＊那些对号入座的领导对《宪法》可能<u>别是</u>一窍不通吧！
[206] 你好像<u>不是</u>刚刚才有这种想法吧？
　　　＊你好像<u>别是</u>刚刚才有这种想法吧？
[207] 你们的国家把你们派到这里来做什么？肯定<u>不是</u>养老和只报告坏消息吧？
　　　＊你们的国家把你们派到这里来做什么？肯定<u>别是</u>养老和只报告坏消息吧？

"可能""好像""肯定"都是表示说话人的主观认知，与"别是"的语义重复，因此不能替换。这也说明，"别是"具有较强的主观性。同时这些认知成分的出现也强制制约"不是"不能是表示揣测的副词，还是"不＋是"跨层结构。

最后，当语境显示说话人进行推断的客观依据比较可靠的时候，也不能用"别是"替换"不是"。如：

[208] 看，<u>不是</u>我说卢梭反动吧。
　　　＊看，<u>别是</u>我说卢梭反动吧。
[209] 姑娘听口音你<u>不是</u>本地人吧？
　　　＊姑娘听口音你<u>别是</u>本地人吧？

语境显示，在这种使用情形中，说话人使用"不是……吧"框架时表问的功能已经很弱，如例［209］；甚至已经没有了表问的功能，就连求证都是说话人自己直接给证实了，如例［208］。从替换情形来看，客观性越强的情形越不能用"别是"替换。由于表示揣测的"不是"来源于"不+是"，根据语法化的保留原则，必定在一定程度上保留着"不+是"的特征，这也制约着语气副词"不是"的主观性要低于语气副词"别是"。

通过以上分析，我们认为："不是"的基本语用功能也是表示揣测，有意料之外之意。如例［201］。"不是"前的语境显示，"没有钱"是客观实际，但是又出现了派发红包的事情，显然这是出乎说话人意料的。因为按照常理，没有钱就一般不会派发红包。但与"别是"相比，"不是"更强调反向表述，主观性程度也较"别是"要低。

（三）"别不是"的词汇化及语用功能

关于"别不是"的前期研究成果很少。《现代汉语虚词例释》在解释副词"别"时，顺便指出："别不是"表示猜想测度，说话人虽然有所判断，可是把握不太大。对之有相对深入讨论的是李思旭（2017）。他认为，"古代汉语中的'别不是'都是短语，在现代汉语中，'别不是'逐渐固化为一个词，被广泛应用于日常生活口语之中。在'别不是'词汇化为三音节揣测语气副词之前，'别是'在清代已经词汇化为双音节揣测语气副词……'不是'则早在晚唐五代已词汇化为双音节揣测语气副词……这都为'别是'与'不是'整合为'别不是'提供了历时事实的支持"。[①] 在固化机制方面，他认为，"'别不是'也是由意义相关的两个概念在概念叠加（'别是'和'不是'都表揣测义）以后，通过删减其中的相同成分'是'，最后整合为一个新的三音词'别不是'。也就是说，'别不是'源自'别是'和'不是'的概念叠加和构式整合"。[②] 李思旭（2017）的这种分析我们认为是可信的。但是这里存在一个问题：为什么"别是"和"不是"在概念叠加和构式整合的作用下没有整合成

[①] 李思旭：《三音节固化词语"X不是"的表义倾向及词汇化》，《世界汉语教学》2017年第1期，第77—78页。

[②] 李思旭：《三音节固化词语"X不是"的表义倾向及词汇化》，《世界汉语教学》2017年第1期，第80页。

"不别是",而整合成了"别不是"？此外,"别是"和"不是"进行构式整合与概念叠加的条件是什么,"别不是"与"别是""不是"的语用功能差异表现在哪些方面,也是应该深入探讨的问题。

首先,我们看现实交际中的使用情形。我们对"别不是"和"不别是"进行了跨库检索。在北京大学中国语言学研究中心语料库（现代汉语）中,以"别不是"为检索条件,反馈总数 66 条,其中属于我们研究对象的只有 4 条;以"不别是"为检索条件,反馈总数为 0 条。如下：

[210] <u>别不是</u>两个司机又聊上了吧？
[211] 这么积极,<u>别不是</u>,这里有什么交易吧？
[212] 这样晚的时光,到哪里去,<u>别不是</u>她听错了！
[213] <u>别不是</u>奶水出了什么问题吧？

我们在北京语言大学 BCC 语料库进行全库检索显示,以"别不是"作为检索条件共反馈 20 条结果,符合我们考察对象特征的有 15 条。其中 8 条出现在微博中,7 条出现在当代小说中,语境均为对话。如：

[214] <u>别不是</u>什么魔教妖人,妖法炼得头都昏了吧？
[215] 他突然一惊,"<u>别不是</u>憋着要跳河吧？"
[216] <u>别不是</u>把尿片子也给你扔下来了吧,什么乱七八糟的……

以"不别是"作为检索条件共反馈 0 条。此外,我们还在媒体语言语料库（MLC）和语料库在线（www.cncorpus.org）现代汉语语料库中对"别不是"和"不是别"进行了检索,均没有找到符合检索条件的用例。语料核查工作说明两个问题：第一,在实际语言交际中,只使用"别不是",而不使用"不别是"。这说明交际主体对两个可能的整合情形是进行了选择的。第二,存在就是合理的,但是交际主体为什么不选择"不别是"而选择了"别不是"一定是有原因的,需要对此作出解释。

其次,"别不是"构式整合和概念叠加的条件。李思旭（2017）认为"别不是"是由"别是"和"不是"经过构式整合和概念叠加形成,但是对其进行整合和叠加的条件并没有分析清楚。江蓝生（2008）认为，"所谓概念叠加和构式整合，是在两个意义基本相同的概念之间发生的，意义相同的两个概念叠加后，通过删减其中的某些成分（主要是相同成分）的方法，整合为一个新的结构式。概念叠加与构式整合是发生在不同层面、前后相续的两个过程：概念叠加是意义层面的一种概念操作，发生在前；构式整合是语法层面的一种并合，出现在后。叠加现象的产生是基于词或概念的同一性，这种创新现象，既发生在构词层面，也发生在句法层面"。① 这种整合和叠加的前提可以用"义近形异"来概括。所谓"义近"是指两个结构或成分的语义大同小异。我们认为，语义全同而没有小异的情形不具备叠加概念的条件。王世凯（2016）曾论及一种情形，即同形重复的现象。我们认为，同形重复（如交际中的"走走走！"）表现为同义复现，这是一种语用现象，"这种现象可以从语用角度得到解释。重叠（包含重复）在语用上表现为提供过量信息，违反合作原则中的数量准则。这时往往需要听话人通过语用推理理解形式背后的信息。相同意义或功能的叠加，并不改变表达的意义或功能，而是强化了说话人的情感或态度，使表情性发生变化，即导致主观性程度提高"。② 也就是说，汉语中的同义（语义基本完全相同）复现已经形成了一种语用机制，不再具备概念叠加的条件。所谓"形异"是指语义上大同小异但形式不同的情形。事实上，形异也是义近的前提。因为完全同形的结构或成分，它们的语义也往往是全同的。就我们现在讨论的"别是"和"不是"来讲，它们之所以能够进行概念叠加和构式整合，就是因为它们具备了"义近形异"的条件。从形式角度看，"别是"和"不是"形式显然不同。从语义角度看，"别是"和"不是"共有高层语义，表示"意外性揣测"。但是从具体语义角度看，"别是"更加强调说话人的主观判断，主观性更强；而"不是"则具有一定程度的客观依据，主观性相对较弱。在这样的前提下，"别是"和"不是"具备了整合和叠加的基

---

① 江蓝生：《概念叠加与构式整合——肯定否定不对称的解释》，《中国语文》2008年第6期，第484页。

② 王世凯：《现代汉语顺序换算表达的分类与换算结构的功能及组合限制——兼论主观性程度与语言编码形式的关系》，《语文研究》2016年第4期，第61页。

础，从而使"别不是"发生词汇化。

再次，我们讨论"别是""不是"整合成"别不是"而没有整合成"不别是"的原因。理论上，两个构式 A 和 B 的整合结果有 AB 式和 BA 式两种，从而会产生三种结果：一是只有 AB 式；二是只有 BA 式；三是两种结构方式并存。在我们的视野范围内，汉语中构式整合常见的是 AB 式和并存式两种情形。江蓝生（2008）论及的"早已先、瞎胡混、现如今、眼面前、眼目下、自己个儿、一块堆儿、家伙事儿、回待会儿、果不然、难不成"均属 AB 式构词层面的整合，"差点儿没 VP、险些没 VP、几乎没 VP、难免不 VP、没 VP 之前"等均属于句法层面的构式整合。张谊生（2013）曾经讨论过介词叠加的现象，事实上，从具体构式的角度看，也就是一种构式整合的现象。从具体构式的角度看，汉语里单音节和双音节介词都有并存式整合，如"打从、从打""向朝、朝向""自从、从自""自打、打自""因为由于、由于因为"等。而且，"已有的叠加已经词化，如果想要强调，就可以甚至须要再次叠加。双层叠加式的频现表明介词叠加的机制是富有生命力的。而且，单、双音节介词也可以并列叠加……既然'自打、自从、从打'已凝固成词，那么，'从＋自打''自从＋打''打＋自从'和'从＋打自'都是包含了词法叠加和句法叠加的两种不同性质的两次两项并列叠加式"。① "别是""不是"的构式整合属于 AB 式整合，这可以从主观性的角度解释其成因。前期对"别是"和"不是"的研究表明，它们都是带有明显的主观性成分，表示"意外性揣测"。叠加的一个基本语用功能就是强调。对于具有主观性的"别是"和"不是"来讲，叠加的语用后果就是主观性进一步增强。在增强主观性的作用下，"别是"和"不是"一定是朝着能够体现说话人主观情态、态度和认知的方向整合。在这两个具体构式中，揣测语气副词"不是"来源于客观判断，主观性相对较弱。而"别是"源于"别＋是"结构，从一开始就带有较强的主观性。为了达到强化主观表达的目的，将"别是"和"不是"整合成"别不是"就顺理成章了。

最后，"别不是"词汇化除受概念叠加和构式整合的影响外，还受

---

① 张谊生：《介词叠加的方式与类别、作用与后果》，《语文研究》2013 年第 1 期，第 13 页。

到语境吸收的影响。我们发现,"别不是"高频出现的语境仍旧是"别不是……吧"结构。如:

[217] 我打趣说别不是你半身不遂吧?
[218] 你别不是情趣用品店里买来的稀奇古怪的玩意儿吧?
[219] 这胖子穿个半袖咳嗽了一个多小时了!你他妈别不是肺癌吧?

由于"别不是"经常出现在这样表示揣测的语境中,逐渐吸收了包含句尾测度语气词"吧"的功能,这时,"吧"就可以不再出现。如:

[220] 别不是餐桌就是床!
[221] 她之所以对我耿耿于怀,别不是由于我不让阿尔贝蒂娜白天上她家里来的缘故。
[222] 这小子向来下雨天不出门,别不是今晚不来了。

从上例可以看到,"别不是"已经不必依靠"别不是……吧"表达揣测。而且从全句语气的角度看,例[220]是感叹,例[221]和[222]是陈述,已经不需要借助轻问语气来表达揣测。因此,我们认为,"别不是"的词汇化也受到了语境吸收的影响。

第 三 章

现代汉语非标志否定及其表达

任何语言都有表达肯定和否定的能力，也都有表达肯定和否定的方式。因为语言中一般都有专门用于表达否定的标志性成分，从这个角度我们可以把语言中的否定或否定表达区分为两种不同的类型：有标志的否定和无标志的否定。所谓有标志的否定（简称标志否定）就是通过一种语言中特定的否定标志表达否定。无标志的否定（简称无标志否定或非标志否定）是指结构中没有否定标志出现，但整体上却能表达否定的那些词语或结构式。

截至目前，汉语及其方言中关于非标志否定的研究呈现方兴未艾的趋势。诸如"有 X 好 VP（的）""还 X 呢""管他 X""X 个 Y"，以及疑问与否定关系等方面的研究，都有不同数量的成果出现。已有成果对这些非标志否定进行了比较详细的描写，部分成果也在一定程度上对这些现象进行了解释。综观此前关于现代汉语非标志否定的研究，可以概括为以下几个方面：一是观察仔细、描写细致；二是描写和解释结合；三是从形式到功能的进展；四是微观研究与宏观研究结合。

本章首先将对非标志否定及其表达进行界定、梳理和分析，并在此基础上，主要选取两个非标志否定表达进行个案研究。其中，因为疑问与否定问题过于复杂，拟单独列专题进行研究。

第一节 现代汉语非标志否定研究述评

一 现代汉语非标志否定的界定

（一）现代汉语标志否定

因为语言中一般都有专门用于表达否定的标志性成分，如现代汉语中的"没""不"就是专门用于表达否定的成分。因此，可以从这个角度把语言中的否定或否定表达区分为两种不同的类型：有标志的否定和无标志的否定。所谓有标志的否定（简称标志否定）就是通过一种语言中特定的否定标志表达否定。如：

　　［1］一般人缺乏进取心，逃避责任，甘愿听从指挥，安于现状，没有创造性。
　　［2］问题在于我们没有创造出自己的名牌。
　　［3］他们感知较笼统、不精确。
　　［4］别拿大话压我们了，我们崇拜明星，有什么错？

例［1］是否定事物的存在。"没（有）"作为动词否定事物的存在时既可以否定具体事物的存在，也可以否定抽象事物的存在。这种否定是以空间为背景进行考察。例［2］是否定事件的存在。"没（有）"作为副词否定事件的存在时，是从时间流的角度考察。例［3］是否定属性的存在，通常是以属性的主体为考察视角，观测某种属性是否为这个主体所有。例［4］是说话人认为某个动作或行为应该被禁止或停止，这是"别"类否定标志的否定内容。"别"类否定不是对存在的否定，而是说话人在对某种行为动作的可行性、可能性、适宜性、可操作性等方面进行评估后而提出的建议或要求。如：

　　［5］快叫他们停下来吧，别弄了，这样一定不行的。
　　［6］别再琢磨如何提高了，根本不可能再有提高的。
　　［7］别说了，大家主要是不了解情况，并不是真的把你的好心当驴肝肺啊。
　　［8］你别想说服我了，我就是教这个的。

从否定内容看，标志否定"不""没（有）"除了否定存在，还可以否定数量。当其否定数量时，不论是确量还是约量，一般都表示"向小里说"。如：

［9］我在这儿站了没十分钟就短了人家二十元钱。
　　［10］徽因回到北京家中没几天，就接连收到了思成的信。
　　［11］然而不几年，仅天津一地就又冒出另两家分别叫作"驼岛"和"驼鸟"的墨水厂来。

当然，有的时候也有另外的情形。如：

　　［12］他没有三个儿子，就两个儿子，还都在国外，指不上。
　　［13］他没有三个儿子，只有两个女儿。
　　［14］？他没有三个儿子，是有四个儿子。

有人认为，例［14］的否定情形是存在的。但这种说法总是显得不够常规，而是表达了特殊的语用含义。总体来看，当否定标志词"不""没"否定数量时，常规上都是"向小里说"。

　　如果我们把"别"类否定标志和"不""没"放在一起考虑的话，可以从数量、客观性、行为性、存在等几个不同角度进行综合考察。从数量的角度考察，"不、没"可以否定数量，当"不、没"否定最小量时，就是否定存在，客观性较强，陈述性明显，主要表现以言述事；当"不、没"否定非最小量时，是减量描述，不否定存在，主观性较强，主要用于陈述，用以辅助述事；当"不、没"发生情态化后，数量可有可无。"别"类否定标志与数量无关，凸显主观性和行为性，表现为祈使功能。也就是说，从数量角度考察，当数量意义显示"从有到无"时，是客观陈述，是质的否定；当数量意义显示"从多到少"时，是主观铺叙，是量的否定（减量描述）；当否定结构中没有数量出现时，或者"不、没"发生情态化，或者"别"表示祈使。从标志否定的整体来看，这些表达均属归约性表达，不需要语用推理。

　　（二）现代汉语非标志否定
　　非标志否定也称无标志否定。关于什么是无标志否定，前期研究有涉及。周静（2003）认为，"汉语中表达否定意义不仅可以通过有标志的否定词'不'、'没（有）'来表达，也可以不通过否定词来表达，有否定词出现的我们叫做有标志否定，没有否定词出现的我们称为无标志否定"。① 盛银花（2007）曾讨论过答话中的无标志否定问题。她认为，"无标志否定是相对于有标志否定而言的。有标志否定是指用否定词'不'、'没'、'没有'或'别'等表示的否定，而无标志否定是指不用否定词却仍然表示否定意义的语言现象"。② 我们同意这样的界定，同时，在研究对象的确定上，也排除那些词汇意义中含有否定意义的所谓的否定词语。

石毓智（1989）曾经论及现代汉语的否定性成分。"现代汉语中有一类词只能出现于或经常出现于否定结构之中，可以认为这些词语是肯定否定不对称的，本文称之为否定性成分。"③ 他统计了 1979 年版《现代汉语词典》中的否定性成分，共计 150 条。举例如下：

二话	声息	好气儿	雅观	起眼儿	像话	相干	济事	景气	打紧
得了	碍事	抵事	受用	中用	济事	介意	在意	在乎	理会
理睬	吭声	作美	捉摸	容情	认账	照面	务正	问津	消受
罢休	招惹	打价	承望	插脚	绝（绝对）		毫（一点儿）		
断（绝对；一定）		毫发（比喻极小的数量）			压根儿				

这些词语都不在我们的研究范围内。此外，有些隐含或含有否定意义的副词也不是我们关注的对象。张谊生（1996）认为，现代汉语中的"白、空、干、瞎、徒、虚、枉"是表示预设否定的副词。"从句法功能看，这些副词一般只能修饰谓语，在句中充当状语或状语性成分，似乎相当简单。然而从表义的方式，尤其是从否定的倾向和对象、否定的基点和功用等角度来看，这些否定副词要比普通的否定副词灵活复杂得多。"④ 此后，张谊生（1999）认为近代汉语中有预设否定副词。"近代汉语中的预

---

① 周静：《汉语中无标记否定表达手段探微》，《商丘师范学院学报》2003 年第 1 期，第 105 页。
② 盛银花：《答话中的无标记否定》，《武汉科技大学学报》2007 年第 4 期，第 416 页。
③ 石毓智：《现代汉语的否定性成分》，《语言研究》1989 年第 2 期，第 12 页。
④ 张谊生：《现代汉语预设否定副词的表义特征》，《世界汉语教学》1996 年第 2 期，第 30 页。

设否定副词主要有：'白、空、徒、虚、枉、朗、漫、坐、唐、素、干、瞎'等……从表义方式，尤其是从否定的倾向和对象，否定的基点和功用等角度来看，这些预设否定副词要比普通的命题否定副词灵活、复杂得多"，① 可以从付出与获得、积极与消极、主体与客体、隐性与显性等方面进行考察。这些词语的否定意义是通过语义推导得出的，因此，也不在我们的研究范围之内。齐沪扬（2006）认为，反诘类语气副词具有否定功能。"反诘类语气副词通过否定预设，强化了否定功能，加否定标志和用反诘类语气副词来否定，对于否定的效果是不一样的"。② 这些反诘语气副词主要包括"难道、岂、何必、何不、何曾、何尝、何妨、何苦、何须"。这些成分的使用或已经规约化，或已经词汇化，我们也不再讨论。

因此，我们所谓的非标志否定严格限制在结构中没有否定性成分出现，但整体上却能表达否定的那些结构式上。讨论范围将包括在普通话及不同方言中出现的非标志否定，主要将论及"有 X 好 VP 的""还 X 呢"等。其中，因为疑问与否定问题过于复杂，我们在这里只作评述，不作深入研究，留待专题讨论。

二　现代汉语非标志否定研究概况

现代汉语中非标志否定受关注的时间较早。我们拟按照本节第一部分提及的顺序对前期的研究进行系统评述。

（一）关于"有 X 好 VP（的）"构式

"有你好看（的）"类表达方式，周启红（2014）描写为"有 X 好 VP 的"，实际上更加适合描写为"有 X 好 VP（的）"。这应该是晚近才受到关注的一种现象，也是非常有意思的一种现象。截至目前，只有周启红（2014）在研究中论及这种结构。她认为，"现代汉语'有 X 好 VP'结构有两个意思，一是表达陈述，正面、肯定和积极的意义；二是表达否定、反面的意思……'有 X 好 VP 的'（笔者加）结构包括两个分

---

① 张谊生：《近代汉语预设否定副词探微》，《古汉语研究》1999 年第 1 期，第 27 页。
② 齐沪扬、丁婵婵：《反诘类语气副词的否定功能分析》，《汉语学习》2006 年第 5 期，第 11 页。

句，前一个分句表原因或条件，后一个分句表结果并暗含'转折'的意思。'有 X 好 VP 的'构式（第二种意义上的情形，笔者注）的语用环境是说话人要求听话人按照自己的意愿做某事，如果违背说话人的意图，说话人才会说出这样的话。该构式意义为警告或是威胁。'有 X 好 VP 的'构式中的'好'为助词，其意义是整个构式所给予的。同时，从历时的角度讨论其结构的形成和演变，该结构最初比较松散，认为'有 X 好 VP 的'是从'有 X 好 VP'演变而来，最早形成于元代，这一构式的形成是语法化的结果"。① 作者的这种观察很敏锐，有些分析也是可信的，但仍有较多的问题没有解决。

首先，"有 X 好 VP（的）"结构有两个意思，即这是两个同形的结构。这两个结构的来源是否相同是需要探讨的；其次，"有 X 好 VP（的）"构式的构成看来需要继续观察。构式里面的构件都有哪些，具有什么样的条件，需要说明；再次，存在与"有 X 好 VP（的）"相对的"没（有）X 好 VP（的）"，二者之间是什么样的关系，需要进行研究。此外，周启红（2014）认为"有 X 好 VP（的）"中的"好"是助词，这值得深入分析；最后，周启红（2014）认为，"'有你好看的'其中的'有'是动词，表示存在意义。'有你'表示存在意义，我们找到的最早用例是在元代。'有你这样不干事的人'表达的意思是反面的，起强调作用，其中'有'也是表示反语，即'怎么会有你这种不干事的人'。我们可以初步判定这种反语用法是'有你好看的'这个结构形成的一个前提"。② 那么，"有 X 好 VP（的）"构式是否都是在这种语境下发生了构式化，还需要深入研究。

（二）关于"还 X 呢"构式

"还 X 呢"构式前期多描述为"还 NP 呢"，是个受关注度较高的格式。宗守云（1995）较早关注到这种表达方式，并对这种格式进行了分析，主要涉及"还 N 呢"结构对 N 的选择以及结构的意义问题。"能进

---

① 周启红：《"有 X 好 VP 的"构式意义及历史形成》，《宁夏大学学报》2014 年第 2 期，第 32 页。

② 周启红：《"有 X 好 VP 的"构式意义及历史形成》，《宁夏大学学报》2014 年第 2 期，第 35 页。

入'还N呢'这一格式的N，必须具有推移性。N所表示的概念，是由相对的概念推移而来的，原来并非如此。'还N呢'暗含由小到大，由新到老，由低级到高级，由存现到消失的变移。"[1] 从意义角度看，"如果抛开说话人的态度、语气等因素静态地看待S_1，可以得知：a. NP是N；b. 作为一个N来说，NP是不合格的，是个'准N'。这是S_1本身所体现的客观意义。从说话人的角度看，在对待NP的态度上充满了鄙视和不满的情绪，在语气上则体现出了责备、讥讽的口吻"[2] 杨玉玲（2004）从句式的角度分析了"还NP呢"，认为，"只有指称某高标准、高水平的典型代表的名词性成分才可进入'还……呢'格式，指称某低标准、低水平的典型代表的名词性成分不能进入该格式。只有要指责某高标准、高水平的典型代表没有达到人们对他的一般要求时才能使用'还NP呢'格式。否则，某高标准、高水平的典型代表达到了人们对他的一般要求或没有达到高于该标准的要求时都不能使用该格式"[3] 至于这个格式的语法意义，她认为："表示应该怎样而不怎样，名不副实，有责备或讥讽的语气。"丁力（2007）在此前研究的基础上进行了进一步的分析，将"还NP呢"二分为S_1和S_2，认为S_1的基本语用价值是表示指责，S_2的基本语用价值是表示否定。丁力对于"还NP呢"涵盖对象的观察是比较仔细的，但对于语用价值的分析似乎还需要深入探讨。继此之后，郑娟曼（2009）从构式角度，以"预期""期望"为切入点对"还NP呢"构式进行了分析。"'还NP呢'构式存在两种次标志构式：一是表达反预期信息的构式；二是表达反期望信息的构式。从本质上来讲，它们都是广义的'否定'义表达法。"[4] 同时她也注意到"普通话中也存在与'还NP呢'构式同形异构的形式，它们不形成固定格式，与'还NP呢'存在一定的纠葛"。这种看法应该只说对了一半，即存在同形异构的形式，至于异构的"还NP呢"是否为固定格式，还应该深入分析。周维维

---

[1] 宗守云：《"还N呢"与"比N还N"格式试析》，《张家口师专学报》1995年第2期，第20页。

[2] 宗守云：《"还N呢"与"比N还N"格式试析》，《张家口师专学报》1995年第2期，第21页。

[3] 杨玉玲：《说说"还NP呢"句式》，《修辞学习》2004年第6期，第49页。

[4] 郑娟曼：《"还NP呢"构式分析》，《语言教学与研究》2009年第2期，第9页。

(2010)从认知角度分析了"还 NP 呢"格式，主要言及 NP 的语义条件问题。"在一定语用条件下，无论是'指低标准、低水平的典型代表的名词'，还是并不具有所谓'概念推移性'及'肯定性'语义特征的名词，都可以进入这一格式，表达贴切的意义。NP 进入'还 NP 呢'格式的资格与所代表事物的'标准、水平'的高低、语义的推移性特点及肯定否定区别并无必然联系。由于 NP 语义特征的不同，'还 NP 呢'所表达的语气也不是单一的。"① 周维维基本否定了前期对 NP 语义条件的分析，但从认知角度进行的分析又显得语焉不详。胡峰（2011）"将'还 NP 呢'分成 S1～S6 六组，并从句法、语义、语用三个平面逐一进行考察。六组状中结构表达了不同的语义：NP 名不副实（S1 名大于实，S6 名小于实）；连不如 NP 的都没有实现，就更不用说 NP 了（S2）；NP 已经不复存在（S3）；NP 和不如 NP 的相比，程度上更高（S4）；通过说话人对 NP 的戏谑否定，实现否定前述信息的目的（S5）。并由此传递或责备、或否定、或褒扬的语气"。② 胡峰对构式的分类比较细致，但同时带来的问题是内部比较复杂，而且也显得比较烦琐，不便于从理论角度解决问题。晚近对"还 NP 呢"进行系统分析的当属宗守云（2016）。他从知、行、言三域对"还 NP 呢"构式进行了深入的分析，认为"表示说话人消极情绪的'还 X 呢'是由行域贬抑、知域否定、言域嗔怪构成的一个完整的构式系统。这些'还 X 呢'有共同的上位意义，而且都是从反问句发展或延伸出来的，具有同一性"。③

总体来看，"还 X 呢"构式受到的关注较多。也正因为如此，各家之间的分歧也比较大，一些问题还值得深入探讨：首先，"还 X 呢"的同形异构形式如何区分已被提及但尚未解决；其次，"还 X 呢"构式对 X 到底有什么样的要求还没有讲清楚；最后，"还 X 呢"的语用功能是否可以表示否定，表示哪种类型的否定，还需要继续分析。

---

① 周维维：《从认知角度谈"还 NP 呢"格式》，《青岛农业大学学报》2010 年第 4 期，第 93 页。
② 胡峰：《"还 NP 呢"句式考察》，《长春师范学院学报》2011 年第 6 期，第 91 页。
③ 宗守云：《"还 X 呢"构式：行域贬抑、知域否定、言域嗔怪》，《语言教学与研究》2016 年第 4 期，第 94 页。

（三）关于"管他 X"构式

"管他 X"事实上还有"管它 X""管你 X"等说法。较早关注这种用法的是吕叔湘。吕叔湘（1981）认为"管"有连词的用法，"表示行动不受所举条件的限制，相当于'不管'。'管'后小句的主语一定用'你'或'他'（'他'有时候虚指），谓语或者包含肯定和否定两部分，或者是一个疑问代词。下文多用副词'都、也、就'等词呼应。用于口语……'管'是由反问语气取得否定意义，因而成为'不管'的同义词的。用'管'限制较多，用'不管'限制较少。'不管'后可直接用疑问代词，'管'后要加'他（它）'……用'管'时带感情色彩，语气较强烈，用'不管'时语气较缓和"。① 蔡丽（2001）分析过表否定义的"管"字句，认为"从语言形式来看，'管他三七二十一'中没有任何表否定的词语，但在语义上，它却表达一种否定意义，而且这种否定意义主要通过对句中'管'字意义的否定而体现出来"。② 至于"管"字句如何表达否定意义，蔡丽认为，"表否定义的'管'字句来源于其相应的否定形式，以相应的否定形式所表达的意义为语义基础，最初通过反问语气取得否定意义；随着使用频率的增加，它在语言中逐渐得到强化，形成了一个类似于'好不'的'语法化'过程"。③ 此后，王慧兰、李伟刚（2012）专文讨论过"管他"的语法化问题。他们认为："管他"是个韵律词，其语法化过程可以分为五个阶段。在语法化机制方面，"这个韵律词是由动宾短语经过并入（incorporation）操作而实现的，所谓的并入操作是指一个语义上独立的词经过中心语移位从而和另一个词形成一个整体性成分，从而失去其独立的句法位置……双音节动补词的形成是动词并入（verb incorporation）实现的，而'管他'则是代词并入（pronoun incorporation）实现的。二者在机制上是一致的，都是通过中心语移位实

---

① 吕叔湘：《现代汉语八百词》，商务印书馆 1981 年版，第 211 页。
② 蔡丽：《表否定义的"管"字句考察》，《暨南大学华文学院学报》2001 年第 1 期，第 55 页。
③ 蔡丽：《表否定义的"管"字句考察》，《暨南大学华文学院学报》2001 年第 1 期，第 59 页。

现，就诱因而言，二者都是在韵律驱使的动因下实现的"。① 同时，他们也认为，"管他"并没有词汇化为一个词，还只是一个韵律词。"管"的语法化导致其后的"它/他"成为一个连词后附着成分，承载某种言说者的主观性，而不仅仅是凑足音节。

前期研究的确具有很好的启发意义，但仍有一些问题没有解决：首先，"管 X"到底有哪些用法，目前的研究还没有讲清楚；其次，"管 ta"是否已经发生了词汇化，如果已经词汇化，那么其词汇化和语法化的机制到底有哪些，还需要在已有研究的基础上进行深入的分析。

（四）关于"X 个 Y"构式

"X 个 Y"构式是指"好看个屁""情分个屁"以及"好你个头"一类的表达方式。吴继章（1993）就论及过这种现象。他把"情分个屁"这种用法看作汉语里一种特殊的否定形式，"就是一种不用'否定词'而表示否定意义的句子"。② 从他所研究的对象角度看，这种表达中必然包含一个"脏字眼"，并依靠这种脏字眼表达否定的意思。这种表达方式均为口语，"大都带有强烈的感情色彩，是人们对谈及的对象、内容大不以为然时所使用的愤激之语"。③ 杜道流（2006）曾讨论过汉语中的"V/A 个 P！"类感叹句。他认为："现代汉语感叹句以肯定形式为主，当需要表达否定意图时，感叹句很少使用否定词作为否定手段，而是使用一些特殊的否定格式……'V/A 个 P！'是现代汉语感叹句中最常见的否定句式。这里的'V/A'表示包括动词和形容词在内的任意一个谓词（V 代表动词，A 代表形容词），是一个相对开放的类；'P'代表一个特定的名词，是一个封闭的类，常见的有：'屁、鬼、球、蛋、熊、头'等"。④ 关于这类感叹句的来源，杜道流（2006）只是作出了假设，认为"'V 一个 P！'首先减缩为'V 个 P！'，然后通过类推，产生'A 个 P！'……在现代汉语中形成了一个以'个 P'为核心的'句法槽'（Syntactic frame），

---

① 王慧兰、李伟刚：《"管他"的语法化》，《河南科技大学学报》2012 年第 6 期，第 77 页。
② 吴继章：《汉语里一种特殊的否定形式》，《汉语学习》1993 年第 6 期，第 18 页。
③ 吴继章：《汉语里一种特殊的否定形式》，《汉语学习》1993 年第 6 期，第 19 页。
④ 杜道流：《"V/A 个！P"感叹句的多角度考察》，《汉语学报》2006 年第 2 期，第 48 页。

其主要功能就是表示否定感叹"。① 在"V/A 个 P!"的否定机制问题上，杜道流（2006）认为，"'V/A 个 P!'也可以看成是基式结构'V/A'的扩展，'个 P'是延伸语符……'个 P'提供的不是正向的修正值而是零值、虚值或负值，因而实现对基式的彻底否定"。② 从语用功能的角度考察，"V/A 个 P!""具有非常强烈的贬义色彩，因而'V/A 个 P!'只用于感叹句，用来抒发说话人强烈不满、愤怒等思想情感"。③ 郑娟曼（2012）在从引述回应式角度讨论汉语习语构式的贬抑倾向问题时，论及了"X 个 Q"类用法。邵敬敏（2012）系统讨论了"X 你个头"框式结构，对"X 你个头"的构成、结构特点、语义及来源等问题进行了分析。他认为："整个框式结构的语义是针对对方的话语表示反驳或者否定的，包括调侃、讽刺、挖苦、质疑、否定、愤怒……"④ 在"X 你个头"的虚化问题上，"我们推测，人的身体最重要的是头，它是用来思考的，所以如果动作直接触及'你个头'，实际上就显示了对对方的不满。'打你个头'、'敲你个头'，实际上也就是警告你，处罚你，是对你的不满和否定……由于这类短语的组合意义都表示对对方的一种否定，所以，就很容易发展为整个格式具有了这一意义"。⑤ 邵敬敏对"X 你个头"的结构、语义分析都是很深刻的，但是对于其原型及泛化的分析，还有深入研究的空间。王长武（2016）从语义取消的角度对比分析了"X 你个头""X 你妹""X 什么""X 个鬼"等具有相同否定表达功能的几种格式。

"X 个 Y"作为口语中常见的表达方式，受到关注理所当然。前期的研究也都在一定程度上解决了不同方面的问题，但仍有一些问题值得深

---

① 杜道流：《"V/A 个！P"感叹句的多角度考察》，《汉语学报》2006 年第 2 期，第 49 页。
② 杜道流：《"V/A 个！P"感叹句的多角度考察》，《汉语学报》2006 年第 2 期，第 50 页。
③ 杜道流：《"V/A 个！P"感叹句的多角度考察》，《汉语学报》2006 年第 2 期，第 48 页。
④ 邵敬敏：《新兴框式结构"X 你个头"及其构式义的固化》，《汉语学报》2012 年第 3 期，第 38 页。
⑤ 邵敬敏：《新兴框式结构"X 你个头"及其构式义的固化》，《汉语学报》2012 年第 3 期，第 41 页。

究：首先，汉语中"X个Y"到底是如何构成的，它在不同的方言中究竟有哪些变体，所谓的变体和本体之间（如"X个Y"与"X他娘个Y"之间）到底是什么样的关系，尚待详细描写、深入分析；其次，作为一种使用频率较高的表达格式，它究竟出现于什么时期，这还是有分歧的。究竟是当代还是如杜道流（2006）所言出现在明清时期，这个问题应该得到解决；最后，"X个Y"的否定机制如何，还需要深入探讨。语符扩展延伸理论显然是一种适应性很强的说法，不仅能够说明X被"个Y"延伸表示否定，其他很多情形也都可以这样解释；其中，邵敬敏（2012）的推测也有待继续考察确认。

（五）关于疑问与否定表达

疑问形式表达否定意义一直颇受关注。其中研究较多的涉及含"谁""怎么""哪里""什么"等结构，以及从宏观的角度考察疑问形式表达否定义的机制。其中含"什么"形式表达否定意义最受关注。

1. "谁"与否定表达

"谁"不表达疑问而表达否定的用法较早就有人关注。王力（1956/1980）注意到"谁"的非疑问用法。他认为"谁都……""谁也……"中的"谁"不表示疑问。但还没有直接言及否定问题。丁声树等（1961）认为有时问句的格式并不表示不知而问，"谁知道呢"可以表示"不知道""不料"的意思。吕叔湘（1980）在论及习用语"谁知道"时认为，"表示出乎意料之外。等于'不料'"。[①] 如"看样子他并不强壮，谁知道却得了举重冠军"。朱德熙（1982/1999）认为，"有的句子形式上是疑问句，但不要求回答，只是用疑问句的形式表示肯定或否定。这种疑问句叫做反问句。反问句的形式和意义正相反，肯定形式（即不带否定词的形式）表示否定，否定形式（即带疑问词的形式）表示肯定"。[②] 并举"谁知道呢"为例，认为是肯定形式表达否定意义，即"没人知道"。此后，比较系统论及"谁"表达否定的还有张晓涛、邹学慧（2011）和肖金芳（2016）等。张晓涛、邹学慧（2011）"从疑问和否定两大范畴的宏观角度入手，以'谁'为疑问标志的特指问为例，在前人关于'谁'特

[①] 吕叔湘：《现代汉语八百词》，商务印书馆1980年版，第446页。
[②] 朱德熙：《朱德熙文集·第1卷》，商务印书馆1999年版，第230页。

指问表否定用法的基础上,通过重点考察'谁知……'式、'谁说……'式、'谁叫……'式和'谁+不/没'式等四种常见的表否定意义的句式,揭示了现代汉语两大句法范畴——疑问和否定的相通性。"① 他们认为,"'谁'特指问同否定的相通源于'谁'的任指用法和虚指用法,用于反问句中的'谁',既可相当于任指意义下的'无人',又可表示虚指意义下的'无人',也就是说'谁'在特定的语境中指代的对象仅仅是一个空泛的概念而已,它并不像任指那样含有'人人'的意思,因此所指代对象既可能存在也可能不存在"。② 在具体表现上,他们认为:"在表示否定的特指问中,疑问标志的使用范围不断扩大,疑问标志也有变成否定标志的趋势。同时,特指问句同否定的相通在很多情况下更多地体现为一种语义上的相通。"③ 他们关于否定和疑问相通的观察无疑是正确的,研究理念上也是科学的,但就否定和疑问相通的机制而言,还有待深究。肖金芳(2016)对反预期非疑问构式"谁X……"进行了认知角度的分析,认为"由疑问代词'谁'和简单性动词成分'X'构成的'谁X……'非疑问结构是一种构式。当言者针对语境提出与预料相悖的信息时,该说话者表达的是一个反预期信息。通过对'谁X……'非疑问构式的典型代表'谁知/知道……'类和'谁让……'类句法语义功能的考察,发现它们既表达反预期的信息,广义上是'否定'义,又有着共同的生成动因。语义的去范畴化和认知主体的回溯推理是'谁X……'反预期非疑问构式产生的认知动因"。④

关于"谁X……"的研究,前期的成果都有一定的见地和道理,但还是显得不够系统和深入。首先,"谁X……"对X的限制条件没有讲清楚,多是以枚举的方式列出,有科学性但概括性不足;其次,对"谁X……"表达非疑问的认识是统一的,也从不同的方面进行了分析,但是

---

① 张晓涛、邹学慧:《"谁"特指问与否定的相通性研究》,《北方论丛》2011 年第 3 期,第 56 页。
② 张晓涛、邹学慧:《"谁"特指问与否定的相通性研究》,《北方论丛》2011 年第 3 期,第 56 页。
③ 张晓涛、邹学慧:《"谁"特指问与否定的相通性研究》,《北方论丛》2011 年第 3 期,第 60 页。
④ 肖金芳:《"谁X……"反预期非疑问构式的认知分析》,《阜阳师范学院学报》2016 年第 6 期,第 65 页。

还未就"谁X……"的语义演变线索作出详细描写,显得不够系统;最后,虽然都在表明要进行疑问和否定相通问题的研究,但这个问题显然还没有最后解决。

2. "怎么"与否定表达

关于"怎么"表达疑问的研究,前期成果并不是很多。集中讨论过这个问题的主要有刘辰洁(2010)和王小穹、何洪峰(2013)。刘辰洁(2010)的研究表明,"怎么"表达否定的情形主要是在反问句中,且常和"就、还、也、又、才、都、净"组构成"怎么 + AD + VP"结构,这个结构具有主观性,可以表达不能容忍、不满、责怪、抱怨等主观情绪或态度。在否定生成机制方面,刘辰洁认为:"'怎么 + AD + VP'所以能表示否定,就是因为它用于反问句式之中。"① 在主观性与否定方面,她认为:"反问句在语用上带有强烈的主观性,除表达说话者内心的不满情绪外,还会表达说话人的'独创'和'与众不同'。这种主观性使得反问句成为一种通过疑问而表达主观看法的无疑而问。"② 王小穹、何洪峰(2013)在讨论疑问代词"怎么"的语义扩展问题时,论及了"怎么"表示否定。"'怎么'的语义是从原型语义逐步向次边缘语义、边缘语义扩展的。在语义扩展过程中,'怎么'首先失去疑问语义,由具体指代扩展为抽象指代,接着进一步扩展,'怎么'与客观世界相联系的指代关系褪尽,扩展出否定、感叹、类语气词等主观语义。'具体指代—抽象指代—无指代'是客观性成分越来越少、主观性因素越来越多而且主观化程度越来越强的过程。与自然种类的范畴化一样,'怎么'的语义扩展是由于认知领域的范畴化所致,与特定语境中主体的认知状态、认知程度有关,是主体在构建意义时的一种心理过程。"③

这些关于"怎么"表达否定的研究为我们作进一步分析奠定了很好

---

① 刘辰洁:《疑问代词"怎么"的否定用法考察》,《齐齐哈尔大学学报》2010 年第 6 期,第 118 页。
② 刘辰洁:《疑问代词"怎么"的否定用法考察》,《齐齐哈尔大学学报》2010 年第 6 期,第 119 页。
③ 王小穹、何洪峰:《疑问代词"怎么"的语义扩展过程》,《汉语学习》2013 年第 6 期,第 65 页。

的前期基础，但仍旧有一些问题值得深入讨论：首先，"怎么"表达否定的限制条件还没有搞清楚；其次，主观性与表达否定有一定的关联，但是这种关联具体表现在哪里还没有最后弄明白；最后，"怎么"表达否定的生成机制还没有发掘出来，应该作深入分析。

3. "哪里/哪儿"与否定表达

"哪里""哪儿""哪门子"等都可以用来表达否定。吕叔湘（1947）在讨论传疑问题时论及反诘，认为"特指问句也可以用于反诘，也是句中有否定词则表肯定，无否定词则表否定……用'谁'、'什么'、'怎么'等等造成的特指问句，可以作反诘用，可是这些指称词本身的意义并无太多改变。用'哪儿'造成的问句，却往往跟方所观念渺不相关，变成一个专作反诘用的词。我们很可以把这个'哪儿'分开，作为一个逻辑性的疑问指称词"。① 在其主编的《现代汉语八百词》中，吕叔湘进一步指出，副词的"哪""用于反问，表示否定，用在动词前，等于'哪儿'"。② 如：

我不信，哪有这样的事？｜人们全到地里去了，村里哪还找得到他们？

一个铁钉、一段铝丝都是国家的财富，哪能随便浪费？

在论及"哪里"时，认为其可以"用于反问。意在否定，没有处所意义。也可换用'怎么'。但不及'哪里'语气坚决"。③ 如"他哪里是广东人？他是福建人""这么些人一辆车哪里坐得下""我哪里有你劲儿大呀"。"单独用在对话里，表示否定。这是一种客气的说法"，④ 如"同志，麻烦您了！——哪里！这是应该的""你一人干了不少。——哪里呀！都是大伙一起干的"。朱德熙（1982/1999）认为，"'哪儿、哪里'问地方，用在反问句里强调对一件事的否定……这样用的'哪儿、哪里'也可以说

---

① 吕叔湘：《中国文法要略》，商务印书馆1947年初版，第295—296页。
② 吕叔湘：《现代汉语八百词》，商务印书馆1980年版，第349页。
③ 吕叔湘：《现代汉语八百词》，商务印书馆1980年版，第350页。
④ 吕叔湘：《现代汉语八百词》，商务印书馆1980年版，第350页。

'哪'"。① 如：

> 我哪儿知道？（我不知道）　　哪里睡得着觉？（睡不着）
> 这么大的地方，哪能一天就走遍？

此后，邱莉芹等（2000）、张晓涛等（2011）、邹学慧（2011）、王长武（2015）、张雪梅（2015）、闫梦月（2016）等分别讨论过"哪里""哪门子"等的否定用法。邱莉芹、邓根芹、顾元华（2000）分析了"哪里"表示否定的四种情形，认为"'哪里'作为疑问代词，其最基本的功能就是询问处所，特指某个空间范畴。在空间范畴内，它既可以由实有所指的空间转化为虚有所指的空间，形成'哪里'的虚指用法，又可以由具体的空间延展到全空间，即从特指发展到任指。它是'哪里'在空间范畴内逐步泛化的结果。除此之外，'哪里'还可以由空间范畴扩展到非空间范畴，即从表实义的疑问作用弱化为不表疑问的类似于副词的用法，这就是'哪里'的否定用法，它实质上是：'哪里'逐步虚化的结果"。② 张晓涛、邹学慧（2011）以"哪里""哪儿"为个案分析特指问与否定的相通性时认为，"特指问与否定的相通十分明显。就'哪'特指问而言，一方面，'哪里'和'哪儿'表否定时既可言他，用较强的否定语气表达不满或不屑等感情色彩，又可曰己，用较弱的否定语气表达自谦。另一方面，'哪+动'已词汇化为话语标志，成为表达否定的一种固化格式。'哪'作为疑问焦点的功能渐趋弱化，而否定的语用功能却越发凸显。这种由表疑问的功能，衰变成表否定语义的格式固化现象，源于'哪+动'否定用法的高使用频率"。③ 邹学慧（2011）分析了"哪"表否定的用法，认为"'哪'的非疑问用法是一个渐变的发展过程，'哪'的反问用法产生于东汉，代替了上古的'安、焉、恶'。到唐代，这种用法已经很

---

① 朱德熙：《朱德熙文集·第1卷》，商务印书馆1999年版，第105页。
② 邱莉芹、邓根芹、顾元华：《浅谈"哪里"的否定用法》，《常熟高专学报》2000年第5期，第98页。
③ 张晓涛、邹学慧：《论特指问与否定的相通性》，《学术交流》2011年第7期，第161页。

普遍了"。① 王长武（2015）分析了"哪里"类结构表达委婉否定的语用功能，并对其语用机制进行了分析，认为"'哪里'类固化结构使用于对话语体，处于应答话轮的开端、中间或末尾，表示对听话者观点的回应，具有较强的话语功能，另外还传递出说话者的主观态度和感情色彩，表现为自谦或否定的情态功能。'哪里'类固化结构的语用功能基本一致，主要与其结构上的同源性有关。这类结构的固化是主观化与交互主观化起作用的结果，同时，结构省缩、语境吸收也发挥了作用"。② 张雪梅（2015）讨论过"哪门子"的词汇化及主观化等问题，认为"'哪门子'在现代汉语中是使用频率较高的一个词，不仅用于方言，而且也常用于新闻或评论的标题中。表示'没有来由'、'不应该的'、'非正宗的'、'不是真正的、伪的'等意义，主要表现说话人自己对某人或某事的认识、态度或情感。由于'哪一门子'使用对象由亲缘关系名词向普通名词、抽象名词的扩展，同时数词'一'的省略造成'哪'与'门子'在线性序列上的紧邻使用，使'哪门子'不仅在心理上宜于'组块'，而且意义上凝固，抽象出一个新的整体意义，即'没有来由'，从而促成了'哪门子'的词汇化。'哪门子'与'什么'都可以表示否定意义，有时候可以互相替换而意义与表达效果基本不变，但它们在语义和句法上也存在较明显的差异，主要表现为'哪门子'主要否定的是某人某事的'根据'、'基础'或'来由'，具有较强的主观贬义色彩，在使用范围上要小于'什么'"。③ 闫梦月（2016）认为"V 哪门子 N"是个预设否定构式，认为"'V 哪门子 N'是一种用动宾分离式表达主观、语用否定的有标志格式。'V 哪门子 N'是词或短语，可做句子的主、宾、定语，分布呈连续性特征。V 为判断、行为动词，表达说话人对判断、已然或未然事件'（S）VN'的主观否定，属于认识情态句，是通过否定句子预设形成的语用否定。形成动因有：'哪'的否定功能，反问句否定功能，语境预设信息，动宾分离

---

① 邹学慧：《疑问代词"哪"与"谁"的表否定用法研究》，《经济研究导刊》2011 年第 14 期，第 211 页。
② 王长武：《"哪里"类结构的语用功能及固化历程——兼论委婉否定的程度差异》，《贵州工程应用技术学院学报》2015 年第 1 期，第 8 页。
③ 张雪梅：《"哪门子"的词汇化及相关问题》，《贵州工程应用技术学院学报》2015 年第 4 期，第 13—14 页。

式的表主观义功能。相对于表客观、语义否定的'不 VN','V 哪门子 N'是有标志格式,但其表主现义与语用否定的关联是无标志的"。①

此外还有成果专论"哪里是 A,简直是 B"类结构。黄佩文(2003)认为,"句式'哪里是 A,简直是 B'中的 A、B 可以是名词或名词性词组……句式通过否定 A、肯定 B 的方式来表达说话人对该事物或行为以及情状的贬斥或褒扬的思想感情"。② 易正中(2013)认为"哪里是 A,而是 B"是个反预期构式,"从句法方面来看,'哪里是 A,而是 B'是由一个表否定的反问句和一个肯定判断句构成的并列复句。从语义来说,它主要有三种:不是 A,是 B;形为 A,实为 B;不仅仅 A,而且 B。在语用方面,它往往通过先抑后扬或先扬后抑,制造强烈的表达效果;常常与夸张、比喻的修辞格一起使用;还经常利用'A'与'B'形式上的联系,仿造一个新的成分,达到生动、机智、幽默、风趣的表达效果。"③ 唐贤清、罗主宾(2014)在前期研究的基础上,对"哪里是 A,简直是 B"进行了进一步的分析,认为这是一个构式,具有主观性。"构式'哪里是 A,简直是 B'表示客观现实中的 A 与说话者心理预期存在反差,选择 B 时经常运用比喻、夸张、仿词、对比等修辞手段表达对 A 的主观评价。构式中'简直'与构式义相和谐并凸显了构式的主观性,'哪里是 A'激活了构式的相互主观性。"④

关于"哪"系列的否定用法,前期的研究比较透彻。问题在于,前期的研究还是没有彻底解决"哪"系结构表达否定的机制问题,用主观性和主观化解释"哪"系结构表达否定,有道理但还显得不够深入。另外,前期研究仍没有解决疑问代词表达否定的共性机制问题。这些还需要进行深入分析。

4. "什么"与否定表达

截至目前,关于"什么"表达否定的研究成果相对最多。"什么"有

---

① 闫梦月:《预设否定构式"V 哪门子 N"用法分析》,《语言与翻译》2016 年第 4 期,第 5 页。
② 黄佩文:《句式"哪里是 A,简直是 B"》,《汉语学习》2003 年第 3 期,第 69 页。
③ 易正中:《反预期构式"哪里是 A,而是 B"》,《云梦学刊》2013 年第 2 期,第 141 页。
④ 唐贤清、罗主宾:《构式"哪里是 A,简直是 B"的主观性分析》,《语言科学》2014 年第 4 期,第 396 页。

指示和替代两种用法。吕叔湘（1981）认为，指示和替代用法的"什么"都可以表示否定。其中，指示用法的"什么"表示否定可以"引述别人的话，加'什么'，表示不同意"。① 如：

> 什么"不知道"，昨天我还提醒你来着｜什么"你"呀"我"的，何必这么清楚
> 看什么电视，还不赶快做功课｜还散什么步呀，你看看都几点了
> （见吕叔湘《现代汉语八百词》）

可以用于"有 + 什么 + 形 + 的。表示不以为然"。② 如：

> 这事有什么难办｜听听音乐有什么要紧
> 说两句话有什么不好意思的｜白开水有什么不好喝的
> （见吕叔湘《现代汉语八百词》）

代替用法的"什么"也具有否定功能，"用在动词后。表示不满等……用在形容词后"，③ 但是吕叔湘没有说明用在形容词后的表达功能。如：

> 你跑什么，还有事跟你说呢！｜他整天瞎嚷嚷什么！
> 重什么！才一百来斤｜一点儿小事罢了，麻烦什么！

继此之后，关于"什么"非疑问用法的研究成果越来越多。李一平（1996）列举分析了表示否定和贬斥的"什么"，并总结为八种情形。其中"什么"位于句首作独立语，"是对说话对方某一部分话语的否定，表示不同意对方的说法、看法，一般紧跟在'什么'后边表明自己的看法、

---

① 吕叔湘：《现代汉语八百词》，商务印书馆1981年版，第427页。
② 吕叔湘：《现代汉语八百词》，商务印书馆1981年版，第428页。
③ 吕叔湘：《现代汉语八百词》，商务印书馆1981年版，第429页。

意见";① 加在名词前，不直接否定其后的名词，而是否定名词所代表的事物具有某方面的良好性质；加在引述性成分前，是一种强烈否定句式；在"有+什么+形+（的）"中出现，是吕叔湘（1981）分析过的一种情形，但李一平认为"这里的'什么'并不是表示否定义的，句子的否定义是整个句式引起的，而不是'什么'产生的";② "什么"与"不"配合使用，表示"（你）不要（不必）说……""什么"出现在动词和宾语之间，具有否定祈使功能，相当于"不要（别）";"什么"出现于动词后，相当于表示禁止的祈使句。李一平认为："跟表禁止的祈使句相比，用'什么'表否定的句式在语气上更强烈一些。另外，相对的祈使句只是一般地表示禁止，而用'什么'表否定的句式则同时带有说话人对所禁止的行为不满的感情色彩……另外，如果这种句式的主语不是指说话人自己，则带有一种贬斥的感情色彩。"③ "什么"用于形容词后，相当于一个强调的否定句。李一平的这种观察是非常细致的，其中有些分析，如关于句式功能的分析也是很有见地的。在否定和贬斥生成机制方面，他认为是从反诘句中发展蜕变出来的。这种分析基本承袭了常规看法，显得不够深入，没能说明"什么"表达否定或贬斥的生成机制。李书同（2002）对"什么"的否定范围、否定对象、否定位置、否定目的等问题进行了描写，同时与汉语中"典型的否定词语"（作者语）进行了比较，提出了一些值得思考的问题。寿永明（2002）以"什么"为例分析了疑问代词的否定用法。他对疑问代词表达否定的观察与前期研究无二，但在生成机制上提出了个人的看法，认为"疑问代词的否定用法也是从它的询问作用中发展演化而来的，尤其与反问句的关系非常密切。当询问的同时又带有明显责怪或不满的语气时，我们发现，这时的句子往往就是表示否定的了"。④ 李彦凤（2007）专文分析了"什么"的否定对象，认为"'什么'的否定对象既可以是引述性成分，又可以是非引述性成分；'什么'能够对对象进行直接语义否定，否定其体现出的隐含

---

① 李一平:《"什么"表否定和贬斥的用法》，《河南大学学报》1996年第3期，第102页。
② 李一平:《"什么"表否定和贬斥的用法》，《河南大学学报》1996年第3期，第103页。
③ 李一平:《"什么"表否定和贬斥的用法》，《河南大学学报》1996年第3期，第106页。
④ 寿永明:《疑问代词的否定用法》，《上海师范大学学报》2002年第2期，第116页。

义、描述性语义特征;也能对对象进行语用上的否定,否定对方话语的'言外之意'"。① 将"什么"的否定对象区分为引述性和非引述性成分,具有较强的概括性。同时,她对否定的语义分析也是比较到位的。丁雪欢(2007)分析了"什么 X 不 X(的)"格式,认为"'什么 X 不 X(的)'格式具体的否定意义可分三类:即表示不是/算不上某事物;不需要/追求/在乎/顾及某情况;不能做某事。和一般否定式相比,'什么'格式是一种突出否定焦点、强化否定程度的否定格式。比常规否定句多了层表示轻视或自谦、洒脱或无奈的态度和语气的语用功能。且'什么'格式还有特定的语篇功能"。② 姜炜、石毓智(2008)在论及"什么"的否定功用问题时,主要分析了否定用法"什么"的语法位置、历史成因、语用功能、使用条件等问题,提出"什么""是通过对已经成为现实的状况的存在目的的否定,来达到对该状况发生的必要性的否定,并否定其继续存在的合理性。因此'什么'所否定的对象必须是与现实有关的。显然,'什么'这种否定存在目的的作用是直接承继了原来询问目的的'做什么'的反问用法"。③ 他们分析了"什么"表达否定的生成机制问题,认为其源于否定存在,这有待商榷。吴丹华(2010)考察了"X 什么 X"结构,认为"口语中的'X 什么 X'式,是一种特殊的否定结构。X 具有容纳一切语言形式的普适性特征。X 的长度越长,越难进入该结构式。'X 什么 X'的否定类型大致有两种:'引述性否定'和'非引述性否定'。其中,'引述性否定'又分'描写否定'和'元语否定'两种。由于语境和进入该结构中成分的不同,这些否定类型又有着各自不同的否定对象"。④ 白玉寒(2011)分析了"什么"表示否定的限制性因素和主观性特征,认为"'什么'表示否定时的限制因素首先是语境;其次是语义特征,表现为[+疑问][-回答],由质疑引发否定意义;最后是句法分布特征,用在动词或形容词后面,或用在句首引用别人的话时。

---

① 李彦凤:《"什么"的否定对象考察》,《广东海洋大学学报》2007 年第 2 期,第 41 页。
② 丁雪欢:《"什么 X 不 X(的)"格式的否定意义及功能》,《北方论丛》2007 年第 3 期,第 69 页。
③ 姜炜、石毓智:《"什么"的否定功用》,《语言科学》2008 年第 3 期,第 272 页。
④ 吴丹华:《"X 什么 X"的否定特性研究》,《梧州学院学报》2010 年第 2 期,第 56 页。

'什么'表达否定时有独特的修辞效果,表达强烈的感情倾向"。① 崔少娟(2012)分析了"X什么Y"结构,认为"'X什么Y'格式是一种高频使用的口语表达方式,表达说话人心中对某事、某现象的疑问,主观否定认识或主观评价,具有强烈的感情倾向,并带有明显的自我印记"。② 朱军(2013)从互动角度分析了"有什么X"结构,这是基于新的理论和方法的分析,也是这一时期较有新意的成果。立足于"有什么X"反问格式,他认为,"反问格式'有什么'是一种基于互动的有标志间接回应方式,具有语用否定的功能,可以对行、知、言三域引发语的前提实施知域否定。根据回应的直接程度可分为'前提—引发'一致式、推导式、隐含式、非推导式几种模式。在叙事语体、评论语体中,主要针对他人、自己原有或社会普遍存在的观点观念等知域引发语实施否定,构成一种广义的互动形态。反问格式'有什么X'在各种否定方式的强度序列中否定等级最高,伴随有表达主要信息和具有强烈主观性的特征。它与否定格式'没(有)什么'在句法、语义、语篇功能等方面存在着一系列的差异,皆可在否定等级及伴随特征的对立中得到解释"。③ 此后的研究多有从构式角度对"什么"的否定表达进行分析,如吴怀成(2014)、朱军(2014)、夏雪和詹卫东(2015)、代丽丽(2016)等。这些分析基本都集中在"什么"的功能方面,当然也有部分成果涉及"什么"表达否定的机制问题。

李彦凤(2014)对"什么"否定表达的否定等级问题的分析比较有新意。她认为,"'什么'可以在语用上对对象进行否定,'什么'既可以强化否定的力度,使语气更强烈,色彩更鲜明,表达说话人不同的情感或态度,还可以弱化否定的力度,使语气更加委婉、含蓄。'什么'的这种否定具有不同的等级,利用[获益]和[受损]这两个语义特征,可以区分'什么'的强式否定与弱式否定"。④ 黄群、王建军(2014)分

---

① 白玉寒:《"什么"表示否定的限制性因素》,《兰州学刊》2011年第8期,第130页。
② 崔少娟:《离合词的离析结构"X什么Y"探析》,《四川教育学院学报》2012年第9期,第94页。
③ 朱军:《反问格式"有什么"的否定模式与否定等级——互动交际模式中的语用否定个案分析》,《中国语文》2013年第6期,第505页。
④ 李彦凤:《"什么"的否定等级》,《现代语文》2014年第10期,第143页。

析了"什么"的功能和使用条件问题。他们认为,"疑问代词'什么'有疑问、指代、任指、列举、虚指、停顿、反诘、否定八种用法,是'什么'入句后受到句法、语义、语用多个维度制约的结果。表疑问是'什么'的无标志用法,其他功能都是有标志的。'什么'的功能游移大致形成一个由疑问功能分别向肯定和否定游移的连续过程:列举←任指←虚指←停顿←指代←疑问→反诘→否定"。[1] 这在一定程度上对"什么"表达否定的原因进行了解释。对"什么"表达否定的内在原因进行解释的主要有袁毓林(2016)。他认为,"'什么'句表示否定意义的内在原因:'什么'所否定的对象在意义上往往具有'反通常性'的特点,说话人由反常的迹象而心生疑惑;在'疑善信恶'原则的指导下,对相关的事情进行否定性猜测,即不相信某种正面和积极的可能性,转而相信某种负面和消极的可能性,从而使得整个'什么'句涌现出否定意义,即否定某种事物或行为的合理性"。[2]

"什么"否定表达的研究成果数量大,提出的见解也较多。总体来看,描写比较清晰,但"什么"表达否定的机制问题仍有待深入分析。

5. 疑问表达否定的宏观研究

关于疑问与否定的研究,还有一方面的成果集中在疑问与否定的关系上,即疑问形式何以表达否定。单威(2010)对特指问表否定的情形进行了分析,认为:"这种否定用法是通过以疑问形式的语法结构为基础,由疑问代词本身、反问语气及语境合力产生的整体功能,其产生是以反问为机制的,表现了说话人的主观态度及感情色彩。"[3] 这种分析还没有超越前期的解释水平,仍旧是从反问入手,对于解释疑问形式表达否定还显得力不从心。因为毕竟反问还只是一种外部机制或形式机制。郑雷(2010)分析了疑问代词表达否定的情形,认为:"疑问代词的否定用法的产生是一个渐变的过程,需要一个前提条件,然后在内部

---

[1] 黄群、王建军:《疑问代词"什么"的功能及使用条件》,《学术论坛》2014年第6期,第85页。

[2] 袁毓林、刘彬:《"什么"句否定意义形成与识解机制》,《世界汉语教学》2016年第3期,第303页。

[3] 单威:《特指问表否定用法研究》,《佳木斯大学社会科学学报》2010年第5期,第63页。

制约和外部因素共同作用下才能够产生这种用法。前提条件：疑问句疑问程度的减弱和消失，使其具备了向非疑问功能迁移的一种条件。疑问句的表达类型、语气词、语调以及上下文语境等都会影响到疑问句的疑问程度。其中疑问句的表达类型对疑问句的疑问程度起决定作用，而语气词的使用等则次之。内部制约：反问句的价值在于它所传达的语气的特殊性上，表达一种消极的态度，因而常常用在对对方的话持反对意见的场合。由于反问句的这种用法，它直接影响到疑问代词表疑问的功能。再加上疑问代词作为反问句中的焦点标志，由于失去了疑问功能，作为补偿，反问句让渡了部分否定功能给疑问代词。外部因素：说话人表达不满的感情倾向和主观态度，通过反问句式的作用反馈给疑问代词，强化了其表否定的功能；反过来，否定意义被强化了的疑问代词也会强化说话人的这种感情倾向与主观态度。两者之间的关系是相辅相成的，但要以反问句为依托媒介。"[1] 张晓涛、邹学慧（2011）综合考察了疑问代词表达否定的现象，提出了语境对疑问表达否定的制约性。他们认为："疑问句表否定的用法就是建立在同语境不合的基础上，所以要想真正理解其否定含义，就离不开语境。"[2] 张晓涛、陈一（2015）论及了疑问到否定的嬗变问题，认为："疑问句表否定有一个嬗变的过程：疑问句从疑问到否定不是突然发生的，而是一个渐变的过程，中间经历了一个'疑'的阶段，即首先由询问（中性问）变化为'疑'（偏向问），再由'疑'变为否定。也就是说，有了'疑'，才有了疑问句的非问用法——肯/否定用法。"[3] 这种看法是非常有见地的，在一定程度上已经触及了疑问形式表达否定的本质。可惜的是，文章并没有就这个问题深入下去，事实上只是提及了一种思路，没能彻底解决问题。

---

[1] 郑雷：《疑问代词否定用法的原因分析》，《绍兴文理学院学报》2010年第4期，第52—53页。

[2] 张晓涛：《语境对疑问表否定用法制约性研究》，《哈尔滨工业大学学报》2011年第2期，第122页。

[3] 张晓涛、陈一：《疑问到否定的嬗变过程研究》，《语文教学通讯》2015年第11期，第69页。

三 现代汉语非标志否定研究评价

综观前期关于现代汉语非标志否定及其表达的研究，可以概括为几个方面：一是观察仔细、描写细致；二是描写和解释结合；三是从形式到功能的进展；四是微观研究与宏观研究结合。

首先，从已有研究成果来看，对非标志否定的观察很仔细，对有些现象的描写非常细致。这可以从两个方面来看：一是前期关于非标志否定的观察不仅覆盖了普通话中的使用情形，也涉及方言的使用情况。前期的研究虽然大多集中在普通话中的语言现象上，但已经有部分学者关注了方言中的情形。如吴继章（1993）、王一军（1999）、杜道流（2006）、郑娟曼（2012）、邵敬敏（2012）、王长武（2016）等。二是对具体语言现象的观察细致入微，尤其是前期关注较多的关于否定用法"什么"的研究。自李一平（1996）总结为八种情形之后，关于否定用法"什么"的分析越发精细。此外，从"谁""怎么""哪里/哪儿"等的描写都可以看出，对疑问代词表达否定的观察还是很细致的。

其次，关于疑问代词表达否定的研究实现了描写与解释的结合。这反映了语言研究向纵深发展的趋势，也反映了对疑问代词表达否定进行研究逐步深入的趋势。"正如 Croft（1990）所说，在语言研究中有意义的概括可分为三个层次，第一层是对语言结构基本事实的观察，第二层是从结构内部对单个语言的结构规律的概括，以及对不同语言所作的类型学的概括，第三层是对与语言结构相关的外部因素的概括。某一层次上的概括对于其前一个层次而言是解释，对其后一个层次而言则仅是描写而非解释。"[①] 汉语中关于疑问代词表达否定的研究基本也沿着这样的思路在进行。早期，如吕叔湘（1981）、吴继章（1993）、宗守云（1995）、李一平（1996）等所作的相关研究基本都是对语言事实的描写。此后也有人尝试从结构角度对疑问代词表达否定的形式进行分析，如李书同（2002）就曾对"什么"表达否定的情形提出了相应的疑问。"一般来说，对句子进行句法结构分析，可以得出'主、谓、宾、定、状、补'

---

① 张敏：《从类型学和认知语法的角度看汉语重叠现象》，《国外语言学》1997年第2期，第37页。

等句子成分。但是,用现有的句法理论对'什么否定句'进行分析的话,就会难以下手。"① 对于"A:行不行呢? B:什么行不行!(不要迟疑)"他直接提出了这样的疑问:"'什么'否定的是疑问语气,'什么'作不作成分? 作成分的话,作什么成分? 做宾语? 补语? 都不妥;不做成分的话,又该看成什么? 总不能也相应地看成语气和语气词吧。以上是成分分析。如果进行层次分析的话,也不好办。例如'翘什么尾巴'之类的层次,就让人束手无策。现有的语法理论没有分析过(恐怕也无法分析)上述B句。(思考之七:汉语语法理论发展至今,不可谓不完善,何以在这些句子面前束手无策呢?)"② 这些疑问都切中要害,并在一定程度上直接推动了对此类问题的深入研究。近几年的研究表明,人们开始从此类表达的外部寻求解释,如功能主义、认知方法等。从外部对这类现象进行研究也直接深化了对此类现象的认识,这对汉语语法研究的进展起到了直接的助推作用。

再次,关于汉语疑问形式表达否定的研究出现了由形式主义到功能主义的演化。正如我们前面所言,描写到解释的变化同时也对应着从形式主义到功能主义的变化。形式主义的研究基于对语言事实的描写。但是形式本身很难对这种表达功能进行解释。但这种研究正是后来功能主义的基础。因为只有语言事实概括全面、清晰了,才能更好地对这种现象作出充分的解释,即描写充分是解释充分的前提。功能主义立足语言外部但又紧紧围绕语言事实,对语言现象作出解释,是与形式主义的一种互补。李书同(2002)提出的疑问和思考说明,对这类语言现象的内容进行解释,难度很大甚至是不可能的。那么在这里引入功能研究的理念和方法恰好解决了这样的问题。晚近的研究基本都是基于功能主义,也在一定程度上解决了先前不能解决和没有解决的问题。

最后,关于疑问代词表达否定的研究实现了微观和宏观的结合。我们所言的微观研究是指对具体语言现象的研究。截至目前,前期已经对

---

① 李书同:《由"什么"一词的否定作用引发的思考》,《郴州师范高等专科学校学报》2002年第3期,第69页。

② 李书同:《由"什么"一词的否定作用引发的思考》,《郴州师范高等专科学报》2002年第3期,第69页。

疑问代词中的"什么""怎么""谁""哪里/哪儿"等疑问代词表达否定、"有 X 好 VP（的）"表达否定、"管他 X"表达否定、"X 个 Y"表达否定，以及方言中"发棺材"类等否定表达进行了研究，这些微观事实的发掘是进行宏观研究的基础。微观语言事实发掘得越全面越细致，宏观研究就可能更科学更有说服力。在对微观语言事实进行充分描写的基础上，晚近的一些研究成果开始从宏观层面对疑问代词表达否定进行解释。后期研究中，单威（2010）、郑雷（2010）、张晓涛和邹学慧（2011）、张晓涛和陈一（2015）等就对疑问代词表达否定从宏观角度进行了分析。

第二节　否定警告构式"有 X 好 VP（的）"与否定表达[①]

周启红（2014）将"有你好看（的）"一类格式码化为"有 X 好 VP 的"，并对这种构式的表意、语用环境、构式义以及历史形成等问题进行了分析。但很明显，这个问题还有待深入研究。

我们将"有你好看（的）"一类否定表述码化为"有 X 好 VP（的）"，称之为否定警告构式，并主要讨论如下问题：第一，否定警告构式"有 X 好 VP（的）"的构成及语用功能；第二，否定警告构式"有 X 好 VP（的）"与形同及形近结构的区分；第三，"有 X 好 VP（的）"的来源及构式化。

语料主要来源于北京大学中国语言学研究中心语料库（CCL）、北京语言大学现代汉语语料库（BCC），以及人民网主站检索，文中均注明了出处，部分用例有删节。

一　"有 X 好 VP（的）"的构成、功能与互动性

（一）否定警告构式"有 X 好 VP（的）"的构成

否定警告构式"有 X 好 VP（的）"由常量"有"、变量"X""好

[①] 本节内容已以《否定性警告构式"有 X 好 VP（的）"的判定、来源及其构式化》为题于 2018 年发表于《汉语学习》第 1 期。此次又作了简单修改。

VP"，以及可选项"的"构成。讨论该构式的构成主要是厘清构式对变量"X"和"好 VP"的选择限制。

1. "有 X 好 VP（的）"对变量的选择及其显现的互动关系

实际使用情形显示，"有 X 好 VP（的）"构式的变量 X 只接受人称代词，第二、第三和第一人称代词均可出现在构式中。当"有 X 好 VP（的）"构式的变量 X 为第二人称代词时，其所在语境基本都是对话，显现较强的听说互动性。如：

[1] 小辈，你敢坐在那女煞星身侧，这下准<u>有你好看</u>的了。（雪雁《生死剑》）

[2] 闭嘴！不要多话，乖乖给我待着，不然<u>有你们好看</u>的。（典心《恶魔的宠妾》）

变量 X 也可以是第三人称代词。这种情形不再要求语境必为对话，听说双方的互动性降低。如：

[3] 见鬼，又是谁？老开这种玩笑，逮住<u>有他好看</u>。（今何在《若星汉天空》）

[4] 除非别让我们逮到问题，否则，<u>有他们好看</u>的。（《云南日报》2011 年 8 月 4 日）

"有 X 好 VP（的）"也可以接受 X 为第一人称，多是说话人用于对事件的陈述，往往用于叙述一种情形。如：

[5] 出发之前那位部长（当时还是副的）就向我们下了死命令，要求必须拿两块金牌，否则回来<u>有我们好看</u>。（《足球·劲体育》2005 年 9 月 21 日）

[6] 爸爸也有些累了，他总是自言自语，说但愿天气不要太热，否则就<u>有我们好受</u>的了。（新华网 2005 年 6 月 20 日）

理论上，X 可以是说话人选定的任何言说对象，也就是说，这里的 X 应该不限于指人成分,尤其不应仅限于人称代词。但语料核查显示,目前的使用情形中 X 还只能接纳人称代词。而且,听说互动与构式对代词的选择和构式出现的频次呈现明显的制约关系:听说互动越明显,"有你好 VP(的)"越容易被选,构式出现的频次越高。构式出现的频次依第二、第三和第一人称顺序逐次下降。我们以口语中使用频率相对较高的"有 X 好看的"为检索条件,在人民网主站进行检索显示:"有你好看的"总计出现 83 次,"有他好看的"总计出现 12 次,"有我好看的"总计出现 3 次。这说明,"有 X 好 VP(的)"构式优选第二人称代词和听说互动性强的语境。

周启红(2014)在论及"有 X 好 VP(的)"时,已经基本描写清楚了"好 VP"的情形。即现代汉语中一般只有"有 X 好看的、有 X 好瞧的、有 X 好受的、有 X 好吃的、有 X 好果子吃"等有限的几种用法。此不赘述。但是,我们不同意其将"好"和"VP 的"分别处理为"有 X 好 VP(的)"构式构件的做法,而是将"好 VP"看作一个构件。原因如下:其一,构式中出现的"好 VP"有词汇化的现象或倾向,如"好看""好受"就已经词汇化,将"好""看""受"分别看作构件,显然是不合适的;其二,"VP 的"不宜看作一个构件,这取决于我们如何认识其中的"的"。下文将证明,"的"是构式可选项,因此也不宜将"VP 的"作为构件处理。

2. 否定警告构式"有 X 好 VP(的)"的平行构式

与"有 X 好 VP(的)"构式形式相近的结构有"有 X 的好 VP"。因此存在三个平行构式,即"有 X 好 VP""有 X 好 VP 的"和"有 X 的好 VP"。如:

[7] 老实一点跟我走。不然<u>有你好看</u>!(中国青年网 2016 年 11 月 22 日)

[8] 这种女人貌似恬淡,但你千万别落她手里,也别成为她想当然的对手,否则,真<u>有你好看的</u>。(凤凰网 2009 年 11 月 23 日)

[9] 还资深驴友呢,都不懂得爬山忌负重的道理,待会儿累趴了就<u>有你的好看</u>了。(《南方日报》2014 年 12 月 20 日)

这三种格式不仅对于"好看"适用，对"好瞧""好受""好果子吃"也完全适用或在一定程度上适用。如：

[10] 我们都是道上混的，你要是不给钱，<u>有你好受</u>！（中国台湾网 2016 年 10 月 17 日）

[11] 你不放我老婆出来，我就打死你！<u>有你好受的</u>！（中国江苏网 2013 年 4 月 9 日）

[12] 你要自己受穷，不要把我们家也拖累。以后<u>有你的好受</u>。（《生活周刊》2014 年 4 月 10 日）

再如：

[13] 我们这是新型营销，既然来了就要配合，否则<u>有你好果子吃</u>。（荆楚网 2014 年 7 月 11 日）

[14] 明天必须给我去面试！否则<u>有你好果子吃的</u>！（林林木夕《遇见你是最美丽的意外》）

[15] 我让你致富，你却这样对我，走着瞧吧，<u>有你的好果子吃</u>。（《羊城晚报》2013 年 9 月 12 日）

"有 X 好 VP（的）"构式从形式角度看比较简单，尤其当其构式化程度较高时，还出现了这样的说法。如：

[16] 最起码未来婆婆要知道你这个人的存在吧，不然被看不起还是轻的，碰到嘴巴恶毒点的婆婆<u>有你受的</u>。（家庭医生在线 2017 年 8 月 24 日）

[17] 如果你不小心说漏了嘴，诸如做饭很香、穿高跟鞋好看等，那今后可<u>有你瞧的</u>。（腾讯网 2013 年 11 月 4 日）

（二）"有 X 好 VP（的）"的语用功能及其与互动性的关系

构式"有 X 好 VP（的）"整体上表达说话人的否定性主观推断，同时带有附加的语用意。周启红（2014）认为，"'有 X 好 VP 的'构式从语用上观察，说话人要求听话人按照自己的意愿做某事、干某事，如果没有按照说话人的意愿干某事，说话人才会说出这样的话……'有 X 好 VP 的'的构式意义：表警告或是威胁"。① 这种看法是有一定偏差的。首先，构式出现的语境并非如周启红所言只有听说双方在场且言说对象为听话人的一种情形。也有听说双方在场但听话人并非言说对象的情形，即 X 为第三人称的情形。还有听说双方在场但言说对象为说话人的情形，即 X 为第一人称的情形；其次，将构式义确定为警告或威胁，显然不妥。我们认为，"有 X 好 VP（的）"的构式义为否定性主观推断，即"无 X 好 VP"。如：

[18] 你要是再缠着我半分钟，就<u>有你好看的</u>。（马克·吐温《哈克贝里·芬历险记》）

[19] 这个不肖之子，又皮痒痒了，回来<u>有他好看的</u>。（[韩]可爱淘《那小子真帅》）

[20] 大冷天穿那么少再在外折腾一番，真<u>有我好受的</u>。（人民网 2009 年 11 月 25 日）

"有 X 好 VP（的）"均表示"没有你（的）好 VP（的）"。如例[18]表示"如果你再纠缠我，就没有你的好看"，例[19]表示"如果他回来就没有他的好看"，例[20]表示"如果穿得少还在外边折腾，就不会好受"。

"有 X 好 VP（的）"除了表达否定性主观推断外，还有附带的语用功能：主要表示警告，威胁是警告的附加效果，因为威胁必然蕴含警告。如：

[21] 我可<u>警告</u>你，这事要是办砸了，我<u>有你好看的</u>！（杨银波《中国的主人》）

[22] 黎某<u>威胁</u>小丽，说如果密码是假的，"就把你的裸照发到

---

① 周启红：《"有 X 好 VP 的"构式意义及历史形成》，《宁夏大学学报》2014 年第 2 期，第 34 页。

网上,让你好看"。(广西新闻网 2014 年 12 月 5 日)

[23] 玲华,你可不能去! 一个女的要领导十多个男的干活,弄不好有你好瞧的!(1994 年报刊精选)

例[21]和[22]中说话人已经明确是警告对方,同时有威胁的意味。例[23]中则只是警告,或曰提醒,出发点是善意的,不含威胁的意味。

我们发现,听说双方的互动性和在场性影响语用功能上的表情性强度。一般来说,典型互动语境中,听说双方都在场,听话人为言说对象,可以显现威胁的效果,表情性最强。当言说对象不在场时,一般只有警告作用。当言说对象为说话人自己时,则表现为自我警醒,因为说话人一般不会威胁自己。这种听说互动与表情强度的制约关系可以如图3—1 所示:

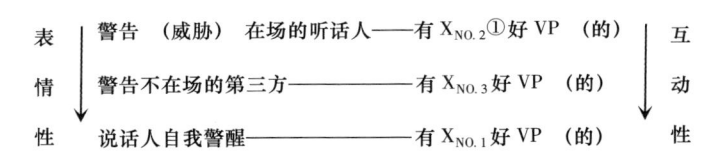

$$
\begin{array}{c}
表情性 \downarrow \quad
\begin{array}{l}
警告（威胁）在场的听话人——有 X_{NO.2}① 好 VP（的）\\
警告不在场的第三方————————有 X_{NO.3} 好 VP（的）\\
说话人自我警醒——————————有 X_{NO.1} 好 VP（的）
\end{array}
\quad 互动性 \downarrow
\end{array}
$$

图 3—1 互动性与表情性的制约关系

二 "有 X 好 VP（的）"与形近形同结构的区分

前期研究显示,否定警告构式往往易与形近或形同的结构相混淆,因此,需要对这些类似结构进行区分和鉴别。

（一）"有 X 好 VP（的）"与"叫/让 X 好 VP"

"有 X 好 VP（的）"与"叫/让 X 好 VP"不仅形式上相近,而且功能上也相似。如:

[24] 再叫我吃饭,有你好看的。(东南网 2015 年 8 月 18 日)

[25] 没有实力就前来搭讪美女,保准叫你好看!(人民网 2011 年 10 月 13 日)

---

① 其中的"No.1、No.2、No.3"分别代表第一、第二、第三人称。

这可能也是周启红（2014）将它们混为一谈的原因。不过，这两个结构还是存在差异的。

首先，"有 X 好 VP（的）"构式中的"的"一般可以省略，为可选项；但"叫/让 X 好 VP"一定不能添加"的"，为受排斥项。如：

[26] 等着瞧吧，过几天就有你好看的！（陆文夫《人之窝》）
等着瞧吧，过几天就有你好看！
[27] 如果你再敢堵路，就让派出所把你抓走，叫你好看！（人民网 2014 年 9 月 29 日）
*如果你再敢堵路，就让派出所把你抓走，叫你好看的！

这也就导致两个结构不能自由替换。也可以这样讲，替换的限制也正是结构导致的。

其次，从结构内部分析，两者也有不同。如：

[28] 他们"预收全年罚款"，谁敢说个"不"字，定然有办法叫你好看。（红网 2016 年 1 月 6 日）
[29] 我们叫你做什么你就做什么，否则有你好看。（新华网 2015 年 8 月 6 日）

例 [28] 中的"叫你好看"是接近典型的兼语结构，"你"既是前面动词的宾语，也是后面谓词性成分的主语。例 [29] 中的"有你好看"虽然也常被看作兼语结构，但因为"有"的动作性弱，而显得不够典型。另外，这个结构分析为双宾结构也未尝不可。

基于上述分析，我们认为，"有 X 好 VP（的）"与"叫/让 X 好 VP"只是功能上相近的结构，不是相同的构式，不能进行统一的分析。

（二）"有 X 好 VP（的）"与"有什么好 VP 的"

"有 X 好 VP（的）"与"有什么好 VP 的"形式相似，语义相近，实则差异很大。

首先，二者对 VP 的限制不同。"有 X 好 VP（的）"对 VP 的限制很严格，仅限于"看、瞧、受、吃"等极少数单音节动词。这应该源于该结构的高度口语化特征。与"有 X 好 VP（的）"相比，"有什么好 VP 的"对 VP 的要求则宽松许多。第一，"有什么好 VP 的"可以接受非单音节动词进入该结构。如：

　　［30］公开透明是公益的底线，这<u>有什么好讨论的</u>？（环球娱乐网 2014 年 2 月 26 日）

　　［31］钢盔，就是保护头部的头盔罢了，<u>有什么好研究的</u>呢？（军事名人 2012 年 12 月 30 日）

第二，"有什么好 VP 的"对 VP 的语义限制也要宽松，不限于"有 X 好 VP（的）"结构中的极少数几类动词。而恰恰能够进入"有 X 好 VP（的）"的动词却不一定能够进入"有什么好 VP 的"结构。如：

　　［32］香港那么无聊，就一个小岛<u>有什么好看的</u>。（《环球时报》2017 年 5 月 12 日）

　　［33］＊等那老人回过头来赖上你，<u>有什么好受的</u>。（原文见大江网 2011 年 10 月 31 日）①

其中，例［32］中的"好看"不是在"有你好看的"否定警告构式中"好看"的意义上使用。例［33］中"有什么好受的"这种说法本身就不成立。

其次，两个结构对尾部"的"的隐现限制不同。"有 X 好 VP（的）"尾部的"的"可以出现，也可以不出现，没有强制性。而"有什么好 VP 的"要求尾部必须出现"的"，具有强制性，且这个结构中的"的"均为结构助词。如：

　　［34］周末去莞惠<u>有什么好玩的</u>？周边<u>有什么好吃的</u>？（《广州日报》2016 年 4 月 15 日）

　　［35］他们家里<u>有什么好吃的</u>，总惦记着分给我们。（《南宁日

---

① 原文为"等那老人回过头来赖上你，有你好受的"。

报》2016 年 12 月 16 日）

[36] 搞不懂，这个东西<u>有啥好吃的</u>。（百度贴吧—曼联吧 2014 年 6 月 2 日）

[37] 姨才奇怪呢，亲嘴<u>有啥好玩的</u>，玩个没完没了。（李葳《爱错皇帝表对情》）

其中例［34］中的"什么"为疑问代词。例［35］中的"什么"表示任指，可以用"任何"替换；例［36］和［37］整体上表示否定。上述 4 例中"有什么好 VP 的"中的"好 VP 的"均为"的"字结构，其中的"的"为结构助词。作为结构助词的"的"都是不能脱落的。

最后，两个结构否定功能的来源不同。"有什么好 VP 的"表达否定源于反问。姜炜、石毓智（2008）认为，"'什么'的否定功能和使用条件为：它是通过对已经成为现实的状况的存在目的的否定，来达到对该状况发生的必要性的否定，并否定其继续存在的合理性。因此'什么'所否定的对象必须是与现实有关的。显然，'什么'这种否定存在目的的作用是直接承继了原来询问目的的'做什么'的反问用法"。① "有 X 好 VP（的）"表达否定也源于反问，但是是构式通过吸收"焉有……""岂有……""哪有……"反问功能而实现的。而且，"有什么好 VP 的"对 VP 有现实性要求，而"有 X 好 VP（的）"对 VP 有非现实性要求。

综上我们认为，因为"有 X 好 VP（的）"与"有什么好 VP 的"存在诸多方面的差异，将二者相提并论，作为一个统一的研究对象，也是不合适的。

（三）"有 X 好 VP（的）"与同形复句"有 X 好 VP"

周启红（2014）注意到了"有你好看的"与"有你好看"之间的差别，即"在现代汉语中，'有你好看'有两个意思，一是表陈述，正面、肯定和积极的意义……二是表达否定、反面的意思"。② 这种差别是客观

---

① 姜炜、石毓智：《"什么"的否定功用》，《语言科学》2008 年第 3 期，第 272 页。
② 周启红：《"有 X 好 VP 的"构式意义及历史形成》，《宁夏大学学报》2014 年第 2 期，第 32 页。

存在的，但她的分析并没有揭示问题的实质。我们拟从结构、语义和功能的角度对二者的差异进行分析。

首先，从结构的角度看，二者之间差异很大。如：

[38] 别惹急了我，否则就<u>有你好看</u>。（杰克·坎菲尔《心灵鸡汤》）
[39] 本周四晚 21∶20 深圳卫视《为梦想加速》，<u>有你好看</u>！（人民网 2016 年 5 月 26 日）

从结构角度分析，一般将例［38］中的"有你好看"看成是兼语结构。例［39］中的"有你好看"显然不是单句，而是一个紧缩复句。这个紧缩复句可以看成因果复句，变换为"因为有你，所以好看"；也可以看作假设复句，变换为"要是有你，就会好看"。

其次，从语义的角度看，二者也不相同。兼语结构"有 X 好 VP（的）"在基本语义外还表达说话人的主观义。如：

[40] 快点拿钱来消灾，不然<u>有你好看</u>！（人民网 2016 年 3 月 18 日）
[41] 看在奶娘没发现我，否则<u>有你好看</u>。（四方宇《顽皮美娇娘》）

例［40］和［41］中的"有你好看"都含有表情意义，意在提醒、警示听话人。而紧缩复句"有你好看"与之不同。如：

[42] 竞彩普及日进入收官之月，北京体彩"<u>有你好看</u>"。（中国体彩网 2017 年 5 月 3 日）
[43] 2016 辽视猴年春晚，<u>有你好看</u>。（新华娱乐 2016 年 1 月 13 日）

上例中的"有你好看"本身都表达特定的逻辑意义，或为假设，或为因果。

最后，从表达功能的角度分析，二者也有不同。兼语结构"有你好看"除表达基本语义外，还有明显的表情功能，且表达否定。紧缩复句"有你好看"则主要表达逻辑语义，表情性不明显，且不表达否定。

三 "有 X 好 VP（的）"构式的来源及其构式化

（一）"有 X 好 VP（的）"的来源

周启红（2014）认为："'有你好看的'现在是一个比较凝固的结构，但最初结构比较松散，是由'有 XVP'演变到'有 XVP 的'，然后演变成'有 X 好 VP 的'，这是一种语法化的现象"。[①] 这种说法尚不够科学，甚至是基于一种猜测。通过历时和共时的综合考察，我们认为"有 X 好 VP（的）"表示否定的用法源于它的反问结构，具体来讲，源于"焉有……""岂有……""哪有……"类反问用法。

"焉有""岂有"的反问用法早在春秋战国时期就已常见。如：

［44］且夫阳，岂有裔民哉？（春秋《国语》）
［45］焉有君子而可以货取乎？（战国《孟子》）

"哪有"的反问用法早见于明清。如：

［46］内臣又呼曰："世上哪有杀不死的人？"（明·钟惺《夏商野史》）
［47］弟弟有大功于家庭，有大功于国家，我哪有感激不爱护的道理？（清·曾国藩《曾国藩家书》）

"焉有 X""岂有 X""哪有 X"的 X 既可以是谓词性成分，也可以是体词性成分。但作为整体结构，它们的一个共性就是构成反问，具有反诘功能，表达"无"的意思。如：

[①] 周启红：《"有 X 好 VP 的"构式意义及历史形成》，《宁夏大学学报》2014 年第 2 期，第 34 页。

[48] 师弟别大声怪叫的，倘被师祖父知晓，<u>焉有你我的命在</u>？（清·张杰鑫《三侠剑》）

[49] 可惜你们山西人，你真给山西人现世，山西人<u>哪有你这样的</u>？（清·张杰鑫《三侠剑》）

[50] 马威足怒道："这里<u>岂有你说话的余地</u>？"（柳残阳《魔箫》）

反问句的基本功能是表达与核心动词相反的意思，在"焉有X""岂有X""哪有X"构式中核心动词为"有"，表达的基本意思为"无"。这是后来"有X好VP（的）"构式化的语义基础。

"有X好VP（的）"最早的用法是"有你好看"，见于民国时期。如：

[51] 马亮心说：姓雷的你待朋友就这个滋味啊？好嘞！<u>有你好看</u>了。（常杰淼《雍正剑侠图》）

在现代汉语中，这种用法就越来越常见，但是其中的"VP"却基本限于"看、瞧、受"等极少数几个成分，已经完成了构式化。

"有X好VP（的）"源于反问结构还有一个辅证，就是尚处于构式化路上的"有X好果子吃"的现实使用情形。"有X好果子吃"可以看作是否定警告构式"有X好VP（的）"的类推用法，在共时平面上存在不同的使用情形。如：

[52] 如果跟在别人后边跑，也<u>不会有好果子吃</u>。（管理文档系列《靠质量崛起的巨人》）

[53] 上课头疼，见老师发怵，以学习为苦差事，回到家里当然难以使父母心宽，倒要使家长望子成龙的愿望落空，<u>怎么会有好果子吃呢</u>？（1993年《人民日报》）

[54] 部长对你印象不好，<u>哪里还有你的好果子吃</u>？（刘震云《官人》）

[55] 当然，对于太过分的虚荣要求不能惯着她，否则，哼哼，

日后<u>有你好果子吃</u>了！（vicky《女生无可救药爱上你的18个迹象》）

例［52］是直抒否定，例［53］和［54］是通过反问表达否定，例［55］是构式化否定。上述4例在基本语义、情态特征等方面具有一致性。这也证明，"有X好VP（的）"应该源于相应的反问结构。

（二）影响"有X好VP（的）"构式化的维度

前面我们明确了否定警告构式的来源，这里主要阐述影响"有X好VP（的）"构式化的几个维度。

1. 反问标记脱落、语境吸收与构式允准

"有X好VP（的）"构式的生成是伴随原有构式"焉有……""岂有……""哪有……"等构式中反问标记"焉""岂""哪"等的脱落而实现的，同时伴有"有X好VP（的）"对原构式语境义的吸收以及新的形式和意义配对的生成。原有构式"焉有……""岂有……""哪有……"等表达"无"的基本意义，有强调的作用，是说话人适应强调的表达目的而选择的目标结构。这些平行的构式构建一个图式库，供说话人选择使用。"构式自身不会变化，而是说话人以'新分析'（neoanalysis）的机制进行构式表征之后的变化。"[①] 当"焉有……""岂有……""哪有……"等构式脱落掉反问标记形成新的构式"有X好VP（的）"时，该构式一方面了继承了原有构式"焉有……""岂有……""哪有……"等的基本意义，即表示"无"，这是语境吸收的结果；另一方面，也完成了构式的意义演化，即主要不再进行语用强调，而表示警告。原有构式和新构式的继承关系为构式允准提供了条件。同时说话人选定的目标结构［有X好VP（的）］和规约的语法单位（焉有、岂有、哪有）相似，构式允准具备了实现的条件。"若允准结构和目标结构匹配，说话人就会对其作出编码，构式的表达式就实现完全允准。"[②] 正是原有构式"焉有……""岂有……""哪有……"等通过脱落掉反问标记形成新

[①] 文旭、杨旭：《构式化：历时构式语法研究的新路径》，《现代外语》2016年第6期，第732页。

[②] 文旭、杨旭：《构式化：历时构式语法研究的新路径》，《现代外语》2016年第6期，第734页。

的构式，并同时完成基本义的语境吸收和构式的意义演化，达到构式允准的条件，从而促使新的形式和意义的配对"有 X 好 VP（的）"最终形成。

2. 句际语用推理与非组构性

就"有 X 好 VP（的）"的构式义来讲，它是从句际语用推理得出的。"有 X 好 VP（的）"一般都出现在后续句中，和始发句构成一定的句际关系。笼统地讲，始发句和含有"有 X 好 VP（的）"构式的后续句的句际关系主要有三种：一种是因果关系。如：

［56］几任专员挂帅都没咒念，他王守东肩膀上顶着俩脑袋？<u>有他好瞧的</u>！（1994 年《报刊精选》）

［57］他今晚的手气简直疯极了，可惜陈老板没来，不然<u>有他的好看</u>。（季宇《县长朱四与高田事件》）

另一种是假设关系。如：

［58］可一旦你"招"了，一旦你让他们抓住了什么话把儿，那就<u>有你的好看了</u>。（李佩甫《羊的门》）

［59］全部下车，一个不留！谁不吃饭，<u>有你好看的</u>！（2000 年《人民日报》）

再有一种是转折关系。如：

［60］小子你听着，跟我说话放尊重点。老老实实早点回来，要不然<u>有你好看的</u>。（冯德全《说服孩子的对话：这样说孩子最能接受》）

［61］你老公在我们手上，等我们电话，别报警，不然<u>有你好看</u>。（《福州晚报》2015 年 2 月 16 日）

但是不论哪种句际关系，都对应相同的语用推理。以［56］为例。"几任专员挂帅都没咒念"可看作大前提，"他王守东肩膀上顶着俩脑袋？"是小前提,"有他好瞧的"是结论。由大前提"专员挂帅都没有办法处理"和小前提"王守东连专员都不是"推论,结论就是"王守东也没有办法处理"。三段论的结论是理解"有 X 好 VP(的)"的依据。因此,"有他好瞧的"的基本语义应该是"没有他好瞧的",同时带有语用警告的意味。这样,就出现了单个构式成分的意义与整个构式意义之间的不匹配。说话人需要对构式的组构成分进行整合。"说话人对组构成分的整合引起构式的新分析,从而产生构式化。"① 此外,这种非组构现象也正好与江蓝生(2016)分析的"非典型组合"相符合。"语义相宜性和一定的句法结构只是语法化的前提条件,常规结构式的非典型组合和特殊的语义关系才是真正的诱因。"②

四 结论

否定警告构式"有 X 好 VP(的)"由常量"有"、变量"X""好 VP",以及可选项"的"构成,存在三个平行构式。"有 X 好 VP(的)"构式只接纳人称代词,听说互动与构式对代词的选择呈现明显的制约关系,且听说互动越明显,构式出现的频次越高。"有 X 好 VP(的)"除了表达否定性主观推断外,语用上主要表示警告,威胁是警告的附加效果。

否定警告构式"有 X 好 VP(的)"与"叫/让 X 好 VP""有什么好 VP 的"和紧缩复句"有 X 好 VP"形近或形同,需要区分和鉴别。

否定警告构式"有 X 好 VP(的)"源于"焉有……""岂有……""哪有……"反问构式。原有构式脱落掉反问标记,同时完成基本义的语境吸收和构式的意义演化,形成新的形式和意义的配对"有 X 好 VP(的)"。新构式单个构式成分(有)的意义与整个构式意义之间的不匹配引发说话人对组构成分的整合,进而引起构式的新分析,最终发生构式化。

---

① 文旭、杨旭:《构式化:历时构式语法研究的新路径》,《现代外语》2016 年第 6 期,第 735 页。

② 江蓝生:《超常组合与语义羡余——汉语语法化诱因新探》,《中国语文》2016 年第 5 期,第 515 页。

第三节　否定评判构式"还 NP 呢"与否定表达[①]

吕叔湘（1980）在讨论表示语气的"还"时实质上就触及了"还 NP 呢"问题。20 世纪 90 年代以来，"还 NP 呢"成为语法学界的研究热点，至今一直有研究成果出现。宗守云（1995，2016）、沈家煊（2001）、张宝胜（2003，2007）、杨玉玲（2004）、钟明荣（2006）、丁力（2007）、郑娟曼（2009）、周维维（2010）、胡峰（2011）、高顺全（2011）、彭颖（2011）、胡佳丽（2012）、王长武（2017）等都对此结构进行过相关研究，涉及"还 NP 呢"的来源、类型、意义与语用功能，以及 NP 的语义条件等方面。

前期研究表明，一些遗留问题尚待解决：一是对"还 NP 呢"的描写尚不到位，未能建立全覆盖的分类系统；二是对构式"还 NP 呢"的分析还不到位，多义构式之间的比较有待深入挖掘；三是"还 NP 呢"的构式化和构式性演化问题还没有解决。针对以上问题，且为了能够集中分析"还 NP 呢"，除非必要本文暂不涉及非 NP 的情形，并主要关注以下方面：第一，对现代汉语共时平面上的"还 NP 呢"进行全面描写、科学分化；第二，以语义维度、量级模型、韵律模式等为切入点，从结构、语义和表达的角度对"还 NP 呢"进行分析；第三，分析"还 NP 呢"的构式化和构式性演化问题。

文中用例主要来源于北京大学中国语言学研究中心语料库（CCL）、北京语言大学现代汉语语料库（BCC）、人民网主站检索、北京语言大学语言研究所北京口语语料库（BJKY）及部分前期成果，少数用例为自拟。文中涉及构式化分析时为凸显历史线索标记用例出处，其他不再一一注明出处。

[①] 本节内容已以《多义构式"好 NP 呢"的分化、构式化及构式性演化》为题于 2020 年发表于《语文研究》第 2 期。此次作了简单修改。

一 "还 NP 呢"的描写与分化

前期研究均发现并强调，现代汉语中的"还 NP 呢"是一个复杂的句式。杨玉玲（2004）、丁力（2007）、郑娟曼（2009）、胡峰（2011）、宗守云（2016）曾从不同角度对之作过分类研究。由于各家分类标准不一，所分类型也不尽一致。我们在充分考虑构式的韵律特征、量级模型、语用功能以及构式变式的基础上，因为量级模型的差异决定着构式的韵律变化、语用功能以及构式变式，故以量级模型为核心观测点，对"还 NP 呢"进行描写和分化。

"还 NP 呢"是一个量级构式，其中"还"是增量副词，表示元语增量。任何量级都需要从特定维度进行观测。"还 NP 呢"的语义可以从两个维度进行观测：一是时间维度；二是非时间的级差维度。根据"还 NP 呢"语义维度定位的差异，首先可以将其区分为双维度和单维度两类。

（一）双维度构式"还 NP 呢"

双维度构式"还 NP 呢"有两种语义维度定位方式，即从时间维度和非时间的级差维度进行观测，对应着两个小类。其中，时间维度由增量副词"还"定位，这个小类可称时间维度类；非时间的级差维度由 NP 定位，这个小类可称级差维度类。语义上的两个小类共用一个形式。如：

[1] 啊哈哈！还小何哪，白头发一脑袋了。
[2] 还三岁小孩呢，这小子都快七岁了！
[3] 我博士毕业都两年了，还硕士呢！

定位时间维度的增量副词"还"需要重读，是一种有标记用法，且明显滞留了持续义。以增量副词"还"定位的时间维度作为观测情状的时间背景，具体表现为情状在时间流上持续或反复，并在说话的时间点上（情状持续或反复的终点）发生了变化。例[3]中，说话人以时间流作为观测背景，并重在说明到说话的这个时间点，硕士到博士的情状变化已经发生两年了。定位非时间维度的 NP 需要重读，语义上要有顺序义或序列性。仍以例[3]为例，说话人以学位序列上的"硕士"为定位起点，并主要说明已经发生了硕士到博士的情态变化。此时，"还"不再重读且持续义基本消失、情态功能凸显。可见,重音具有定位语义维度的作用。

对比来看,形式上,双维度构式"还 NP 呢"的两个小类都可以省略"呢"构成"还 NP"变式,其中时间定位的"还 NP 呢"还可以变换为"还 NP 啊"。语境小句中与 NP 相关的成分与主表小句"还 NP 呢"中的 NP 一定构成由高到低的语义序列,形成互相配对的语义焦点,构成对比重音。语义上,该构式表示"何止",重在变化性,并在真值上否定言说对象为 NP。语用上,多是对前述说法或认识进行反驳或否定,重在表达随着时间的推移,情状已经发生变化,因此,之前的说法或认识已经不适宜或不科学。从量级模型(scalar model)角度看,两种维度都以"还"标记序列上的低位,都可以组构"还……都"格式,且只构成从"还"向"都"的单向增量语义量级模型(Unidirectional increment semantic scalar model)。原因在于:当量级算子(scalar operator)"还"定位语义维度时,凸显时间背景,时间流的特性决定语义量级只能是单向增量模式;当 NP 定位语义维度时,受增量副词"还"的制约,也构成以主表小句 NP 为定位起点的单向增量语义量级。双维度构式"还 NP 呢"的两种语义量级模型如图 3—2 所示:

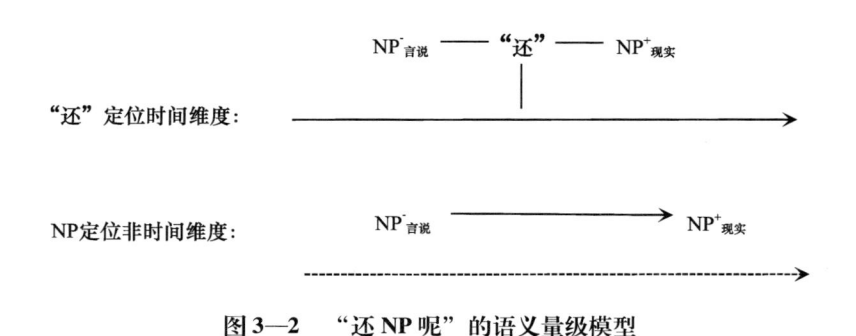

"还"定位时间维度:　　　$NP^-_{言说}$ ——"还"—— $NP^+_{现实}$

NP 定位非时间维度:　　　$NP^-_{言说}$ ——→ $NP^+_{现实}$

图 3—2　"还 NP 呢"的语义量级模型

"还"定位时间语义维度表现为同一情状的持续或反复,从心理学角度来看,实际上就是对同一刺激的反复欣赏,这容易使人产生"心理疲劳";NP 定位非时间语义维度表现为主表小句中 NP 偏离现实的低情状和现实当中的高情状的对立,由此产生级差推理。虽然两种维度定位的方式不同,但最终殊途同归,两种情形都使构式"还 NP 呢"带上主观性。

（二）单维度构式"还 NP 呢"

单维度构式"还 NP 呢"只能由 NP 定位非时间语义维度。同样以量级模型为核心观测点，单维度构式"还 NP 呢"可以分为单向评价构式、双向评价构式、话语回应构式三个小类。

1. 单向评价构式"还 NP 呢"

单向评价构式"还 NP 呢"由 NP 定位语义维度，且只构建单向减量语义量级模型（Unidirectional reduction semantic scalar model）。如：

[4]（这里出过大学生吗?）这穷乡僻壤的，连高中生都没出过，<u>还大学生呢</u>。
[5] <u>还博士呢</u>，他连大学都没毕业。
[6] <u>还副教授呢</u>，他连讲师都没评上呢。

语音上，单向评价构式"还 NP 呢"中"还"不重读，持续/反复义消失，不重在从时间背景上考察情状变化，语气功能凸显。NP 重读且要求具有顺序义或序列性。形式上，主表小句有"还 NP"变式，没有"还 NP 啊"变式，"还"可以用"更何况、更别提"替换。语义上，单向评价构式"还 NP 呢"表示现实情状低于言说情状，不重在变化，而是凸显对比性，表示 NP 对应的事件未发生或未实现。语用上，因为言说偏离现实，故也是对前述说法或认识进行反驳或否定，用于纠正前述说法的不适宜性或不科学性。

单向评价构式"还 NP 呢"可以由"连"与"还"构成"连……还"格式，建构量级模型。其中，"还"标记序列上的高位，"连"标记序列上的低位。如例 [4] ~ [6] 中的"高中生""大学""讲师"均由"连"标记低位，而"大学生""博士""副教授"则由"还"标记高位。也正是在这一点上，单向评价构式"还 NP 呢"与双维度构式中的级差维度小类相区别。从量级表现看，单向评价构式"还 NP 呢"构成的单向减量语义量级如图 3—3 所示：

NP定位语义维度： $NP^-_{现实}$ ⟵⎯⎯⎯⎯ $NP^+_{言说}$

图3—3　"还NP呢"的单向减量模型

郑娟曼（2009）、胡峰（2011）论及的一类"S还NP呢"也可以归入单向评价构式，是单向评价构式的演化，本文称之为演化的单向评价构式。如：

[7] 什么？他是硕士？<u>我还博士呢</u>！（郑，2009）
[8] "听口音你是外地人吧？" "<u>我还外星人呢</u>！"（郑，2009）
[9] 他是博士？<u>我还圣斗士呢</u>！（胡，2011）

这类演化的单向评价构式与前述典型的单向评价构式具有相同的韵律模式、语义维度定位方式、语义量级模型和相近的语用功能，也要求NP具有序列性。当然，二者也有明显的不同：首先，典型的单向评价构式是单一话题，主表小句和语境小句共享同一话题。演化的单向评价构式是分立话题，主表小句和语境小句各有自己的话题。其次，演化的单向评价构式的主表小句和语境小句中互相配对的NP序列义出现泛化现象，也就是说，说话人可以依据表达需要临时建构语义序列，如例[8]和[9]，是语义—语用环境扩展（semantic-pragmatic context expansion）的表现。

2. 双向评价构式"还NP呢"

双向评价构式"还NP呢"由NP定位单一语义维度，但可以构建增量和减量两个方向的双向语义量级模型。前者如：

[10] <u>还三岁孩子呢</u>！都知道心疼妈妈啦！
[11] <u>还中学生呢</u>！这么难的问题都回答上来了！
[12] <u>还平民（百姓）呢</u>！这见识，这眼光，可不像啊！

增量评价构式表示言说对象超出人们对NP所认知的社会常规标准或社会固有模式。后者如：

[13] 还播音员呢！普通话都说不标准。
[14] 一点风度都没有，还男子汉呢？
[15] 还"课题"，最多就是剪贴了几篇文章。

减量评价构式表示言说对象未及人们对 NP 所认知的社会常规标准或社会固有模式。

双向评价构式"还 NP 呢"构建的量级模型如图 3—4 所示：

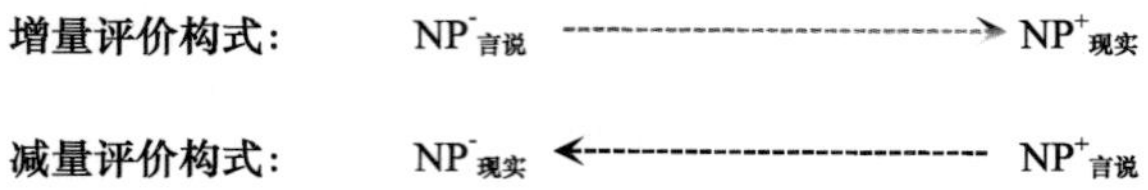

增量评价构式：　　NP$^-_{言说}$ --------------→ NP$^+_{现实}$

减量评价构式：　　NP$^-_{现实}$ ←-------------- NP$^+_{言说}$

图 3—4　"还 NP 呢"的双向量级模型

语音上，双向评价构式"还 NP 呢"中"还"不重读，但仍然是一个量级算子，起到建立量级模型的作用，有标记低位（如例 [10] ~ [12]）和高位（如例 [13] ~ [15]）两种作用，量级的本质仍旧是语义的。NP 需要重读且定位语义维度，但 NP 本身在语义上不再有序列性限制，序列性只体现在级差推理中。形式上，"还 NP 呢"有变式"NP 呢，还"和"还 NP"。该构式还可以从整体上变换为"啥/什么 NP 啊"类反问格式。语义上，双向评价构式"还 NP 呢"不否定言说对象在真值上为 NP，只是表示言说对象偏离了人对 NP 认知的社会常规标准或固有模式。语用上，因为增量和减量反映的是言说对象对常规社会认知标准的正向或负向偏离，偏离成为"还 NP 呢"语用评价功能产生的根本原因。

3. 话语回应构式"还 NP 呢"

话语回应构式"还 NP 呢"只出现在对话语体中，说话人引述受话人的话语。从引述方式看，话语回应构式"还 NP 呢"可以分为两类：一类是同声回声式引述。如：

[16] ——箱子里有苹果，自己拿！
　　——还苹果呢，都烂光了！

[17] ——明天让我去机场接小刘吧!
　　　——还小刘呢,他今天就回来了。
[18] ——这东西可是美国货!
　　　——还美国货呢,人家早就给调包了!

同声回声式引述的对象可以是受话人话语中的任何 NP,也可以是非 NP,甚至是受话人话语的全部。"还 NP 呢"具有锁定话题和语篇衔接的作用。

另一类是异声回声式引述。如:

[19] ——啊,张靓颖!
　　　——还李宇春呢,什么眼神啊!
[20] ——这是特意给你请的天珠。
　　　——还地灭呢。
[21] 金玉婷:巩巩!
　　　冯　巩:巩巩,还公公呢,离太监都不远了!

异声回声式引述的对象不是受话人话语中出现的 NP,而是与这个 NP 具有某种相关性的另外的 NP。"还 NP 呢"主要起到语篇衔接或抢占话轮的作用。

语音上,话语回应构式"还 NP 呢"中的"还"不重读。"还"仍旧是量级算子,但其量级算子功能更多体现在语气上,而不是在语义上,已然从语义量级算子虚化为语气量级算子。这一点也在该构式对 NP 的语义限制上反映出来。NP 没有序列性限制,也不包含级差推理,但要求与前一话轮中的特定 NP 具有语义或语音上的相关性。形式上,话语回应构式"还 NP 呢"没有"还 NP""还 NP 啊""NP 呢,还"变式。语用上,"还 NP 呢"主要体现出话语或语篇功能,语用否定也只否定对方说法的适宜性。

综上可见,量级是现代汉语"还 NP 呢"分化的核心标准,韵律模式、构式变式、语用功能等都是量级的外在表现。因此这些构式属于多义构式,其分化情况如图 3—5 所示:

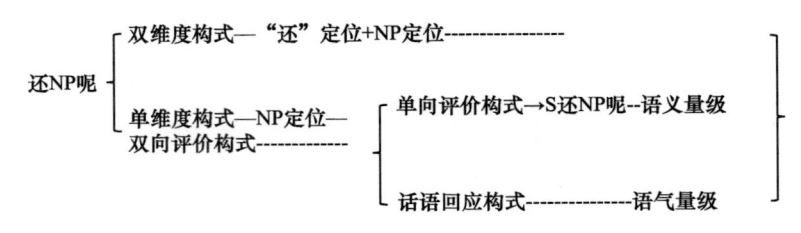

```
         ┌─ 双维度构式—"还"定位+NP定位────────┐
         │                                      │
还NP呢 ──┤                    ┌─ 单向评价构式→S还NP呢--语义量级 ─┤
         │  单维度构式—NP定位—│                                 │
         └─ 双向评价构式───── ┤                                 │
                              └─ 话语回应构式──────────语气量级 ─┘
```

图3—5 多义构式"还 NP 呢"的分化

二 "还 NP 呢"多义构式比较

构式语法的基本理念是整体大于部分之和，构式的结构、语义和表达特征具有浮现性。现代汉语多义构式"还 NP 呢"不同层级上的大小类之间在结构、语义和表达方面的关联特征，体现在共性和差异性两个方面。这些特征也往往隐含着"还 NP 呢"构式化和构式性演化的线索。

（一）"还 NP 呢"构式各小类之间结构的比较

"还 NP 呢"构式各小类之间结构的比较可以从构件、韵律和变式三个角度考察。

从构件角度看，"还""呢"是构式"还 NP 呢"的常量，NP 是变量。双维度构式中的"还"赋予重音时，具有定位语义维度和建立语义量级的双重作用；"还"不赋予重音时，充当量级算子，表示元语增量，借以建立不同的量级模型。这也是构式当以 NP 定位语义维度时还可以建立量级模型的触发因素。NP 是构式的变量，双维度构式和单向评价构式要求 NP 必须具有顺序义或序列性。双向评价构式的 NP 因为处于语义量级模型中，拥有级差推理意义上的序列性。话语回应构式中的 NP 已经失去这种序列性限制，完全没有序列性要求，只有语义或语音的相关性要求。构件"还"的韵律变化和 NP 的语义限制泛化预示着量级模型的变化和"还 NP 呢"的最终构式化。

从韵律角度看，双维度构式有两种韵律模式，即前轻后重型和前重后轻型，而单维度构式则只有前轻后重型。这可以作为区分双维度构式和单维度构式的韵律标准（语音形式标准）。

从构式变式角度看，双维度构式有"还 NP 啊"变式，单维度构式则均没有这样的变式。这也构成了双维度构式和单维度构式区分的第二个形式标准（平行变换标准）。在单维度构式内部，话语回应构式因没有"还 NP"变式而与单向评价构式和双向评价构式相区分，单向评价构式和双向评价构式又因量级模型的差异而区分。

总体来看，单双维度构式具有共性的韵律模式和构式组构方式，这是它们之间的结构共性。同时，不同大小类别之间也存在相应的差异，这是不同层次上的多义构式进行分类的形式依据。

（二）"还 NP 呢"构式各小类之间语义的比较

构式的语义具有浮现性，构式义大于构件意义之和。因此，多义构式"还 NP 呢"的语义比较就是构式义的共性提取和差异析出。"还 NP 呢"是一个量级构式，这是"还 NP 呢"之间语义比较的出发点和核心点。

双维度构式也是双量级构式，可以建构两种语义量级模型：当"还"定位语义维度时建构的是时间增量量级模型，时间流作为观测情状变化的显性时间背景；当 NP 定位语义维度时，受元语增量副词"还"的制约，通过主表小句和语境小句中互相配对的语义焦点建构特定（由 NP 定位的维度）的语义增量量级模型，时间流只作为观测情状变化的隐性时间背景。两种量级模型具有暗合关系和内在一致性：时间流逝表示的是时间增量，在时间流上发生的情状变化也是增量变化，且二者都表现为语义量级。也正是这种内在一致性的存在，使时间量级向非时间量级的推导成为可能。

单向评价构式和双向评价构式均由 NP 定位语义维度并建立量级模型。从量变方向角度看，既可以是增量，也可以是减量。因为时间流视角只能表示增量，这说明单维度评价构式对情状的观测已经不重在时间流视角，转而表示对说话人说话时间点的情状的观测。如例 [4] 中，一个地方是否出过高中生和大学生，并不是时间流上的情状变化，而是对一个时间点上的现实情况的考察。时间流视角向时间点视角的转变，表明"还"的持续义已经消失，"还"的作用在于表达两个命题之间的关系，具体来说，就是"还"用于触发量级模型的建立，同时具有一定的表情性。虽然双向评价构式的主表小句和语境小句没有了配对的语义焦点，但与单向评价构式一样，"还"仍然是量级算子，同样可以建立量级模型，"还"后的成分定位语义维度。两类构式中的 NP 都定位特定的语义维度，因此，借此建立的仍然是语义量级模型。

话语回应构式虽然也属于单维度构式，但与单向评价构式和双向评价构式不同：首先，NP 顺序义或序列性限制消除、主表小句和语境小句中配对语义焦点消解，这就使得 NP 无法定位语义维度。也就是说，话语回应构式已经无法建立语义量级。其次，"还"轻读，仍应看作元语增量副词，具有量级算子的功能。因为"还 NP 呢"无法建立语义量级而导致"还"进一步虚化，起到触发建立语气量级的作用，用以强化表达说话人特定的情感。

总体来看，"还 NP 呢"从双维度构式到单维度构式的变化，也对应着量级模型的变化。这种变化如图 3—6 所示：

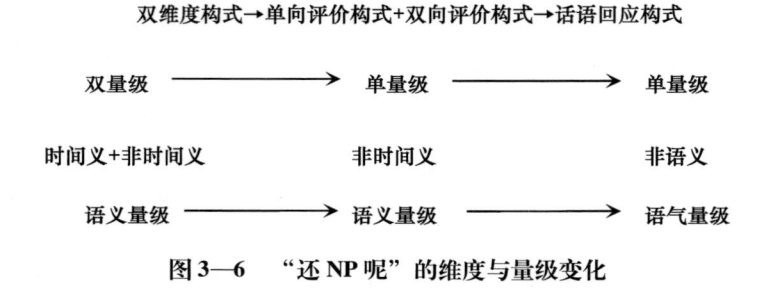

双维度构式→单向评价构式+双向评价构式→话语回应构式

双量级	→	单量级	→	单量级
时间义+非时间义		非时间义		非语义
语义量级	→	语义量级	→	语气量级

图 3—6 "还 NP 呢"的维度与量级变化

因为量级模型的共性存在，使不同构式之间具有相关性；同时由于量级模型差异的存在，"还 NP 呢"可以分化为不同层级上的多义构式。

（三）"还 NP 呢"构式各小类之间表达的比较

"还 NP 呢"构式的各小类之间表达的比较主要关注各小类之间表达功能的共性和差异。关于"还 NP 呢"的语用功能，从前人的研究成果来看，主要有如下几种说法：表示应该怎样而不怎样，名不副实，有责备或讥讽的语气；表示某事物应该怎样而不（没）怎样，名不副实，有失身份，用于讽刺和指责；用于指责和否定；带有强烈的主观性，表达说话者对受话者的预期判断感到惊讶或不可思议，有时甚至认为有点荒唐；表达对一定语境中 NP 所指对象的强烈评价，语气上相应表现为褒扬或贬抑；反映了说话人消极的情绪，表达说话人不认可、不满的态度。以上分析都有一定道理，但也带有一定的片面性。

总体来看,"还 NP 呢"具有表达共性:首先,"还 NP 呢"都有回应性和触发性,其中回应可以区分话语回应和命题回应。当"还 NP 呢"独立使用时(如例 [20]),凸显话语回应功能,触发的命题隐含在构式内部。这是表达规约化的结果,即图式性构式的历时演变往往导致从属地位的语用意义(a discursevely secondary meaning)逐渐成为新语言表达形式的固有语义特征。当"还 NP 呢"作为主表小句与语境小句共现时(对话可以看作一种特殊的共现情形,即对话共现,如例 [1]、[4]、[16])"还 NP 呢"在对话语或前述命题进行回应的同时,还具有命题触发功能。触发命题的原因是"还 NP 呢"的相对信息度(relative informativeness)较低,信息量不足,于是由语境小句来进行补足。其次,"还 NP 呢"都带有偏离性特征。确切地说,"还 NP 呢"是用于表示对偏离的一种回应,既可以回应对现实情状的偏离(如双维度构式、单向评价构式),也可以回应对常规的社会认知标准或社会固有模式的偏离(如双向评价构式),还可以回应话语适宜性的偏离(如话语回应构式)。最后,"还 NP 呢"具有互动性。"还 NP 呢"一般只出现在评价语体和对话语体中,具有回应性,显现明显的互动特征。当"还 NP 呢"于评价语体中出现时,是言说主体与言说对象的认知互动;当"还 NP 呢"于对话语体中出现时,是典型的听说互动。在这些共性之上,也存在诸如前期研究中分析的具体语用功能的差异。共性体现的是"还 NP 呢"的相关性,具体语用功能的差异恰好说明多义构式的存在和建立分类系统的必要性和可行性。

三 "还 NP 呢"的构式化与构式演化

构式化与构式性演化是两个相关但不相同的概念。构式化是指"新形式—新意义"的配对,关注构式的产生、发展及其演化的规律。构式性演化则是指单独的形式演化或意义演化,只影响构式内部的某个维度,不生成新的构式。

(一)"还 NP 呢"的构式化

"还 NP 呢"的构式化属于语法性构式化,是程式性功能(procedural function)的形成过程,表现为能产性增强、图式性增强、组构性降低。"还 NP 呢"构式语法化的机制是隐喻和类推。

1. "还 NP 呢"的历时构式化

我们认为,"还 NP 呢"源于"还 VP 呢",并经历了一个逐渐语法化的过程。

明清之前,出现了由表示往来、返回的动词"还"发展而来的副词"还",表示客观持续义。因此,"还 VP 呢"中的 VP 起初都是含有持续义的动词,"还"有明显的持续义且重读,凸显时间背景上情状或事件的反复或持续。语境小句往往具有叙述性,主表小句由于"还"激发了同质情状的持续或反复,引发人的心理疲劳,从而具有表情性。如:

[22] 钟雄说:"我已是降了,怎么还叫寨主哥哥呢?"(《小五义》四一回)

[23] 宝玉还让:"林妹妹喝茶。"众人笑道:"林姑娘早走了,还让呢。"(《红楼梦》八回)

[24] 混帐王八羔子,你不行了,还嚷呢!老子我不来帮着你!(《彭公案》二二八回)

由例[22]～[24]的语境也可以看出,句子重在表达情状在时间流中的发展情形,由此可以推测,逻辑重音应该在"还"上,而不是在 VP 上。大概在明清之际,表主观反预期义的副词"还"便已产生,没有了情状持续的意义。如:

[25] 佟金柱问道:"妹妹!这是怎么一段事情?"佟金凤说:"哥哥,你还问呢?"(《彭公案》一九四回)

[26] 你们都睡了,也不打更去,还当差呢。我史永得打更去。(《彭公案》九七回)

[27] 怎样你一个出家人,还做买卖呢?(《济公全传》二一六回)

伴随"还"持续义消失、主观反预期义出现,语境中出现了与 VP 相对应或对比的事件,如例[25]中佟金柱的发问,例[26]中"你们都睡了，也不打更去"的事件，例［27］中出家人做买卖的事实。这就导致 VP 需要赋予对比重音。从而"还 VP 呢"进一步演化的结果就是韵律模式发生变化，重音后移。主表小句也因反说话人预期而带上评价性。

主观反预期义副词"还"的产生使"还 VP 呢"能够允准非持续性动词进入该结构。值得注意的一种现象就是：从清代开始，引述性动词以述宾结构的方式进入"还 VP 呢"。我们认为，直接触发"还 VP 呢"向"还 NP 呢"演化的就是这种 VP 为述宾式（V-NP）的情形。引述性动词主要包括"提""说""讲"等。如：

　　［28］你还提香菱呢，这才苦呢，撞着这位太岁奶奶，难为他怎么过！（《红楼梦》八二回）
　　［29］你枉是生得人材出众，连个小女子也没有手段制服得住，还说什么国家大事呢？（《宋代宫闱史》一八回）
　　［30］那可就叫作整本的"糟女传"，还讲甚么《儿女英雄传》呢！（《儿女英雄传》二五回）

引述性动词用于引述前述话语的全部或一部分，具有构建听说互动的功能。继引述性动词之后，判断动词"是"也以述宾式进入"还 VP 呢"，主要在现代汉语中使用。如：

　　［31］你还是金家的大孝子呢，好姑爷呢，还是个大知识分子呢，大主任呢，这点事心里不明白？（陈建功《皇城根》）
　　［32］一块豆饼就内讧了，还是兄弟呢！（迟子建《原野上的羊群》）
　　［33］瞧他这孝吊的，一张纸都没带，还是举人老爷呢！（朱秀海《乔家大院》）

判断动词具有建构言说对象与言说主体认知互动的功能。引述性动词和判断动词于"还 VP 呢"中出现时的一个显著特征是述宾式中的动词轻读，NP 重读，这为动词脱落创造了语音上的条件。受语音轻化和两类互动共同影响，动词 V 最终脱落，形成"还 NP 呢"格式。随着"新形式—新意义"配对完成，"还 NP 呢"完成构式化。这时，还有一个明显的现象就是当代汉语中的"还 NP 呢"可以变换为"还 V-NP 呢"，其中要求 V 为引述性动词或判断动词。这也说明"还 VP 呢"与"还 NP 呢"具有源流关系，且直接源于动词 V 为引述性动词或判断动词的"还 V-NP 呢"。如：

[34] 这个人根本不懂电影，还专家呢，是砖家吧。（韩寒博客）→

这个人根本不懂电影，还是专家呢，是砖家吧。

[35] 还鹅蛋脸呢，有松花蛋脸的就不错了。（王朔《无人喝彩》）→

还说鹅蛋脸呢，有松花蛋脸的就不错了。

语法化产生的"新形式—新意义"配对"还 NP 呢"是一个量级图式构式，具有评价的程式性功能。综合前面的分析可见，"还 NP 呢"图式构式的"空槽"（open slots）NP 位置上起初只允准顺序义范畴的成员进入，此后非顺序义范畴的成员也可以进入这个空槽。这说明，构式的能产性增强。而构式的能产性与图式性之间又有制约关系。构式的能产性越强，允准的图式就越容易固化，构式化特征就越明显。"还 NP 呢"的能产性、图式性增强也伴随着组构性降低，即"还"和"NP"在语义上不是组构的，需要说话人根据"整体大于部分"的规则作出预测。图式性增强、能产性增强、组构性降低，是影响构式化的主要因素。基于此可以认为，"还 NP 呢"到现代汉语阶段已经最终完成构式化。

2. "还 NP 呢"构式化的机制

"还 NP 呢"构式化的机制是隐喻和类推，是基于隐喻和类推而进行"新分析"（neo-analysis）而实现的。

首先，从隐喻的角度看，由"还 VP 呢"到"还 NP 呢"是由时间域向非时间域的映射，支撑这种映射的是基于共同机理的两种不同的倚变关系。当"还 VP 呢"中的"还"重读时，"还 VP 呢"表示在时间流上观测一个情状的发展，隐含时间上的倚变关系，即以说话的时间点与此前某个时间相对比，观察情状的反复、持续或变化。随着韵律模式变化、重音后移、引述性动词或判断动词脱落，"还 NP 呢"实现构式化。此时，NP 重读，倚变关系不再是时间关系，而是由主表小句和语境小句中的 NP 或主表小句中的 NP 和社会常规认知标准构成，是非时间意义上的倚变关系。倚变关系的存在使由时间域向非时间域的映射成为可能。

其次，类推在"还 NP 呢"构式化中也起到了助推作用。当"还 VP 呢"中的"还"重读时，受持续义滞留的影响，VP 动作性较强。当"还"语音轻化，发生元语增量变化，不再凸显时间持续义，就使空槽 VP 出现语义泛性，允准引述性动词或判断动词进入。引述性动词或判断动词因时间弱化而发生语音轻化，直至最后脱落，进而形成"还 NP 呢"。

（二）"还 NP 呢"的构式性演化

构式化理论区分了构式化（constructionalization）和构式性演化（constructional changes）。构式性演化先于构式化发生能够促成构式化，构式性演化后于构式化发生通常会引起搭配的扩展。

"还 NP 呢"的构式性演化发生在构式化之后，属于构式化后的构式性演化。"还 NP 呢"构式化后有两次构式性演化：一次是单独的形式演化，如例［7］～［9］。构式只是形式上发现了变化，出现了"S 还 NP 呢"变式和搭配扩展，构式义和语用功能都没有变化。另一次是单独的意义演化，如例［16］～［21］。构式的形式没有发生变化，但是量级模型由语义量级虚化为语气量级，同时出现明显的搭配扩展。单独的形式演化或意义演化只影响构式内部的某个维度，都不是真正意义上的构式化，一般都看作构式性演化。上述两种情形就是"还 NP 呢"构式化后继续诱发的构式性演化。

至此，我们可以将"还 NP 呢"的构式化和构式性演化图示如下（图 3—7）：

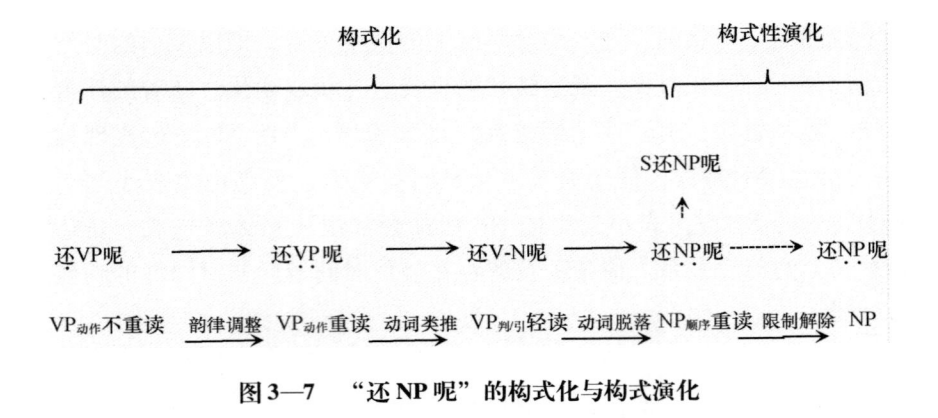

图3—7 "还NP呢"的构式化与构式演化

四 结语

现代汉语共时平面上的"还NP呢"是一个量级构式，分为双维度构式和单维度构式。单维度构式可以下分为单向评价构式、双向评价构式和话语回应构式。现代汉语多义构式"还NP呢"分化的核心标准是量级，韵律模式、构式变式、语用功能等都是量级的外在表现。

多义构式"还NP呢"在结构、语义和表达方面既有共性也存差异。结构、语义和表达的共性是其区别同形构式的排他性标准，但对内有普适性。多义构式内部在结构、语义和表达方面的差异是进行内部分类的依据。

"还NP呢"源于"还VP呢"，并经历了逐渐语法化的过程。"还NP呢"受隐喻和类推机制影响，经新分析而构式化，并发生了构式化后构式性演化。

参考文献

[德] A. F. 科赫:《黑格尔逻辑学中否定的自关联》,谢裕伟译,《世界哲学》2014 年第 6 期。

[美] S. F. 巴克尔:《逻辑原理》,田九龙、孚道译,湖北教育出版社 1988 年版。

[德] 阿多尔诺:《否定辩证法:导论(上)》,《学习与探索》2013 年第 7 期。

[德] 阿多尔诺:《否定辩证法:导论(下)》,《学习与探索》2013 年第 8 期。

[捷] PetrSgall:《否定及其范围》,张建译,《国外外语教学》1989 年第 3 期。

Hsin – I Hsieh:《汉语中的时间和意象(上)》,《国外语言学》1991 年第 4 期。

Hsin – I Hsieh:《汉语中的时间和意象(中)》,《国外语言学》1992 年第 1 期。

Hsin – I Hsieh:《汉语中的时间和意象(下)》,《国外语言学》1992 年第 3 期。

埃德温·马莱斯:《相干否定与经典否定》,《逻辑学研究》2010 年第 1 期。

安汝磐:《谈多用于否定式词语》,《北京师范学院学报》1991 年第 4 期。

安希孟:《"有"到"无"时更知"有"——存在和虚无,西方和东方》,《社会科学评论》2008 年第 2 期。

安媛媛:《表示加强否定语气的副词"并"的用法》,《辽宁教育行政学院学报》2005 年第 11 期。

白玉寒：《"什么"表示否定的限制性因素》，《兰州学刊》2011 年第 8 期。

贝新祯：《一种否定方式的语用分析》，《思维与智慧月刊》1993 年第 1 期。

卞敏：《否定之否定的认识论根据初探》，《天津社会科学》1985 年第 4 期。

布拉德雷：《逻辑原理》，商务印书馆 1962 年版。

蔡丽：《表否定义的"管"字句考察》，《暨南大学华文学院学报》2001 年第 1 期。

沧南、彭臻：《哲学就是认识论》，《湖南科技大学学报》2008 年第 3 期。

曹冬雪：《否定性"让"字句的标志模式》，《牡丹江大学学报》2015 年第 11 期。

曹飞：《从关系逻辑的观点看特称否定命题的换位问题》，《延安大学学报》2005 年第 1 期。

曹婧一：《羡余否定的语用认知分析》，硕士学位论文，首都师范大学，2007 年。

曹军：《否定句的人际功能分析》，《四川教育学院学报》2005 年第 7 期。

曹利华：《民俗与谐音"口彩"》，《湖北职业技术学院学报》2006 年第 3 期。

曹小荣：《实践论：存在论之否定之否定》，《绍兴文理学院学报》1998 年第 3 期。

曹旸旸、秦兆平：《论东北方言中的"拉倒吧"》，《吉林师范大学学报》2012 年第 4 期。

曹永金：《试论"否定概念"》，《辽宁师范大学学报》1988 年第 2 期。

柴文竹：《否定极性词语允准条件的语义加工》，《北京第二外国语学院学报》2010 年第 12 期。

常海星：《"不"构成连词"不 X"的语义、句法基础》，《长江学术》2009 年第 3 期。

常瑛华、兰成孝：《反问句语用否定功能论》，《社会科学家》2008 年第 7 期。

陈保亚、陈樾：《悖论的语言结构：递归否定》，《北京大学学报》2009年第3期。

陈垂民：《说"不"和"没有"及其相关的句式》，《暨南学报》1988年第1期。

陈广耀等：《状态不确定独立否定句的加工机制》，《心理学报》2014年第2期。

陈国新：《否定之否定是辩证法的精华和总结》，《华中师院学报》1981年第2期。

陈红丽：《疑问代词"哪里"的否定用法》，《语言应用研究》2007年第4期。

陈建锋：《现代汉语否定句研究》，硕士学位论文，福建师范大学，2004年。

陈柯言：《现代汉语口语中否定副词"不"的虚化现象考察》，《现代语文》2014年第3期。

陈莉、李宝伦、潘海华：《汉语否定词"不"的句法地位》，《语言科学》2013年第4期。

陈明：《西方哲学史的历史走势》，《安徽大学学报》2005年第3期。

陈树文：《逻辑学基本原理》，北方交通大学出版社2003年版。

陈爽：《祈使性否定副词"少"》，《柳州职业技术学院学报》2005年第3期。

陈翔勤：《逻辑否定与绝对否定——黑格尔与阿多诺的否定思想之比较》，《广西社会科学》2002年第6期。

陈秀川：《否定和质变的区别与联系》，《河北师范大学学报》1987年第2期。

陈一、程学秋：《"我别VP（了）"的构式整合机制及其语用价值》，《世界汉语教学》2016年第2期。

陈一、李广瑜：《"别+引语"元语否定句探析》，《世界汉语教学》2014年第4期。

陈一：《说"有点小（不）A/V"》，《中国语文》2014年第2期。

陈振宇、杜克华：《意外范畴：关于感叹、疑问、否定之间的语用迁移的研究》，《当代修辞学》2015年第5期。

春范：《谈动词前面的否定副词"不"和"没（有）"》，《汉语学习》

1980 年第 1 期。

崔少娟：《离合词的离析结构"X 什么 Y"探析》，《四川教育学院学报》2012 年第 9 期。

崔维真、齐沪扬：《差比句肯定否定形式不对称现象考察》，《汉语学习》2014 年第 6 期。

崔希亮：《认知语言学：研究范围和研究方法》，《语言教学与研究》2002 年第 5 期。

代丽丽：《表否定的构式"什么+X"分析》，《语言研究》2016 年第 1 期。

戴安良：《对辩证否定的再认识》，《探索》1995 年第 2 期。

戴耀晶：《试论现代汉语的否定范畴》，《语言教学与研究》2000 年第 3 期。

戴耀晶：《试说"冗余否定"》，《修辞学习》2004 年第 2 期。

戴昭铭：《天台话的否定词和否定表达方式》，《方言》2001 年第 3 期。

邓守信：《现代汉语的否定》，《南开语言学刊》2002 年第 1 期。

邓英树、黄谷：《论"不 A 不 B"的否定意义及其制约因素》，《西华师范大学学报》2002 年第 4 期。

邓莹洁：《"不是"的话语标志功能研究》，《汕头大学学报》2015 年第 4 期。

丁婵婵：《"才怪"的词汇化及语用功能》，《池州学院学报》2014 年第 5 期。

丁力：《反说"别说"句》，《语言研究》1999 年第 1 期。

丁力：《也说"还 NP 呢"句式》，《陕西理工学院学报》2007 年第 3 期。

丁全忠、谷海英：《试论肯定和否定范畴的重新界定》，《河北广播电视大学学报》2000 年第 2 期。

丁雪欢：《"什么 X 不 X（的）"格式的否定意义及功能》，《北方论丛》2007 年第 3 期。

董思聪：《重庆方言的两个零形否定结构》，《重庆理工大学学报》2014 年第 1 期。

董秀芳：《"不"与所修饰的中心词的粘合现象》，《当代语言学》2003 年第 1 期。

杜宝莲：《反问的否定功能研究》，硕士学位论文，暨南大学，2004年。

杜道流：《"V/A个P！"感叹句的多角度考察》，《汉语学报》2006年第2期。

杜道流：《一种口语中的否定表达式：Q才VP》，《语言文字应用》2006年第2期。

杜国东：《试论元语言否定》，硕士学位论文，吉林大学，2007年。

杜雄柏：《感性认识是认识发展过程中一个阶段的理论不应否定》，《湘潭大学学报》1998年第1期。

杜长明：《"否定"概念含义浅析》，《潍坊教育学院学报》1988年第1期。

段士秀：《形式否定而意义肯定的强语势》，《长春大学学报》2003年第3期。

段业辉、刘树晟、张怡春：《动补情态否定构式与"不"字否定构式的比较分析》，《南京师大学报》2015年第5期。

樊莉：《疑问代词"什么"在感叹句中的用法分析》，《云南农业大学学报》2012年第1期。

樊莉：《疑问代词"什么"在感叹句中的指称用法分析》，《安阳工学院学报》2011年第5期。

樊莉：《疑问代词"什么"在现代汉语感叹句中的否定用法》，《湖北社会科学》2012年第8期。

范晓民、崔凤娟：《隐含否定的类型探析》，《辽宁科技学院学报》2007年第1期。

范晓民：《浅谈含蓄否定表达法》，《辽宁工学院学报》2002年第2期。

范振强、肖治野：《双重否定：否定之否定》，《安徽大学学报》2010年第2期。

方经民：《论汉语空间方位参照认知过程中的基本策略》，《中国语文》1999年第1期。

方菊华：《词组型含蓄否定的用法刍议》，《内江科技》2009年第3期。

方立：《"应该"及其否定句式》，《现代外语》2005年第4期。

方世南：《质变与否定异同析》，《苏州大学学报》1984年第3期。

房红梅、严世清：《概念整合运作的认知理据》，《外语与外语教学》2004

年第 4 期。

房红梅：《评价的语篇功能》，《当代外语研究》2012 年第 9 期。

冯春田、王群：《副词"别"形成问题补议》，《汉语学报》2006 年第 1 期。

冯文丽、孔秀祥：《语言表达中的时间和空间》，《修辞学习》2001 年第 4 期。

冯学民、王珍：《浅析汉语交际中的隐性语用否定》，《河北北方学院学报》2007 年第 1 期。

冯艳：《论经典否定、直觉主义否定和弗协调否定》，《自然辩证法研究》2005 年第 2 期。

冯志英：《"说不上 X"的构式探析》，《天津外国语大学学报》2015 年第 4 期。

冯柱：《语法否定和语义否定》，《外语学刊》2015 年第 4 期。

符其武：《言语行为分类及其语义表现式》，《西南民族学院学报》1999 年第 1 期。

付琨：《标志理论的介绍与应用》，《汉语学习》2005 年第 3 期。

傅惠钧、陈艳丽：《略论隐性否定祈使句》，《汉语学习》2007 年第 3 期。

傅惠钧：《命题否定与情态否定：明清汉语是非诘问句类型探讨》，《汉语学报》2009 年第 3 期。

傅满义：《否定副词"不"的语义指向及相关问题》，《阜阳师范学院学报》2001 年第 3 期。

高芳：《英语中的三重否定和多余否定》，《河南大学学报》1997 年第 6 期。

高怀志：《汉语中的否定词》，《广播电视大学学报》2005 年第 2 期。

高惠群：《俄语否定范畴的特殊表达》，《中国俄语教学》1985 年第 5 期。

高宁：《"V 什么 V"格式研究》，硕士论文，吉林大学，2009 年。

高申春、祁晓杰：《意识范畴的否定和超越与心理学的发展道路》，《陕西师范大学学报》2013 年第 4 期。

高胜林：《对话中的假意否定方式——佯否》，《修辞学习》2002 年第 2 期。

高胜林：《肯定形式否定句语用探析》，《语文研究》2012 年第 3 期。

高增良：《〈红楼梦〉中的委婉否定》，《浙江师范学院学报》1983 年第 2 期。

高增霞：《汉语担心——认识情态词"怕""看""别"的语法化》,《中国社会科学院研究生院学报》2003 年第 1 期。

高志国、吉日嘎拉、乌峰：《马克思否定哲学之我见》,《内蒙古师范大学学报》2008 年第 6 期。

高志华、鲁忠义、马红霞：《汉语简单否定陈述句理解的心理模拟过程》,《心理学报》2011 年第 12 期。

高志华、鲁忠义：《否定的心理学内涵》,《河北师范大学学报》2009 年第 7 期。

葛正杰：《关于否定与间接否定》,《岳阳师专学报》1983 年第 3 期。

耿辉、高辉兰：《否定范畴中的肯定语气》,《伊犁师范学院学报》2006 年第 4 期。

龚放：《论语言研究的功能主义思潮》,《外语学刊》2000 年第 3 期。

贡贵训：《湖南永州方言"的话"的否定功能》,《中国语文》2012 年第 1 期。

古今明：《否定含义的理解与表达》,《南外学报》1986 年第 3 期。

顾伟伟：《马克思主义哲学史的"体系性"否定》,《学术研究》2014 年第 4 期。

顾小涛：《"别 + A"祈使构式的语法转喻研究》,《阜阳师范学院学报》2013 年第 4 期。

郭红：《汉语传信语气词"嘛"和"呗"》,《首都师范大学学报》2012 年第 5 期。

郭连成：《俄语中无否定词的否定句》,《外语与外语教学》1986 年第 1 期。

郭锐：《"吗"问句的确信度和回答方式》,《世界汉语教学》2000 年第 2 期。

郭锐：《衍推和否定》,《世界汉语教学》2006 年第 2 期。

郭星云：《试比较老子与黑格尔量变质变思想及辩证否定思想》,《安阳师范学院学报》2013 年第 3 期。

韩明亮：《否定副词"不"的作用新释》,《逻辑与语言学习》1985 年第 2 期。

韩新华：《程度副词"不胜"的产生》,《湛江师范学院学报》2012 年第 4 期。

郝明杰：《否定结构"不管"共时语法化研究》，《现代语文》2013年第10期。

何春燕：《语用否定的类型及使用动机》，《解放军外国语学院学报》2002年第3期。

何恒幸：《小议"你当/以为你是谁？"》，《现代语文》2013年第7期。

何先友、陈广耀、胡玲：《"否定"加工的心理语言学研究》，《华南师范大学学报》2010年第2期。

何先友、林席明等：《"否定"加工研究的新进展：认知神经科学的视角》，《华南师范大学学报》2013年第1期。

何先友、王靖等：《前期情境对否定句加工进程的影响》，《华南师范大学学报》2011年第1期。

何自然、冉永平：《话语联系语的用节制性》，《外语教学与研究》1999年第3期。

何祚庥：《物质、运动、时间、空间（续）》，《哲学研究》1987年第12期。

赫琳：《"甭"与"别"》，《语言研究》2009年第4期。

侯国金：《冗余否定的语用条件》，《语言教学与研究》2008年第5期。

侯国金：《语用肯定的焦点和隐性BE》，《外国语文》2010年第3期。

侯玲文：《谈"否定是非问句"》，《汉语学习》2002年第4期。

侯瑞芬：《"别说"与"别提"》，《中国语文》2009年第2期。

侯瑞芬：《复合词中"不"的多义性》，《汉语学习》2015年第6期。

侯瑞芬：《再析"不""没"的对立与综合》，《中国语文》2016年第3期。

胡乘玲：《话语标志"不对"的功能分析》，《汉语学习》2014年第3期。

胡德明、徐思思：《口语中的"X什么Y"构式研究述评》，《池州学院学报》2015年第1期。

胡德明：《从反问句生成机制看"不是"的性质和语义》，《安徽师范大学学报》2008年第3期。

胡德明：《从反问句生成机制看反问句否定语义的来源》，《语言研究》2010年第7期。

胡峰：《"还NP呢"句式考察》，《长春师范学院学报》2011年第6期。

胡华：《东北方言"不"类词语及其语义引申的本体与层次》，《辽东学院学报》2011年第1期。

胡建锋：《试析具有证言功能的话语标志"这不"》，《世界汉语教学》2010年第4期。

胡建锋：《"不是……吗？"反诘问句的前后景功能》，《当代修辞学》2011年第3期。

胡建华：《否定、焦点与辖域》，《中国语文》2007年第2期。

胡明扬：《语义语法范畴》，《汉语学习》1994年第1期。

胡清国：《"不客气"和"别客气"》，《赣南师范学院学报》2009年第5期。

胡清国：《"一量名"否定格式的两种语序及其制约因素》，《宁夏大学学报》2007年第4期。

胡清国：《否定观念和否定范畴》，《赣南师范学院学报》2006年第2期。

胡清国：《南昌话和普通话否定标志的句法差异》，《江西科技师范学院学报》2003年第5期。

胡清国：《现代汉语否定表述问题研究综述》，《合肥工业大学学报》2007年第1期。

胡仪元：《事物否定发展的具体模式探析》，《社会科学家》2006年第3期。

胡中俊：《论罗素和迪莫斯关于"否定性事实"的观点差异》，《常熟理工学院学报》2013年第1期。

华峰：《简论亚里士多德对"存在"的分析》，《武汉科技学院学报》2002年第2期。

黄谷：《论否定副词"不"的单独使用》，《四川师范学院学报》2001年第4期。

黄国营：《"吗"字句用法初探》，《语言研究》1986年第2期。

黄宏伟：《论否定之否定的哲学方法论意义》，《丽水师专学报》1997年第3期。

黄乐：《副词"不"、"没（有）"与动词搭配的不对称研究》，《湖州师范学院学报》2009年第4期。

黄培培：《现代汉语"才怪"的多角度考察》，《阜阳师范学院学报》2013年第5期。

黄璞:《英语半否定词》,《上饶师专学报》1989年第3期。

黄群、王建军:《疑问代词"什么"的功能及使用条件》,《学术论坛》2014年第6期。

黄喜宏:《"什么"的否定用法研究》,硕士学位论文,上海师范大学,2008年。

黄忠晶:《也谈否定范畴》,《理论学习月刊》1993年第10期。

黄宗理、袁恩娣:《辩证的否定是彻底否定和部分否定的统一》,《九江学院学报》2008年第5期。

黄宗理:《"完善式否定"和"变革式否定"是辩证否定的基本形式》,《九江师专学报》1999年第1期。

黄宗理:《新论"肯定—否定—否定之否定"的两种基本类型》,《九江师专学报》1995年第2期。

惠秀梅:《俄语否定范畴的意义与表达手段》,博士学位论文,黑龙江大学,2004年。

惠秀梅:《否定意义的主观性》,《外语学刊》2010年第6期。

霍前锋:《"不"的修辞作用》,《修辞学习》1983年第4期。

吉庭亮:《否定概念的逻辑分析》,《徐州师范学院学报》1990年第1期。

吉彦波:《试论"否定"内涵的层次递进性》,《张家口师专学报》1994年第3期。

季冠芳、张忠义:《四句否定新解》,《北方论丛》1997年第6期。

季宛茹:《"什么"否定用法的结构分类及语用功能》,《现代交际》2016年第8期。

姜崇周:《一种表示评价——否定意义的复合句》,《外语教学》1991年第4期。

姜宏:《试论现代俄语中的否定范畴》,《现代外语》1999年第2期。

姜炜、石毓智:《"什么"的否定功用》,《语言科学》2008年第3期。

姜文振:《口语中的"没个V"及其相关格式》,《学术交流》1990年第2期。

蒋国辉:《汉语否定结构说略》,《求是学刊》1994年第1期。

蒋静:《比较句的语义偏向及主观程度的差异》,《上海师范大学学报》2003年第4期。

金立鑫：《"没"和"了"共现的句法条件》，《汉语学习》2005 年第 1 期。

金立鑫：《试论行为类型、情状类型及其与体的关系》，《语言教学与研究》2008 年第 4 期。

靳焱、倪兰：《浅谈否定标志"不"和"没（有）"》，《新疆师范大学学报》2002 年第 3 期。

景晓平：《元语否定机制简论》，《山西师大学报》2002 年第 1 期。

柯华庆：《直觉主义逻辑中的否定词》，《现代哲学》2003 年第 3 期。

孔庆成：《否定修辞作用的语用机制》，《语言文字应用》1998 年第 1 期。

孔庆成：《元语否定的类型》，《外国语》1995 年第 4 期。

赖先刚：《句法结构"V＋也（都）＋VP 的否定形式"》，《四川师范大学学报》1990 年第 4 期。

郎大地：《动词否定句的几个问题》，《语言研究》2006 年第 2 期。

雷德鹏：《否定分类引论》，《学术论坛》1993 年第 4 期。

黎元：《否定种类、否定范围和否定转移》，《辽宁教育学院学报》1987 年第 4 期。

黎元：《否定种类、否定范围和否定转移（二）》，《辽宁教育学院学报》1988 年第 1 期。

黎元：《否定种类、否定范围和否定转移（三）》，《辽宁教育学院学报》1988 年第 2 期。

李艳：《句末"没"从否定副词到疑问语气词的渐变》，《深圳大学学报》2010 年第 4 期。

李宝伦、潘海华：《焦点与"不"字句之语义解释》，《现代外语》1999 年第 2 期。

李宝伦：《汉语否定词"没（有）"和"不"对焦点敏感度的差异性》，《当代语言学》2016 年第 3 期。

李冬梅：《浅论汉语词缀的类化作用》，《语言应用研究》2007 年第 4 期。

李恩来、孙业伟：《存在三议》，《现代哲学》2006 年第 6 期。

李发根：《评价的识别、功能和参数》，《外语与外语教学》2006 年第 11 期。

李广瑜：《否定祈使句式"别 V 着"刍议》，《语言教学与研究》2013 年第 1 期。

李国宏、刘萍：《从（交互）主观性看"不"和"没"的分工及语义表现》，《西安外国语大学学报》2013 年第 4 期。

李红儒：《从逻辑、哲学角度看句义理论的发展》，《外语学刊》2001 年第 1 期。

李华斌：《词头"不"的种类及语源》，《重庆交通大学学报》2014 年第 1 期。

李怀君：《矛盾双方与肯定否定》，《学术月刊》1984 年第 1 期。

李建华：《用非否定词语表示否定意义》，《黄冈师范学院学报》2002 年第 2 期。

李劲荣：《列举形式"什么 X"与"X 什么的"的语义偏向》，《汉语学习》2015 年第 5 期。

李军、滕春华：《现代维吾尔语否定范畴探析》，《语言与翻译》2001 年第 2 期。

李萌：《"得了/得了吧"语用功能及其演变》，《北方论丛》2016 年第 1 期。

李梦海：《有关"否定"的几个问题》，《上海科技翻译》1994 年第 4 期。

李敏：《递进连词"不说"及其语法化过程》，《暨南大学华文学院学报》2005 年第 2 期。

李敏：《形容词与否定副词"不"组合的语义、句法制约》，《南京师大学报》1999 年第 2 期。

李锐锋：《试论系统科学对否定之否定规律的丰富和发展》，《系统辩证学学报》1995 年第 4 期。

李润：《"不"字本义辨》，《河北师范大学学报》1987 年第 3 期。

李绍林：《"没（有）…呢"句的语义分析》，《思维与智慧》1992 年第 2 期。

李瘦卿：《不用否定形式的词语和句式》，《山东外语教学》1985 年第 1 期。

李书同：《由"什么"一词的否定作用引发的思考》，《郴州师范高等专科学校学报》2002 年第 3 期。

李淑玲：《否定祈使句的心理加工过程》，硕士学位论文，河北师范大学，

2007 年。

李双剑：《近代汉语中的一种特殊否定式"被"字句》，《渭南师范学院学报》2015 年第 1 期。

李思明：《正反选择问句中否定词发展初探》，《安庆师范学院学报》1984 年第 1 期。

李铁根：《"O 的 V"偏正短语的语法修辞作用》，《汉语学习》1993 年第 6 期。

李铁根：《"不""没（有）"的用法及其所受的时间制约》，《汉语学习》2003 年第 2 期。

李卫中：《与"不"相关的格式的考察》，《平顶山学院学报》2006 年第 6 期。

李先银：《基于自然口语的话语否定标志"真是"研究》，《语言教学与研究》2015 年第 3 期。

李先银：《口语对话中的话语否定标志"喊"考察》，《汉语学习》2016 年第 4 期。

李向农：《前加特定形式词的"一 x 就 y"句式后项否定式》，《华中师范大学学报》1992 年第 5 期。

李潇辰、向明友、杨国萍：《"话语标志"正名》，《中国外语》2015 年第 5 期。

李小军：《相似、比拟、推测、否定——"好像""似乎""仿佛"的多维分析》，《汉语学习》2015 年第 2 期。

李小五、刘佳秋、徐秋华：《一个刻画强否定的模态系统及其性质》，《厦门大学学报》2009 年第 1 期。

李小五：《刻画动态否定的逻辑》，《中山大学学报》2008 年第 2 期。

李晓琪：《"不"和"没"》，《汉语学习》1981 年第 4 期。

李彦凤：《"什么"的否定等级》，《现代语文》2014 年第 10 期。

李彦凤：《"什么"的否定对象考察》，《广东海洋大学学报》2007 年第 2 期。

李艳：《普通话中表达意愿的否定形式》，《惠州学院学报》2010 年第 4 期。

李焱、孟繁杰：《禁止副词"别"来源再考》，《古汉语研究》2007 年第

1 期。

李一平：《"什么"表否定和贬斥的用法》，《河南大学学报》1996 年第 3 期。

李银方：《肯定形式否定意义浅议》，《湖北电大学刊》1996 年第 11 期。

李英哲：《汉语历时共时语法论集》，北京语言文化大学出版社 2001 年版。

李瑛：《"不"的否定意义》，《语言教学与研究》1992 年第 2 期。

李莹、王瑞明、莫雷：《否定句理解中知觉仿真的动态过程》，《心理科学》2007 年第 4 期。

李涌、辜向东：《会话隐涵的语用否定》，《重庆大学学报》1998 年第 1 期。

李渝华：《肯定形式否定意义表达法浅谈》，《外语学刊》1994 年第 4 期。

李宇凤：《从语用回应视角看反问否定》，《语言科学》2010 年第 9 期。

李宇凤：《反问的回应类型与否定意义》，《中国语文》2010 年第 2 期。

李云风：《网络语"你妹"的构式类型及其话语功能》，《宿州学院学报》2015 年第 11 期。

李主斌：《使真者与否定事实》，《逻辑学研究》2014 年第 3 期。

李宗江：《连词"不说"的语义和语用功能》，《汉语学报》2009 年第 3 期。

梁锦祥：《元语言否定的否定对象》，《外语学刊》2000 年第 3 期。

梁文勤：《现代汉语中的"不"和"没"》，《新余高专学报》2007 年第 5 期。

梁晓波：《否定的认知分析》，《外语研究》2004 年第 5 期。

梁义民、任晓明：《存在问题的逻辑语言维度》，《现代哲学》2006 年第 6 期。

廖美珍：《目的原则和言语行为互动研究》，《外语学刊》2012 年第 5 期。

林刘巍、张寒冰：《论现代汉语中表示道义情态的"不敢"》，《语言科学》2016 年第 3 期。

林素娥：《汉语否定副词"不""没"的类型学初探》，《广西社会科学》2006 年第 5 期。

林缘：《辩证的否定都是事物"自己否定自己"吗？》，《理论月刊》1987 年第 4 期。

林昭棠：《也论否定之否定规律的内容及表述问题》，《上海海运学院学报》，1986 年。

刘英：《老子的否定思维初探》，《求是学刊》1993 年第 1 期。

刘爱真：《英语中的否定标志与制约》，《江苏理工大学学报》2000 年第 4 期。

刘安全：《语言否定与逻辑否定的不同之处》，《西南民族大学学报》2006 年第 10 期。

刘奔：《认识的来源和真理的标准》，《哲学研究》1980 年第 9 期。

刘承峰：《对"冗余否定"一例的再思考》，《枣庄师范专科学校学报》2002 年第 4 期。

刘承峰：《现代汉语"全量否定"研究》，《语言科学》2007 年第 1 期。

刘丹青：《实词的叹词化和叹词的去叹词化》，《汉语学习》2012 年第 3 期。

刘凤璞、卢宏：《谈冠以否定词的概念》，《逻辑与语言学习》1983 年第 5 期。

刘淮南：《试析"否定本体论"的意义》，《郑州大学学报》2003 年第 2 期。

刘佳秋：《否定与否认、假》，《求索》2007 年第 9 期。

刘剑凌：《否定效应与逻辑等价——对沃森实验的解释》，《自然辩证法研究》2013 年第 10 期。

刘景泉、李干明：《两次否定与否定之否定规律》，《哲学研究》1983 年第 1 期。

刘克兵、方芳：《中国古代思想中知识论的存在》，《文史博览》2012 年第 11 期。

刘立林：《事物肯定与否定因素的根据》，《求索》1982 年第 1 期。

刘丽艳：《作为话语标志语的"不是"》，《语言教学与研究》2005 年第 6 期。

刘玲：《论拉康的否定性哲学思想》，《求索》2006 年第 1 期。

刘龙根、崔敏：《"元语言否定"的多维阐释》，《东北师大学报》2006 年第 3 期。

刘敏、邓慧爱：《否定副词"未尝+不"形式初探》，《湖南第一师范学院学报》2009 年第 6 期。

刘乃实：《先设和元语否定》，《外语学刊》2004 年第 3 期。

刘培玉：《一种被否定的句式："NP$_1$ + 把/将 NP$_2$ + 在 L + VP"句式》，《语言文字应用》2004 年第 4 期。

刘睿研：《"什么"的否定用法及其使用条件》，硕士学位论文，吉林大学，2006 年。

刘文欣：《现代汉语形容词的程度、否定表现》，《学术交流》2007 年第 8 期。

刘相臣、丁崇明：《汉语作为第二语言的否定副词研究评述》，《江西师范大学学报》2016 年第 3 期。

刘祥平：《"不"的句法、语义、语用分析》，《贵州教育学院学报》2005 年第 5 期。

刘学功、张东昌：《表示否定意义的介词和短语介词》，《昌潍医学院学报》1985 年第 2 期。

刘亚辉、姚小鹏：《"可见"的情态化与关联化》，《汉语学报》2011 年第 4 期。

刘娅琼、陶红印：《汉语谈话中否定反问句的事理立场功能及类型》，《中国语文》2011 年第 2 期。

刘焱：《反预期信息标志"别看"》，《汉语学习》2009 年第 4 期。

刘烨：《预设否定副词"白"和"瞎"的主观性语义分析》，《浙江海洋学院学报》2011 年第 2 期。

刘义青：《"X + 不"问句说略》，《保定学院学报》2011 年第 2 期。

刘长征：《"一会儿"和"不一会儿"》，《世界汉语教学》2006 年第 3 期。

刘正光、王燕娃：《"不 + 名词"的句法语义接口研究》，《外国语》2009 年第 4 期。

刘志雅、赵冬梅、郑雪：《假言推理的否定词效应》，《心理科学进展》2002 年第 4 期。

柳斌杰：《人类认识发展本性与解放思想》，《社会科学研究》2002 年第 3 期。

柳文超：《否定的客观性》，《西南大学学报》1980 年第 1 期。

卢华东：《否定命题与负命题辨析》，《西南大学学报》2010 年第 5 期。

卢甲文：《副词"不"和"没有"初探》，《安阳师专学报》1983 年第 3 期。

鲁忠义、高志华：《否定对动词方向表征的动态影响》，《华南师范大学学报》2011 年第 1 期。

罗能生：《否定三议》，《零陵师专学报》1989 年第 4 期。

罗能生：《论过程否定和阶段否定及其与否定之否定规律的关系》，《零陵师专学报》1983 年第 2 期。

罗苹：《语义标志理论的再思考》，《中国俄语教学》2006 年第 3 期。

罗蓉：《不含否定意义的否定词结构》，《宁夏农学院学报》2001 年第 3 期。

罗天华：《与标志、语序相关的几条句法共性》，《语言科学》2009 年第 3 期。

罗翊重：《对词项外延否定与内涵否定结果的同异比较》，《昆明学院学报》2014 年第 2 期。

骆小菊：《说"不半年"》，《沙洋师范高等专科学校学报》2002 年第 1 期。

吕保田：《否定主义及其问题》，《社会科学》2000 年第 5 期。

马国彦：《"别"与引述性否定》，《世界汉语教学》2016 年第 4 期。

马宏程、李丹弟：《汉语言全句否定范畴的句法实现》，《浙江学刊》2011 年第 3 期。

马宏程、熊雯、徐杰：《全句否定范畴标志的句法位置及相关解释》，《汉语学报》2010 年第 1 期。

马宏程、熊雯：《否定标志线性位置的演变趋势》，《语言研究》2014 年第 4 期。

马宏程：《全句否定范畴标志的类型学特征》，《浙江教育学院学报》2009 年第 6 期。

马明辉：《三值逻辑与意义理论》，《西南大学学报》2015 年第 1 期。

马宁：《"才怪"的语用否定性》，《语文建设》2013 年第 9 期。

马巧云、吴洪博：《否定度理论及其在模糊推理中的应用》，《西安文理学院学报》2010 年第 3 期。

马巧云：《多值逻辑系统 W 中的否定度理论》，《西安文理学报》2009 年第 4 期。

马铁立、孙雪瑛：《肯定的形式 否定的含义》，《齐齐哈尔师范学院学报》1997 年第 5 期。

马涌聚：《试论英语的暗否定》，《河南大学学报》1994 年第 1 期。

马真：《表加强否定语气的副词"并"和"又"》，《世界汉语教学》2001 年第 3 期。

毛文星：《"不是……吗？"反问句的语义背景与语用功能》，《山西师大学报》2010 年第 3 期。

梅祖麟：《否定词"不""弗"在汉语方言里的分布及其演变》，《方言》2013 年第 1 期。

孟凡胜、藤延江：《标志理论述评》，《外语与外语教学》2005 年第 8 期。

孟海：《存在不是什么——论海德格尔的否定存在论》，《社会科学》2002 年第 3 期。

孟建安：《表达肯定命题的否定句式》，《新疆大学学报》2001 年第 2 期。

缪小春、桑标：《量词肯定句和否定句的理解》，《心理学报》1992 年第 3 期。

聂仁发：《否定词"不"与"没有"的语义特征及其时间意义》，《汉语学习》2001 年第 1 期。

聂仁发：《试论否定词"不"与"没有"的语义特征》，《广播电视大学学报》2001 年第 1 期。

聂小丽：《否定句中"什么"的指量意义》，《宜宾学院学报》2015 年第 3 期。

牛利、罗耀华：《机构性不礼貌话语积极语用功能探究》，《语言教学与研究》2015 年第 4 期。

潘东梅：《"太"否定格式的句法结构探析》，《淮海工学院学报》2011 年第 4 期。

潘晶虹、何亮：《"不"的语义语用特征对"不"类双音词主观化的促动》，《沈阳大学学报》2015 年第 6 期。

潘晶虹、何亮：《论"不"在能性述补结构否定式语法化过程中的促进作用》，《安康学院学报》2015 年第 4 期。

潘青、乐玥：《时间副词和否定副词"不"的相对位序》，《贵州教育学院学报》2008 年第 11 期。

潘瑞芳：《口语否定祈使句的主语考察》，《海外华文教育》2010 年第 3 期。

潘世墨、刘佳秋：《一类非经典逻辑"否定"概念解析》，《哲学动态》 2009 年第 5 期。

潘世墨：《逻辑的"否定"概念简析》，《哲学研究》1998 年第 7 期。

潘泰：《现代汉语"没"与句中"了"的时体属性研究》，《武汉大学学报》2009 年第 3 期。

潘悟云：《汉语否定词考源——兼论虚词考本字的基本方法》，《中国语文》2002 年第 4 期。

庞培培：《萨特的意向性概念：内部否定》，《云南大学学报》2011 年第 6 期。

彭飞：《汉语对话中"别"类否定祈使句的话语功能研究》，《广东外语外贸大学学报》2012 年第 2 期。

彭人望：《谈谈直言判断中"不"的位置与其所否定的对象》，《思维与智慧》1986 年第 5 期。

彭小红、杨今朝：《说汉语儿童"不"字否定句发展个案研究》，《宜宾学院学报》2015 年第 11 期。

彭增安：《汉语中的否定艺术》，《修辞学习》1994 年第 4 期。

齐沪扬、丁婵婵：《反诘类语气副词的否定功能分析》，《汉语学习》2006 年第 5 期。

齐沪扬、胡建锋：《试论"不是……吗"反问句的疑问用法》，《上海师范大学学报》2010 年第 3 期。

齐先海：《论否定形式的多样性及其意义》，《湖南师大社会科学学报》1994 年第 1 期。

祁乐瑛：《认知加工中的表象表征与命题表征》，《青海师范大学学报》2010 年第 2 期。

钱琴：《隐含否定的表达方法及其语用分析》，《外语研究》2002 年第 1 期。

乔东鑫：《现代汉语否定范畴的语用考察》，硕士学位论文，东北师范大学，2006 年。

邱耕田、陈建涛：《对否定范畴的再认识》，《学术论坛》1991 年第 4 期。

邱辉：《"次协调否定"——"辨正否定"的一种形式刻画》，《现代哲学》1997 年第 4 期。

邱莉芹、邓根芹、顾元华：《浅谈"哪里"的否定用法》，《常熟高专学报》2000 年第 5 期。

邱志芳：《多余否定与含蓄否定》，《福建外语》1996 年第 4 期。

曲家齐：《关于否定范畴的几个问题》，《北京师大学报》1986 年第 6 期。

冉昌光：《毛泽东关于量变质变肯定否定都是对立统一的思想》，《四川大学学报》1985 年第 1 期。

冉明志：《标志理论与性别歧视语言现象》，《西南民族大学学报》2009 年第 8 期。

任书来：《谈"互相否定的思想"》，《河北师范大学学报》1990 年第 2 期。

任文波：《否定概念的逻辑分析》，《太原大学学报》2005 年第 4 期。

单威：《特指问表否定用法研究》，《佳木斯大学社会科学学报》2010 年第 5 期。

商艳霞：《程度副词与"不"共现的语义语用分析》，《周口师范学院学报》2006 年第 3 期。

尚来彬：《主观强加事件否定构式"被 X"》，《辽宁教育行政学院学报》2012 年第 5 期。

邵波：《否定之否定规律研究概述》，《国内哲学动态》1982 年第 5 期。

邵敬敏、罗晓英：《"别"字句语法意义及其对否定项的选择》，《世界汉语教学》2004 年第 4 期。

邵敬敏、罗晓英：《功能主义与汉语语法研究》，《汉语学习》2004 年第 5 期。

邵敬敏、赵秀凤：《"什么"非疑问用法研究》，《语言教学与研究》1989 年第 1 期。

邵敬敏：《框式结构"A 了去了"》，《语文研究》2013 年第 4 期。

邵敬敏：《新兴框式结构"X 你个头"及其构式义的固化》，《汉语学报》2012 年第 3 期。

沈继宗：《论肯定与否定的辩证法》，《江西社会科学》1995 年第 6 期。

沈家煊：《"好不"不对称用法的语义和语用解释》，《中国语文》1994 年第 4 期。

沈家煊:《"语用否定"考察》,《中国语文》1993 年第 5 期。

沈家煊:《英汉否定词的分合和名动的分合》,《中国语文》2010 年第 5 期。

沈家煊:《语言的"主观性"和"主观化"》,《外语教学与研究》2001 年第 4 期。

沈家煊:《著名中年语言学家自选集. 沈家煊卷》,安徽教育出版社 2002 年版。

沈敏:《长沙话否定强调标志"连"的用法》,《语文学刊》2010 年第 11 期。

沈威:《论据性推断结构"嘛"》,《汉语学报》2013 年第 2 期。

盛益民、陶寰金、春华:《脱落否定成分:复杂否定词的一种演变方式》,《中国语文》2015 年第 3 期。

盛银花:《答话中的无标志否定》,《武汉科技大学学报》2007 年第 4 期。

盛银花:《湖北安陆方言的否定词和否定式》,《方言》2007 年第 2 期。

施雪芹:《浅谈否定载体"不"的非常规用法》,《乐山师范学院学报》2009 年第 8 期。

石毓智、李讷:《十五世纪前后的句法变化与现代汉语否定标志系统的形成》,《语言研究》2000 年第 2 期。

石毓智:《现代汉语的否定性成分》,《语言研究》1989 年第 2 期。

史尘封:《论语用否定》,《修辞学习》2004 年第 2 期。

史金生:《表反问的"不是"》,《中国语文》1997 年第 1 期。

史锡尧:《"不"否定的对象和"不"的位置》,《汉语学习》1995 年第 1 期。

寿永明:《疑问代词的否定用法》,《上海师范大学学报》2002 年第 2 期。

舒远招:《人的思维与存在究竟关系如何?》,《湖湘论坛》2009 年第 4 期。

水行:《"一会儿"和"不一会儿"的同值域》,《世界汉语教学》1987 年第 2 期。

税昌锡:《焦点、语义联项与"不"的语义指向》,《西华师范大学学报》2001 年第 2 期。

宋春阳、李琳：《"别＋V＋了＋NP"句式及相关问题》，《汉语学习》2003年第3期。

宋德生：《体验认知与语言象似性》，《外语教学》2004年第1期。

宋冬冬：《元语言否定的认知分析》，硕士学位论文，河北师范大学，2007年。

宋铁民：《元语言否定的认知语用分析》，硕士学位论文，河北师范大学，2005年。

宋宣：《也谈"不"字的否定对象——兼与沈开木先生商榷》，《贵州教育学院学报》1997年第4期。

苏莉莉：《汉语否定标志"不"的体态选择》，《湘潭师范学院学报》2007年第1期。

苏莉莉：《汉语否定标志"不"的语义和句法》，硕士学位论文，湖南大学，2005年。

隋长虹、侯振岩：《对"根本"类否定性副词的语用分析》，《临沂师范学院学报》2000年第5期。

随利芳：《自然语言中的直言命题及其否定命题》，《重庆科技学院学报》2008年第3期。

孙海义：《如何理解时空是物质运动存在的形式》，《内蒙古民族师院学报》1995年第2期。

孙汉军：《肯定形式与否定意义》，《外语研究》1991年第4期。

孙茂恒：《试说"多大的事"和"多大点/个事"》，《鲁东大学学报》2012年第2期。

孙敏明：《郭象对庄子有条件自由的否定之否定》，《浙江万里学院学报》2011年第6期。

孙汝建：《肯定与肯定焦点》，《南京师范大学文学院学报》2004年第3期。

孙淑芳：《祈使言语行为的分类及其语义诠释》，《中国俄语教学》1999年第1期。

孙万彪：《英语的否定和否定句》，《外国语》1983年第1期。

孙锡信：《汉语历史语法要略》，复旦大学出版社1992年版。

孙也平：《现代汉语否定词初探》，《齐齐哈尔师院学报》1978年第2期。

唐承贤：《标志理论在第二语言习得研究中的应用》，《语言与翻译》2005年第2期。

唐道能、高帆：《体验认识是人类的认识形式之一》，《湖南师范大学社会科学学报》1992年第2期。

唐厚广：《连续否定复句与假言判断》，《辽宁大学学报》2006年第2期。

唐善生：《"不说"的副词化》，《汉语学习》2016年第2期。

陶炼：《"是不是"问句说略》，《中国语文》1998年第2期。

滕延江、张晓梅：《标志理论的哲学叙述及其应用扩展》，《齐鲁学刊》2006年第4期。

田醒明、余中水：《否定不限于自我否定》，《青海社会科学》1985年第4期。

田作申：《试论"不"的语法功能》，《湖北大学学报》1987年第3期。

全国斌：《"别 V 着！""别 V 我！""别 V 他！"》，《殷都学刊》2000年第2期。

全国斌：《从〈孟子〉中否定词语的使用看先秦否定标志的滥觞》，《学术论坛》2006年第12期。

宛新政：《"（N）不 V"祈使句的柔劝功能》，《世界汉语教学》2008年第3期。

汪国怀：《"不是"辩》，《思维与智慧》1988年第6期。

王霞：《跨层固化的"这不"及其语义、语用功能》，《汉语学习》2010年第5期。

王兵旭：《"不"字的语助词义项不应丢失》，《河北师范大学学报》1986年第1期。

王灿龙：《关于"没（有）"跟"了"共现的问题》，《世界汉语教学》2006年第1期。

王灿龙：《试论"不"与"没（有）"语法表现的相对同一性》，《中国语文》2011年第4期。

王丹荣：《祈使标志"给我"＋VP 构式的成句因素探析》，《河北大学学报》2015年第3期。

王栋：《现代汉语疑问代词"什么"的否定量化语义研究》，硕士学位论文，山东大学，2009年。

王海峰、王铁利:《自然口语中"什么"的话语分析》,《汉语学习》2003年第2期。

王海峰:《"A什么B"结构式初探》,《四川大学学报》2003年第3期。

王红旗:《"别V了"的意义是什么——兼论句子格式意义的概括》,《汉语学习》1996年第4期。

王红旗:《"别V了₁"中动词的特征》,《汉语学习》1997年第5期。

王华伟:《表示完全否定的表达式"一人も～ない"和"も～ない"》,《日语学习与研究》2005年第3期。

王环宇:《谈谈"不"和"没"的语用区别及"不"和"没"的位置》,《首都师范大学学报》,2000年。

王慧兰、李伟刚:《"管他"的语法化》,《河南科技大学学报》2012年第6期。

王建芳:《否定与否认:说谎者悖论研究中的两个重要概念》,《安徽师范大学学报》2008年第5期。

王健:《说"别说"》,《语言教学与研究》2008年第2期。

王娟:《战国楚简否定副词"弗"、"不"研究》,《广州大学学报》2013年第1期。

王珏:《再论"吗"的属性、功能及其与语调的关系》,《汉语学习》2016年第5期。

王克喜:《"不"的逻辑意义研究》,《徐州师范大学学报》1998年第2期。

王立非:《布拉格学派与标志理论》,《外语研究》1991年第1期。

王立刚:《评价意义的类型及其相互关系》,《解放军外国语学院学报》2004年第2期。

王立和:《副词"不"的非否定用法》,《吉林师范学院学报》1995年第4期。

王茂林、宫齐:《比较标志理论及其应用》,《暨南学报》2007年第2期。

王乾都:《谈否定的方式——与袁继新同志商榷》,《理论学刊》1987年第7期。

王绍玉:《〈水浒传〉否定词研究》,硕士学位论文,淮北师范大学,2010年。

王相锋：《否定句的标志特征》，《上海外国语大学学报》1997年第4期。

王小穹、何洪峰：《疑问代词"怎么"的语义扩展过程》，《汉语学习》2013年第6期。

王晓凌：《论非现实语义范畴》，博士学位论文，复旦大学，2007年。

王欣、祝东平：《用"不"和用"没"否定的区别》，《宁夏大学学报》2010年第2期。

王欣：《"不"和"没（有）"的认知语义分析》，《语言教学与研究》2007年第4期。

王一军：《口语中的一种否定表达方式》，《语言研究》1999年第1期。

王一依：《否定与本体论——读吴炫的〈否定本体论〉》，《学术月刊》1995年第4期。

王轶、许涤非：《否定的邻域语义分析》，《湖南科技大学学报》2007年第4期。

王寅：《标志象似性》，《外语学刊》1998年第3期。

王寅：《体验哲学探源》，《外国语文》2010年第6期。

王长武：《"哪里"类结构的语用功能及固化历程》，《贵州工程应用技术学院学报》2015年第1期。

王长武：《语义取消：表否定的"X你个头"类格式研究》，《广西师范大学学报》2016年第4期。

王正元：《概念整合理论的发展与理论前沿》，《四川外语学院学报》2006年第6期。

王志：《谈话助词"不"用法初探》，《语言研究》1988年第2期。

王志英：《"不是X，而是Y"构式的元语否定功能》，《学术探索》2013年第11期。

王志英：《非规约性间接否定》，《社会科学家》2014年第2期。

王志英：《副词"瞎"的预设否定功能及其成因》，《语言教学与研究》2012年第1期。

王志英：《强化否定构式"小心别VP"》，《汉语学习》2014年第4期。

王志英：《现代汉语特殊否定现象认知研究》，博士学位论文，上海师范大学，2012年。

危艳丽：《模糊量"半"的隐性否定功能》，《毕节学院学报》2013年第

10 期。

韦泽民：《肯定否定相反相成律是辩证逻辑的基本规律》，《江汉论坛》1981 年第 4 期。

隗仁莲：《英语否定意义的某些特殊表达方式》，《山西大学师范学院学报》1995 年第 3 期。

魏玉梅、萧家明：《直言判断否定联项的逻辑特性及其存在形态》，《广西教育学院学报》2009 年第 3 期。

温锁林、申云玲：《转喻式否定的构建与功能》，《语言教学与研究》2012 年第 4 期。

温锁林：《一种特殊的语用否定：隐喻式否定》，《当代修辞学》2010 年第 3 期。

文贞惠：《现代汉语否定范畴研究》，博士学位论文，复旦大学，2003 年。

芜崧：《荆楚方言中的否定格式》，《长江大学学报》2013 年第 10 期。

芜崧：《荆楚方言造词原理漫论》，《荆楚学刊》2015 年第 5 期。

芜崧：《荆楚惯用语研究》，《荆楚学刊》2016 年第 6 期。

芜崧：《也谈"不说"句——与李宗江先生商榷》，《孝感学院学报》2001 年第 1 期。

吴丹华：《"X 什么 X"的否定特性研究》，《梧州学院学报》2010 年第 2 期。

吴福祥：《否定副词"没"始见于南宋》，《中国语文》1995 年第 2 期。

吴恒泰：《"不"字浅谈》，《西北师大学报》1991 年第 2 期。

吴怀成：《"X 什么 X"构式及其产生机制研究》，《海外华文教育》2014 年第 2 期。

吴继刚：《说"甭"》，《辞书研究》2011 年第 4 期。

吴继章：《汉语里一种特殊的否定形式》，《汉语学习》1993 年第 6 期。

吴坚：《否定判断的换质和矛盾概念的论域》，《思维与智慧》1990 年第 4 期。

吴建华：《试论再认识过程中的否定》，《唯实杂志》1990 年第 6 期。

吴士艮：《单用"不"构成的一种词格及句式》，《语文研究》1985 年第 1 期。

吴士艮：《试论故作否定式》，《浙江师范大学学报》1986 年第 4 期。

吴炫：《论"本体性否定"》，《江苏社会科学》1999年第2期。

吴炫：《论"本体性否定"及其对西方存在哲学的突破》，《浙江工商大学学报》2010年第4期。

吴炫：《论"本体性否定"与阿多诺及黑格尔否定观的区别》，《江苏社会科学》2002年第4期。

吴炫：《文明的转变与否定观念的转变》，《南方文坛》1999年第9期。

吴艳：《"不"与"没"的比较研究》，《渝西学院学报》2005年第2期。

吴友军、王成胜：《论实践的否定性本质》，《东北师大学报》2002年第1期。

吴媛媛：《〈战国纵横家书〉与〈战国策〉中的否定副词"不"》，《吉林师范大学学报》2006年第3期。

吴铮：《藏缅语否定范畴研究》，博士学位论文，中央民族大学，2007年。

习哲：《"肯定否定"是对"否定之否定"的否定》，《南京政治学院学报》1988年第3期。

夏雪、詹卫东：《"X什么"类否定义构式探析》，《中文信息学报》2015年第5期。

项开喜：《"制止"与"防止"："别+VP"格式的句式语义》，《语言教学与研究》2006年第2期。

肖国政：《谈"不了"》，《华中师院学报》1985年第1期。

肖金芳：《"谁X……"反预期非疑问构式的认知分析》，《阜阳师范学院学报》2016年第6期。

肖小平：《浅议非常规否定句》，《哈尔滨学院学报》2004年第10期。

肖燕：《时间的空间识解理据》，《外国语文》2014年第6期。

肖治野：《"怎么"反问句的研究及其教学思考》，硕士学位论文，暨南大学，2003年。

谢丽丽、余小强：《"不"、邻接词与FEO成分》，《外国语》2009年第5期。

谢质彬：《论古代汉语否定性的范围副词》，《社会科学战线》1982年第3期。

邢福义：《论"不"字独说》，《华中师院学报》1982年第3期。

邢运中、杨安民：《否定判断换质质疑》，《驻马店师专学报》1990年第

3 期。

宿捷、宿敏：《"不"的非否定用法小议》，《辽宁师专学报》2006 年第 5 期。

徐火辉：《汉语儿童量化否定句理解的发展》，《心理科学》1990 年第 4 期。

徐杰、李英哲：《焦点和两个非线性语法范畴："否定""疑问"》，《中国语文》1993 年第 2 期。

徐晶凝：《语气助词"吧"的情态解释》，《北京大学学报》2003 年第 4 期。

徐默凡：《论否定性行事结构》，《华东师范大学学报》2010 年第 5 期。

徐为民：《维特根斯坦论语言的否定性原则》，《自然辩证法通讯》2002 年第 1 期。

许建章：《副词"不"和"没（有）"同谓词组合所受的条件制约》，《河南科技大学学报》2004 年第 2 期。

许利英：《试论现代汉语否定句》，《安庆师范学院学报》1986 年第 3 期。

闫梦月：《预设否定构式"V 哪门子 N"用法分析》，《语言与翻译》2016 年第 4 期。

严辰松：《功能主义语言学说略》，《解放军外语学院学报》1997 年第 6 期。

严维明：《否定的特殊作用》，《上海外国语学院学报》1983 年第 2 期。

晏宗杰：《从"V＋什么＋V"看汉语表达的礼貌级别》，《汉语学习》2004 年第 5 期。

杨海明、邵敬敏：《"说 X（也）不 X"的主观情态义及其方法论思考》，《语言科学》2015 年第 5 期。

杨静：《汉语否定词"不"的否定辖域及否定对象》，硕士学位论文，湖南大学，2010 年。

杨利芳：《评价的认知阐释》，《解放军外国语学院学报》2008 年第 3 期。

杨先顺：《语用否定的逻辑分析》，《自然辩证法研究》2005 年第 1 期。

杨向奎：《论时间与空间》，《东岳论丛》1981 年第 2 期。

杨信彰：《语篇中的评价性手段》，《外语与外语教学》2003 年第 1 期。

杨迎春：《试论话语标志"这不"》，《学术交流》2010 年第 9 期。

杨永龙：《近代汉语反诘副词"不成"的来源及虚化过程》，《语言研究》2000年第1期。

杨永龙：《句尾语气词"吗"的语法化过程》，《语言科学》2003年第2期。

杨玉玲：《说说"还NP呢"句式》，《修辞学习》2004年第6期。

杨正超：《唐河方言中否定标志"没得"和"没有"的来源》，《天中学刊》2011年第6期。

杨子、王雪明：《现代汉语冗余否定的类型研究》，《语言研究》2015年第1期。

姚东旭：《维特根斯坦论"否定之谜"》，《天津大学学报》2014年第2期。

姚小鹏、姚双云：《"不X"类副词的语法化与表义功用》，《汉语学习》2010年第4期。

姚小鹏：《"最不"的词汇化及其表义功用》，《淮北煤炭师范学院学报》2010年第6期。

姚占龙：《祈使性否定副词"少"的产生及其语用解释》，《语文研究》2014年第1期。

伊成达：《汉语否定词"无"语法化过程的语用学研究》，硕士学位论文，云南师范大学，2006年。

殷树林：《"你以为（当）X?"问句及相关句类》，《汉语学习》2007年第3期。

殷树林：《话语标志的性质特征和定义》，《外语学刊》2012年第3期。

殷树林：《说话语标志"不是"》，《汉语学习》2011年第1期。

尹婷：《口语应答句中"才"和"就"否定用法及其语音分析》，《现代语文》2014年第6期。

尹海良：《否定结构"（看我）不VP+NP"的肯定识解》，《中南大学学报》2015年第4期。

尹海良：《自然口语中的话语标志"别说"》，《宁夏大学学报》2009年第6期。

尤敦谨：《不含否定词的否定句》，《杭州师范学院学报》1989年第5期。

尤丽洛：《肯定、否定之我见》，《郑州大学学报》1998年第4期。

游顺钊、徐林：《口语中时间概念的视觉表达》，《国外语言学》1988年第 2 期。

于宝娟：《论话语标志语"这不"、"可不"》，《修辞学习》2009 年第 4 期。

于迪：《"什么"的多角度分析》，硕士学位论文，延边大学，2010 年。

于海滨：《含有"意思"的三对否定肯定结构》，《辽宁工学院学报》2006 年第 3 期。

于永坤：《前提、性质和目的：评析阿多诺的"否定的辩证法"》，《长春市委党校学报》2010 年第 4 期。

余俊伟：《经典逻辑视野下的非经典否定》，《哲学动态》2010 年第 7 期。

余梅：《先秦汉语"否"、"不"对比研究》，《西南交通大学学报》2009 年第 6 期。

余乃忠、陈志良：《否定的力量：后现代主义哲学的三重变奏》，《福建论坛》2009 年第 1 期。

余育德：《论辩证的否定及其基本方式》，《辽宁大学学报》1980 年第 5 期。

俞吾金：《"规定就是否定"小考》，《社会科学》1983 年第 3 期。

俞吾金：《存在、自然存在和社会存在》，《中国社会科学》2001 年第 2 期。

袁红：《英语中的全部否定和部分否定》，《盐城工学院学报》1997 年第 2 期。

袁继新：《论否定的内外形式》，《理论学刊》1986 年第 12 期。

袁芃：《同一性的瓦解与否定辩证法的建构》，《学习与探索》2013 年第 8 期。

袁颖：《浅谈肯定形式否定意义表达法》，《沈阳大学学报》1997 年第 1 期。

袁毓林、刘彬：《"什么"句否定意义的形成与识解机制》，《世界汉语教学》2016 年第 3 期。

袁毓林：《"差点儿"中的隐性否定及其语法效应》，《语言研究》2013 年第 2 期。

袁毓林：《论"都"的隐性否定和极项允准功能》，《中国语文》2007 年第 4 期。

袁毓林：《论否定句的焦点、预设和辖域歧义》，《中国语文》2000 年第 2 期。

岳静：《现代俄语中的肯定/否定范畴》，硕士学位论文，东北师范大学，2006 年。

岳强：《言语行为理论视角下的俄汉语感叹句隐含否定》，《当代教育理论与实践》2012 年第 9 期。

曾芳、罗昕如：《"不＋N"格式的语义特征及认知解释》，《湖南科技大学学报》2015 年第 5 期。

曾海清：《"别客气"和"不客气"的句法语义探析》，《修辞学习》2009 年第 5 期。

曾少波：《"没有 VP 之前"研究》，硕士学位论文，华南师范大学，2005 年。

曾少波：《肯定、否定和羡余》，《黔南民族师范学院学报》2004 年第 2 期。

曾仕礼：《对形式逻辑形而上学性的否定实际上是对自身的否定》，《昭通师专学报》1995 年第 1 期。

曾涛：《"不"与"没有"的母语习得》，《现代外语》2007 年第 4 期。

曾毅平、杜宝莲：《略论反问的否定功能》，《暨南大学华文学院学报》2004 年第 2 期。

张静：《论"既然 p，难道 q（吗）"反问推断句式》，《汉语学习》2014 年第 6 期。

张斌、张谊生：《非真值语义否定词"不"的附缀化倾向》，《上海师范大学学报》2012 年第 5 期。

张伯江：《疑问句功能琐议》，《中国语文》1997 年第 2 期。

张伯钦：《王鹤辩证否定否定之否定和认识论》，《华南师范大学学报》1984 年第 2 期。

张诚：《无否定词而具有否定意义的句子》，《嘉兴高等专科学校学报》1999 年第 2 期。

张澄清：《评黑格尔关于内在否定性的思想》，《厦门大学学报》1984 年第 1 期。

张传开：《略论否定与矛盾的关系》，《安徽师大学报》1999 年第 1 期。

张传真:《否定词的否与不否》,《延安大学学报》2004 年第 2 期。
张定:《枞阳方言两个回声否定词的语法化》,《中国语文》2009 年第 4 期。
张发明:《"一会儿"和"不一会儿"》,《汉语学习》1984 年第 6 期。
张发明:《试论"不是……吗"反问句》,《内蒙古民族师院学报》1989 年第 4 期。
张凤:《标志理论的再评价》,《解放军外国语学院学报》1999 年第 6 期。
张宏国:《"够了"的语义演变与语法化》,《语言教学与研究》2014 年第 4 期。
张宏国:《"够了"的词汇化及话语标志功能》,《贵州大学学报》2014 年第 1 期。
张宏国:《话语标志"够了"的语境特征及语用功能》,《安徽大学学报》2015 年第 5 期。
张洪明:《"不"为语助辨》,《辞书研究》1983 年第 2 期。
张怀斌:《关于判断句中的"否定"》,《逻辑与语言学习》1983 年第 5 期。
张焕香:《汉语双重否定范畴的逻辑语义分析》,《语言科学》2013 年第 2 期。
张辉、杨波:《心理空间与概念整合:理论发展及其应用》,《解放军外国语学院学报》2008 年第 1 期。
张继成:《罗素论否定事实》,《求是学刊》2014 年第 6 期。
张继平:《否定概念的外延不确定吗?》,《思维与智慧》1989 年第 6 期。
张继平:《论汉语中的否定概念》,《淮阴师范学院学报》1988 年第 3 期。
张继平:《再论否定概念》,《淮阴师专学报》1990 年第 4 期。
张江南:《"本体性否定"的价值悖论——与吴炫先生商榷》,《江苏社会科学》2000 年第 2 期。
张洁:《说"别"》,《古汉语研究》1992 年第 4 期。
张景丰:《非否定意义的否定句》,《新乡师范高等专科学校学报》2001 年第 3 期。
张开泽:《辩证的否定包括外在否定》,《佛山科学技术学院学报》1999 年第 1 期。

张克平:《如何理解"本质的否定的本性"》,《哲学研究》1985 年第 2 期。

张立达:《对立统一和自我否定的关系》,《重庆社会科学》2008 年第 10 期。

张立飞:《汉语"没 + MVP"构式的认知理据和语义结构》,《世界汉语教学》2015 年第 1 期。

张俐:《否定性评议句式"X 就 X 吧,还 Y"探析》,《南阳理工学院学报》2013 年第 5 期。

张楠:《元语否定的认知分析》,硕士学位论文,西南大学,2007 年。

张培翠、庄会彬:《评〈现代汉语否定句法研究〉》,《潍坊工程职业学院学报》2013 年第 6 期。

张遂五:《黑格尔论否定的否定和质量互变的内容和特点》,《四川大学学报》1982 年第 1 期。

张田田:《句法结构"管他"的连词化与标志化》,《古汉语研究》2012 年第 1 期。

张晞奕:《谈否定句》,《安徽师大学报》1983 年第 1 期。

张喜芹:《汉语语用否定研究》,硕士学位论文,暨南大学,2009 年。

张献考:《"否定"与"肯定"范畴之我见》,《探索》1985 年第 5 期。

张晓涛、陈一:《疑问到否定的嬗变过程研究》,《语文教学通讯》2015 年第 11 期。

张晓涛、邹学慧、赵雷:《选择问表否定用法研究》,《长春师范学院学报》2011 年第 4 期。

张晓涛、邹学慧:《"谁"特指问与否定的相通性研究》,《北方论丛》2011 年第 3 期。

张晓涛、邹学慧:《否定疑问句与一般否定句否定功能比较研究》,《哈尔滨师范大学社会科学学报》2011 年第 1 期。

张晓涛、邹学慧:《论特指问与否定的相通性》,《学术交流》2011 年第 7 期。

张晓涛、邹学慧:《语境对疑问表否定用法的制约性研究》,《哈尔滨工业大学学报》2011 年第 2 期。

张晓涛:《是非问与否定的相通性及其机制》,《北方论丛》2012 年第

3 期。

张晓涛:《现代汉语疑问范畴和否定范畴的相通性及构式整合》,博士学位论文,吉林大学,2009 年。

张孝忠:《"不"和"没(有)"用法举例》,《语言教学与研究》1984 年第 4 期。

张学立:《有关否定判断存在的问题探析》,《毕节师专学报》1995 年第 3 期。

张雪梅:《"哪门子"的词汇化及相关问题》,《贵州工程应用技术学院学报》2015 年第 4 期。

张亚明:《副词"乱"的否定功能及产生机制》,《湘南学院学报》2015 年第 3 期。

张一兵:《唯物辩证法否定范畴诸规定新探》,《安徽省委党校学报》1987 年第 4 期。

张谊生:《"不"字独用的否定功能和衔接功能》,《乐山师范学院学报》2004 年第 8 期。

张谊生:《"汉语副词的功能和语法化"专题研究》,《湘潭大学学报》2015 年第 5 期。

张谊生:《贬抑性否定规劝构式"你少 X"研究》,《湘潭大学学报》2015 年第 5 期。

张谊生:《汉语否定的性质、特征与类别》,《汉语学习》2015 年第 1 期。

张谊生:《近代汉语情态化副词"白"再议》,《乐山师范学院学报》2003 年第 2 期。

张谊生:《近代汉语预设否定副词探微》,《古汉语研究》1999 年第 1 期。

张谊生:《试论主观量标志"没"、"不"、"好"》,《中国语文》2006 年第 2 期。

张谊生:《现代汉语预设否定副词的表义特征》,《世界汉语教学》1996 年第 2 期。

张谊生:《预设否定叠加的方式与类别、动因与作用》,《语言科学》2011 年第 5 期。

张玉金:《出土战国文献中"不"和"弗"的区别》,《中国语文》2014 年第 3 期。

张玉金：《甲骨文"不"和"弗"语义指向方面的异同》，《语言研究》2005 年第 4 期。

张振华：《试论次协调逻辑的辩证否定观》，《辽宁大学学报》2002 年第 2 期。

张子牛：《否定词的否定焦点》，《镇江师专学报》1996 年第 4 期。

赵芳：《解析轻音"不"》，《唐山师范学院学报》2013 年第 1 期。

赵变亲：《"动+个+……"中"个"的句法语义分析》，《沈阳农业大学学报》2007 年第 4 期。

赵春利：《句末助词"嘛"的认知与情感的关联性研究》，《外国语》2016 年第 5 期。

赵丹：《否定副词"不"和"没（有）"的对比分析》，《济源职业技术学院学报》2013 年第 2 期。

赵华朋、朱鸿亮：《论辩证否定的形式》，《咸阳师范学院学报》2001 年第 5 期。

赵旻燕：《汉韩"元语言否定标志"研究》，《解放军外国语学院学报》2010 年第 5 期。

赵旻燕：《汉语元语否定制约》，《华中科技大学学报》2007 年第 6 期。

赵旻燕：《元语否定真值函数性质的跨语言研究》，《外国语》2011 年第 2 期。

赵敏兰：《广西彩调剧中的修辞手法探析》，《河池学院学报》2011 年第 4 期。

赵伟莉：《关于弗协调逻辑的否定与矛盾》，《淮阴师范学院学报》2007 年第 1 期。

赵贤德：《"别"字祈使句非动词性谓语考察》，《华中师范大学研究生学报》2004 年第 2 期。

郑贵友：《"不是 X 吗"句的语义特征和表达功能》，《汉语学报》2014 年第 4 期。

郑红明：《现代汉语否定句略论》，《江苏教育学院学报》1996 年第 4 期。

郑剑平：《13 个否定性结构专用副词考察》，《西昌师专学报》1996 年第 4 期。

郑娟曼、邵敬敏：《试论新兴的后附否定标志"好不好"》，《暨南学报》

2008 年第 6 期。

郑娟曼：《"还 NP 呢"构式分析》，《语言教学与研究》2009 年第 2 期。

郑娟曼：《从引述回应式看汉语习语构式的贬抑倾向》，《浙江师范大学学报》2012 年第 3 期。

郑雷：《疑问代词的否定用法考察》，硕士学位论文，浙江师范大学，2007 年。

郑雷：《疑问代词否定用法的原因分析》，《绍兴文理学院学报》2010 年第 4 期。

郑又贤：《辨正否定范畴新探》，《福建论坛》1985 年第 3 期。

郑智意、涂君：《马克思否定哲学问题研究综述》，《哈尔滨学院学报》2005 年第 1 期。

钟书能、刘爽：《汉语羡余否定构式中的"没"真的是个羡余标志吗?》，《外国语》2015 年第 3 期。

周莉：《连词"别说"与"不但"》，《语言研究》2014 年第 3 期。

周春祥：《带否定句的肯定句和不带否定词的否定句》，《俄语学习》1995 年第 3 期。

周春祥：《间接否定行为的直接客体的用格问题》，《中国俄语教学》1986 年第 1 期。

周国光：《儿童使用否定词"不"及其相关否定结构状况的考察》，《语言文字应用》2002 年第 4 期。

周静：《汉语中无标志否定表达手段探微》，《商丘师范学院学报》2003 年第 1 期。

周利芳：《汉语口语中表肯定、否定的话段衔接成》，《语言教学与研究》2005 年第 5 期。

周莉：《"别说"类语用标志来源探讨》，《汉语学报》2013 年第 2 期。

周莉：《再论后分句引导语"别说"》，《语文研究》2014 年第 2 期。

周玲玲：《肯定形式与否定形式同义探析》，《晋中学院学报》2012 年第 2 期。

周敏莉：《话语标志语"这不"探析》，《宁夏大学学报》2011 年第 4 期。

周启红：《"有 X 好 VP 的"构式意义及历史形成》，《宁夏大学学报》2014 年第 3 期。

周尚荣：《论判断的真假及对假判断的否定》，《西北师大学报》1979 年第 4 期。

周淑瑾：《浅析否定引起的歧义》，《福州大学学报》1997 年第 4 期。

周帅辰：《从"单向度"的人中找到否定性之源》，《沈阳工程学院学报》2014 年第 4 期。

周维维：《从认知角度谈"还 NP 呢"格式》，《青岛农业大学学报》2010 年第 4 期。

周小枚：《范围副词的隐性否定功能研究》，《文史博览》2011 年第 2 期。

周小涛：《否定不对称的语用视角》，《湖北大学学报》2012 年第 2 期。

周政：《陕西平利方言几个表否定的词语及相关格式》，《安康学院学报》2007 年第 3 期。

朱冬怡：《话语标志语"你懂的"的缺省语义观》，《外语教学》2015 年第 2 期。

朱冠明：《关于"VP 不"式疑问句中"不"的虚化》，《汉语学报》2007 年第 4 期。

朱军：《"行了"的语用否定功能》，《汉语学习》2016 年第 3 期。

朱军：《反问格式"X 什么 X"的立场表达功能考察》，《汉语学习》2014 年第 3 期。

朱军：《反问格式"有什么"的否定模式与否定等级》，《中国语文》2013 年第 6 期。

朱俊雄：《反问句的否定指向》，《内江师范学院学报》2004 年第 5 期。

朱庆祥：《论否定副词"没（有）"与"了$_2$"共现问题》，《语言科学》2012 年第 1 期。

朱韦巍：《现代汉语语气词"吗""嘛""么"的分布和使用规律研究》，《柳州师专学报》2014 年第 2 期。

祝克懿：《析"动 + 个 + 形/动"结构中的"个"》，《汉语学习》2000 年第 3 期。

庄会彬：《汉语否定标志"不"的句法分布》，硕士学位论文，山东大学，2009 年。

宗守云：《"还 N 呢"与"比 N 还 N"格式试析》，《张家口师专学报》1995 年第 2 期。

宗守云:《"还 X 呢"构式:行域贬抑、知域否定、言域嗔怪》,《语言教学与研究》2016 年第 4 期。

宗守云:《晋方言情态动词"待"及其否定关联和意外性质》,《中国语文》2015 年第 4 期。

邹学慧:《疑问表否定用法与反问句关系研究》,《齐齐哈尔大学学报》2011 年第 3 期。

邹学慧:《疑问代词"哪"与"谁"的表否定用法研究》,《经济研究导刊》2011 年第 14 期。

后　　记

　　《汉语否定的发生与语义功能研究》的初稿是在 2017 年完成的，2018 年修订后提交结题审核，此后又校对过几次，到目前将要出版，经历的时间太长了，有些问题有必要做一交代。

　　首先，关于课题研究。2012 年我们课题组以"现代汉语否定标记系统及其表达的普方比较研究"为题申报国家社科基金青年项目并获批。当初的研究预期定位为建立现代汉语新的否定标记系统，并从普方比较的角度进行精细描写和对比，以期解决一些问题，同时为后续研究提供系统的资料。随着研究的展开，我们发现汉语否定的发生这个更加基础的问题还没有解决，就转而将研究的起始点落到了否定发生的研究上了，并从皮亚杰的发生认识论入手开始了我们的工作。最后完成的工作包括了否定发生的认知解释、否定系统的建立、否定标志的演变以及对一些具体的、个案的现象的研究，普方比较的研究就少了。回顾项目申报和课题研究过程，我们发现：第一，否定是当年的热点问题。据全国哲学社会科学工作办公室公布的数据，仅 2012 年当年语言学科就资助了"现代汉语否定标记系统及其表达的普方比较研究""体验认知背景下汉语否定句理解的心理模拟研究""现代汉语及方言中的否定问题研究""汉语否定表达的认知研究和逻辑分析"四个课题，涵盖了青年、一般、重点、后期资助四个项目类别。第二，否定是持续的热点课题。否定研究涉及的学科较多，语言学科内否定问题涉及的问题很多，研究的难度很大。回想起来，当年的勇气虽可嘉，但确是没有认识到否定问题的复杂性。第三，汉语方言中的否定问题具有很高的研究价值。目前，现有的研究成果覆盖面不全，更加系统的方言调查也没有展开，因此，这项工作真的需要在适当的时机及时展开。我们也将继续关注这项研究。

其次，关于研究成果。坦率地讲，我们对目前完成的成果还不够满意，姑且称之为成果吧。关于标志性否定，我们讨论了否定的生成问题，即"没、不、别"否定语义是如何产生的，提出了我们基于发生认识论得出的一些看法，并建立了新的汉语否定分类系统。我们觉得有一定的科学性和解释力。但是关于非标志性否定的研究还显得不够深入：其一，我们虽完成了对部分个案的分析，但整体规律尚未提出来。其二，我们认为否定和疑问具有相通性，但尚未最终解决这个问题。其三，因为前面的两个原因，我们未能系统梳理出非标志性否定的全貌，提出的问题多，解决的问题少。这些遗憾也是现有研究的留白，我们也将继续关注。

最后，关于本次成书。由于多种原因，成果修改结束后一直未能出版。此间，我们也对成果进行了多次修订和校对。每次修订，都能发现一些或大或小的问题。对于那些能够解决的问题，我们都已经处理了。对于那些未能解决的问题，我们没有做大幅的、根本的改动，保留了最初完成时的面貌。后续的一些新想法基本都以单篇论文的形式发表出来了，没有收入这本书中。这种处理办法既缘于个人的懒惰，也是想给一个阶段做个纪念，同时也为此后的研究做个提醒。

在此，一定要由衷地说些感谢的话，虽不全面。

首先，感谢导师夏中华、马庆株、冯蒸先生。20 世纪最后一年，我成为锦州师范学院第一届也是最后一届研究生，跟随夏中华先生攻读硕士学位。2003 年到南开大学入马庆株先生门下修读语法学，攻读博士学位。蒙冯蒸先生不弃，2007 年到首都师范大学进行了为期三年的滥竽充数式的博士后合作研究。三位导师治学谨严、成绩斐然，令我敬佩，借此机会，向他们表示衷心的感谢。读博期间，除系统研读语义功能语法的相关研究成果外，马先生也要求我们开阔视野、广泛阅读国内外不同学派、流派的研究成果。这为我此后的研究工作奠定了非常好的基础。今年是我博士入学的第 20 个年头，这本书也是我的第二部语法学专著，权以小书向马庆株先生致以深深的敬意和深切的怀念，同时也为这逝去的 20 年做个纪念。

其次，感谢老师、朋友和我的学生们。一路走来，难免爬坡过坎，衷心感谢老师们的扶持和帮助，感谢朋友们的支持和关照，感谢我的学生们的理解和坚持。虽不能具名于此，但我一定一一铭记。

最后，感谢中国社会科学出版社，感谢出版人赵剑英老师，责任校对周昊老师，责任印制戴宽老师，尤其感谢张林主任。《汉语否定的发生与语义功能研究》是我在中国社会科学出版社出版的第四部专著，张林主任为小书的出版付出了很多辛苦，也正因如此，才使得小书看起来像一部著作。

2023 年 6 月 27 日于静海